日本战国
时期的
战 争

指文烽火工作室
著

吉林文史出版社
JILINWENSHICHUBANSHE

图书在版编目（CIP）数据

日本战国时期的战争 / 指文烽火工作室著. --长春：
吉林文史出版社, 2019.10
ISBN 978-7-5472-6677-9

Ⅰ. ①战… Ⅱ. ①指… Ⅲ. ①战争史－研究－日本－
战国时代(日本) Ⅳ. ①E313.9

中国版本图书馆CIP数据核字(2019)第238897号

RIBEN ZHANGUO SHIQI DE ZHANZHENG

日本战国时期的战争

著 / 指文烽火工作室

责任编辑 / 吴枫　特约编辑 / 丁秀群 谭兵兵

装帧设计 / 周杰

策划制作 / 指文图书　出版发行 / 吉林文史出版社

地址 / 长春市福祉大路 5788 号　邮编 / 130118

印刷 / 重庆共创印务有限公司

版次 / 2019 年 12 月第 1 版　2019 年 12 月第 1 次印刷

开本 / 787mm×1092mm　1/16

印张 / 31　字数 / 486 千

书号 / ISBN 978-7-5472-6677-9

定价 / 139.80 元

一部日本战国群雄争霸录

目 录
—— CONTENTS ——

关东的霸权战争

古河公方的兴衰和北条、里见氏的逐鹿

随着镰仓幕府的灭亡，日本陷入南北朝的争乱。武家利用战争，进一步扩大了自己的权力。他们通过刈田狼藉取缔权、使节遵行权、半济令、关所地处分权和段钱征收权等一系列权力，取得了等同于国司的地位。守护权力的扩大，使得地方领主不得不向室町幕府申请守护不入权才可以阻止守护滥用权力。随着关东地区爆发了享德之乱（1455—1483 年），京都发生了应仁之乱（1467—1477 年），室町幕府的统治最终被终结，整个日本陷入了混乱中。为了能在乱世中生存下来，各势力唯有以武力为后盾，同其他势力进行竞争，并最终进化成一部高效的战争机器。站在这部战争机器顶点的就是战国大名。

正如今川义元在《今川假名目录追加二十一条》中所写："现在一直对与今川领国相关的秩序进行维持的，并不是足利将军家，而是靠着我的力量。因而只存在于过去、由将军家设定的禁入特权不再成立。从今川家成为守护的时代开始，过去遵从的守护禁入特权全部废止。"由于战争的需要，战国大名需要将领内的资源全部加以利用。因此战国大名都会探索一条突破原有体制，使自己领内一元化，从而建立个人专制统治的道路。通常，战国大名对内要"清洗"掉反对派，对外要实行武力扩张来加强自己的权威。就这样，最终出现了织田信长、丰臣秀吉和德川家康这样所谓的"天下人"，完成了日本的重新统一。本文所要讲述的，就是战国时代关东地区的历史。

享德之乱结束后，整个关东以旧利根川为界，大致分成了东西两个世界。

旧利根川以西，是关东管领上杉氏的势力范围。享德之乱结束后，关东管领家山内上杉家和其分家武藏守护扇谷上杉家的矛盾愈演愈烈，最终两家大打出手。这给了后北条氏可乘之机。经过北条早云、北条氏纲和北条氏康三代人的努力，后北条氏成功地占有了相模、武藏之地。扇谷上杉家被消灭，山内上杉家当主上杉宪政不得不跑到越后，向越后国主长尾景虎求援，并最终促成了长尾景虎南下关东，成了赫赫有名的上杉谦信。

旧利根川以东，则是奉古河公方为首的所谓"关东诸侍"的世界。原有的守护大名体制已经崩溃，古河公方又因为自身的内耗被扩大为关东诸侍间的战争，而成了后北条氏的附庸。在后北条氏的压力下，关东诸侍不得不开始战国大名化，最终形成了以佐竹－宇都宫联盟为核心的北关东和以里见为核心的南关东两大势力。

也正是关东地区的纷乱，导致了应仁之乱这一标志着日本战国时代来临的事件发生。在这一事件后，室町幕府失去了对关东地区的掌控，以镰仓公方和关东管领为中心，以守护、守护代与国人领主为羽翼的地方权力体系被彻底打破，从而催生了后北条氏和上杉谦信这样的战国大名。

享德之乱

文安四年（1447 年）三月，前镰仓公方足利持氏之子足利成氏在幕府管领畠山义持的支持下，被幕府承认为新一任镰仓公方。同年八月二十七日，十岁的足利成氏进入镰仓，执掌镰仓府。而在之后的九月二十五日，前任关东管领、山内上杉家前当主上杉宪实的长子上杉宪忠在家宰长尾景仲的支持下，被任命为关东管领和山内上杉家新当主。至此，镰仓府结束了永享之乱后无公方、无管领的局面。

宝德元年（1449 年）八月二十七日，足利成氏被授予从五位下左马头之职。同年，相模守护、扇谷上杉家当主上杉修理大夫持朝出家，将家督让给了嫡子上杉三郎显房。当时，足利成氏十七岁、上杉宪忠和上杉显房均十五岁。因此，镰仓府的实权其实掌握在山内和扇谷两上杉家的家宰长尾景仲和长尾景仲的女婿太田资清入道道真手中。

自观应扰乱（1349—1352 年）后，室町幕府就正式放弃了萨埵山以东之地的直辖权，改由初代将军足利尊氏第四子足利基氏在镰仓建立的镰仓府进行管辖。足利基氏当时年纪幼小，于是足利尊氏又任命重臣畠山国清为关东执事，辅佐足利基氏，史称萨埵山体制。到南北朝时代结束时，镰仓府在萨埵山体制的基础上，确立了由镰仓公方和关东管领组成的体制。在这个体制下，以山内上杉家为核心的上杉一族地位十分重要。

一方面，上杉一族通过关东管领一职辅佐镰仓公方管理整个关东；另一方面，上杉一族又分别担任了各地守护，控制地方。其中，山内上杉家世袭上野和伊豆守护，有时兼任相模守护；扇谷上杉家世袭武藏守护，有时兼任相模守护；越后上杉家世袭越后守护；犬悬上杉家世袭上总守护。因此，镰仓公方在行使权力时，必须要依靠上杉一族的支持。这样的权力结构已经使镰仓公方产生太阿倒持之感，

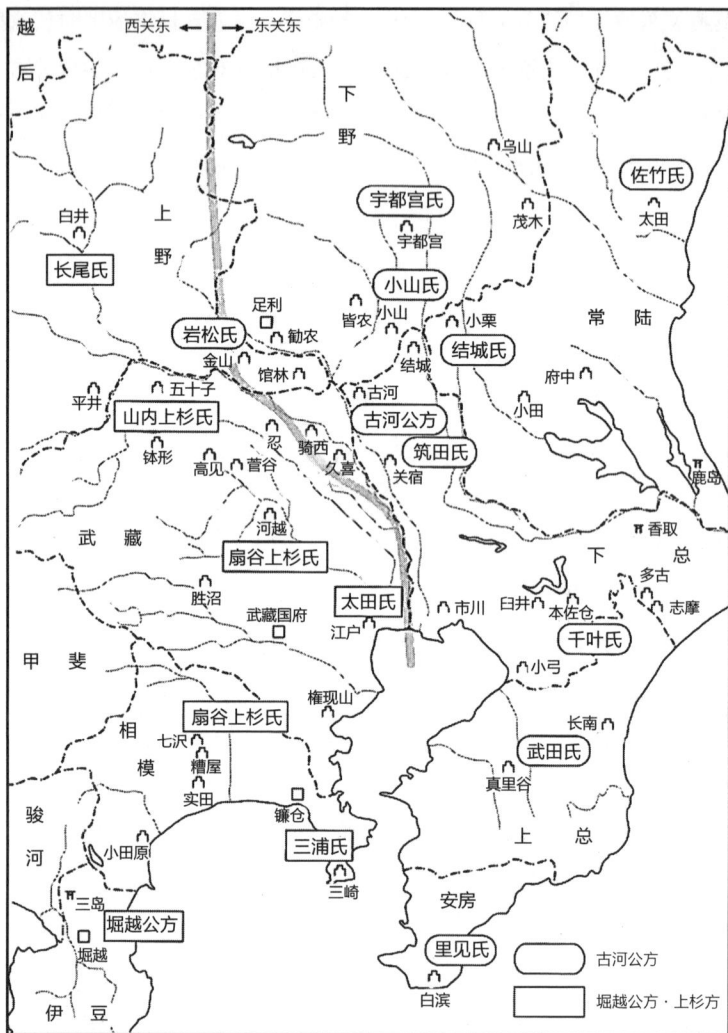

▲ 享德之乱关系示意图

更令镰仓公方不能忍受的是，上杉一族并不完全是自己的臣下。除了镰仓公方的大管家这个身份以外，上杉一族也是室町幕府将军派来遏制镰仓公方过分膨胀的工具。每当镰仓公方与京都的将军发生矛盾时，上杉一族总是站在京都那一方。最终，镰仓公方和关东管领之间的矛盾爆发，经过上杉禅秀之乱（1416 年）、永享之乱（1438 年）和结城合战（1440 年）三次大乱，关东管领在京都幕府的支持下获得了这场权力斗争的胜利，镰仓公方的势力被连根拔起。

结城合战胜利后，时任幕府将军的足利义教准备将自己的儿子派到镰仓担任新公方，以此来恢复幕府对萨埵山以东的统治。为此，足利义教将在结城合战中捕获的前镰仓公方足利持氏之子——十三岁的春王丸和十一岁的安王丸处死。然而，这个设想还没有实行，足利义教就在嘉吉之乱（1441 年）中被叛兵所杀。由于之后继承将军之位的第七代将军足利义胜和第八代将军足利义政两兄弟还年幼，室町幕府的权力被转移到了评定众会议手中。对于镰仓公方的人选，担任管领的细川右京大夫胜元和前管领畠山德本入道持国两人持相反的意见。细川胜元认为应坚持足利义教的遗命，由义教之子出任镰仓公方；而畠山持国则主张由前镰仓公方足利持氏之子出任。在所谓"关东诸侍"，尤其是越后上杉家当主上杉民部大辅房定的强烈要求下，畠山持国的意见占了上风。被寄养在信浓国佐久郡大井持光处的万寿王被任命为新的镰仓公方，此后改名为足利成氏。

在足利成氏继任镰仓公方的同时，同样在足利义教刀下留住性命的成润、定尊、守实三人也分别被任命为胜长寿院门主、镰仓八幡宫若宫别当和熊野堂院主。这三个职位是镰仓府中掌管宗教事务的。其中，定尊担任的镰仓八幡宫若宫别当的地位尤其重要。镰仓八幡宫若宫别当，俗称雪下殿或社家样，负责下野鑁阿寺、安房妙绝寺以及其他镰仓府御料所（直辖领地）内的祈愿社寺及有关事务，是镰仓府对地方实施统治的重要职役。在定尊之前，担任这一职务的是扇谷上杉家家宰太田道真拥立的弘尊。在足利成氏的强烈要求下，弘尊交出了镰仓八幡宫若宫别当一职，改任莲华空院僧正。此番交锋，也拉开了新一轮镰仓公方与关东管领之间的权力争斗。

赢下第一阵后，足利成氏加紧了揽

▲ 足利义教像

权的步伐。由于镰仓公方的支持者在之前的几次大乱中折损殆尽,他能依靠的,也只有以下野、常陆和下总为根据地的坂东国人领主。这群国人领主以下野的小山氏、宇都宫氏、长沼氏和那须氏,下总的千叶氏和结城氏,常陆的小田氏和佐竹氏等为核心,他们也被称为坂东八屋形。为了保持自己的独立性,也因为畏惧关东管领上杉家的权势,在永享之乱和结城合战中他们站在了当时的镰仓公方足利持氏这一边。而在运作足利成氏继任镰仓公方一事上,他们也出了大力。随着新任镰仓公方足利成氏履职,他们也再次活跃起来。其中小山氏当主小山下野守持政、宇都宫氏当主宇都宫下野守等纲、小田氏当主小田赞岐守持家、千叶氏当主千叶新助胤将先后前往足利成氏处出仕。在结城合战中战败而失去领地的下总结城氏,也在足利成氏的运作下,获得了幕府的赦免令。结城氏第十三代当主结城七郎接受了足利成氏的一字拜领,改名为结城成朝,准备在足利成氏麾下出仕。

足利成氏如此扩张势力,显然触犯了关东管领上杉氏的利益。尤其是结城成朝,其家族领地大部分在结城合战后作为恩赏被赐予了上杉氏的家臣,一旦结城成朝在镰仓府出仕,他就会在镰仓公方足利成氏的支持下,要求归还自己的旧领。因此,关东管领上杉宪忠在自家家宰长尾景仲和扇谷上杉家家宰太田道真的鼓动下,将室町幕府允许结城成朝出仕镰仓府的公文压了数月,一直让其处于未开封的状态。

宝德二年(1450 年),足利成氏命令水海城(现茨城县古河市)城主梁田持助强行将相模国镰仓郡长尾乡(现横滨市荣区长尾台地)的领地收为自己的直辖领。长尾乡是关东管领上杉家笔头重臣长尾氏的发祥地,该地的御灵宫更是长尾一族祭祖的地方。受到此事刺激的长尾景仲开始和太田道真谋划发动兵变,杀死足利成氏。四月二十日,长尾景仲和太田道真调兵进入镰仓,准备发动兵变。听闻消息的足利成氏匆忙逃出镰仓,连夜带着小山持政等人逃到了镰仓旁边的江之岛(现神奈川县藤泽市)。次日,长尾景仲和太田道真率领军队向江之岛进攻,与小山持政军在镰仓西南的腰越浦交战。长尾-太田联军依仗着兵力优势,不断发起进攻。小山持政指挥部队,不顾自军"家人数辈令讨死"的伤亡,全力奋战后将上杉军赶至了镰仓正南的由比浦。此时,镰仓公方一方的小田持家、千叶胤将和宇都宫等纲等人也率领各自的郎党赶到。经过数刻钟(日本一刻为半小时)的交战,长尾-太田联军被打散,长尾景仲和太田道真逃到了扇谷上杉家当主上杉持朝的居住地糟谷馆（现神奈川县伊势原市）。关东管领上杉宪忠在并不清楚谁袭击了足利成氏的情况下，派出家臣小幡氏出兵救援足利成氏。在得知谋反者是长尾景仲和太田道真后，上杉宪忠、上杉持朝以及持朝之子上杉显房逃到了相模国七泽要害（现神奈川县厚木市玉木地）蛰居，表示自己与长尾景仲划清界限、等待足利成氏处分的态度。

五月二十日，足利成氏写信给京都的畠山持国，报告了江之岛合战的情况，并提出了战后的处理意见。对于长尾景仲和太田道真之辈，成氏请畠山持国速速下达处死的命令，并立即执行。对于其余事宜的处置，足利成氏提出了几点要求：

▲ 1438—1454年，关东势力割据示意图

第一，此次江之岛合战中，关东管领上杉宪忠没有过错，可以前往江之岛参阵，如果宪忠行动不方便，可以派遣长尾氏、羽续氏、小幡氏和小宫山氏等家臣前来；第二，希望宪忠之父、前关东管领上杉安房入道宪实出山，再度执掌政务；第三，授予四月二十一日合战中镰仓公方一方的武将感状，以慰劳他们的战功；第四，下达正式的文书，命令关东诸武士以及武藏、上野等地的一揆众，向自己尽忠节；第五，将自己的弟弟胜长寿院门主成润和若宫别当定尊送到自己身边；第六，自己将继续对京都尽忠节不二。最后，足利成氏又表示，以上诸项中，最重要的就是尽快让上杉宪实回归镰仓执掌政务。

足利成氏之所以强调要上杉宪实复出，是有自己的道理的。上杉宪实虽然在永享之乱和结城合战中站在了京都幕府这一方，但是宪实在足利持氏被处死后就在伊豆隐居，并将镰仓府的事务交由其弟上杉清方代为处理。足利成氏被任命为镰仓公方后，宪实便打算让佐竹义人①之子上杉实定继任关东管领，以避免和足利成氏的冲突。宪实自己的四个儿子，除了次子上杉房显在京都幕府出仕外，其余三子都被他送入了空门。所以，当上杉宪忠在家宰长尾景仲的支持下，取代上杉实定成为新一任关东管领后，上杉宪实没收了上杉宪忠名下的领地。同年，宪实又没收了长尾氏在伊豆国平井乡的领地，进献给了足利持氏的未亡人。听说江之岛合战一事后，上杉宪实写信断绝了同宪忠的父子关系。②

足利成氏在其五月前后发出的文书中提到，"关东御分国所带、去永享年中强入部辈，或号京都、上意，于今不退违乱事"，可见他个人的志向不过是将镰仓府恢复到永享之乱前的状态，并没有其父足利持氏那种获取室町幕府最高权力的野心。但是即使镰仓府恢复到永享之乱前的状态，他依然要受制于关东管领上杉宪忠。按照室町幕府的法度，镰仓公方签发的文件，必须由关东管领副署才具备效力。因此足利成氏一边把上杉宪忠和长尾景仲区别处理，希望宪忠能够自断一臂；一边通过让上杉宪实再度出山，来挑起关东管领家的内部矛盾，好使自己

---

① 佐竹义人为佐竹家第十二代当主，其兄上杉宪基是上杉宪实的养父。
② 参见宝德二年十月十一日上杉宪实御教书。

能坐收渔翁之利。

　　五月二十五日，足利成氏在给稻荷大明神的祈祷书中表达了"天下安全、武运长久、殊凶徒等不日致退治，早属静谧"的愿望。此时，足利成氏的靠山畠山持国在幕府中的威望正如日中天，兴福寺门迹寻尊在《大觉寺日记目录》中宝德三年（1451 年）九月一日条写道："近日，畠山权势无双也。"在畠山持国的支持下，足利成氏于宝德二年八月四日，以胜利者的姿态回到了镰仓。在之前的七月十日，畠山持国写信给上杉宪忠要求其"不日令归住镰仓"。①

　　然而，事情并未如足利成氏期望的那样发展。上杉宪实依然在伊豆隐居，无意再度出仕。上杉宪忠更是亲自出面，替长尾景仲和太田道真说情，最终使足利成氏不得不放过这两人。足利成氏最看重的领地问题，自然也没有得到解决。对此，成氏派遣家臣野田持忠、小田持家、梁田持助、一色伊豫守等人，强行收回自家的旧领。②与此同时，针对上杉家利用在地的商人阶层，也就是所谓的"有德人"来剥削镰仓公方名下的寺社，足利成氏在回到镰仓后就接连颁布了针对上杉方有德人奥山氏的德政令，又免除了己方有德人铃木道胤的各种劳役。宝德三年二月二十八日，足利成氏被授予从四位下右兵卫督一职，这大大加强了他的权威，一时间，镰仓公方一方占据了上风。

　　足利成氏这种咄咄逼人的气势，主要是依靠了幕府管领畠山持国做后台。然而，好景不长。由于在是否赦免原尾张守护代织田广乡的问题上得罪了将军足利义政的乳母今参局，享德元年（1452 年）十二月二十三日畠山持国被罢免了管领一职，改由细川胜元担任。之后，畠山持国自家又因继承人问题发生御家骚动，这使得畠山持国在评定会上的话语权也逐渐衰弱。

　　与始终与足利成氏协调以维护关东地区稳定的畠山持国不同，细川胜元出任管领后，采取了支持关东管领上杉宪忠、压抑镰仓公方足利成氏的政策。在细川胜元的要求下，镰仓公方出具的文书必须由关东管领副署才能生效。这一举动加

---

① 参见畠山持国宝德二年七月十日御教书。
② 参见宝德三年五月二十五日畠山持国御教书。

剧了足利成氏与上杉宪忠的矛盾。到了
享德三年（1454 年），两方的矛盾已
经达到白热化的程度。双方都在厉兵秣
马，准备开战。

在岳父扇谷上杉家前当主上杉持朝
的策划下，上杉宪忠派遣家宰长尾景仲
前往自己的领地上野集结兵马，准备讨
伐足利成氏。听闻此事后，足利成氏也
开始采取措施。享德三年十二月二十七

▲ 细川胜元像

日（1455 年 1 月 15 日），足利成氏突然叫上杉宪忠前往镰仓府紧急出勤。当时长
尾景仲正前往长尾乡御灵寺，上杉宪忠留下了代理家宰长尾实景留守，自己前往
位于镰仓西御门的足利成氏御所。

上杉宪忠进入御所后，立刻被足利成氏布下的结城成朝、武田右马助信长、
里见民部大辅义实和印东式部少辅等指挥的伏兵包围。最后，结城成朝麾下的金
子祥勇和金子祥贺兄弟斩下了上杉宪忠的首级。兄弟二人凭此战功，被授予了多
贺谷的苗字和常陆三十三乡的领地。跟随上杉宪忠进入御所的上杉家臣二十二人，
只有一人逃了出来。与此同时，岩松持国率领的别动队奉足利成氏之命，袭击了
上杉宪忠的住所，奉命留守的长尾实景及其子长尾景住被杀。

杀死上杉宪忠后，足利成氏在享德四年（1455 年）向镰仓各处寺社送出祈祷文，
祈祷自己"今度发向，所愿悉有成就"。得知上杉宪忠被杀的消息后，上杉持朝
立即撤到之前的七泽要害，并在那里集结军队，和太田道真一起率队从西面杀向
镰仓，而长尾景仲也回到上野。扇谷上杉家当主上杉显房、犬悬上杉家的上杉宪
秋和小山田上杉家的上杉藤朝带领武藏、上野的军队从北面杀向镰仓，同上杉持
朝军形成钳形攻势。

作为应对，足利成氏派遣一色宫内大辅和武田信长迎击上杉持朝军，自己则
率部北上高安寺（现东京都府中市）布阵，准备同长尾景仲等交战。享德四年一
月五日，武田信长率三百余人在岛河原（现神奈川平塚市）击败了上杉持朝军，
迫使后者退向武藏同长尾景仲军合流。

得知岛河原之战胜利的消息后，足利成氏立即给丰岛勘解助左卫门和丰岛三河守写信，要求他们"驰参御方，可致忠节"。一月二十一日，上杉军渡过多摩川，准备向高安寺进攻。在立河原（现东京都立川市），上杉军先锋上杉宪秋遭到足利成氏军五百人的突袭。上杉军大败，宪秋受了致命伤，退至高幡不动（现东京都日野市金刚寺）自尽。得知宪秋战死后，上杉显房于次日带领上杉军主力，在分倍河原与足利成氏军决战。交战中，担任先锋的大石房重、大石源左卫门等战死。大石骏河守重忠受了重伤，于三日后不治身亡。足利成氏军在结城成朝的奋战下，击破了上杉军。由于足利成氏军占据了退往相模的道路，上杉军只能往常陆方向撤退。在撤退途中，上杉显房和上杉藤朝在武藏夜濑地区（现埼玉县入间市）被足利成氏军包围，两人被迫自杀。

长尾景仲率领上杉军残部退入常陆国小栗城（现茨城县筑西市）。南常陆在结城合战后，就成了犬悬上杉氏上杉朝宗和小山田上杉氏上杉定显等人的领地。长尾景仲决定在小栗城笼城，等待援军的到来。

取得分倍河原之战的胜利后，足利成氏开始动员上野和常陆的豪族加入自己的阵营。二月七日，在足利成氏的多番催促下，拥有上杉一族血统的前常陆守护佐竹义人终于下定决心，加入了足利成氏一方。二月二十八日，足利成氏到达武藏国村冈地区（现埼玉县熊谷市）。三月三日，足利成氏进驻常陆国古河城（现茨城县古河市）。在古河城中，他写信给上野豪族岩松右京大夫持国，要求岩松持国负责"上州凶徒退治事"。岩松持国很快展开了行动，上杉方的安威新左卫门等上野一揆被他打败。三月二十五日，他移阵那波（现群马县伊势崎市），攻打以那波扫部助为首的上杉军。四月三日，其长子岩松次郎在小此木合战中获胜，上杉方的小此木刑部左卫门尉战死。

由于岩松持国的奋战，足利成氏在上野一时占据了上风。这使得足利成氏可以放心地集结下野、常陆和上总的兵马，开始攻打小栗城。四月六日，足利成氏军攻克小栗城外城。感到破城之日近在眼前，他于四月十一日写信给岩松持国，表示自己将在近日派遣"常州奉公众"前往上野支援他。然而，小栗城的守军抵抗意志出乎意料地强悍，闰四月七日，攻城方的小田出羽太郎和那须越后守资持两部都受到了较大的损失。直到五月中旬，足利成氏才攻克了小栗城，而长尾景仲则幸运地从城中逃出。

正当足利成氏扫荡上杉家的势力时，上杉宪忠被其杀死的消息已经在一月五日，也就是武田信长击破上杉持朝军的那日，传到了京都。得知消息后，京都的幕府因为意见不合而迟迟无法做出决定。直到三月，足利成氏的后台畠山持国死去后，幕府才在管领细川胜元的坚持下，将足利成氏的行为判定为谋反。眼见形势对足利成氏不利，原本加入镰仓公方一方的佐竹氏、宇都宫氏和千叶氏都陆续加入了上杉一方。

在室町幕府的安排下，去年被任命为兵部少辅的上杉房显以上杉宪忠之弟的身份继任关东管领一职。负责监视镰仓公方的越后、信浓和骏河三国的守护被动员起来，以上杉房显为总大将，前往关东讨伐足利成氏。四月，足利成氏和其父足利持氏一样，被京都朝廷认证为朝敌。四月三日，骏河守护今川上总介范忠和桃井赞岐守被授予了"关东御退治"锦旗。

上杉房显从北陆道进入越后，与越后守护上杉房定一起行动。五月中旬，两人进入山内上杉家的主城平井城，指挥上野和越后的军队与足利成氏一方的岩松持国作战。

这个时候，足利成氏已经攻下了小栗城，为了讨伐上野的上杉房显，他进驻下野小山城（现栃木县小山市），以之为指挥部。六月初，岩松持国部与上杉军的长尾备中守景信在上野国三官原作战，岩松持国部失利。六月十三日，今川范忠和小笠原信浓守光康与武田信长、木户氏、大森氏、印东氏和里见氏等镰仓留守部队交战。武田信长不敌，不得不在六月十六日放弃了镰仓。足利成氏之弟、胜长寿院门主成润也趁机逃出镰仓，跑到上野日光山，准备被上杉方拥立为新的镰仓公方。

足利成氏经过形势分析，认为自己没有能力立即收复镰仓。权衡后，他将古河城作为临时基地，准备慢慢积蓄力量，打回镰仓。足利成氏将古河城作为临时基地的原因主要是以下几点：

第一，在南北朝时期，古河城是镰仓府讨伐南朝武将小山义政及其子小山若犬丸的前线基地，地处要冲。

第二，镰仓公方的御料地下河边庄就在古河城附近，下河边庄周围的领地也

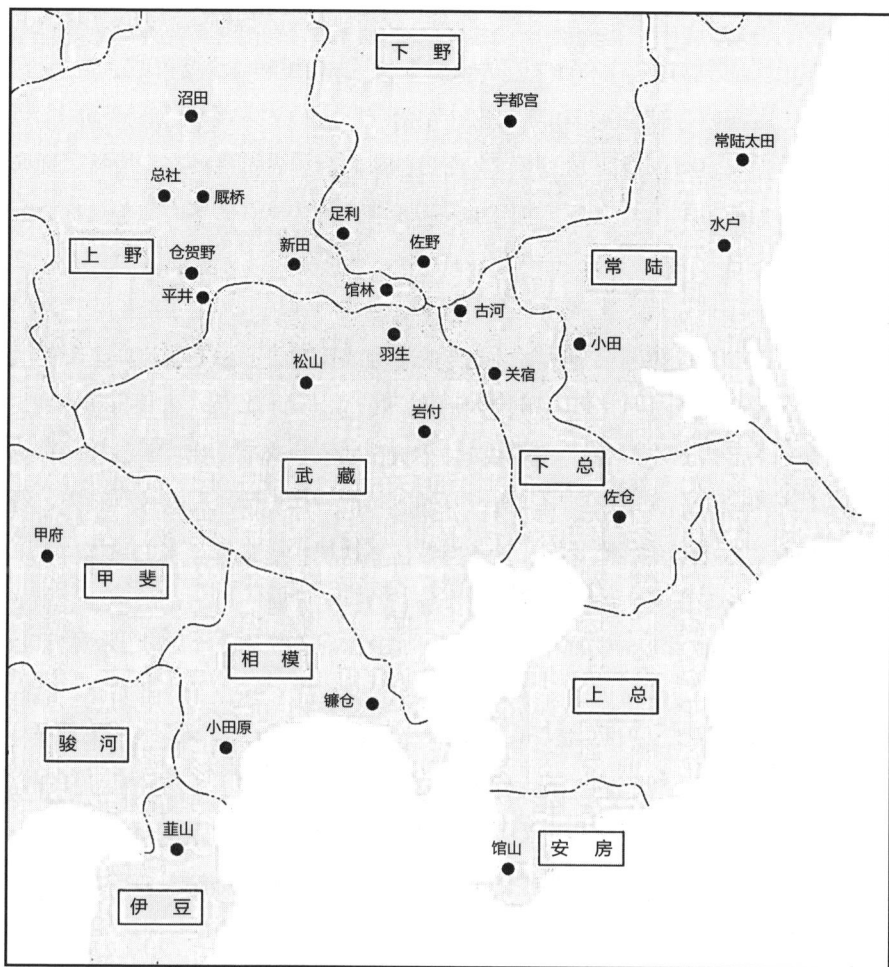

▲ 关东示意图

是镰仓公方下属直臣的领地。这使得足利成氏有足够的经济基础来支持古河城的
军队。

第三，古河城周围的豪族，如下野的小山持政和那须资持、下总的结城成朝、
常陆的小田持家等都是忠于足利成氏的。足利成氏很容易获得他们的支援。

第四，相对于上杉家占据上风的相模、武藏、上野等西关东领地，足利成氏

13

的支持者多是下野、常陆和安房、上总的东关东在地领主，他们通称为关东诸侍。而古河城正好是连接东关东和西关东的重要节点，方便足利成氏反攻。

第五，古河城有旧利根川和渡良濑川两条河流作为天然防线，有利于防守。

当年七月，室町幕府改元为康正，而足利成氏为了表示自己与幕府抗争到底的决心，依然使用享德的年号。也因此，这场摧毁关东原有秩序的战争被称为享德之乱。

确立了根据地以后，足利成氏在七月率领小山、那须、佐贯、结城、佐野等将的五千余人与岩松持国会师。集结完毕的足利成氏军将上杉军压迫在下野的只木和天命（现栃木县佐野市）。经过近半年的攻防战，足利成氏一方获得了胜利，上杉房显以下等人仅以身免。与此同时，集结在武藏骑西郡（现埼玉县加须市）的长尾景仲等武藏一揆，也在十二月三日到六日的合战中被足利成氏军击败。经过这两场胜利，足利成氏勉强稳定住了战线。这使他得以腾出手来，稳定后方，也就是解决常陆佐竹氏、下野宇都宫氏和下总千叶氏的问题。

常陆佐竹氏前代当主佐竹义人是前关东管领上杉宪定之子，他入嗣佐竹家是依靠足利成氏之父足利持氏的力量。因此，虽然他是上杉氏出身，却站在了足利持氏一方。原本结城合战后，第六代将军足利义教准备处理完足利持氏的遗孤后，开始征讨佐竹氏的，但足利义教在嘉吉之乱中死亡，佐竹义人逃过一劫。足利成氏继任镰仓公方一职后，佐竹义人与其嫡子佐竹义俊也继续站在足利成氏一方。佐竹义人的次子佐竹实定，原本被继承上杉宪定关东管领职务的上杉宪实指定为下一任关东管领，并曾一度改名为上杉实定，但是由于上杉家家宰长尾景仲的反对，佐竹实定没能入嗣山内上杉家。于是，佐竹实定转而追求佐竹氏当主的位置。在佐竹氏首席家臣山入氏的支持下，佐竹实定在享德元年将兄长佐竹义俊父子赶出了佐竹氏居城太田城（现茨城县太田市）。当佐竹义人等在享德之乱中加入镰仓公方一方时，佐竹实定出于对抗父兄的立场，加入了上杉房显一方。之后佐竹氏就陷入了内耗中，无力再参与关东的争乱。

下野宇都宫氏当主宇都宫等纲之父宇都宫持纲死于足利持氏之手。因此，当享德四年四月，室町幕府将足利成氏打成朝敌之际，宇都宫等纲毅然倒戈，加入了上杉房显一方。得知宇都宫等纲反水的消息后，足利成氏在五月一日写信给那须资持，让他做好对宇都宫等纲的防备。七月二十九日，足利成氏再度写信给那须资持，让他和南陆奥的豪族白河结城氏当主修理大夫直朝联手，准备讨伐宇都宫等纲。十一月，宇都宫等纲之子宇都宫明纲等重新加入镰仓公方一方。因此，足利成氏写信要求结城直朝早日出兵，以完成对宇都宫等纲的最后一击。十二月八日，那须资持等开始攻击宇都宫等纲的居馆。宇都宫等纲在康正二年（1456 年）四月初向足利成氏投降，并落发出家。

在江之岛之战时，下总千叶氏的当主千叶胤将是站在足利成氏一方的。可惜千叶胤将在享德三年得急病死去。继任千叶氏当主的是他的幼弟千叶宣胤，并由其父千叶胤直担任辅佐役。当得知足利成氏成为朝敌后，千叶胤直就加入了上杉房显这一方，并得到了将军足利义政的表彰。这一行为引起了千叶家中原本追随千叶胤将、支持足利成氏的家臣们的不满。千叶胤直得到了家中重臣园城寺下野守的支持，而支持足利成氏的家臣们推举了千叶胤直的叔叔马加康胤和另一位重臣原胤房两人为首领。享德四年三月二十日，马加康胤和原胤房突袭了千叶氏的居城千叶城（现千叶县千叶市）。千叶胤直和千叶宣胤两人逃入千田庄的多古城（现千叶县多古町），千叶胤直之弟千叶胤贤逃到了岛城（多古城旁）内笼城。马加康胤等包围了这两座城池。到当年八月十二日，多古城被攻破，千叶宣胤逃到城外的阿弥陀内切腹自尽，和他一起逃亡的园城寺下野守和园城寺壹岐守在之后战死。千叶胤直逃到城外的妙光寺，准备进入岛城，但是岛城也很快失陷，走投无路的他只能自尽。千叶胤贤从岛城逃出，进入上总国坂田乡小堤城（现千叶县横芝光町）。马加康胤军尾随而至，九月七日，小堤城被攻破，千叶胤贤自尽。千叶胤贤的两个儿子千叶实胤和千叶自胤逃到了市河城（现千叶县市川市），与足利义政派来的东常绿会师。康正二年一月十九日，市河城被足利成氏派来的梁田持助攻破。千叶兄弟只能逃往武藏。十一月一日，马加康胤在上总国八幡郡（现千叶县市原市）战死，其长子千叶胤持早亡，由次子千叶辅胤继承家业，继续支持足利成氏，与上杉军作战。

在意识到自己占有优势的情况下，足利成氏在四月四日分别写信给内大臣正亲町三条实雅和幕府管领细川胜元，表示自己对"京都不插野心"，"诚可以为都（指京都的幕府）鄙（指关东的镰仓）安泰"。然而，无论是为了维持室町幕府的权威，还是为了保住自己的权位，细川胜元都不可能同意与足利成氏议和。在他的强硬政策指导下，镰仓公方和关东管领双方都开始为战争的长期化而做准备。时任将军的足利义政并没有意识到，细川政元此举会带来怎样的后果，而他对政治的热情，也将被这场漫长的战事消磨殆尽，并最终使细川胜元搞出了一个更大的事件。

在战略上处于劣势的上杉房显会见了武藏的扇谷上杉家，开始统合己方。长尾景仲和太田道真作为之前一系列失利的责任方隐退，其职位分别由二人之子长尾景信和太田资长继承。上杉显房之子上杉政真被任命为扇谷上杉家的新当主。作为足利成氏构筑古河城这一前进基地的应对举措，日后以太田道灌之名而被后人熟知的太田资长先后在利根川、多摩川和荒川修筑了江户城（现东京都中央区）、河越城（现埼玉县川越市郭町）和岩付城（现埼玉县埼玉市岩槻区）。其中上杉持朝进入河越城，太田道真进入岩付城，太田道灌进入江户城，以这三座城作为对抗镰仓公方军的支撑点。在上野，上杉房显与上野的豪族以平井城为基地，越后军以白井城（现群马县涩川市）为根据地，与镰仓公方一方在东上野的豪族岩松持国对峙。

在求和失败后，足利成氏也开始重新布局，以应付长期化的战争。作为上杉方在武藏修筑城池的应对，足利成氏沿着利根川修建了要塞关宿城（现茨城县野田市）和栗桥城（现埼玉县久喜市），与原先攻占的骑西城一齐起拱卫古河城。这三座城池分别由足利成氏的直臣梁田氏、野田氏和佐佐木氏进驻。而在古河城背后，则是下野的小山持政和那须资胤，以及下总的结城成朝和千叶辅胤。常陆的豪族小田持家和佐竹义俊等监视亲上杉方的佐竹实定。东上野的岩松持国继续与西上野的上杉军对峙。而最重要的一步，则是武田信长和里见义实进入上总和安房。

武田信长出自甲斐武田氏，是现任甲斐守护武田信重之弟。他凭借结城合战中的军功，被第六代将军足利义教授予了相模西部的领地，还有可能一度获得了相模守护的职务。然而，随着嘉吉之乱的爆发，武田信长失去了后台。其领地和守护的职务也被关东管领上杉家强取。因此，武田信长出于反上杉的立场，加入了足利成氏方。而经考证，里见义实并非出自关东里见氏，而是出自美浓里见氏。原本的关东里见氏因为属于足利持氏方，在之前的关东大乱中被灭族，里见义实是随着足利成氏之弟雪下殿（即定尊）进入关东，继承了关东里见氏。当足利成氏和关东管领上杉氏开战之时，这两人自然成了镰仓公方军的急先锋，在相模和武藏两国作战。镰仓失守后，足利成氏为了扩大自己的地盘，将目光放到了上杉家势力薄弱的安房和上总两国。而武田信长和里见义实则作为足利成氏的代表，进入这两国。

上总和安房的守护原本分别是犬悬上杉氏和小山田上杉氏。但是犬悬上杉氏由于上杉禅秀之乱，势力被连根拔起。上杉禅秀的几个儿子被赦免后都在京都的幕府出仕。而小山田上杉家原本就势力不强。

另外，上总和安房两国也与关东其他诸国不同，其国内的有力在地领主上总氏和和田氏早在镰仓时代已经衰亡。由于没有足够强悍的国人众，上总和安房两国相对容易统治。武田信长先是以总州长尾氏的居城佐贯城（现千叶县富津市佐贯地域）为据点，之后武田信长之孙武田清嗣（真里谷三河守信兴）和武田上总介道信又分别修筑了真里谷城（现千叶市木更津市真里谷町）和长南城（现千叶县长生郡长南町），并以这两座城为据点，对上总国进行统治。而里见义实则进驻白浜城（现千叶县馆山市），开始对安房进行统治。一旦气候允许，这两人就可以率军渡过江户湾（现东京湾），直接攻击上杉方柔弱的腹部。

眼见依靠原先的制衡力量已经无法压制住足利成氏，在京都的室町幕府开始策划新一轮的攻势。在关东管领上杉房显的强烈要求下，第八代将军足利义

▲ 太田道灌像

政任命了新的镰仓公方。上杉房显原本属意的人选是足利成氏之弟成润，无奈成润逃到日光山后不久，就被足利成氏捉了回去。于是，足利义政的庶兄足利政知在长禄元年（1457 年）被任命为新的镰仓公方，下向关东。

同足利政知一起前往关东的，还有在京都出仕的犬悬上杉氏一族、被家臣赶出本领的宇都宫等纲、岩松持国的堂兄弟岩松家纯等人。他们都和关东诸侍有着千丝万缕的联系。在他们的谋划下，足利成氏在上野的支柱岩松持国在长禄二年（1458 年）六月被策反，加入了上杉氏一方。得势的上杉军开始围攻古河城。

在京都的足利义政得知此事后，立即命令越前守护斯波义敏率领大军，前往关东讨伐足利成氏。同时，他还命令同出斯波一门的奥州管领大崎氏和羽州探题最上氏等东北豪族南下，夹击足利成氏。这个设想最终因为斯波义敏和越前守护代甲斐常治的内斗而没有实现。东北的大崎氏等人也趁机号称领国内不稳，不再出兵关东。足利义政只能免去斯波义敏的守护一职，由斯波义敏之子龙王丸继任。

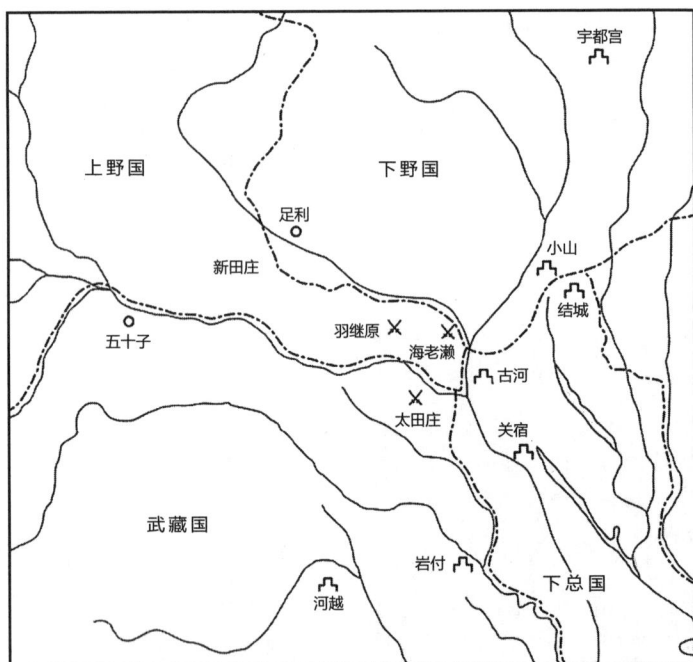

▲ 上杉军与镰仓公方军交战地示意图

18

长禄三年（1459 年），上杉军再度兵分两路，一路从大手口（现埼玉县本庄市），一路从下野口出发。当年十月十四日和十五日，上杉军与足利成氏军在武藏的太田庄（现埼玉县鸿巢市）和上野的羽继原（现群马县馆山市）、海老巢口（现群马县邑乐郡板仓町）交战。上杉军大败，上杉中务少辅教房以下长尾氏、大石氏、浅羽氏和神保氏等诸多战将战死。

长禄四年（1460 年），为上杉方镇守镰仓的今川范忠因为疾病撤军回到了骏河。另一位大将涩川伊予守俊诠也在去年十二月二十八日病死在浅草。四月，足利成氏发起反击。他的兵锋一度攻入足利政知的本阵伊豆国清寺。

担任足利政知执事的涩川义镜立即派遣朝日教贞、富永持资向足利义政求援。由于今川范忠病重，今川军暂时无法出动，足利义政又废掉了斯波龙王丸的守护一职，改由涩川义镜之子斯波义廉继任斯波家家督，并由斯波义廉指挥援军。足利义政的这一举动导致了斯波家的御家骚动，史称武卫骚动。此事又引起了室町幕府一系列的内斗，最终导致了管领细川胜元和其岳父山名宗全的对立。应仁元年（1467 年），细川胜元出兵占领室町御所，正式拉开了应仁之乱的序幕。作为室町幕府支柱的守护大名分成东西两军，混战厮杀。

整个应仁之乱历经十年，直到内战双方的领袖——山名宗全和细川胜元死去后，才在文明九年（1477 年），以双方议和、东军获得实际胜利告终。室町幕府已经无力再顾及关东。而在上杉房显之后继任关东管领的上杉显定也因为长尾景春之乱（1476—1480 年），无力再继续与足利成氏作战。文明十年（1478 年）一月朔日，上杉显定派遣长井左卫门尉和寺尾上野介为使者，与足利成氏方的梁田中务丞持助进行和谈。当年四月七日，足利成氏最后一次在有记录的文书上使用享德年号。

经过五年的和谈，室町幕府与足利成氏在文明十四年（1482 年）议和成功，史称都鄙合体。足利成氏继续以古河城为中心，行使镰仓公方的权力，因此后世又称其为古河公方。而足利政知从山内上杉家得到了伊豆一国作为放弃镰仓公方一职的补偿。古河公方与关东管领以旧利根川为界，各自行使权力，关东自此再无一个统一的势力。原本镰仓府以镰仓公方和关东管领为中心的体制彻底被打破。如果说之后的古河公方和关东管领尚有一些权威的话，那么关东地方上，以守护、守护代与国人领主为核心建立的地方权力体系则被彻底打破。整个关东陷入了"兵强马壮，子自为之"的格局。

永正之乱

都鄙合体之后，关东管领上杉氏发生了内讧。担任关东管领的上杉显定为了遏制在长尾景春之乱中抬头的扇谷上杉家，用反间计，使得扇谷上杉家当主上杉定正杀死了自己的家宰太田道灌。接着上杉定正联合了古河公方足利成氏和长尾景春，向上杉显定开战。

尽管上杉定正在开局取得了先机，但是上杉显定凭借自己深厚的实力，逐渐压制住了上杉定正。原先和上杉定正联手的古河公方，也加入了上杉显定一方。到了明应二年（1493年），骏河今川家当主今川氏亲和他的舅舅室町幕府的奉公众出身的北条早云，奉管领细川政元之命，开始干预关东事务。他们和扇谷上杉家联手，使得关东的局势又一次发生了改变。为了更好地对付"外国之凶徒"北条早云，上杉显定在永正二年（1505年），将已卸任的足利成氏之子、现古河公方足利政氏之弟立为养子，并使之改名为上杉显实。而让上杉显定没有想到的是，就在第二年，古河公方足利政氏及其子足利高基就闹出了内乱。

古河公方自足利成氏时代就采用了战国流行的二元政治，即由被合称为两上样的父子两人共同执掌政务。担任古河公方一职的被称为公方样，如果另一位是公方之父，则被称为太上样；如果另一位是公方之子，则被称为御方御所样。就目前整理出来的文书来看，足利成氏最后一份可考证年月的文书写于延德二年（1490年）四月十二日，内容是有关镰仓禅兴寺主持更替的事务。而足利政氏可考证最早的一份文书是在长享元年（1487年）闰十一月二十三日发给梁田中务大辅受领的官途状。一般认为，

▲ 细川政元像

足利成氏是在延德元年（1489年）将古河公方之位让给足利政氏。永正二年，古河公方重臣梁田政助在给古河昌福寺俊鏓法印御坊的文书中就表示，其寺社领由"两上样御书"安堵①，也证明了两上样制度的存在。

足利成氏死后，足利政氏继续着这种二元体制。文龟三年（1503年），足利高基给涩垂大炊助颁布了领地安堵状，文书中是足利高基的花押，而在封皮上则是足利政氏的署名。永正三年（1506年），足利高基突然转移到其岳父宇都宫成纲所在的宇都宫城。同行的还有梁田政助之子梁田高助。足利高基同父亲足利政氏的第一次内斗开始了。

移住宇都宫城的足利高基开始突破两上样体制，由自己单独发出文书。在这封文书中，足利高基催促东北的豪族岩城下总守常隆早日出兵。从足利政氏在永正四年（1507年）给小峰修理大夫朝脩的文书中可知，足利高基的攻击目标是下野祇园城（小山城）的小山氏，而岩城常隆则号称隐遁，没有加入足利高基这一方。进展不顺利的足利高基不得不在八月三日写信给关东管领上杉显定，希望他出面调停。在去年"两公方样"内斗爆发时，梁田政助就写信给上杉显定，希望他"不计时宜出来，不可犹疑"，否则将成"关东破灭之基"。如今足利高基服软，上杉显定也如梁田政助所言，站出来为足利政氏和足利高基两人调停，终于使议和成功。足利高基回到了古河。调停完成后，上杉显定出家，法号可淳，并开始谋划进军越后，讨伐长尾景虎之父长尾为景。

永正五年（1508年），足利政氏和足利高基父子之间的内斗再次爆发。由于史料散佚，到目前为止还无法考证出此次内斗爆发的原因。这次内斗在上杉显定的调停下，在永正六年（1509年）六月结束。完成此事后，上杉显定和养子上杉宪房一起，于七月二十八日出发，开始了越后攻略。

虽然两次与父亲的内斗都没有占据上风，但是足利高基并非半途而废之辈。在上杉显定出征越后之后，他于永正七年（1510年）六月再次出奔，逃到了关宿城。此时的关宿城城主已经由原先足利政氏的亲信梁田政助改为足利高基的亲信梁田

---

① 安堵指领地保持不变。

高助。足利高基此举，明显是为了准备第三次同父亲足利政氏开战。听闻此事后，足利政氏的次子雪下殿空然率领社家众在太田庄①起兵，支援古河城的父亲。

听闻此事的上杉显定，此时正准备与长尾为景部决战。在决战前夜的六月十二日，上杉显定写信给留守关东的家宰长尾但马守景长。在信中，上杉显定除了对北条早云入侵相模做出了加强警戒的指示外，还表示，空然起兵是为了向父亲足利政氏尽孝；而对足利高基，上杉显定则指责他屡次与父亲开战，批判了足利高基作为"关东之主君""抛御誓词"而"求祸乱"的行为。在文书最后，上杉显定表示，自己在打完这一仗后，就回关东。（《历代古案》第3号）六月二十日，上杉显定在长森原（现新潟县南鱼沼市六日町）被长尾为景击败，自己战死。

上杉显定死后，关东管领一职原本是由其养子、足利政氏之弟上杉显实继承，但是他的另一位养子上杉宪房在上杉家重臣长尾景长和有力国人领主横濑景繁的支持下，出面与上杉显实争夺关东管领的位子。山内上杉家陷入内乱，暂时无法顾及古河公方。失去了关东管领的支持后，结城政朝、小田政治等纷纷加入了足利高基的阵营。上杉宪房也和足利高基联手，共同对付足利政氏和上杉显实。整个关东再次陷入混战。

永正八年（1511年），足利高基最大的支持者下野宇都宫氏内部出现纷争，当主宇都宫成纲和重臣芳贺高胜因为在古河公方父子之间站队问题而发生对立。足利政氏见状，在五月九日写信给那须越后守，请他在十三日出阵，参与围攻关宿城的足利高基。永正九年（1512年），先是芳贺高胜逼迫宇都宫成纲让位于其子宇都宫忠纲，后是宇都宫成纲起兵杀死了芳贺高胜，造成芳贺高胜之弟芳贺高经等起兵，史称宇都宫错乱。足利高基写信给石川治部大辅尚光、板桥下野守、石河左卫门佐成次、小野崎下野守善通等人，命他们出兵会剿芳贺高经等。六月九日，足利政氏写信给富冈玄蕃允，表彰了他据守新田庄的功劳，并表示上杉显实将从新田、佐贯两庄出兵，与上杉宪房方的长尾景长和横濑景繁作战，希望富冈玄蕃允能在作战期间继续坚守阵地。然而，上杉显实此番出兵，在对方安保丹

---

① 现埼玉县久喜市、加须市、羽生市和埼玉市岩槻区各一部分。

四郎等人的奋战下失利。长尾景长和横濑景繁乘胜开始攻打上杉显实的居城钵形城（现埼玉县大里郡寄居町）。上杉显实无法坚守，不得不放弃了钵形城，逃到其兄足利政氏处避难。之后上杉显实的事迹不详，只是在古河公方系图中得知他最终在永正十二年（1515 年）死去。

在下野，由于结城政朝和宇都宫家臣壬生纲房的奋战，芳贺高经部势力大损，虽然他继续与宇都宫成纲作战，但是这已经无关大局了。到了七月，足利政氏不得不因为足利高基的"不孝"，离开古河城，退到下野祇园城的小山成长处避难。七月二十八日，足利高基进驻古河城。

进入祇园城后，足利政氏开始联络己方的势力人物。这些人中，除了收留他的小山成长以外，最主要的人物就是武藏的扇谷上杉家当主上杉治部大夫朝良、陆奥的岩城常隆父子和常陆佐竹氏的中兴之祖——佐竹左京大夫义舜。其中，上杉朝良因为同后北条氏争夺相模，无力顾及古河方面，所以足利政氏将反攻古河的希望放在了岩城常隆和佐竹义舜身上。为此，足利政氏的次子雪下殿空然还俗，改名为足利义明。他作为足利政氏的使者，前往陆奥。三子足利基赖则前往常陆。作为应对，足利高基联络了陆奥的石川氏和伊达氏作为外援。

永正十一年（1514 年）二月，足利政氏就通过冈本妙登、铲长寺题材西堂、町野藏人道悦等人，联系岩城常隆父子和佐竹义舜出兵。察觉此事的足利高基在三月二十八日写信给宇都宫忠纲，表示祇园城方面有调动，要宇都宫忠纲等加强防范。四月二十三日，足利高基写信给伊达次郎稙宗，表示佐竹、岩城和那须联军将向下野发起进攻，希望他能从白河口出兵，在佐竹和岩城联军背后发起攻击，减轻宇都宫方面的压力。（《战国遗文·古河公方编》第五一八号）同时，宇都宫错乱也以芳贺高经等人的降伏而结束，足利高基最大的助力宇都宫氏终于可以全力出击了。

七月，佐竹和岩城军开始行动。在七月二十五日和二十六日，联军击败了那须口的宇都宫军。作为配合，二十八日凌晨，小山成长部夜袭古河城。当时古河城中人数不多，守军倚城而战，从丑时（凌晨 1 点到 3 点间）坚持到午时（中午 11 点到下午 1 点间），终于击退了来犯之敌。根据当日足利高基写给宇都宫忠纲的信中的内容，攻城军中多人战死，负伤者不计其数。二十九日，佐竹和岩城军从那须口，向宇都宫氏发起攻击。得知此事的足利政氏连忙写信给中山赞岐守和盐美作守，希望他们能改变"三月以来相违"的态度，与足利政氏"同心"，早日"驰参"。感到危机的足利高基在八月十四日写信给千叶介胜胤，表示古河城危急，希望他出兵援助。八月十六日，得到了大舅子结城政朝及下总豪族山川朝真、水谷胜之支援的宇都宫忠纲，在竹林（现栃木县宇都宫市）与佐竹 – 岩城 – 那须联军交战。凭借着宇都宫部下片见伊豆守、芳贺助四郎和芳贺左京亮等人的奋战，佐竹 – 岩城 – 那须联军大败。根据《结城家之记》《今宫神社祭祀录》等记载，是役佐竹等部共战死两千余人。

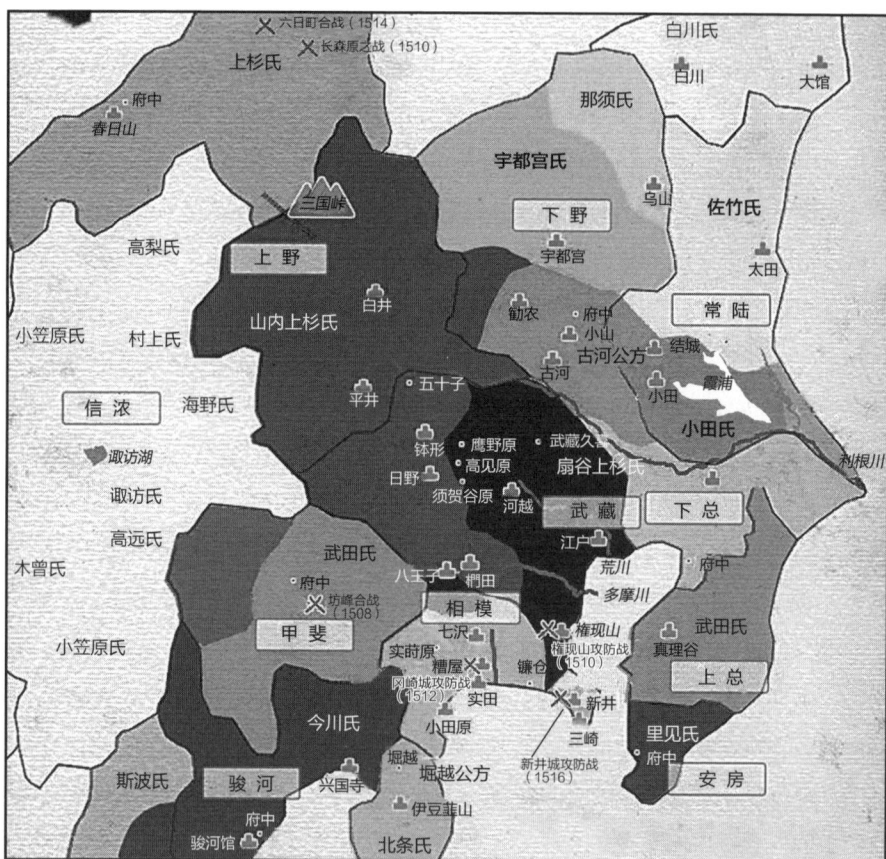

▲ 1511—1516年关东势力割据示意图

两年后的永正十三年（1516 年），佐竹 – 岩城联军再度进攻下野。此时宇都宫氏已经恢复了元气，而原先足利政氏方的那须氏已经倒向了足利高基一方。两军在那须庄绳钓（现栃木县那须郡那珂川町）交战，宇都宫军再次获得了胜利。获胜的宇都宫军反攻入常陆国，拿下了白河结城氏的旧领依上保（现茨城县久慈郡太子町）。

绳钓之战后，足利政氏外援尽失。而收留他的小山成长也无法再庇护他了。原本小山成长之子小山政长就是足利高基派，能收留足利政氏完全是小山成长的意见，目的是夺回之前在足利政氏父子内斗中被宇都宫氏侵占的领地。如今战局不利，小山氏只能暂时放弃夺回旧领的念想，收留足利政氏的理由已经不存在了。因此，足利政氏只能在当年十二月黯然地离开祇园城。扇谷上杉家当主上杉朝良收留了足利政氏，并将他安置在扇谷上杉家的岩付城中。到岩付城后，足利政氏出家，法号道长。永正十五年（1518 年），上杉朝良死去。足利政氏在写给恒冈左卫门尉入道行悦的信中表示"建芳（上杉朝良法号）死去……偏被落御力"，他自己已经放弃了同足利高基争夺古河公方的念头。之后，足利政氏就一直在武藏国久喜馆（现埼玉县久喜市）隐居。除了在永正十七年（1520 年）曾经回过一次古河城以外，他再也没有去过其他地方了。

虽然足利政氏已经不再试图夺回古河公方之位，但是他依然有一件事放心不下，那就是为了帮助他与足利高基争斗而还俗的次子足利义明。永正十四年（1517 年）闰十月二十八日，足利政氏写信给臼田太郎，表示"义明逐日恳候间"，言明足利义明才是他的政治继承人，并希望臼田太郎能够对足利义明尽"无二忠节"。

足利政氏写下这封信时，足利义明已经在之前的十月十五日，应真里谷武田氏的邀请，前往上总小弓城（现千叶县千叶市中央区）。他将以小弓城为根据地，继续向自己的兄长足利高基发起挑战。

真里谷武田氏是之前提到的武田信长的后裔。武田信长进入上总后，首先占领了菅生庄、畔蒜庄、长南郡等地作为自己的直辖领。在之后的战争中，武田信长及其后人又逐渐把马野郡、左是郡、天羽郡和伊北庄等领地收入自己的名下。其中，以长南城为据点的武田道信为嫡流，以真里谷城作为据点的真里谷信应为支流，通过这样的体制建立了对上总国的支配。文明十年，古河公方同关东管领议和之时，武田道信和真里谷清嗣两兄弟与下总的豪族千叶辅胤、千叶孝胤父子均反对议和，继续与上杉氏作战。他们的抵抗在文明十一年（1479年）七月，被太田道灌指挥的上杉军击败。武田道信和真里谷清嗣两人不得不作为上杉氏的从属，前往武藏出仕。（《太田道灌状》）

文明十四年，古河公方同室町幕府达成和平协定。武田道信之子又联络了千叶氏，再度向上杉氏举起反旗。最终长南城被上杉军攻破，武田道信之子连名字都没有在历史上留下，长南武田氏也在之后没落。真里谷清嗣之子真里谷信嗣在永正之乱中，通过在足利政氏和足利高基两方之间不断地倒戈，扩大了自己的地盘。真里谷信嗣的次子真里谷大学头信秋被任命为天羽郡佐贯城城主，堂弟真里谷道存为天羽郡百首城（现千叶县富津市天羽地域）城主，三子真里谷直信为伊北庄小田喜城（现千叶县夷隅郡大多喜町）城主。真里谷信嗣以上总武田氏总领的身份，将上总国大部分领地都纳入了自己麾下，确立了自家上总国主的地位。永正七年，真里谷信嗣死去，其长子真里谷信清继承了家督一职。六年后，上总爆发了三上之乱，使得真里谷信清将目光转移到了下总的豪族千叶胜胤那里。

千叶胜胤是享德之乱中千叶家分家马加康胤的后人。在马加康胤攻灭千叶家本家后，千叶氏分成了两支。一支是千叶实胤和千叶自胤兄弟，他们被赶出下总后，出仕于武藏扇谷上杉家，称为武藏千叶氏；另一支则是千叶胜胤的祖父千叶辅胤，以下总的本佐仓城（现千叶县印幡郡酒酒井町）为根据地，在重臣原氏一族的支持下，领地横跨上总与下总两国，称为下总千叶氏。永正十三年，千叶氏麾下重臣原氏与上总的真名城（现千叶县茂原市）城主三上氏发生了领土纠纷。原氏当时的当主原胤隆是当初支持马加康胤的原胤房的庶子或养子。原胤隆以小弓城为中心，控制了小西城、弥富城、臼井城、多古城、小金城和大野城[①]等地区，势力凌驾于主家之上。原胤隆的三子原范觉成了千叶神社的别当寺[②]妙绝院的第十二代

[①] 小弓、小西、弥富、臼井、小金、大野等六座城的位置,分别在现千叶县千叶市中央区、现千叶县大纲白里市、现千叶县佐仓市弥富地域、现千叶县佐仓市臼井田地域、现千叶县松户市大谷口地域、现千叶县市川市大野町。
[②] 即依附于神社的寺庙,也叫神宫寺。

座主。原本这个职位只有千叶氏本家的庶子才能担任，原范觉能担任此职务，足以说明原胤隆在千叶家权势滔天。

于是，这场原氏同三上氏的摩擦也就顺理成章地变成了千叶家与三上氏的战争。五月八日，千叶方的高坂要害（现千叶县市原市）被三上氏攻克。前来祝贺的藻原寺主持日清和尚，偶然在要害中发现了藻原寺在永正七年被掠走的钟。新仇旧恨之下，三上氏的三上但马守在当年八月二十三日率领两千人开始攻打千叶城。千叶军仓促之下，被三上军击败，原藏人丞明寿、东六郎以下数人战死。

三上氏和千叶氏这场鹬蚌之争，自然引来了渔翁的觊觎。十一月，相模的北条早云应真里谷信清的请求，率兵渡过江户湾，进入上总国，与真里谷信清一同发起了对三上氏的进攻。当月，北条早云在藻原寺发布了禁制令。腹背受敌的三上氏不得不向千叶氏和原氏求援。面对共同的敌人，千叶氏答应了三上氏的同盟要求。

这年十二月，足利政氏被迫离开祇园城。由于千叶氏隶属足利高基一方，因此北条早云和真里谷信清立即将自己的立场放到了足利政氏这一边。永正十四年，真里谷信清以足利政氏的名义，开始进攻千叶氏的领地。四月二十八日，真里谷军与千叶军在下河边庄的番匠面（现千叶县三乡市）交战，原氏的下属高城治部少辅战死。五月十五日，双方再战于弥富领的坂户地区（现千叶县佐仓市），弥富原氏的当主原孙九郎战死。两战下来，真里谷信清确立了自己的优势。

到了十月，足利义明从陆奥进入上总。真里谷信清拥立足利义明为总大将。同时，北条早云也再次渡海前来支援。联军集结完毕后，就开始向小弓城和真名城发起了进攻。十月十三日，真里谷军在北条早云的支援下，攻克了真名城。真名城守将高城下野守胤辰逃跑。两天后的十五日，真里谷军攻克了小弓城。小弓城守将原次郎行朝、家臣高城越前守胤吉父子一并战死。原胤隆的长子原基胤继承了家业，以小金城为根据地，继续掌控着千叶氏的大权。获胜后的真里谷联军乘胜追击，于闰十月十七日，在马桥（现千叶县松户市）与原氏军再战，原氏的部下畔蒜右京亮战死。

战胜千叶军后，足利义明进驻小弓城，并以此城为根据地。除了真里谷武田氏以外，房总的里见上野入道义通、里见左马头义丰父子，以及下总鹿岛城（现千叶县佐仓市鹿岛干拓大字地域）城主鹿岛干胤和武藏的小府佐佐木源四郎等人都加入他的阵营中。足利义明被他们称为小弓上样、小弓御所样等。足利义明也放弃了从担任雪下殿以来使用的花押，表明其拒绝在公方－社家的关系下维持与长兄足利高基的关系的决心。

知道足利义明与自己继续斗争的决心后，足利高基开始了对房总半岛的攻略。永正十六年（1519年）六月二十八日，真里谷信清之弟真里谷信秋所领的佐贯城中，发生了足利高基支持者发动的大乱。次月，作为报复，足利义明方派遣部下伊势氏进攻了足利高基方下辖的二宫庄。同月，古河公方足利高基开始进攻上总，而关东管领上杉宪房也发起了对武藏扇谷上杉家的进攻作为配合。上杉宪房在进攻武藏之前，向真里谷信清提出愿意出面让足利高基和足利义明"御两家御和之希望之"，但真里谷信清以与扇谷上杉家和北条早云有同盟关系，必须共进退为由，婉拒了上杉宪房的提议。

七月，北条氏纲应真里谷信清的请求渡过了江户湾，再次进驻藻原寺。八月，足利高基带领结城政朝部和小田氏治部组成的军队进入上总。八月十九日，小田氏治的代官菅谷摄津守和常陆的豪族羽生上总介绕过了小弓城，攻击连接真里谷城与小弓城的要害椎津城（现千叶县市原市椎津地域）。菅谷摄津守和羽生上总介因此受到了足利高基的嘉奖。

▲ 北条早云像

永正十七年，足利义明发起了反击。他前出到蕨地（现千叶县四街道市），并以此为据点，派遣里见义通为大将，攻打关宿城。里见义通作战勇猛，很快将关宿城周围的田井、横山、小泽要害、根小屋等据点拿下，于六月回到了蕨地。原本在常陆活动的足利基赖，也进入了小弓城，加入了足利义明一方。为此，足利高基不得不将隐居在武藏的老父足利政氏再度请回古河城，来调停自己与足利义明之间的冲突。

里见氏的崛起

古河公方与小弓公方的对立局面直到大永年间才被打破。大永四年（1524年），小田原城（现神奈川县小田原市城内地域）城主北条氏纲策反了扇谷上杉家名下的豪族相模津久井城城主内藤大和入道、武藏由井城城主大石道俊、户仓城城主小宫朝宗和胜沼城城主三田政定，迫使山内上杉家和扇谷上杉家联手。扇谷上杉家当主上杉朝兴向关东其他势力求援，称北条氏纲为"他国之凶徒"。在上杉朝兴的呼吁下，甲斐国的大名武田信虎、越后的守护代长尾为景都加入两上杉家这一方。房总的真里谷武田氏也跟随甲斐武田氏，加入了两上杉一方。关东管领上杉宪房在大永五年（1525年）去世，由于上杉宪房之子上杉宪政只有三岁，因此，由足利高基四子贤寿王丸入嗣山内上杉家，改名上杉宪宽，继任关东管领一职，之后，上杉宪宽迎娶了足利义明之女，这也标志着关东的原有势力集结起来共同对抗后北条氏的决心。

大永六年（1526年），上杉朝兴开始反击，所部于五月开始围攻前年被后北条氏攻克的蕨城。真里谷武田氏和里见氏的部队也侵入武藏的品川地区（现东京都品川区）作为配合。六月七日，蕨城被攻克。九月，上杉朝兴会合了山内上杉家的军队，反攻进入武藏境内。十一月，上杉军包围了后北条氏在东相模的重要据点玉绳城（现神奈川县镰仓市玉绳地域），而里见义丰与其叔父里见实尧也渡海进入镰仓，并在鹤岗八幡宫放火。两上杉家联手后，优势十分明显。北条氏纲只能选择暂时隐忍蛰伏，以待时机。

大永七年（1527年），北条氏纲等待的时机到来。古河公方同小弓公方之间的战火再燃。鲇川美浓守和鲇川丰后守先后在大永七年和享禄元年（1528年）因为进攻小弓公方的名都借要害（现千叶县流山市）而收到了足利高基的感状。由于后北条氏的崛起而勉强团结起来的旧关东势力，也因为此事而再度分裂。

为了制止足利高基同足利义明之间的战争，上杉宪宽开始谋划拥立自己的长兄龟若丸，重新恢复两上样体制，以此来牵制足利高基。此举造成了足利高基和足利龟若丸父子之间的对立。享禄元年，山内上杉家家宰长尾宪长在十月五日写信给长尾为景，表明"两君样御取合难调"，希望通过与京都幕府关系密切的长尾为景，使幕府将军足利义晴能够下赐一字，以完成足利龟若丸的元服之礼。长尾为景答应了此事。十月七日，室町幕府的奉公人大馆兵库头高信写信给长尾为景，表示足利龟若丸从足利义晴处一字拜领的工作正在进行中，催促长尾为景加紧完成各种礼仪工作。十月十日，室町幕府政所执事伊势贞宗写信给长尾为景，正式宣布将军足利义晴将名字中的"晴"字赐予足利龟若丸。

足利龟若丸元服后，改名为足利晴氏。享禄二年（1529年），小弓公方名下的领主里见义丰在其为鹤岗八幡宫竖立的栋札铭中写上了"镇守府将军原朝臣晴氏武运长久"的祈祷词。可见，足利晴氏是得到了小弓公方足利义明的支持，才开始了与父亲足利高基的斗争。

就在这一年，关东管领山内上杉家也出现了内乱。先是其家臣白井长尾家的长尾景诚被长尾八郎所杀，导致总社长尾家和足利长尾家为了长尾景城的后嗣问题对立。接着，拥立了上杉宪房之子上杉宪政的小幡氏和安中氏，与上杉宪宽和支持上杉宪宽的长野氏之间又发生了战争。就这样，足利高基取代了足利政氏，足利晴氏取代了足利高基，上杉宪宽取代了上杉显实，上杉宪政取代了上杉宪房，在永正年间发生的事情，在享禄年间以几乎同样的面目再发生了一次。

有关这次内乱的史料非常缺乏，我们只知道在享禄四年（1531年）九月三日，上杉宪政继任了山内上杉家家督一职。上杉宪宽逃到岳父足利义明处避难，并改名为足利晴直，宣告了自己在这场内乱中的失败。

在古河公方一方，从隐居的前古河公方足利政氏给足利基赖的信中可知，除了足利政氏、足利基赖等小弓公方的支持者外，足利高基阵营中的宇都宫兴纲、成田下野守显泰等人也支持足利晴氏"归座"。在这些人的支持下，足利晴氏开始围攻古河城。为此，足利高基不得不在享禄二年到享禄四年间的某个五月晦日写信给小山小四郎，催促他出阵。享禄四年六月六日，足利政氏病重，足利晴氏写信给古河公方奉公众田代三辉斋，命令其派遣名医给足利政氏治疗。六月十九日，足利高基在给小山小四郎的信中表示其已经"闲居堪忍之"。由文书可见，在六月前后，足利高基隐退，足利晴氏继任了古河公方一职。经过这场内乱，古河公方的权威也大大地衰退了。

北条氏纲抓住了关东管领和古河公方两家都发生内斗的机会，渡过了危机。

天文元年（1532年）五月，北条氏纲开始修建鹤冈八幡宫等神社。天文二年（1533年）二月，北条氏纲在得到还俗的若宫神社别当足利义明的支持后，开始向关东诸侍募集修建的资金。其中，山内上杉家名下的北关东诸侍，出于维护关东管领尊严的目的，赞助了北条氏纲。小弓公方名下的房总诸侍则没有出资，除了认为这笔出资没有意义以外，也有可能是因为当时房总诸侍的内部矛盾已经处于爆发边缘。

七月，矛盾首先在安房的里见家爆发。当月二十七日夜，里见家当主里见义丰在居城稻村城（现千叶县馆山市稻村区）内谋杀了叔父里见左卫门大夫实尧和重臣正木大膳大夫通纲，史称稻村之变。按照里见家流传下来的说法，上代当主里见义通在永正十五年死去时，继承人里见义丰年仅五岁，所以由义通的弟弟里见实尧担任里见义丰的代理人，掌握了家中的实权。十年后，里见实尧以抵御北条氏纲为理由，拒绝将权力交还给里见义丰，后又传出里见实尧联合正木通纲欲立实尧之子义尧为里见家当主的谣言，最终导致里见实尧被里见义丰所杀。不过，当代日本学者通过对古文书的研究，找到了里见义丰在永正九年写给高野山一心院舜教院的书状。可见里见义通死时，里见义丰早已拥有了执政的能力。之后，又发现了里见义通在世时里见义丰写给中里中务少辅的书状，从中可知里见实尧当时是担任里见水军的指挥。里见实尧作为代理人的说法，很有可能是实尧之子义尧下克上成功后，为了强调自己的正统性而捏造的。

现在的研究认为，里见义丰同里见实尧的矛盾，缘于大永六年里见义丰在攻打北条氏纲时，烧了在关东有着崇高宗教地位的鹤冈八幡宫。这件事损害了世世代代以关东副帅或关东副将军自诩的里见义丰的威望，也招致了他名义上的主子——还俗前担任镰仓若宫别当的足利义明的不满。这使得里见实尧和里见家的宿老正木通纲联手，侵夺里见义丰的权力。正木通纲出身相模三浦氏庶流，其本家三浦氏在永正年间因为内讧而为北条早云所灭。正木通纲大约是在这期间逃到了里见家，并被里见义通授以国衙奉行这样重要的职务。也因此，正木通纲遭到了里见家谱代重臣的排挤，这促使正木通纲向里见实尧靠拢。随着北条氏纲和足利义明之间关系转好，里见实尧和正木通纲也开始和北条氏纲亲近。由于里见义丰拒绝捐款给北条氏纲重修鹤冈八幡宫，导致了里见义丰和里见实尧之间的矛盾激化。

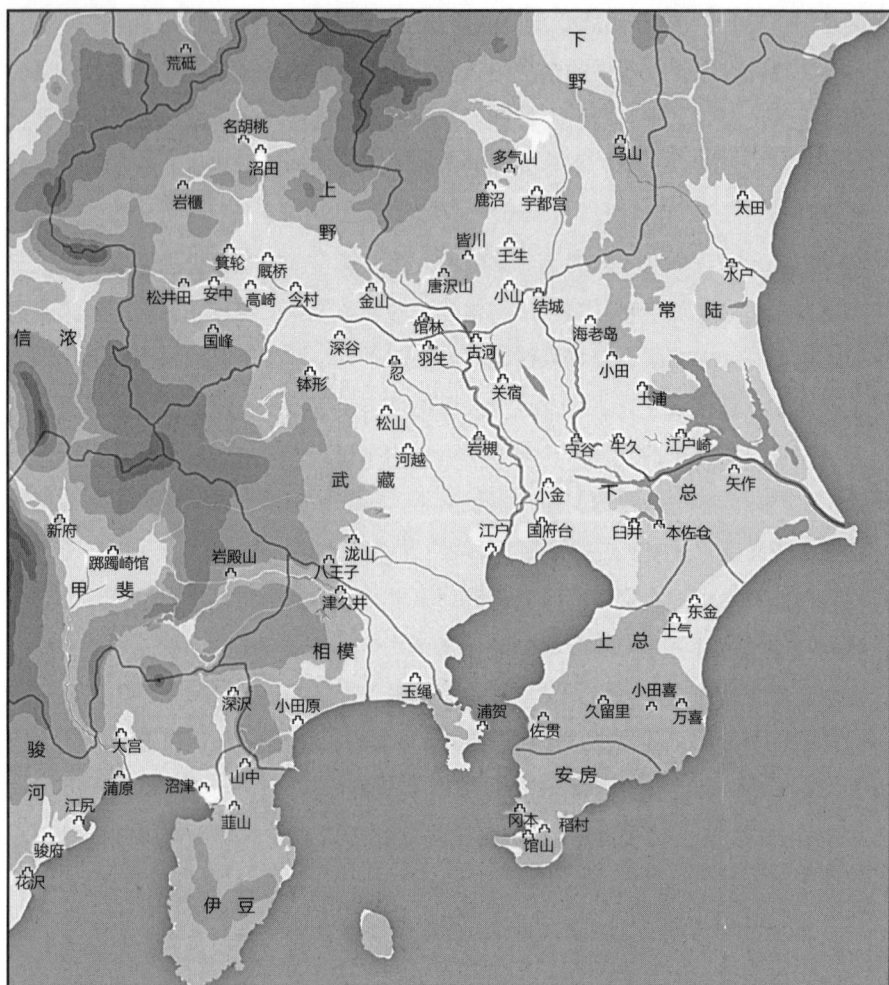

▲ 关东示意图

　　里见实尧和正木通纲死后，里见实尧之子里见义尧和正木通纲之子正木时茂等一族郎党，逃到了真里谷信隆所在的百首城笼城据守，并向相模的北条氏纲求援。天文二年八月二十一日，山本太郎左卫门尉家次为首的山本水军进入房总半岛，占据了妙本寺（现千叶县安房郡锯南町）。两天后，北条氏纲之弟、玉绳城城主北条为昌向山本家次发出了感状。同月，正木时茂指挥上野筑后守助国和上野弥次郎等向里见义丰发起了反击。到九月二十四日，里见义丰名下诸城只剩下泷田城（现千叶县南房总市上泷田区和下泷田区）一城。两日后，泷田城被攻陷，里见义丰只身逃往真里谷信清处避难，泷田城城主一色九郎以下尽数被杀。

逃到真里谷信清处后，里见义丰以大户城（现千叶县君津市）为根据地，策划着对里见义尧的反攻。天文三年（1534年）四月，里见义丰发起了反攻。里见义尧得到了北条氏纲和真里谷信隆的支援，在犬掛（现千叶县南房总市）与里见义丰决战。里见义丰被击败，数百人被杀。里见义丰本人身首异处，首级被送往小田原城。《快元僧都记》的作者快元和尚在记录此事时写道："併神罚欤。"

七月，真里谷信清病逝，随后发生了继承危机。其庶长子真里谷信隆在之前里见氏的内乱中支持了里见义尧，也因此和北条氏纲结盟。在北条氏纲的支持下，真里谷信隆开始向嫡出的弟弟真里谷信应发起争夺继承权的战争。而小弓公方足利义明在当年五月给真里谷信清的文书表明，足利义明是支持真里谷信清的。因此，真里谷信隆起兵与真里谷信应开战后，足利义明在十一月出兵上总，支持真里谷信应。他的部队与真里谷信隆在椎津城交战。真里谷信隆获得了胜利，取得了"敌百余人被打取"的战果。

真里谷信隆此战能够获胜，与北条氏纲的支持是分不开的。因此，当北条氏纲在天文四年（1535年）进攻河越城时，不但有隶属北条氏纲的伊豆、相模和武藏的领主参战，安房、上总和下总的领主也被动员了。

天文五年（1536年）三月十八日，骏河守护今川氏辉暴毙。五月八日，今川义元在花仓之乱中杀死了与自己争位的今川良真，继承了今川家。次年二月，今川义元同武田信虎结盟。北条氏纲同今川义元开战，史称河东一乱。

眼见北条氏纲将注意力放到了骏河，房总的足利义明和真里谷信应趁机发起了反击，椎津城被攻克。真里谷信隆退守峰上城（现千叶县富津市天羽地域），信隆之子信政退守百首城。虽然忙于出兵骏河，但是北条氏纲还是派遣了家臣大藤金谷斋在真里谷新地（现千叶县富津市）筑城。

然而，原本是北条氏纲一方的里见义尧，此时却倒向了足利义明。这使得足利义明在天文六年（1537年）五月，联合了里见义尧，再次向真里谷信隆发起了攻击。其中，足利义明负责攻打真里谷信隆驻守的峰上城，里见义尧负责攻打真里谷信政驻守的百首城。五月十四日，峰上城被攻陷，真里谷信隆逃入百首城。十八日，百首城也岌岌可危。二十七日，在真里谷真如寺住持的调解下，真里谷信隆父子向足利义明投降，交出了百首城和新地城，前往北条氏纲处避难。

六月二日，快元和尚写信给足利义明的家臣逸见山城入道祥仙，希望足利义明能够同真里谷信隆执政时一样，继续供应修建鹤冈八幡宫的木料。六日，真里谷信应的叔父真里谷信秋回信，表示愿意继续提供木料。同日，逸见祥仙写信给里见义尧，除了让义尧恢复向鹤冈八幡宫供应木料以外，还表示"北上御调仪之时分，可有御参上"，即足利义明将北上与古河公方开战，要里见义尧做好准备。十一日，真里谷氏向鹤冈八幡宫进献了刀一把、铜钱两百余贯。十五日，关东管领上杉宪政在写给小林平四郎的信中表示，足利义明可能要出阵攻打关宿城。七月二十七日，足利晴氏向糟屋式部少辅发出感状，感谢其参阵，这很有可能就是为了抵御足利义明而采取的军事行动。真里谷氏的行为也许是足利义明不想扩大对立面而向北条氏纲示好的行为。七月一日，里见义尧回复表示因为"敌地之间神虑也共"，所以"材木不可进之由"，拒绝继续向鹤冈八幡宫提供木料。即使如此，真里谷氏领内的大木还是准时从峰上城出发，经佐贯城出海，被送入镰仓。可见直到此时，足利义明依然想保持与北条氏纲的关系。

就在这年七月，北条氏纲攻克了扇谷上杉家的居城河越城，长久以来的对手扇谷上杉家没落。次年二月，北条氏纲攻克葛西城（现东京都葛饰区青户地域），打开了进出房总半岛的重要据点。而此时足利义明将葛西城对岸的国府台城（现千叶县市川市国府台地域）纳入了自己的治下。

对于足利义明来说，要想消灭古河公方，就必须攻克古河城的外围据点关宿城。而攻击关宿城的直接路线上，挡着古河公方的盟友千叶家的根据地本佐仓城。千叶家是自平将门时代就盘踞在总州的豪族，根基深厚。足利义明没有能力消灭千叶家，所以将进攻关宿城的路线改由经过国府台城，绕过千叶家的领地，沿太日河（现江户川）到达关宿城。因此，足利义明并不希望国府台城对岸的葛西城隶属自己的敌对势力。

对于北条氏纲来说，占领了葛西城，也就是打开了进出房总半岛的通道。由于北条水军同海对面的里见、真里谷水军相比并没有绝对优势，无法保证制海权，因此，这条陆上通道的作用就极其重要。小弓公方也成了阻碍北条氏纲扩张的绊脚石，这使得北条氏纲最终选择了同古河公方结盟。

天文七年（1538年），足利义明带着长子足利义纯、弟弟足利基赖，连同里见义尧以及家臣椎津隼人佐行宪、村上成清、堀江某、鹿岛干胤等总势一万余人，进驻国府台城。感到威胁的足利晴氏写信给北条氏纲，催促其早日出阵，使"小弓退治"。十月二日，北条氏纲与北条氏康父子二人从小田原城出发，前往江户城。十月六日，北条氏纲从江户城出发，到达了国府台地区。十月七日，北条氏纲军与足利义明军开战。由于在之前的战前会议上，足利义明和里见义尧意见不合，里见义尧作战并不积极，这使得积极作战的足利义明和里见义尧之间出现脱节。北条氏纲抓住了这个破绽，指挥家臣笠原信为、远山纲景、伊东佑纲、志水某和狩野某等发起了反击。足利义明军虽然在开始凭借其强悍的战斗力取得了一些进展，北条方的安藤备前被杀，但是在兵力上处于优势的北条氏纲军完成展开后，足利义明军就抵挡不住了。足利义明的弟弟足利基赖和长子足利义纯先后战死，部将逸见祥仙被北条方的山中修理亮所杀。最后，足利义明自己也被北条方的横井神助杀死，首级被松田弥次郎砍下。里见义尧见势不妙，全军撤退。足利义明的家臣佐佐木源四郎、逸见八郎、佐野藤三弘纲、町野十郎等烧毁了小弓城，保护着足利义明的末子足利赖淳，逃到了里见义尧处。这场被后世称为第一次国府台合战的战斗，以北条氏纲的胜利和小弓公方的覆灭告终。

战斗结束后，被小弓公方压制的千叶氏和真里谷信隆开始了反击。千叶氏夺回了小弓城，而真里谷信隆也在北条军的支援下，夺回了自己的旧领椎津城。北条氏纲则在十月十日班师回到了小田原城。足利义明的首级被献给了足利晴氏。十月二十一日，足利晴氏给北条氏纲的家臣伊东右马允发出感状，表彰了北条氏纲的战功。十月二十六日，足利晴氏在给涩川弹正左卫门尉的信中又表彰了北条氏纲的"忠信"。之后，足利晴氏娶了北条氏纲之女芳春院为正室，使北条氏纲的家格变成了古河公方的御一家。他又授予北条氏纲关东管领的职务，使得北条氏纲有了同关东管领上杉氏平起平坐的地位。虽然关东管领的任命必须得到京都的室町幕府承认才能生效，但是这并不妨碍北条氏纲达到他人生的巅峰。

天文九年（1540年），北条氏纲开始了对房总的攻略。上杉宪政在三月十九

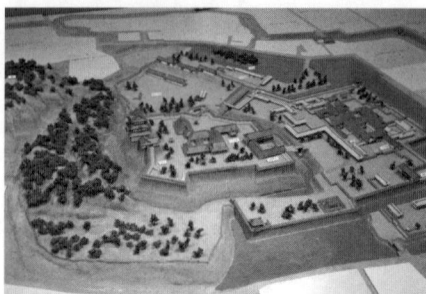
▲ 小田原城想象图

日写信给真壁安艺守宗干，表示足利晴氏将向房总用兵，要真壁宗干做好准备。上杉宪政还在信中谈及，去年足利义明方的领主小田政治有意同足利晴氏和解，并愿意出兵相助。五月七日，足利晴氏写信给千叶八郎胜定，让他劝说家主千叶昌胤早日与足利晴氏同心，速速前往安房参阵。由此可见，北条氏纲此战是以为足利晴氏扫荡小弓公方余部的名义发起的。北条氏纲本人在出兵房总后，于四月三日在妙本寺发布了禁制令。这次对房总进攻的战果不详，北条氏纲在九月二十一日回到了玉绳城。十月二十六日，北条氏纲因为中风病倒。次年七月十七日，北条氏纲去世，享年五十五岁，死后获赠法号春松院殿前左京亮快翁（宗）活公大居士。

北条氏纲死后，上杉宪政再次与北条家开战，北条氏康在击退上杉军的进攻之余，将注意力放在了国内的检地上，暂时没有顾及境外的事情。房总的反北条势力也因此重新开始了行动。天文十年（1541年）二月，真里谷信隆父子尚能在北条军的支援下，攻打真里谷信应方真里谷信清的居城佐贯城。等这年过去，真里谷信隆方大将真里谷朝信名下的天津城（现千叶县鸭川市天津地域），却被里见义尧的家臣正木时茂、正木时忠兄弟攻克。天文十二年（1543年），笹子城和中尾城（均在现千叶县木更津市）两城中的真里谷信隆派和真里谷信应派之间，发生了内乱。这场内乱引发了信隆和信应之间新的战争，并导致了后北条氏和里见氏的介入。

天文十三年（1544年），正木时茂兄弟再次侵入真里谷朝信的领地。双方在刘谷原（现千叶县夷隅市）交战，真里谷朝信战死，其居城小田喜城也被正木时茂占据。这年六月十一日，匝瑳某因为抓住了里见义尧同上杉宪政联系的密使而获得了北条氏康的赏赐——太刀一把、知行二十贯文。九月二十四日，北条军开始了反击。北条纲成率军渡海，攻入了安房，并在妙本寺发布了禁制令。十月五日，荻野九郎三郎因为登陆有功而受到了北条氏康的嘉奖。登陆之后，北条军攻下了

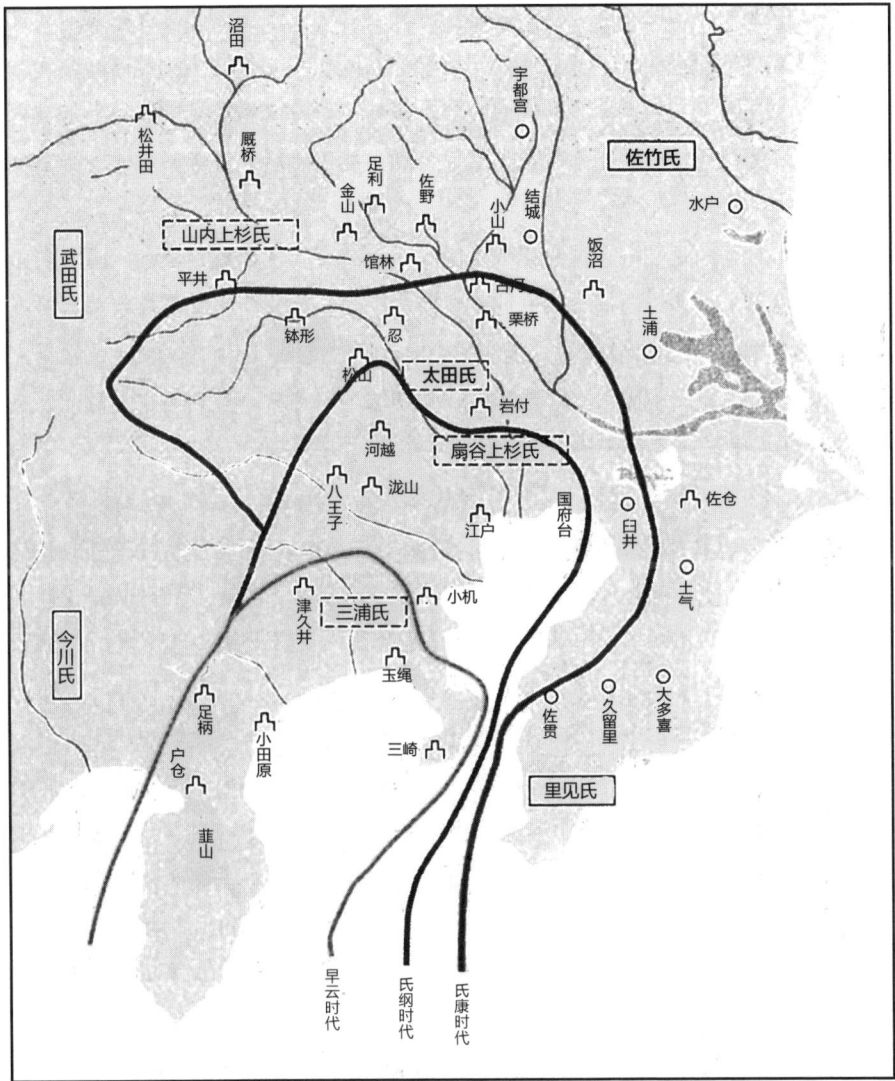

▲ 北条氏的势力圈示意图

真里谷信秋、真里谷义信父子据守的佐贯城和久留里城（现千叶县君津市久留里地域），并在这两处设置了代官。次年，今川义元连同上杉宪政联手向北条氏康发起了进攻，迫使北条军撤出了房总。

经过里见和北条两军在领内这一番肆虐，真里谷武田氏的势力大幅衰弱。天文十五年（1546年），千叶家新当主千叶利胤与其弟臼井城城主臼井胤寿不和。臼井胤寿联合里见义尧，向千叶利胤开战。而为了防止里见氏继续借内乱侵夺自家的领地，真里谷信应同真里谷信隆握手言和，加入了后北条氏一方，支援千叶利胤。

此时的北条氏康刚刚在河越之战中消灭了宿敌扇谷上杉家，重创了山内上杉家。得知盟友千叶家告急后，他立即挟大胜之余威，兵分两路，前往房总救援：其中一路渡过江户湾，攻击安房，迫使里见义尧回师救援；另一路则渡过利根川，援助千叶利胤，将臼井胤寿等悉数击败，并夺取了臼井城。直到当年九月，太田资正袭取了松山城，才迫使北条军撤回。

天文十六年（1547年），眼见北条氏康正忙于镇压太田资正，里见义尧再度出兵千叶领的匝瑳、香取两郡。千叶利胤出兵与里见军交战不利。当年七月二十一日，千叶利胤去世，由千叶亲胤继任。北条氏康派遣援军支援。闰七月四日，北条氏康向樱井某和兴津神次郎发出感状，表彰两人支援千叶家的战功。（《战国遗文·房总编·卷二》第七九五、七九六号）

天文十七年（1548年），北条氏康迫使太田资正投降。在之后的几年，北条氏康接连对上野用兵，最终在天文二十一年（1552年）将山内上杉家当主上杉宪政赶出了居城平井城，使其不得不越山投奔越后国主长尾景虎。

天文二十年（1551年），真里谷信隆病逝。次年，北条氏康忙于对山内上杉家发起总攻，无力顾及房总。里见义尧趁机向真里谷氏发起进攻。继位的真里谷信政试图拉拢万喜城（现千叶县夷隅市万喜地域）城主土歧赖为，不过没有成功。而早在三年前，里见义尧已经收复了佐贯城和久留里城。十一月四日，椎津城被里见军攻克，真里谷信政一门自尽。三日后，真里谷信应战死。至此，里见义尧占据了整个上总。

天文二十二年（1553年），北条氏康平定了上野。同年年末，北条氏康之子北条氏政迎娶了武田信玄之女黄梅院，完成了今川、武田和北条之间的三国同盟。十二月十二日，北条氏康又逼迫古河公方足利晴氏废黜长子足利藤氏，将古河公方之位传给了北条氏康的外甥足利义氏，以此建立后北条氏作为关东名义上的领导者古河公方外戚的立场，形成新的关东公方和关东管领体制。如此一来，从属于古河公方实际上就是向北条氏康低头，抗拒古河公方就是同北条氏康作对，因此后北条氏与关东的老牌国众之间，形成了新的政治关系。

此时收留了上杉宪政的长尾景虎正在信浓川中岛地区同武田信玄作战，因此北条氏康将目标对准了里见义尧。于当年开始大举侵入房总。而千叶氏的继任当主千叶亲胤迎娶了北条氏康之女尾鳍殿，开始协同北条军作战。里见军为了反制，于弘治元年（1555年）侵入小弓城附近放火。次年又侵入匝瑳郡，与千叶军交战。疲于应付里见军入侵的香取、匝瑳两郡国人领主在弘治三年（1557年）发动政变，废黜了千叶亲胤，另立千叶胤富为新任当主。千叶胤富继任当主后，减轻了同里

▲ 1547—1551年关东势力割据示意图

见氏的对抗，并与后北条氏保持了适度的距离。

北条氏康并没有理会佐仓千叶氏的这点小动作。弘治元年，北条氏康在上总豪族吉田玄番助的帮助下，攻克了上总国西南的金谷城（现千叶县富津市）这个里见军在西上总的重要支撑点。里见军不得不在安房国西北的妙觉寺一侧构筑冈本城（现千叶县南房总市），作为应对。

弘治三年，北条氏康以贺浦（现神奈川县横须贺市）为据点，向房总运送人员物资。里见义尧从真里谷氏手中夺下的佐贯城、真里谷城和峰上城，又被北条军夺去。里见氏的家臣正木兵部大辅、中居大炊助等被北条氏康所策反。当年十月十四日，北条家臣大草左近大夫康盛向村上民部大辅纲清发出了授予椎津地区（现千叶县夷隅市）八个乡不入权的文书。永禄三年（1560年）北条氏康完成了对里见义尧本城久留里城的包围。里见氏一度陷入灭亡的绝境。对于扭转战局已经无能为力的里见义尧只有一面坚守久留里城，一面命令正木时茂向越后的长尾景虎求援。六月二日，足利长尾氏当主长尾当长来信表示，越后军将于秋天越山，出阵关东。九月六日，长尾当长写信告知正木时茂，越后军已经越过三国峠，进入上野国沼田城。九月十六日，上杉宪政写信给里见义尧，告知自己已进入上野国。十月，正木时茂回信给长尾景虎，表示"时茂年来之愿望此时候，关东静谧不可移时日候"。从正木时茂在年底发出的一系列文书来看，北条军最后撤除了对久留里城的包围，专心应付出阵关东的长尾景虎去了。

第二次国府台合战

永禄四年（1561年），长尾景虎向小田原城进军，里见义尧获得了喘息之机。之后，里见义尧跟随长尾景虎参与了小田原围城，亲眼见证了长尾景虎入嗣山内上杉家，出任关东管领一职。在鹤冈八幡宫内，他代表房总众收下这位日后以上杉谦信之名而为世人熟知的新任关东管领赐下的宝刀一把。四月一日，上杉谦信回师越后。

上杉谦信走后，北条氏康一边将背离自己的武藏豪族重新收归麾下，一边试图救出困守关宿城的古河公方足利义氏。七月十五日，由于里见义尧"警固深旨"，北条军无法增援。坚守关宿城的足利义氏被迫投降，将关宿城让与梁田晴助，他自己则经过下总小金城（现千叶县松户市大谷口），移住下总佐贯城。八月二十五日，足利义氏向涩江弹正左卫门尉和土肥中务大辅两人发出感状，感谢两人在笼城之时的战功。在之前的八月二日，足利义氏写信给本愿寺，希望加贺一向一揆侵入越后，以牵制上杉谦信。九月十日，上杉谦信与武田信玄在信浓川中岛八幡原发生了激战，史称第四次川中岛合战。

与此同时，北条氏康向据说是扇谷上杉氏一族的上杉宪胜，以及岩付城城主太田资正据守的松山城（现埼玉县比企郡吉见町）发起了反攻。十月十七日，北条氏康就进攻秩父郡大宫地区（现埼玉县秩父市）的战功向斋藤八右卫门尉发出了感状。十月二十二日，北条氏政向木吕子新左卫门元忠发出感状，以表彰其在饭田村（现埼玉县比企郡）杀死若林出羽等十余人的战功。

松山城是在享德之乱时建造的，用以防止足利成氏从古河城进攻上野。一旦占领松山城，就可以切断古河城和上野之间的联系。与上杉谦信一同下向关东的关白近卫前久当时正在古河城，他也注意到了松山城的战略意义。十月五日，他给上杉谦信的信中就催促谦信再次越山，支援松山城。

上杉谦信越山进入上野后，立即前往增援松山城。十一月二十七日，上杉军与北条军在武藏生山地区交战。次日，北条氏政接连向樱井左近、小野藤八郎、良知弥二郎、小田太郎左卫门尉泰清和太田丰后守发出感状，感谢他们在此战中使"越后众追崩"的战功。北条氏康也在当年十二月五日以同样的原因向越智藤八郎发出了感状。在此之前的十一月十九日，武田信玄迫使箕轮长野氏的同心众高田氏投降，次日攻落小幡氏的国峰城。在武田与北条两军的夹击下，原本属于上杉方的国人领主开始动摇。十二月三日，武藏国的高松众向北条氏康投降。十二月九日，上杉谦信听到了下野国豪族佐野氏将要倒向北条方的谣言。为此，他决定前往下野去安定人心。由于上杉谦信不能及时南下，关宿城城主梁田晴助不得不写信向常陆的佐竹义昭求援。

永禄五年（1562 年）一月，佐野氏当主佐野昌纲如传言所说，加入了北条氏康一方，由此产生了连锁反应。下野的小山氏、那须氏和桐生佐野氏、常陆的小田氏等也跟随佐野昌纲加入了北条氏康一方。上杉、北条、武田在关东的战争，

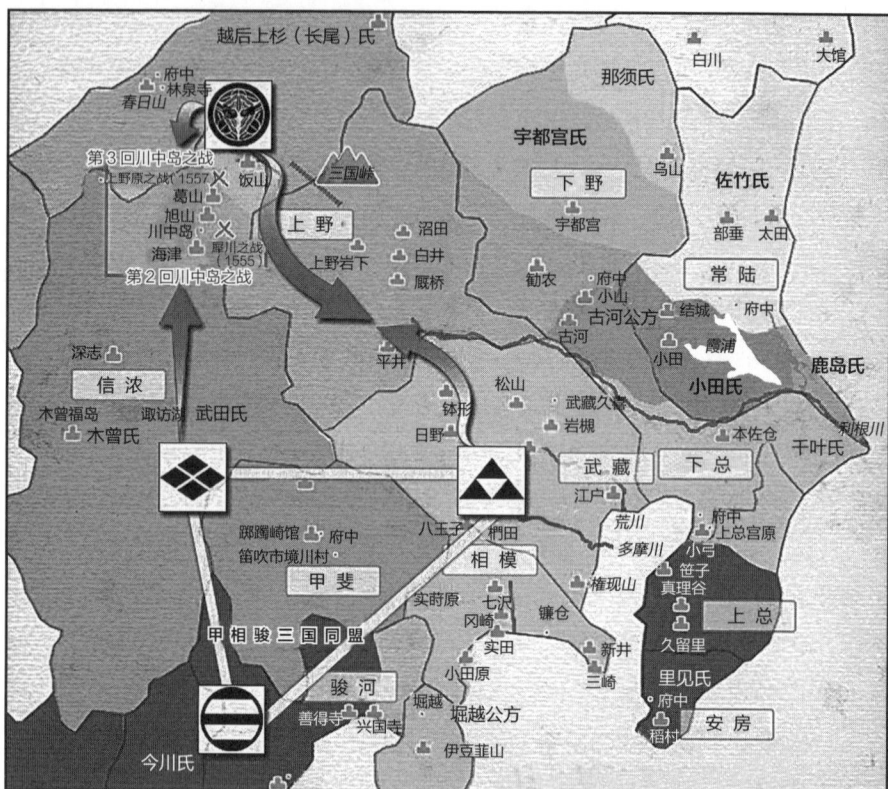

▲ 1560年的关东形势示意图

其形势优劣，是以国人众有多少为自己的友军来判断的。除了直接被上杉灭亡的沼田、大胡和被武田灭亡的箕轮长野外，其他时候各家地盘的扩大和缩小，完全是由国人众的去留所决定的。所谓的"国人"，是对日本南北朝以后的在地领主的称呼，相对于镰仓时代的御家人的地头职所在分散于各地的情形，他们以定居地为核心，集中控制其领地，将庶族和村落上层人物家臣化，靠自己的力量检注所领土地和赋课诸役，他们一方面成为守护被官或是将军的"奉公众"，一方面又时常和自己一样的群小领主结成契约，即所谓的"国人一揆"，来应对来自上位权力的压力。他们除了领地不够大以外，其权力性质和战国大名没有什么区别。由于关东享德之乱后的战争常态化，原有的关东公方与关东管领对关东地区的支

42

▲ 上杉谦信关东侵攻进攻过的据点

配体制彻底崩坏，国人领主逐渐在战争中自立。国人众以自己的力量支配着领地，除了对上级大名有军事奉公的义务，在其领内施政，除了住宿及驿递外，其他基本上不受上级大名的干涉。上级大名只能通过国人众，来对国人众的领内施加影响力。战国大名的领国周围，基本上就是由这些国人众的领地构成。在这些国人众的名下，可能还会有更下级的领主存在，与国人众只是同心或与力的关系。这样组成的国人众领，与战国大名之间是多重的组成关系。所以有时战国大名和国人众也没有非常明显的区分。除了规模外，两者是否有上下级的关系和命令主体的存在是区分战国大名和国人众的重要标志。

由于这些国人众的动摇，古河城和上杉谦信之间的联系被切断，其安全岌岌可危。为了救出居住在古河城的上杉宪政、近卫前久和足利藤氏等人，上杉谦信在一月六日写信给小泉城（现群马县邑乐郡大泉町）城主富冈重朝，命他出兵馆林城（现群马县馆林市城町）。二月十七日，馆林城守将赤井文六向上杉谦信交出了馆林城，自己退往忍城（现琦玉县行田市本丸地区）暂时栖身。谦信继而攻击佐野氏，但被坚城所阻，只能无奈退兵。但不管怎么样，上杉谦信打通了与古河城的联系。就在赤井文六向上杉谦信投降的当天，谦信将上杉宪政和近卫前久从古河城中接了出来，同自己一起回到了厩桥城（现群马县前桥市）。①

回到了厩桥城之后，被谦信拥立的关东公方足利藤氏只能和他的弟弟足利藤政、足利家国一道去投奔里见义尧。近卫关白经此古河之困，再无心思为谦信充

---

① 陈凌老师写到一半时因病逝世，原文就此戛然而止。此后的内容由其生前好友褚以炜与秋风萧落续写。

当合法性象征，便在当年八月不顾谦信的劝阻，自回京都去了。上杉氏的威信受到了很大打击。

福无双至，祸不单行。谦信不仅失去了关白近卫前久这面大旗，北条氏康趁着这段时间谦信和越中神保氏构兵，无暇东顾，围困松山益急。他约束军士，不许其侵犯松山城下的本乡居民，以此要求当地居民为北条军提供军夫劳役，运械运粮，完全控制了松山城下。九月，蹂躏了西上野的武田信玄也按约继续进兵，在十月下旬渡过利根川，和北条氏康会师，共围松山，甲相联军兵力达到了五万五千之众。太田资正连忙向谦信告急。

谦信在十月十六日才从越中退兵，接到太田资正的急报后，未及整顿疲旅，便不得不在十一月二十四日，从越后府中向上野出兵。越后诸将士踏着上越国境山区的皑皑白雪，在二十六日抵达沼田。其时天寒地冻，越师倍道兼行，将士困苦不堪，谦信本人在和会津芦名盛氏的通信中也毫不掩饰地表示，雪中行军的困苦超越他的想象。永禄六年（1563 年）二月初，疲惫不堪的谦信主力方才抵达武藏松山城东南十公里左右的石户城，但为时已晚，望穿秋水的松山城守将上杉宪胜并不知道援兵已经接近，竟在二月四日开城投降北条，松山城宣告陷落。谦信筋疲力尽越山而来，结果却是竹篮打水一场空，他心头一股无名之火实在按捺不住，遂决定拿附近已经投靠北条方的国人武藏骑西城城主小田朝兴开刀泄愤。谦信来势汹汹，小田朝兴哪里抵挡得住，急忙请太田资正为他求情说降，并且拉上了他哥哥忍城城主成田长泰一起表示向谦信投诚。谦信得逞于骑西，略微挽回士气，又会同佐竹和宇都宫的援兵，一道前去教训之前因松山落城而开始动摇的下野祇园城城主小山秀纲。越军人多势众，小山秀纲孤家寡人，在坐困两三天后，秀纲只能剃光头发，出来向谦信投诚请罪，然后说服其弟结城晴朝一起向谦信低头。接下来，谦信兵进下野唐泽山城，对佐野昌纲施加压力。他迫使佐野投降之后，在四月二十六日回到了其出发据点厩桥城，并于二十八日回到了越后。

尽管上杉谦信算是勉强镇住了动摇的关东国众，但是武藏松山城的陷落，已使上杉氏的北武藏支配陷入了根本上的倒退。该城告陷后，一直为谦信出力不小的岩付城城主太田资正便直接暴露在北条氏康的兵锋之下。他复请谦信越山助阵。谦信其时在各个方面都有棘手问题待解决，无暇应对，索性就把摊子交给了里见

关东进攻
信浓进攻
北陆进攻
上洛路线
上杉氏势力
武田氏势力
北条氏势力
今川氏势力
战场
城

佐渡　出羽　[伊达氏]
[扬北众]　[芦名氏]
弥彦神社　越后
三条　陆奥
能登　柏崎　栃尾
七尾　府内（上越）坂户
二上山　放生津　金山　饭山　三国峠
朝日　增山　善光寺　上野　沼田　下野
手取川　[一向一揆]　越中　川中岛　佐野　[佐竹氏]
加贺　八幡原　葛尾　厩桥（前桥）　常陆
吉崎御坊　深志（松本）　平井　仓贺野　钵形　岩付
三国　[朝仓氏]　飞驒　信浓　甲斐　武藏　川越　下总
越前　府中（甲府）　江户　白井
丹后　敦贺　[浅井氏]　[武田氏]　[北条氏]　鹤冈八幡宫　上总
若狭　美浓　[织田氏]　相模　小田原　镰仓　[里见氏]
丹波　犬山　尾张　骏河　伊豆　安房
比叡山　安土　三河　[今川氏]
京都　近江　远江
山城　浜松
摄津　伊贺
本愿　伊势
河内
和泉　大和
高野山　志摩
纪伊

▲ 上杉谦信一生的征战路线示意图

义尧，让他报越山救命之恩。

在上总久留里城解围以后，里见义尧抓住北条和上杉酣战无暇顾及两总的时机，使劲地下山"摘桃子"。他不仅趁机取回了真里谷武田氏的旧领，更向下总扩张势力，出兵攻击下总千叶氏的支族下总中岛城（现千叶县铫子市）城主海上氏及矢作城（现千叶县香取市）城主国分氏的地盘，并且在永禄三年十二月和太田资正配合，夺取了位于武藏、下总国境要冲的葛西城（现东京都葛饰区）。在谦信救援松山城

45

的时候，里见义尧就应约前出到了下总的市川（现千叶县市川市）附近，在松山城陷落后退回。这次在接到谦信的出兵要求后，里见义弘犹豫再三，还是在永禄六年十二月进兵到下总市川的国府台。江户太田氏的当主太田康资虽然自前代来便受羁縻于北条氏，但他和北条空降下来的江户城城城代远山纲景素有摩擦，他见里见起兵，遂趁机走奔里见阵营，岩付太田氏的太田资正亦来合流。江户、岩付两太田家和里见义尧、义弘父子合兵一处，总兵力约一万二千，摆出了攻入武藏的架势。

听闻里见出兵，北条氏康、氏政父子便亲自点兵，以远山纲景的江户众为主力，增以北条氏照的泷山众，以及北条纲成、北条氏繁父子的玉绳众，率武相两国二万余人前来对阵。永禄七年（1564年）一月七日、八日两天，北条和里见－太田联军在国府台激烈交锋，是为第二次国府台合战。根据大阪府狭山市①教育委员会所藏《江马文书》中，此战后北条氏康父子联名写给留守小田原城的北条幻庵的信件抄本，以及《北条五代记》的记述，合战经过大致如下。

七日，北条、里见两军隔国府台布阵，北条方首先接到了里见军后退的情报②，北条方先锋远山纲景父子及富永康景诸将趁夜渡过江户川，爬上国府台高地，遭到在高地上居高临下、守株待兔的里见－太田联军迎头一击，远山、富永以及山角四郎左卫门尉、太田越前守、中条出羽守、河村修理亮等百余骑阵殁，但里见军的进一步攻势被接下来赶到的北条氏政旗本击退。北条氏康重整旗鼓，在八日复和里见义弘决战，大获全胜，击毙里见方"正木弹正③、里见民部、里见兵部少辅、荒野神五郎、加藤、长南、多贺藏人为首两千人"，太田资正身负重伤，逃离战场，北条方江户众太田下总、常冈（恒冈）、半屋亦阵亡，北条军前后阵亡也达千余人。

这样，第二次国府台之战又以里见氏等房总一方的失败告终，北条氏康通过此战，给里见势力的进一步扩张踩了刹车，还给宿敌岩付太田氏以沉重打击。资正的长子太田氏资趁机发动政变，将父亲资正和威胁到他继承者地位的次弟梶原

---

① 后北条氏在江户时代的藩国。
② 从后面情况看，这恐怕是里见义弘的诱敌之计。
③ 应为正木信茂，非正木时茂。

政景一脚踢出了岩付城，倒戈到北条方。里见氏旗下的主要国人下总胜浦城城主正木时忠、时通也离反了里见氏。这样，北条氏康可谓是拔出了一根插在自己肘腋间的尖刺。

臼井城之战

自永禄七年第二次国府台之战，北条氏康击败里见氏后，北条家在关东地区的势力扩张到了上总、下总的部分领域，这令上杉谦信颇感威胁。他为防止北条氏康在上总、下总进一步扩张，再次与里见氏达成联合，欲共同夹击北条氏康。但是里见家自第二次国府台之战败于北条氏康之后，士卒凋零，军马疲惫，此时在战场上屡屡被北条军挫败，十分羸弱，已经不堪一击。在这样的情势下，上杉谦信不得不再次亲自出阵关东，去攻城略地，这既是为了防止北条氏进一步扩张，同时也为了缓解里见氏的压力。

一月二十九日，上杉谦信首先进军攻克了常陆小田氏治的小田城，破城后大肆掳掠城中的人口为奴隶，并以二十至三十一钱不等的价格贩卖，这是谦信经常为后人诟病的一个污点。随后在二月十七日，他又攻破了下野佐野昌纲的佐野城，将其降服，之后正式准备"总州口御出马"，展开对下总国的侵攻。谦信兵锋指向的，是此时已经处于北条家势力下的下总国臼井城。

臼井城是一座山城，四周被山崖和沼泽地包围，通往其本城的路只有一条狭窄的小道，地势极为险要，诚可谓易守难攻。但此城在关东的战略位置上占有很重要的地位，故屡兴兵革。早在文明十一年（1479年）一月十八日，扇谷上杉家的名将太田道灌就曾率军万人进攻过此城。太田道灌是当时的关东名将，为时人所畏惧，又身率大军，所以似乎胜券在握。当时的臼井城城主臼井俊胤闻听道灌将要攻城的消息后，并未惊慌失措，而是从容修缮守备，又得到同族下总千叶氏的援助，协力守城。太田道灌本以为区区臼井小城并不在话下，谁料使尽计略，百般攻城，大战十余度，春过秋来，相持数月，硬是未能将其攻克。同年七月十五日，关东数国各自派遣军队前来支援臼井俊胤，与扇谷上杉军展开激烈大战，使得太田道灌腹背受敌，最后竟大败而去，遗尸数百具，道灌之弟太田图书助也在此战当中战死。《千叶大系图》形容太田道灌败战时的窘境说："道灌脱力，攻军失利败北。"一代关东名将太田道灌，竟然在一座小城臼井城下遇挫而败。近百年之后，上杉谦信面对下总国臼井城，又将是怎样一种结果呢？

上杉谦信以馆林城的长尾新五郎显景、小泉城的富冈主税助重朝为先阵，从下野出发，率军经过武藏，渡过下总葛饰郡松崎城、户张城之间交汇的河川，在攻克了同郡的小金城之后，进军直逼臼井城。

臼井城几经战乱易主，如今的主人早已非原先的臼井氏，而是下总千叶氏。此时千叶氏从属于北条氏，守卫臼井城的是千叶家宿老——原胤贞。原胤贞面对即将到来的入侵，感到独木难支，于是急忙派遣使者向千叶家本城佐仓城通报，请求主家尽快出动援军前来。佐仓城内的千叶家当主千叶胤富在知晓这一情况后，派遣家臣椎津主水正、椎名孙九郎率领五百余援军赴援臼井城。同时，同样是附属于北条家的豪族、居住在臼井城南方的大和田砦的土豪松田孙太郎康乡，听闻臼井城被围，也率一百五十人赶过来救援。两支援军共同进入臼井城内驻扎防守。值得一提的是，松田康乡素有勇名，平常喜爱穿朱具足，戴饰有金鹿角的兜鍪，数度于战场上斫敌奋杀，其勇猛使敌人惊呼他为"北条家之赤鬼"[①]。但是，两支援军加起来，总共也就六百五十人，在谦信的大军面前，显得杯水车薪，似乎救不了燃眉之急。

三月初，上杉军终于到达臼井城外，士卒响起锣鼓，开始向臼井城发起猛攻。考验臼井城的生死时刻终于来到。而历史的变轨，有时会由隐匿、沉寂的人来推动。此时的臼井城内，有一个叫作白井四郎左卫门入道净三的人，他的上方是三好三人众之一的三好日向守长逸，此时他获长逸允许在下总作为武者修行。原胤贞将防御臼井城的指挥权交到了他手中，将全部希望寄托于这位奇人。白井净三确实不是寻常人等，他知道如今得先稳住军中人心。他为稳定士气，假装知晓卜术，占了一卦，对军中宣称此战对千叶方有利，千叶方终将获胜，于是白井城内人心始定。

---

① 此威名在臼井城之战前便有了。

随后白井净三亲自指挥，调度军事。他命令臼井城守军先在城内以弓铳、铁炮不断射击城外的上杉军，使敌军一时后退，近不了臼井城城门。开头有利，紧接着白井净三命令以原大藏丞（原胤贞长子）、高城下总守胤辰为先锋，率先突出城门，与上杉军先锋长尾新五郎显景、富冈主税助重朝所部交战。而这个时候，上杉军中属于上野沼田众的藤田能登守信吉、三方兵库助正秋、石毛平马允将之、森下三河守等人，正试图毁掉臼井城外的外曲轮（一种防御建筑），如此一来，将使得臼井城的城防遭到重大威胁。留守在臼井城内的佐久间主水佐、松田康乡见状，亦开城门突出，与沼田众交战。松田康乡手持大长刀，一连亲手杀死沼田众六七人。嫌长刀杀得不过瘾，他干脆换了铁棒，敲击敌军骑马武士，硬是将沼田众杀得尸山血海，上杉军为之辟易。上杉军阵中的头号猛将本庄繁长不甘相让，进前直搏松田军，给松田康乡所部造成了一定死伤，松田所部橋本传左卫门、荫山新四郎怀云觉等人战死，松田军一时之间处于不利，松田康乡率领余众溃退回臼井城中。

眼看战况对臼井城守军一方逐渐变得不利，此时突然下起大雨，上杉军暂时停止攻城。白井净三利用这个机会，向守城士卒大声疾呼，宣称这是上天要让上杉军早日撤军败还的吉兆，以此激励军心，让守城士卒坚定信念，顽强抵御。同时趁着下雨天上杉军不注意，白井净三命令将老弱之兵排到最后，将充满杀气长相的士兵排在最前面，让上杉军认为臼井城士气愈发高扬。上杉军却并没有察觉到这些异象，反而很奇怪为何臼井城内的士兵越打越凶猛。

上杉谦信第一天的白井城攻势，在雨夜中结束了。到了第二天，上杉军重启攻势，再度对臼井城发起猛攻。上杉先锋长尾新五郎显景率军先行，首先破坏了臼井城外壕沟内的障碍物逆茂木，之后越过壕沟，直逼臼井城城门外。此次进军，出人意料地顺利，甚至见不到臼井城守军出来抵抗。正当长尾显景得意扬扬，准备率领人马攀登城垣时，白井净三一声令下，守兵推倒城壁，城壁崩裂，数百名上杉军一瞬间被压死，上杉军霎时大乱，纷纷向后逃窜，溃不成军。原来，这正是白井净三的诱敌深入之计，长尾显景不明就里，果然遭到重大打击。上杉谦信见前军崩溃，败局已经难以挽回，大感畏惧，遂令军中士卒敲响锣鼓，宣告撤军。趁此时刻，士气高涨的臼井城守兵纷纷突出城门，追击溃走的上杉军。松田康乡

▲ 本庄繁长，一勇斋国芳绘

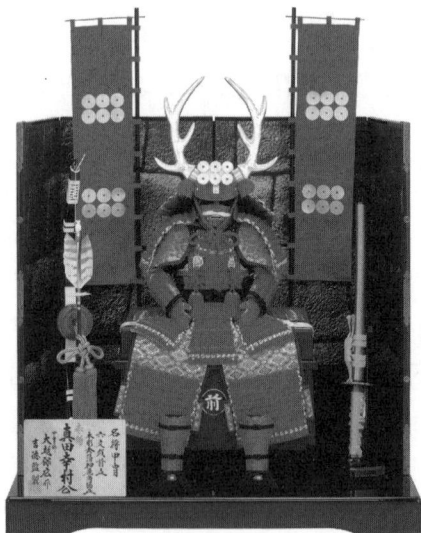

▲ 此为真田赤备，松田康乡的装束与之类似

身穿朱具足，戴着饰有金鹿角的兜鍪，骑一匹迅捷的黑马，率先突入敌阵，持大长刀砍杀逃窜的上杉军；原胤贞、原大藏丞父子亦率四五百人进行追击。这个时候，姗姗来迟的千叶家当主千叶胤富也亲自赶过来救援臼井城，与松田康乡、原胤贞父子一同对上杉谦信展开追杀。在几人的追击下，上杉军被杀得节节败退，几乎有完全覆败之虞。最后在厩桥城城代北条高广、越后新发田城城主新发田治长、越中武士宫永林之助等殿军断后奋战之下，才挡住敌军的疯狂追击，并使他们付出死伤一百多人的代价而撤退。这其中，以越中武士宫永林之助表现最为卖力，谦信在四月十五日下发了褒扬他在臼井城之战击退松田康乡、原大藏丞攻势的感状，这一则谦信发自肺腑的感状收录在《越中古文书·148号》内，其原文大致是：上月下总国臼井城发向之刻，敌兵松田孙太郎、原大藏丞追讨我兵，仓促危难之时，贵殿奋战退敌，真乃无可类比之勋劳，神妙之至也。

上杉谦信在臼井城之战惨败后，一路溃逃到上野，事后回忆起身着朱具足的松田康乡的恐怖，心有余悸地说："传闻岩舟山住着的红魔鬼，难道就是他？"之后，听闻臼井城之战获得大胜的北条氏政，亦感赏松田康乡之功，加赐其二百贯领地。

上杉谦信自下总溃退到上野后，又想拆东墙补西墙，把在北条那里失去的，从武田这里夺回来，贸然想对武田家的上野和田城动手。于是三月七日开始，他会合白井长尾宪景、厩桥城城代北条高广、箕轮城城主长野氏业、金山城城主横濑成繁、常陆佐竹义昭、下野宇都宫广纲等关东势力，联手攻打和田城。但是和田城异常坚固，上杉谦信对峙消耗到四月，仍然毫无进展。加上武田信玄及时向和田城增派援军，作为援军大将的横田十郎康景携带了大量铁炮，用铁炮猛烈射击上杉军，最终使得上杉谦信再次败北，只能狼狈逃窜回越后。

在短短的永禄七年三、四月间，上杉谦信接连在下总臼井城、上野和田城遭遇打击，不可谓不惨烈。这次攻打上野和田城失败，上杉军轻视铁炮也是一个相对重要的因素。这个恶习甚至直到十年后的天正二年（1574）都没有改过来，那一年的加贺朝日山之战中，谦信面对加贺一揆，也因为不重视铁炮的缘故，而遭受一揆的铁炮强烈打击，再度遭受败北。

永禄七年的关东出阵，上杉谦信虎头蛇尾，狼狈收场。被谦信降服的佐野昌纲、小田氏治，在他败退后不久，又很快脱离了他的统治，恢复了原有的领地。

三船山之战

回头说北条方面的形势。永禄七年的第二次国府台之战大胜里见，并在随后的臼井城之战成功击退上杉之后，北条氏自然而然地加强了对里见及其附庸国人领主的军事压力。永禄八年（1565 年）二月，北条氏政为讨伐投向里见氏的上总土气城城主酒井胤治、康治父子，率下总臼井城城主原胤贞，以及土气酒井氏的同族、东金城城主酒井胤敏等将，前去攻击土气城。但土气酒井氏毫不屈服，决心抗战，他在该月写给上杉氏重臣河田长亲的书信中这样谈道："纵使关东诸士悉数通款于氏康、氏政，在下亦要护卫（里见）义尧父子"，并请求上杉谦信再度出阵关东，进攻原氏重臣高城氏的居城下总小金城。针对土气酒井氏的求援，谦信对下野的小山氏下达了关东出阵的指令，要求他们先到上野厩桥等待自己。但是他自己却在越后按兵不动，意图坐观成败，直到四月份才让河田长亲等人先与现在通常的认识相悖的是，武田家对于铁炮的发展非常早，也非常重视。根据一级史料《妙法寺记》的记录，早在天文二十四年（1555年）的第二次川中岛之战，武田信玄对阵上杉谦信时，就用上了八百张弓、三百挺铁炮。这个数目在当时已经相当可观了。因此，在永禄七年三月的上野和田城之战中，武田军以铁炮击败上杉谦信，也并不是什么稀罕事。而一直到天正三年（1575年）的长筱之战及前战阶段，武田军仍然配备了不小规模的铁炮参战。长筱合战的前哨战、三河吉田城攻防战，德川方的水野忠重就因为受到武田军铁炮攻击而右肘受伤。（《宽永传》《谱牒余录》《水野胜成觉书》）在鸢巢山砦攻击战中，德川方的本多康重也因为受到武田军铁炮攻击而左腿受伤，弹丸终生不能从身体中取出。（《宽永传》《谱牒余录》）在正式的长筱之战当中，德川家的御用商人茶屋四郎次郎也因为受到武田军铁炮攻击而右脚受伤。（《南纪德川史》）这些情况说明，即便在长筱合战中，武田军自身也持有不少的铁炮，规模也较为可观，并非没有。武田家在长筱合战中因为不重视铁炮而败北，武田家从始至终不重视铁炮发展，这说法是严重错误的，这里需要特别澄清。

行越山到上野。这时，北条军久围土气城不下，自行退到下总的关宿。于是谦信便暂时中止了越山行动。

　　但到了当年十一月，谦信为主动应对北条氏的攻势，终于率军越山。永禄九年（1566年）一月，谦信首先迫使下野唐泽山的佐野宗纲（昌纲嫡子）以及常陆小田的小田氏治再次向自己低头，复入上野馆林，准备进攻曾给自己留下屈辱记忆的下总臼井城。在三月下旬，上杉谦信会合下总大名结城晴朝，以结城家臣水谷胜俊为先锋，再次展开了对臼井城的攻略，是为第二次臼井城之战。

　　有了上一次的失败教训，谦信在发动围困之前，连夜在臼井城对面筑造了一座小城，以便能够长期与其消耗对峙，世称之为"谦信一夜城"。之后谦信对臼井城发动猛烈攻击，从军的足利长尾氏当主长尾景长在写给其领内寺院的书信中称："（我军）已将臼井之地攻打到本城仅剩了一圈城壕的地步，诸军围住城池，不分昼夜地围攻，城池陷落已为时不久"，显得信心满满、胜券在握。

但是事与愿违，这次北条氏康、氏政父子，以及原氏的本家千叶胤富得知谦信入侵的消息后，第一时间率军赶过来支援臼井城，与上杉谦信展开正面会战，结果谦信再次大败溃走。臼井城内的原胤贞、小金城的高城胤辰不依不饶，继续对上杉败军展开追击，使其遭受极其大的损伤。这第二次臼井城之战，参战的上杉军总数不明，但根据北条氏政感状的记录，北条氏政在战后声称上杉军死伤五千人（《战国遗文·后北条氏编》第九四三号）；另外根据古河公方足利义氏书状的记录，足利义氏在战后也声称上杉军死伤五千人（《战国遗文·后北条氏编》第八九一号），这两则记录或许略有夸大，但从中可以窥见上杉军的死伤状况极为惨重却是不争的事实。此外，《海上年代记》记载上杉军"房州人数战死三百人"。不过，这里的"房州"，仅是指协助上杉军参与了此战的房州众，不是整个上杉联军的死伤数。根据《赠从二位上杉辉虎公记·上》引《浅间文书》的记载，臼井城之战，协助谦信参战的房州众一共五百人，而据《海上年代记》，其一共战死三百人，从中可窥见上杉军的伤亡比例确实相当之高。

如果说永禄七年的第一次臼井城之战、和田城之战的失败，还没有让关东诸豪族对谦信感到灰心丧气，仍然对他抱有一丝希望，那么，永禄九年的第二次臼井城之战的大惨败，使得关东诸豪族对上杉谦信大失所望，彻底灰了心。常陆小田氏、下总结城氏、下野宇都宫氏、下野小山氏、武藏忍成田氏、上野新田由良氏、下野皆川氏、上野小泉富冈氏、上野馆林长尾氏、下总关宿梁田氏、森屋相马氏、上总土气酒井氏等之前依附于谦信的关东豪族，纷纷与其决裂，像墙头草一样，全部投靠了北条。不仅如此，连上杉家重臣上野厩桥城城主北条高广也倒向了北条。这之后的情形更加严峻，随着永禄九年武田信玄攻陷上野箕轮城，永禄十年（1567年）白井长尾、总社长尾的没落，上杉家在关东的势力圈急剧缩水，只剩下武藏羽生城木户氏、桐生佐野氏、下野佐野氏等有限几家。这之后一直到天正二年，上杉谦信在其一生最后的关东出阵中，再度惨败给北条氏政，一连丢失武藏羽生城、下总关宿城等在关东的最后据点，直溃退回越后，只保得和越后相接的上野沼田领，几乎是丢完了整个关东，谦信成了没有关东的"关东管领"。

但是，谦信这一次的行动毕竟牵制了北条氏的主力，从北条氏威胁中解放出来的里见义尧、义弘父子重整旗鼓，发动反攻，成功夺取了西上总的要冲佐贯城。这次军事行动的年月和实情不详，但基本可以推断其正当永禄九年臼井城攻防战期间。这样，北条氏不仅失去了在西上总的战略据点，而东上总投靠北条一方的胜浦正木氏和北条的联系也被切断。北条氏必须再次夺回佐贯城，保持自己在上总的战略优势。在谦信的威胁完全被消除后，永禄十年八月，空出了两手的北条氏政会同岩付太田氏资出阵上总，武藏玉绳的北条纲成也率三浦水军分乘大小船只二百余艘抵达上总。北条军水陆并进，迫近佐贯。里见义弘率军出阵，在佐贯城附近的三船山（现千叶县君津市）和北条军决战。结果北条方大败，氏政在败走之际，命太田氏资为他断后，而岩付太田氏的势力由于氏资的政变，大为衰减，主从仅有五十三骑，被里见义弘的追兵尽数歼灭。

里见氏通过三船山之战的胜利，不仅报了第二次国府台之战的一箭之仇，还再度确立了己方在上总的优势地位。战后，上总土气、东金两城的酒井氏再度归属里见，里见义尧重新将上总久留里城定为居城，让嫡子里见义弘出镇佐贯，牢牢把住了上总的锁纽要害。里见义弘将谦信拥立的古河公方足利藤氏的女儿迎为正妻，在永禄九年足利藤氏死后继续庇护其兄弟，以标榜自己源氏"关东副帅"的政治正当性。在天正三年上杉氏的势力从关东彻底退出之前，里见氏基本保持了他们在安房、上总两国的优势地位。

不久，随着武田信玄图谋骏河，放弃"甲相骏三国同盟"，北条氏的根据地相模、伊豆两国面临着邻国武田氏精兵强将的巨大威胁，不得不向死敌上杉谦信乞求同盟。永禄以来，北条、上杉两大阵营各自拥立关东公方，争夺关东霸权的政治格局为之发生了翻天覆地的剧变。之后，随着中央室町幕府的垮台，以及自己背弃"越相同盟"，谦信失去了对关东诸将的号召力。元龟、天正年间的关东战乱和天文、永禄年间战乱的政治意义也完全不同。从这个层面看，三船山之战可以说是战国前期南关东霸权争夺战的一个结尾。

整理后记

自去年 5 月陈凌兄因为突发中风而离开我们，已经一年多了。他少嗜读史，颇有心得。去世又值盛年，抱负正当施展之际，竟中道而殂，实在令人悲痛万分。陈兄是在他的写字台前倒下的，而这篇未完成的野心之作，题为《争雄关东》，意将上至 15 世纪中期享德之乱、下至 1590 年小田原合战的关东战国动乱的来龙去脉，做一基本的梳理。

陈兄谢世之际，该书大部分内容实未及着手，只有第二章《古河公方的兴衰与房总里见氏的崛起》完成度最高，第一、二、三节已写毕，第四节仅完成了开头一小部分。对此，笔者依据近年来日本学界有定评的通史著作池享的《东国的战国争乱与织丰权力》（吉川弘文馆，2012）、市村高男的《战争的日本史 10·东国的战国合战》（吉川弘文馆，2009）两书的内容，根据陈兄原定的架构和意图，将该章第四节未完内容补齐，改题为《关东的霸权战争——古河公方的兴衰和北条、里见氏的逐鹿》。图片和润色则由近时新晋的日本战国史研习者秋风萧落兄负责完成。此次陈兄的遗稿能够整理出版，实幸蒙于之前一直支持陈兄写作的指文烽火工作室主编原廓的好意，笔者作为陈兄生前的熟人朋友，相信此举亦可告慰他在天之灵及其家人和亲友。在此谨向编辑部致以诚挚的谢意！

陈兄之治战国史，排除军记俗说的虚饰，坚持用可靠的古文书、古记录整理事实，揭示出历史事件的来龙去脉。这样的文字或缺浮华，却是治史者不可略过的基础研究工作。笔者相信，这样的文章，对于爱好者理解各方斗争形势纷繁复杂、头绪众多、足以搞混初涉者头脑的日本战国争乱，是有实际帮助作用的。

在今后的写作和学习中，笔者也会继承和发扬陈兄严谨的实证研究态度。

褚以炜

（《战争事典》中曾用笔名：王谥恭献源道义）

2016 年 9 月 15 日

参考文献

《战国遗文·古河公方编》

《战国遗文·房总编》

《上杉家文书》

《上杉显定文书集》

《快元僧都记》

《本土寺过去账》

《古河市史·资料·中世篇》

《里见家文书集》

《战国遗文·后北条氏编》

《上杉宪政文书集》

《越佐史料》

《历代古案》

《本愿寺文书》

《下总国旧事考》

关东出阵

后北条氏和长尾氏的崛起与较量

作者 / 陈凌

南朝历正平二十二年、北朝历贞治六年（1367 年）四月二十六日，初代镰仓公方足利基氏猝死，享年二十八岁。半年多后的十二月七日，京都的室町幕府二代将军足利诠氏也走完了自己三十八岁的人生道路。他们的继承人分别是九岁的二代关东公方足利氏满和十一岁的三代将军足利义满。由于两位继承人都过于年幼，因此，京都和镰仓的政权实际上分别是幕府管领细川赖之和关东管领上杉宪显代理行使的。与日后在"康历政变"中失败而黯然下野的细川赖之不同，上杉宪显及其子能宪、宪春、宪方等通过镇压相模、武藏当地平氏国人发起的平一揆，消灭南朝一方的新田氏势力和平定小山之乱等一系列举措，成功确立了镰仓公方 – 关东管领的双头体制，并将关东管领这一职务变成了上杉家内部职务。

陷入战乱的关东与崛起的后北条氏

关东管领的职责是辅佐镰仓公方在其治内的政务。具体事务有三项：第一，根据镰仓公方出具的御教书发出奉书和施行状①；第二，担任镰仓公方及其治内诸侯与室町幕府的交流中介；第三，受理镰仓公方所领收入的有关诉讼，并选定镰仓公方下属机构的管理人员。

然而，关东管领的权力来源不是镰仓公方，而是在京都的征夷大将军。在南朝天授五年、北朝康历元年（1379 年）发生的"康历政变"中，受镰仓公方足利氏满之命上洛的上杉宪方就是在伊豆获得当时的征夷大将军足利义满任命他为关东管领的御内书后，返回镰仓，迫使足利氏满取消了上洛干预幕府的计划。在足利义满仿照公家的五摄家②、七清华③家格设立的三职④七头⑤中，关东管领上杉氏就名列七头之一。

---

① 御教书，专指上位发给家司的正式公文书；奉书，专指下位者根据御教书发出的公文书；施行状，室町时代专指免除段钱和授予守护不入特权的文书。下一段落的御内书，专指幕府将军以私人信件形式发出的公文书，其效应等同于御教书。

② 指有资格担任摄政关白一职的近卫、九条、鹰司、一条和二条五家。

③ 指地位仅次于五摄家、有资格担任太政大臣的久我家、三条家、西园寺家、德大寺家、花山院家、大炊御门家和今出川家。江户时代又增加了醍醐家和广幡家两家。

④ 指担任室町幕府管领一职的细川京兆家、斯波武卫家和畠山金吾家三管领家。

⑤ 指担任室町幕府侍所所司的四职，即丹后一色氏、但马山名氏、播磨赤松氏和北近江京极氏四家，以及担任侍所头人的美浓土岐氏、担任政所执事的山城伊势氏和担任关东管领的上杉氏。

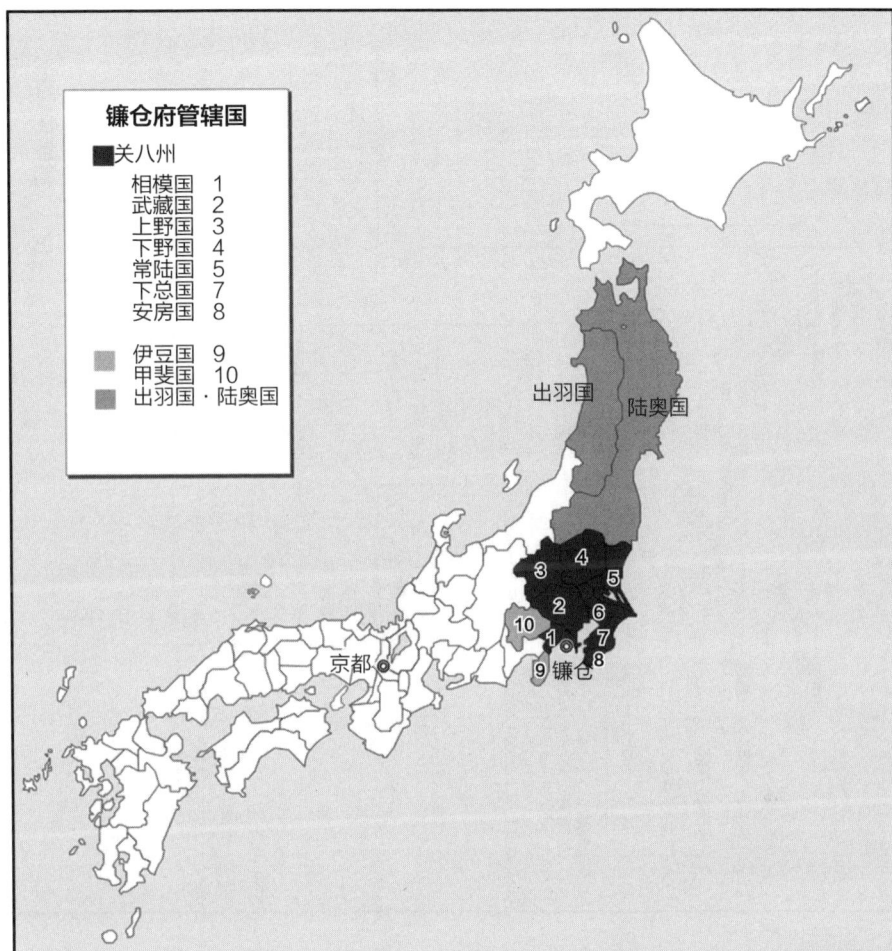

镰仓府管辖国

关八州
相模国　1
武藏国　2
上野国　3
下野国　4
常陆国　5
下总国　7
安房国　8

伊豆国　9
甲斐国　10
出羽国·陆奥国

出羽国　陆奥国

京都

镰仓

▲ 镰仓府管辖范围示意图

在这种一仆二主制的结构下，关东管领就成了室町幕府遏制镰仓府的第一道关口。自康历政变中，上杉宪方制止了二代镰仓公方足利氏满后，镰仓公方和幕府将军之间的关系就十分紧张。在足利义满解决守护大内义弘的应永之乱中，又是当时的关东管领上杉朝房出面延迟了三代镰仓公方足利满兼出兵支持大内义弘的行动，没有使事态扩大化。这样，上杉氏利用关东管领这个职务的特殊性，逐渐开始侵蚀镰仓公方的权力。应永二十三年（1416 年），时任关东管领的上杉禅

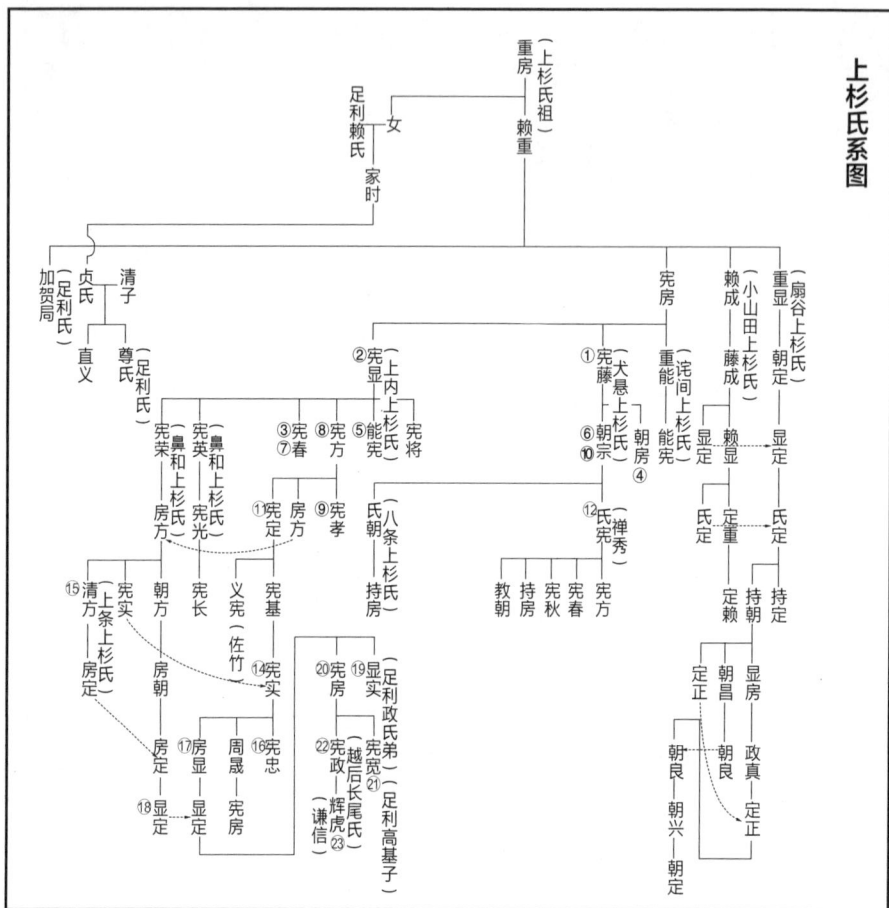

▲ 上杉氏系图

秀向第四代镰仓公方足利持氏举起了反旗，开启了关东战乱的序幕。平定了上杉禅秀之乱后的永享十年（1438 年），镰仓公方与关东管领的矛盾再次爆发。当年八月，镰仓公方足利持氏出兵攻打关东管领上杉宪实，最终导致足利持氏在永享十一年（1439 年）兵败自尽。之后近八年的时间，镰仓府内都是关东管领上杉氏在行使职权而不是镰仓公方。虽然在关东豪族和国人的支持下，足利持氏之子足利成氏被任命为第五代镰仓公方，但镰仓公方和关东管领之间的矛盾并没有被解决。享德三年十二月二十七日（1455 年 1 月 15 日），时任关东管领的上杉宪忠被足利成氏暗杀，镰仓公方和关东管领之间的关系彻底破裂。

享德四年（1455年）三月，上杉宪忠之弟上杉房显，被室町幕府的八代将军足利义政任命为新的关东管领和武藏守护，并以足利成氏讨伐军总司令的身份进入上杉家的居城上野平井城，正式继承了主家山内上杉家。在他的号召下，组成了以越后上杉家当主、越后守护上杉房定及扇谷上杉家当主、相模守护上杉持朝等上杉一族为基础的讨伐军。而足利成氏则逃到上总国的古河城（现茨城县古河市古河总合公园），依靠所谓的坂东八屋形①等关东豪族、国人组成军队，抵抗讨伐军。

这场被称为"享德之乱"的战争持续了近三十年，为了平定这场战乱，又引出了成为"应仁之乱"导火索之一的"武卫骚动"②。最后，双方筋疲力尽，在文明十四年十一月二十七日（1483年1月6日）达成和平协定，以利根川为界，划定了势力范围。

然而，"享德之乱"的结束并没有给关东带来和平的曙光。关东管领上杉氏一方，由于长尾景春之乱导致主家山内上杉家衰落，分家扇谷上杉家则因家宰太田道灌平定了长尾景春之乱而兴盛，最终导致两上杉家的内斗。古河公方一方，也因二代古河公方足利政氏与足利高基父子不和爆发了内乱，最后导致足利政氏隐居。足利高基之弟足利义明出走到下总小弓城，成立小弓御所继续与高基对抗。整个关东陷入更大的动乱。而后北条氏就是在这样的背景下，正式登上了历史舞台。

后北条氏的先祖是北条早云，事实上，他本人从没这样自称过。与传说中裸一贯的浪人出身不同，北条早云出自伊势平氏，是室町幕府中七头之一，从南北朝时代开始，代代担任着室町幕府政所执事一职。北条早云的父亲名叫伊势备中守盛定，通称新左卫门尉，是伊势氏分家备中伊势氏总领伊势肥前守盛纲的第四子。据考证，早云本人也出生在备中的荏原乡高越山城（现冈山县井原市）内，

---

① 即下野国的小山氏、宇都宫氏、那须氏和长沼氏，常陆国的佐竹氏和小田氏，以及下总国的千叶氏八家被授予屋形的有力国人。

② 斯波家当主斯波义敏因为自家内乱导致无法出兵关东，被足利义政革去了斯波家当主，改由斯波义廉担任，由此引发的斯波武卫家内部争斗。

本名伊势新九郎盛时。盛时的母亲是室
町幕府政所执事伊势贞国的女儿。因为
这层关系，伊势盛定成为室町幕府的一
名奉公众，先后服侍了六代将军足利义
教、七代将军足利义胜和八代将军足利
义政。在记录奉公众名单的《文安番帐》
中，伊势新左卫门尉是一番申次，主要
负责代表幕府同各国的守护大名进行交
涉。享德四年畠山家家督相续、长禄四
年（1460 年）追放近江守护六角政尧、
宽正四年（1463 年）赦免高梨政高等
一系列事件中，都有盛定活跃的痕迹。

▲ 北条早云诞生之地碑

正因为伊势盛定在幕府很活跃，他
的女儿成了名门今川氏当主今川义忠的
正妻北川殿。他的儿子伊势盛时，也继
承其家业，成为室町幕府的一名官僚。盛时出仕后，从将军继任者足利义视的侍
从做起，担任了九代将军足利义尚的申次和奉行众。

文明八年二月六日（1476 年 3 月 1 日），伊势盛时的妹夫今川义忠出阵远江
时被一揆袭击，中流矢而死。由于今川义忠与其妻北川殿之子龙王丸年龄不足六岁，
因此，今川家重臣朝比奈氏和三浦氏要求拥立今川家一门众小鹿范满为今川家新
的当主，并找来堀越公方的关东执事上杉政宪和扇谷上杉家的家宰太田道灌为外
援，与支持龙王丸为今川家当主的今川家重臣对峙。为此，伊势盛时作为幕府方
面的使者，东下骏河进行调停。在盛时的努力下，双方达成和解。今川家当主由
龙王丸担任，龙王丸十五岁元服以前，由小鹿范满担任龙王丸的名代。之后，小
鹿范满居住在今川馆（即日后的骏河城）发号施令，而龙王丸和北川殿则移居小
川城（现静冈县烧津市）。长享元年（1487 年），龙王丸到了元服的年纪，但小
鹿范满拒不交出政权。为此，伊势盛时再次东下骏河，在小川城起兵攻灭小鹿范
满一族。他也因此被元服后改名为今川氏亲的外甥授了了兴国寺城十二乡的领地。

从《米良文书》中长享二年（1488年）发出的《熊野那智山寄进书》和《北野社家日记》中延德三年（1491年）八月十八日条所录文书这两件重要的史料文书可得知，伊势盛时以幕府在今川家代表的身份行使着类似守护代的权力。明应二年（1493年）四月，细川京兆家当主细川政元联手八代将军足利义政的夫人日野富子和山城守护、伊势盛时的表兄弟伊势贞亲等人发动政变，流放了时任将军的足利义材，并拥立前堀越公方足利政知次子足利义澄为新将军，史称"明应政变"。

根据《北野社家日记》的记载，伊势盛时在政变前的延德三年再次回到京都，担任足利义材的申次。其弟伊势弥次郎也在当年八月参加了足利义材讨伐六角高赖的军事行动。这也被认为是伊势盛时一族参与了"明应政变"的证据。

明应政变两年前，足利义澄的异母兄弟足利茶茶丸在足利义材的支持下起兵杀死了义澄的同母兄弟、预备继承堀越公方的足利润童子，自立为堀越公方。如今，足利义澄成了将军，自然想为自己的弟弟复仇。而对堀越公方所在的伊豆用兵，最可靠的力量就是骏河今川家。作为参与了"明应政变"的自己人伊势盛时，也因为其在今川家的特殊地位，成为讨伐足利茶茶丸的最佳人选。

受命之后，伊势盛时回到了自己的居城兴国寺城，开始着手准备讨伐足利茶茶丸。根据军记物语记载，伊势盛时曾以前往修善寺泡温泉为名，亲自潜入伊豆国内探听情报。汇集了各种情报后，伊势盛时了解到，足利茶茶丸由于听信

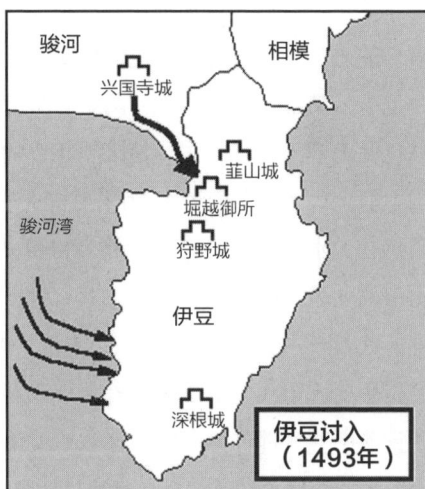

▲ 伊豆讨入示意图

▼ 早云关系图

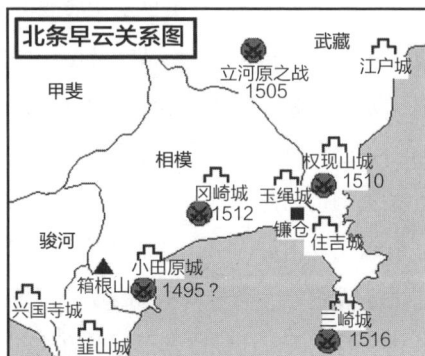

谣言，斩杀了家中重臣外山丰前守和秋山藏人，搞得家臣与他离心离德。同时，足利茶茶丸又参与了两上杉氏的内斗，造成国内兵力空虚。因此，伊势盛时当即通过今川氏亲联络了骏河东部的豪族葛山氏和富士氏。在明应二年秋，伊势盛时带领士兵五百余人，冒充海贼，在伊豆西海岸登陆，一举拿下了堀越御所。之后，伊势盛时将不服从他的伊豆豪族次第消灭，最终占有了伊势一国，杀死了足利茶茶丸。此时已是明应七年（1498 年），而伊势盛时也在明应四年前出家，改名为早云庵宗瑞。

平定伊豆后，管领细川政元继续了自六代将军足利义教以来，幕府干预关东事务的政策。早云庵宗瑞也因此更积极地作为细川政元的代理人，参与到关东的争乱中。在之后的生涯中，早云庵宗瑞建立一系列制度，使自家进化成战国大名，并以此为基础逐步扩张，消灭了相模的豪族大森氏和三浦氏，完全占据了相模一国。其子氏纲继承家业后，为了对抗关东管领的权威，延续早云庵宗瑞的扩张势头，氏纲在大永三年（1523 年）将自家苗字"伊势"改为"北条"。为了与执掌镰仓幕府的北条氏相区别，后世称其家为后北条氏。之后，北条氏纲将进攻的矛头对准了武藏国。在氏纲的努力下，北条军击破了以山内上杉家和扇谷上杉家为核心，包括甲斐武田氏、上总真理谷武田氏和房总里见氏等组成的反北条包围网，控制了武藏国的大部分地区。天文六年（1537 年）二月，北条氏纲从武藏守护代大石氏的手中夺取了武藏与下总交界处的葛西城（现东京都葛饰区青户）。次年十月，北条氏纲率领北条军在下总国府台（现千叶县市川市国府台）附近与小弓公方足利义明率领的房总诸部交战。由于足利义明和里见义尧两人在军事行动方面意见不合，因此各自为战。里见军作战消极，与一力进攻的足利义明所部拉开了距离。北条氏纲抓住这个机会，集中兵力攻击足利义明部，终于将其击溃。足利义明及其弟足利基赖、长子足利义纯等战死。与古河公方争斗多年的小弓公方灭亡。根据《快元僧都记》的记载，此战是古河公方足利晴氏请求北条氏纲出兵"小弓退治"。北条氏纲也因此战确立了自家成为古河公方保护者的身份。为了报答北条氏纲，足利晴氏发出御内书，任命他为关东管领。天文八年（1539 年），足利晴氏又娶了北条氏纲之女芳春院殿为续弦，北条氏纲成为足利家御一门。无论是家格还是实力，后北条氏已经凌驾于原来的关东管领上杉家之上了。

河东一乱与河越夜战

就在北条氏纲在关东取得胜利的同时，他和今川家的关系也发生了变化。北条氏纲之父伊势盛时具有幕府代表和今川氏亲代理人的双重身份。在永正五年（1508 年），已经完成在相模领土上第一次检地的伊势盛时在写给巨海越中守的书状中，称今川氏亲为屋形样[①]。而永正元年（1504 年）今川氏亲颁布的在镰仓鹤岗八幡宫禁止乱入的禁制令，也说明了他在和舅父伊势盛时的关系中处于上方。今川家多次向远江和三河用兵，盛时每每出兵相从。而之后北条家世代相传的通字"氏"字，也是从今川氏亲处得到的一字拜领。到了氏纲时代，北条家同今川家的关系依然没有改变，氏纲常常追随今川氏亲及其继承人今川氏辉。天文五年（1536 年）二月二日，北条家发给伊豆国那贺郡百姓的书状中，依然称呼今川氏辉为骏府御屋形。

北条家发出这张书状，是因为今川家当主今川氏辉与当时著名歌人冷泉为和要到小田原城（现神奈川县小田原市）参加氏纲两个儿子北条为昌和北条氏康召开的连歌会。因此，北条家命令沿途的百姓修整道路。今川氏辉于当年二月十三日参加了北条为昌主办的连歌会，次日参加了北条氏康主办的连歌会，三月五日又参加了伊豆热海的歌会。

今川氏辉回到骏府后，在三月十七日突然死去。就在同一日，被定为氏辉继承人的今川彦五郎也死去，所以，今川氏辉之母寿桂尼将自己的另一个亲生儿子梅岳承芳，也就是日后被称为东海道第一弓取的今川义元定为今川家新任当主。今川义元继任后，在重臣太原雪斋的支持下，采取了与父兄不同的外交政策，其中最重要的一项政策就是试图和甲斐武田氏言和。

甲斐武田氏是甲斐的守护大名，到了第十八代当主武田信虎当政时，开始完成领国一元化。而为了反抗武田氏的领国一元化，甲斐的国人领主向骏河的今川氏和伊豆的后北条氏求援。自此，双方进入战争状态。武田信虎消灭国内亲今川

---

①屋形是足利义满设立的，代表武家家格高低，屋形样则是那些被赐予屋形的武家家督的尊称。

▲ 北条氏纲

▲ 今川义元木像

的领主后，选择与今川氏暂时和解、与后北条氏继续维持战争的政策。为此，武田信虎迎娶了前关东管领上杉宪房的遗孀为侧室，又让嫡子武田信玄迎娶了扇谷上杉家当主上杉朝兴的女儿为正室。自己则积极加入两上杉家与后北条氏的战争。

天文四年（1535年），武田信虎得知今川氏对三河的攻略遭遇挫折。整个地区的豪族纷纷加入了德川家康的祖父松平清康的阵营。认为有机可乘的信虎在这年六月撕毁了与今川氏的和约。双方在国境处展开了激烈的交锋。受今川氏辉的邀请，北条氏纲在八月出兵，从相模口攻入甲斐都留郡。武田方的小山田越中守信有和胜沼信友，在现山梨县南都留郡山中湖村湖畔同北条军发生了战斗。是役，北条军凭借人数上的优势击败了武田军，武田信虎的弟弟胜沼信友战死。

到了十二月，三河的形势发生了巨变。松平清康在攻打尾张守山城的时候被家臣阿部弥七郎正丰用"千子村正"斩杀。之后，松平清康叔父、樱井松平家当主松平信定发动政变，将清康幼子、德川家康之父松平广忠流放。三河再次陷入混乱。为此，今川氏辉才会在天文五年以参加和歌会的名义前往相模，同北条氏纲协调新形势下对甲斐武田氏的政策。

今川义元成为今川家的新当主后，就决心迅速与甲斐武田氏实现和解，重新开始对三河用兵。但是，这种政策无疑是对与甲斐武田氏保持长期战争状态的后北条氏的背叛，因此遭到以福岛越前守为首的家臣的反对。五月二十四日，寿桂尼与福岛越前守面谈，试图调解今川义元与福岛越前守之间的矛盾，但是没有成功。次日，福岛越前守拥立今川氏亲侧室福岛氏所生的玄广惠探为当主，与今川义元彻底决裂。由于福岛一族以花仓城（现静冈县藤枝市）为据点，因此此次今川家的内乱被称为"花仓之乱"。

福岛越前守起兵后，立即进攻了今川家的本城今川馆。今川义元方依靠重臣冈部左京进亲纲的奋战，守住了今川馆。福岛越前守只能退守方上城（现静冈县烧津城）和花仓城。六月十日，得到其他家臣支援的冈部亲纲攻克了方上城。福岛越前守支撑不下去，放弃了花仓城。其后，玄广惠探于六月二十八日在濑户谷普门寺自尽，福岛越前守下落不明，福岛上总介正成的两个儿子北条纲成和北条纲房则逃到了北条领，成为北条家的成员。

平灭"花仓之乱"后，今川义元继续推行自己的政策。天文五年七月，武田氏嫡子武田信玄在寿桂尼的介绍下，迎娶了清华家之一的转法轮三条氏之女三条之方为正室。第二年，也就是天文六年二月十日，今川义元迎娶了甲斐武田氏当主武田信虎的女儿定惠院为正室，正式同甲斐武田氏结盟。

尽管福岛一族和后北条氏关系深厚，甚至福岛一族中名叫福岛九郎的人还被赐予后北条氏旧苗字伊势氏，并作为北条军的大将战死在白之原（现埼玉县和光市）合战，但在"花仓之乱"中，北条氏纲还是站在了寿桂尼这一方。然而，今川义元却无视后北条氏的示好，依旧同甲斐武田氏结盟。对此，北条氏纲联络入嗣骏河郡葛山氏的三弟葛山氏广，向今川家举起了战旗，史称"河东一乱"。后北条氏自早云时代与今川家半附庸、半同盟的关系也就此结束。

天文六年二月二十一日，北条氏纲接连给骏河郡大平之内星屋氏、沼津妙觉寺（现静冈县沼津市）和富士郡大石寺下达了禁止滥妨狼藉的禁制令。滥妨狼藉，是指战国时代大名放纵下级士兵乱取掠夺的行为，类似于中国古代战争中的"大掠三日"。北条氏纲连续下达禁制令，说明北条军的兵锋已经到达上述三地，必须下令禁止北条军士卒对这三地进行劫掠。三月七日，北条军与富士郡的豪族富士氏在富士宫浅间社附近的小泉交战。此战主将富士宫若殿顶住了北条军的进攻，

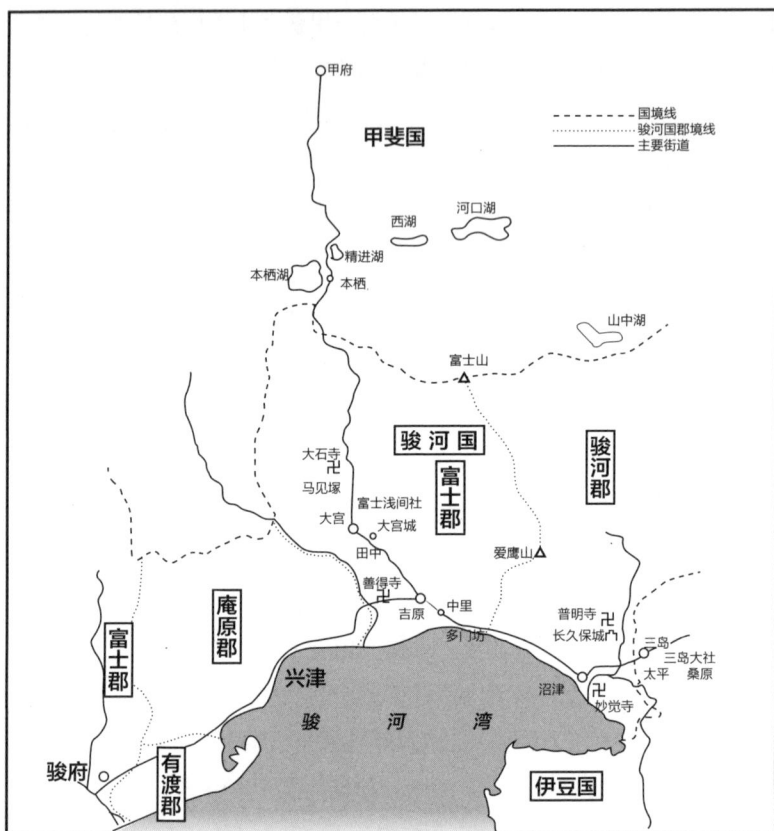

▲ 河东—乱关系图

次日被今川义元授予感状。之后，北条军占据了今川家在富士川以东的骏河、富士两郡的领地，与今川军隔富士川对峙。

北条氏纲的目标并不止于河东一地。三月二十五日，北条氏纲写信给野边和高桥彦四郎两人，命令他们从笠原和清水两人那里领取有关对三河工作的经费一百贯文，并指出其中二十贯文是堀越殿联络田原城（现爱知县田原市）城主户田氏的十五人使者三个月的经费。所谓的堀越殿，是今川家在远江的分家堀越氏。堀越氏在今川家长期担任远江一国的守护，是今川家在远江重要的支柱。三月二十九日，北条氏纲又写信给奥平九七郎，请他拉拢远江井伊氏加入己方。这两家在花仓之乱中都隶属于惠探方，因此北条氏纲想拉拢他们夹击今川义元。

不过，北条氏纲的计划并没有实现。今川义元得到武田信虎的支援后，腾出了手。四月二十八日，今川义元向天野小四郎虎景和天野孙四郎景义发出感状，表彰两人在四月二十六日攻克堀越氏居城见付城（现静冈县磐田市）时的战功。

到六月十四日，北条氏纲在会战中击败今川军，占据富士川以东的河东领地后，回到了小田原城。不久，他就应古河公方足利晴氏的请求，出兵下总。而今川义元在平定内部后，开始向三河方向用兵。一时间，富士川两边平静下来了，河东一乱到此告一段落。

天文八年闰六月，今川氏和后北条氏战端再开。北条军穿过富士川进攻蒲原城（现静冈县静冈市清水区），被今川军击退。今川氏和后北条氏的战争开始常态化。

天文十年（1541年）六月，武田信玄流放了自己的父亲武田信虎，成为甲斐武田氏第十九代当主。七月十九日，北条氏纲去世，嫡子北条氏康继承了家业。被北条氏纲压制许久的两上杉家开始行动。当年秋季，上杉军对河越城发起进攻，但被北条军击退。

而此时的今川义元，刚刚在天文九年（1540年）通过拥立松平清康之子、德川家康之父松平广忠复位的方法，将势力伸进了西三河。得知北条氏纲死去的消息后，今川义元放缓了对三河的进攻。他先是试图通过武田信玄的关系，用和平手段使北条氏康将河东之地让回，但被北条氏康拒绝。于是，今川义元便和两上杉家结盟，约定联手进攻北条氏康。他又通过支援高远合战中的武田军，向武田信玄示好。一切准备就绪后，今川义元在天文十四年（1545年）九月渡过富士川，攻克了北条军最前线的据点吉原城（现静冈县富士市），并围攻长久保城。北条氏康得知今川家出兵后，也从相模出兵。与此同时，武田信玄率领的援军也赶到了河东。知道武田军出动的北条氏康只得暂时放弃富士川防线，向后撤退。十月二日，今川义元发布了禁止在妙觉寺（现静冈县沼津市内）滥妨狼藉的禁制令。十月六日，武田军在普明寺（现静冈县裾野市）发出了禁止滥妨狼藉的禁制令。

就在今川和武田两家联手出兵河东，与北条氏康对峙之际，关东的两上杉氏也开始了行动。九月二十六日，山内上杉家当主上杉宪政和扇谷上杉家当主上杉朝定出兵包围了河越城（现埼玉县川越市）。十月，在两上杉氏的邀请下，古河公方足利晴氏也加入上杉联军。在晴氏出阵的效应带动下，包围军总数据说达八万之众。

得知后院失火的北条氏康不得不接受武田信玄提出的议和要求。事实上，武田信玄在侵略信浓小县郡时就与支持小县郡豪族海野氏的山内上杉军发生过战斗。武田信玄本人无意继续与北条氏康维持战争关系，此次他出兵河东，更多是想通过对今川和北条两家卖好来稳定自己的后方，以便专心攻略信浓。为此，他派老臣板垣信方、驹井高白斋政武和向山虎继出面斡旋。对此，北条氏康派出了家臣桑原盛正，今川义元派出了太原雪斋，三家开始坐在一起商谈议和事宜。最终，三方以北条军交出河东地区为条件，达成和平协定。十一月一日，北条军根据和约，交出了长久保城。六日，北条军撤出了河东地区。

回到小田原后，北条氏康并没有立即出兵救援河越城。要知道，河越城和江户城一样，都是太田道灌亲自建造的名城，易守难攻。城中守将分别是北条氏康的叔父北条长纲（北条幻庵）和勇武闻名的北条纲成，并非赵括、马谡之流。因此，北条氏康耐心等到天文十五年（1546 年）四月、以两上杉为首的关东联军师老兵疲时，才出兵决战。四月二十日晚，北条氏康和北条纲成里应外合，大破关东联军。扇谷上杉家当主上杉朝定和重臣难波田宪重战死。不久，扇谷上杉家最后的据点松山城（埼玉县比企郡吉见町大字南吉见字城山）也在北条军的反攻中陷落。山内上杉家当主上杉宪政仅以身免，大将本间近江守、仓贺野三河守行政及赤堀上野介等家臣战死。古河公方足利晴氏见势不妙，早早逃回了古河城。此战被后世称为河越夜战，后北条氏自早云庵宗瑞时代起与关东管领上杉家的战争经此一役终于分出了胜负。

▲ 河越夜战示意图

两上杉氏的崩溃与长尾景虎的登场

河越夜战之后，北条氏康开始扫荡武藏国内上杉氏的余部。忍城（现埼玉县行田市）的成田长泰率先向北条氏康投降。很快，胜沼城（现东京都青梅市）城主三田纲秀也向他投降。武藏国守护代、泷山城（现东京都八王子市丹木町）城主大石定久也向北条氏康降伏，并接受北条氏康之子北条氏照为养子。天神山城（现埼玉县秩父郡长瀞町）城主藤田康邦也不得不接受北条氏康另一个儿子北条氏邦为养子。天文十六年（1547年）九月，逃亡上野的太田资正趁北条军不备，夺回了松山城。十月，太田资正的兄长、在河越夜战中充当北条氏康内应的岩付城（现埼玉县埼玉市岩槻町）城主太田资时去世，没有留下子嗣。太田资正在十二月攻下了没有主人的岩付城，自立为岩付城太田家的新当主，并将城中亲北条的家臣全部赶走。然而，好景不长，北条氏康很快就策反了太田资正在松山城的留守上田朝直，包围了岩付城。天文十七年（1548年）正月，太田资正向北条氏康臣服。扇谷上杉家正式灭亡。

逃回平井城（现群马县藤冈市）的上杉宪政试图与信浓的豪族村上义清联手，共同对抗北条军。为此，他在天文十六年出兵信浓，支援被围困在志贺城（现长野县佐久市）的笠原清繁。以仓贺野秀景为主将的上杉军在越过锥冰峠后，于八月十六日在小田井原（现长野县北佐久郡御代田町）与板垣信方、甘利虎泰率领的武田军别动队交战，上杉军大败。

小田井原之战后，上野的豪族也开始反抗上杉宪政的统治。赤石城（现群马县伊势崎市）的那波氏、国峰城（现群马县甘乐町）的小幡氏和馆林城（现群马县馆林市）的赤井氏都先后联络北条氏康，与亲上杉宪政的足利长尾氏、由良氏、桐生氏、长野氏和大胡氏等豪族交战。天文十九年（1550年），北条氏康开始攻击上杉宪政的居城平井城。天文二十一年（1552年）三月，山内上杉家在武藏国的据点御狱城（现埼玉县儿玉郡神川町）城主安保泰广、安保太忠父子出降，上杉宪政之子龙若丸被安保泰广交出，后被北条氏康所杀。以长野业正为首的西上野河西众也加入了北条军，甚至连上杉宪政的亲兵马回众也有人投降了北条氏康。至此，上杉宪政再也无法坚守平井城了。四月，上杉宪政放弃平井城，前往东上野，向当地亲上杉的豪族足利长尾氏和由良氏求援，却被两家拒绝入城。不得已，上杉宪政只能跑到越后和上野的交界处，向越后的大名长尾景虎求援。

长尾景虎在收到上杉宪政的求援信后，很快将上杉宪政接到了越后。五月，长尾景虎就派遣使者僧前往上野，了解上野的实际情况。为此，上杉宪政撰写了证明使僧身份的书状。从为长尾景虎担任取次的吉江茂高在六月二十日写给平子孙太郎的慰问信、上杉宪政在七月三日发出的文书可知，长尾景虎即将派遣大将蒴生城主平子孙太郎出阵关东。七月中旬到七月下旬的某日，越后军发出了在武藏国领主冈部左卫门尉所领北河边矢岛地区禁止滥妨狼藉的禁止令，说明此时越后军已经越过越后和上野两国边境的界山。长尾兵势如破竹，半个月左右的时间就从上野国打到了武藏国。八月十日，吉江茂高在给平子孙太郎的信中写道"关东御出阵御大义，御不如意令察之"，表示长尾景虎可能无法出阵关东，并暗示平子孙太郎做好回师的准备。八月十三日，长尾景虎的旗本吉江忠景在给平子孙太郎的回信中表示，因为平子孙太郎在关东出阵中的战功，原本剥夺的贺幾之地将作为恩赏返还给平子孙太郎。九月十一日，北条氏康遣部对下野国的佐野领（现栃木县佐野市富士町和栃本町）和上野国的新田领（现群马县太田市金山地域）放火。十月二十二日，上杉宪政从关东返还越后，长尾景虎写信给同上杉宪政一起出阵的庄内定贤，表示慰劳，并派各所奉行详细听取他的报告。同日，各所奉行栃尾城（现新潟县长冈市栃尾地区）城主本庄实乃、箕冠城（现新潟县上越市板仓区）城主大熊朝秀和与板城（现新潟县长冈市与板町）城主直江实纲，联名发出副状，表示将把庄内定贤出阵的心得申报给长尾景虎。十二月十二日，北条氏康授予安中源左卫门尉上野国势多郡上南云地区（现群马县涉川市），作为出兵上野的恩赏。长尾景虎和北条氏康的第一次交手就这样结束了。

▲ 平井金山城城迹图

长尾景虎之所以对越山进攻关东如此积极，有自己的原因。长尾景虎出身的越后长尾氏，代代都担任守护越后上杉氏的守护代。到了长尾景虎之父长尾

72

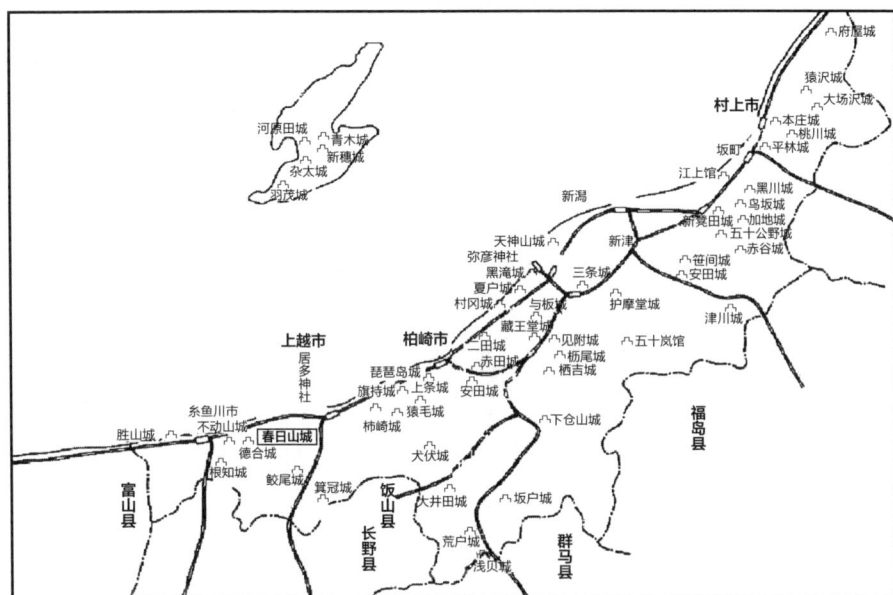

▲ 春日山与支城图

为景的时代，越后守护上杉房能决心扩大守护的权力，在明应七年下令停止守护不入权。此事受到了长尾为景的抵制。永正四年（1507年）正月十七日，长尾为景开始攻打越中，而上杉房能则开始为讨伐长尾为景准备资金。八月，长尾为景先发制人，拥立上条上杉氏当主上杉定实为新任越后守护，攻打上杉房能的居馆。上杉房能不敌，在逃跑的路上切腹自尽，殉死者数百人。

此役后，越后秩序大乱。当年九月，扬北众的本庄时长、色部昌长和竹俣清纲起兵反对上杉定实继任越后守护。长尾为景依靠安田氏、中条氏、筑地氏的战力，又因为上杉房能之兄、关东管领上杉显定增援越后的节点沼田城和白井城被叛将长尾景春占据，所以经过一年多的战争，最终平定了叛乱。永正六年（1509年）十一月六日，室町幕府发出御内书，补任上杉定实为越后守护，并命令长尾为景悉心辅佐。

永正七年（1510年），上杉显定终于将长尾景春赶到了利根川以东的不动山馆。七月二十八日，上杉显定联络越后国薭生城主平子左卫门佐为内援，率领上

73

野军八千余人攻入越后，一举占领了越后的上越和中越地区，上杉定实和长尾为景不得不逃往越中避难。逃到越中后，长尾为景以上杉定实的名义联络京都幕府。取得幕府的支持后，长尾为景发起反攻，将关东军赶出了越后，关东管领上杉显定被高梨政盛军逼迫自尽。

重新夺回越后的长尾为景不断加强自己的权力。享禄元年（1528 年）十二月十二日，长尾为景被时任幕府将军足利义晴授予允许使用白伞袋、毛毡鞍覆等仅限于守护和御供众使用的物品。最早是由将军足利义稙授予越前守护代朝仓孝景，之后这成了幕府授予守护代守护权力的证明。至此，长尾为景就拥有了和守护上杉定实相同的家格。

长尾为景的行为很快遭到越后国人领主的反抗。享禄三年（1530 年）十月六

▲ 上杉房能废止守护不入权文书图

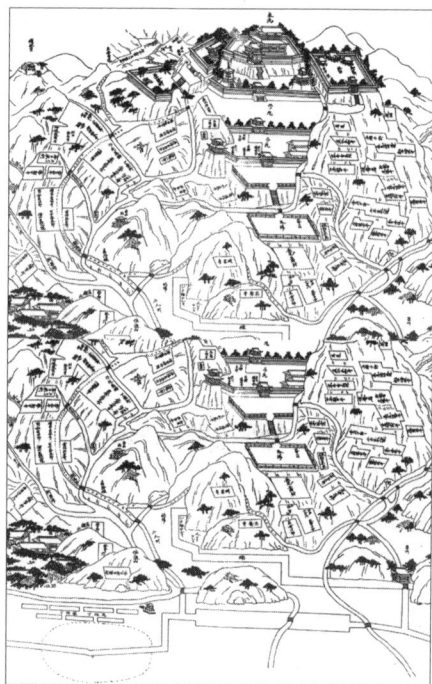

▲ 春日山古城图

日，上杉定实之弟、上条上杉家当主上条定宪起兵讨伐长尾为景，史称"享禄·天文之乱"。享禄四年（1531年）正月，越后除上条家以外的上杉一门与扬北众等十八人联名组成一揆，加入上条定宪的讨伐军。二月，将军足利义晴下达了禁止与上条定宪合力的御内书。一时，上条定宪被压制，不得不向长尾为景求和。

到了六月，形势发生了变化，被长尾为景倚为后盾的幕府将军家发生了变故。拥立将军足利义晴的管领细川高国在摄津尼崎被细川晴元和三好元长联军击败。细川高国被俘后被勒令自尽，足利义晴逃到了近江国坂本的长光寺。消息传到越后之后，长尾为景的支持者也发生了变化。

天文二年（1533年）九月二十六日，上条定宪再次举兵叛乱。虽然上条军一度处于劣势，自家的居城上条城也被烧讨，但是到了天文四年，上条定宪成功地将上田长尾氏与其旗下的上田众、妻有众和薮神众拉入了自己一方，并下令己方的宇佐美定满和大熊政秀做好反击的准备。六月十三日，长尾为景围攻宇佐美定满的居城。十九日，上条定宪又拉拢了扬北众中的本庄房长、水原政家和色部胜长等人，并展开了反击。八月十二日，在"享禄·天文之乱"中一直保持中立的平子弥三郎在中条藤资和黑川清实的劝诱下加入了上条定宪方。到了年末，庄内的大宝寺氏和砂越氏、会津的芦名氏也加入了上条定宪方。天文五年四月十日，宇佐美定满在越后三分之一原被长尾为景军击败。八月三日，长尾为景将家督让予长子长尾弥三郎晴景。十二月二十四日，长尾为景去世。长尾晴景在正式继任家督一职后，逐步恢复了上杉定实的守护权。在此前提下，上条定宪一党在天文七年（1538年）向长尾晴景请降，结束了"享禄·天文之乱"。

在这一年，守护上杉定实决定收养妹夫伊达稙宗之子时宗丸（伊达实元）为养子。伊达稙宗试图以此事为契机，将势力扩展入越后。首当其冲的扬北众分裂成两派：一派以中条藤资为首，支持伊达稙宗；另一派以本庄房长为首，反对伊达稙宗插手越后事务。动乱从扬北众波及越后全国。长尾晴景祭出天文五年九月二十七日后奈良天皇颁予他的"私敌追讨"令旨，加入了反伊达派。反伊达派士气大增，在天文九年九月二十八日攻下了中条藤资的居城中条城。

之后，伊达稙宗和伊达晴宗父子为了是否继续出兵越后反目，并引起了整个东北大乱的"天文之乱"，已改名为伊达实元的时宗丸入嗣越后上杉氏一事也不

▲ 扬北众联署状图

了了之。天文十二年（1543 年）四月十三日，在越后天文之乱中站在长尾晴景反对侧的扬北众们联名向长尾晴景请愿，恳求长尾晴景下发赦免书。八月二十八日，长尾晴景命令自己十四岁的弟弟长尾景虎出任栃尾城城主，压制古志郡和中越地区。天文十三年（1544 年）四月二十日，后奈良天皇又根据长尾晴景的请求，派右中弁劝修寺晴秀为使者，

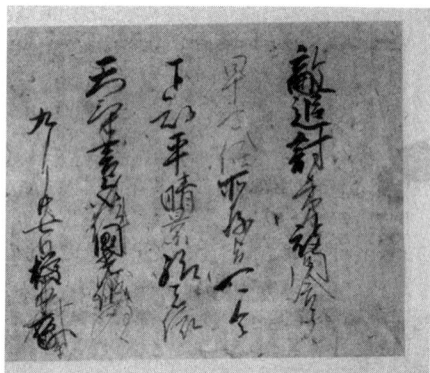
▲ 后奈良天皇纶旨

颁下了"越后国中静谧"的纶旨，并赐予长尾晴景后奈良天皇手书《心经》一卷，宣告了越后"天文之乱"的结束。

天文十五年，长尾景虎因平定黑田秀忠之乱而名声大噪，引起了长尾晴景的猜忌，并导致兄弟二人最终兵戎相见。长尾景虎在军事上占据上风后，通过守护上杉定实的调解，在天文十七年农历除夕入驻春日山城，正式继承了长尾家。

长尾景虎继任家督后，采取其父长尾为景的政策，绕过了守护上杉定实，行使国主的权力。天文十九年二月二十六日，越后守护上杉定实去世。两天后，长尾景虎被将军足利义辉赐予白伞袋和毛毡鞍覆。天文二十一年五月二十六日，基本平定了越后一国的长尾景虎被授予从五位下弹正少弼的官职，确立了自己越后国主的地位。

鏖战川中岛与北条氏康的扩张

与日后成为对手的武田信玄和北条氏康不同，长尾景虎统治领地的权威并非来自自己的家族，而是依靠室町幕府和日本宫廷的授权。因此，长尾景虎依然使用着守护时代的权力结构。与他的父亲长尾为景时代相同，长尾景虎通过公钱方大熊氏来收取段钱。事实上，长尾为景时代国内动乱的根源只是被长尾景虎的武略暂时压制，并没有解除。对此，年轻的长尾景虎决定发动对外战争，通过领土的扩张来缓和国内矛盾。上杉宪政的求援信，给了长尾景虎一个很好的向关东扩张的机会。

天文二十二年（1553年）八月，北信浓豪族村上义清、高梨政赖、井上昌满、岛津忠直、须田满国、栗田永寿等联名写信给长尾景虎，希望长尾景虎出兵，协助他们反抗武田信玄的侵略。为此，长尾景虎出兵信浓。九月一日，越后军在八幡（现长野县筱之井市）击败武田军，迫使武田军放弃了荒砥城（长野县千曲市上山田）。三日，越后军攻到武田信玄的驻地青柳城（长野县东筑摩郡筑北村坂北），并在青柳城附近放火。武田信玄的援军在九月四日进驻苅屋原城。之后，越后军攻克会田的虚空山城。九月十三日，武田军在越后军控制的麻绩城和荒砥城城下放火，迫使越后军在十四日夜半撤出麻绩城。九月十八日，越后军转向盐田（现长野县上田市盐田地区）方向，在葛尾城附近的南条地区（现长野县埴科郡坂城町）放火。九月二十日，武田信玄在出阵盐田的半路上得知了越后军撤退的消息。这就是第一次川中岛之战。

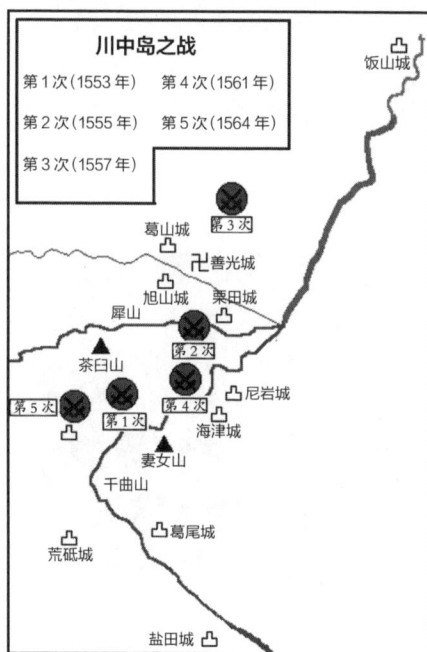

▲ 川中岛之战示意图

对长尾景虎来说，此次出兵川中岛地区，不过是一次普通的出兵。回师越后后，他在当年秋天前往京都。在京都，他获得了后奈良天皇颁予的"住过并邻国欲敌心之辈，所被治罚也"的纶旨并被赐予御剑一把。心情舒畅的长尾景虎在十一月十三日游览了自由都市堺，并赠予大阪的本愿寺光教太刀一把、马一匹和乌目千颗。之后，长尾景虎又拜访了高野山。从高野山回到京都后，长尾景虎于十二月八日在大德寺受戒，法号宗心。十二月下旬，长尾景虎才回到越后。

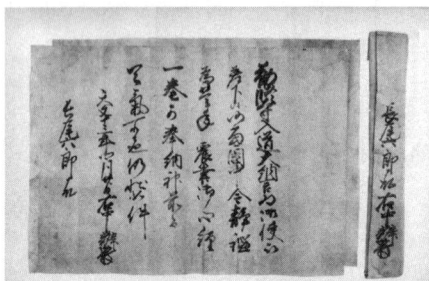
▲ 后奈良天皇纶旨2

回到越后后，由于上洛花费过大，长尾景虎不得不下令增收段钱，暂时无力出兵。北条氏康此时正致力于房总的事务，因此上野方向一时平静了许多。而在信浓方面，武田信玄却加紧了攻势。弘治元年（1555 年）二月十三日，越后毛利氏领主北条高广被武田信玄劝诱，以善根（现新潟县刈羽郡中鲭石町）为据点起兵，后被宗家安田景元镇压。四月，善光寺别当粟田鹤寿被武田信玄策反。十八日，长尾景虎应村上义清和高梨政赖等邀请，再次出兵川中岛。二十三日，长尾景虎在善光寺布阵。同时，武田信玄从甲府出阵，并向在旭山城（现长野县长野市）笼城的粟田鹤寿派遣援兵三千人、弓八百张、铁炮三百挺。之后，越后军和武田军以旭山城为中心对峙了两百多日，交战多次。对峙

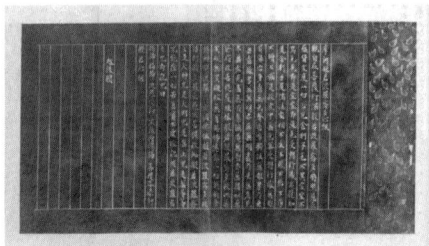
▲ 后奈良天皇手书心经图

▲ 后奈良天皇下赐的御剑图

一直延续到当年十月，武田军出现了补给问题。到了闰十月，经过百余日的对峙，精疲力竭的两方在今川义元的调停下达成了和平协定并交换了誓词。

回到越后的长尾景虎在弘治二年（1556年）三月二十三日突然宣布将出家隐遁，并宣布停止一切公事。六月二十八日，长尾景虎正式向长庆寺某僧人发出了想要隐遁的文书。八月十七日，越后诸将以长尾政景为首，向长尾景虎交出誓书，请求长尾景虎继续担任越后国主。长尾景虎接受了他们的意见，并将自己的签名由宗心改回了景虎。

再次成为国主的长尾景虎先是平定了国内的大熊朝秀之乱，又在弘治三年（1557年）再次出兵川中岛，和武田信玄交锋。越后军在五月二十一日攻下香坂（现长野县水内郡）后，又接连攻克坂本和岩鼻。八月十七日，越后军在上野原（长野县长野市上野地区）击败了渡过千曲川的武田军。战争持续到永禄元年（1558年）才在幕府将军足利义辉的调停下达成了和平协定。作为和平条件，武田信玄获得了信浓守护一职，其嫡子武田义信则获得了准三管领的家格。

永禄二年（1559年），长尾景虎第二次上洛。此行除觐见了正亲町天皇并被赐予御剑外，他还从幕府将军足利义辉处要到了三管领、（足利）御一族的家格，甚至从上杉宪政处继承山内上杉家家督的许可和"信浓国诸侍事、弓矢半之由候。问始末，景虎可加意见"的权力。从此，他有了超越武田和北条的家格，以及干涉信浓和关东事务的权力。六月二十九日，足利义辉命幕臣大馆晴光为使者，将大友宗麟进献给幕府的火药配方转赠给长尾景虎。

十月二十八日，长尾景虎回到越后。当晚，举行了庆祝长尾景虎继任管领的酒宴。宴会上，长尾景虎拿出了正亲町天皇赐予的御剑给越后诸将四十七人欣赏。十一月一日，举行了年寄（家老重臣）和马回众的参观仪式。十一月十三日，又有信浓众二十一人前来参观御剑。

▲ 正亲町天皇下赐的御剑

次年三月十五日，关东诸侯自佐竹义昭使者以下三十一人参观了御剑。这实际上也成为长尾景虎出兵关东的动员会。

之后，长尾景虎利用自己身份的变化，进一步加强了对国内的控制。对比弘治三年十月十八日和永禄二年十二月二十六日长尾景虎发给广泰寺两份内容相同的文书，可以看出，发出文书的人由长尾家的奉行众变成了有较大自治权的国人领主柿崎景家、北条高广等人。

永禄三年（1560年）三月，长尾景虎出兵越中，将神保长职赶出了越中富山城（现富山县富山市丸之内）。回到越后后，长尾景虎向上杉宪政表示，自己已经做好准备越过越后与上野之间的界山，出兵关东，讨伐北条氏康。

此时的北条氏康正处于人生的巅峰期。天文二十年（1551年），北条氏康在给古河公方奉公众梁田晴助的起请文中，尚表示双方相互盟誓、互不违背，共同对古河公方足利晴氏尽忠奉公。天文二十一年，北条氏康的首要对手上杉宪政被赶到了越后，北条氏康就对在河越夜战中加入上杉方的足利晴氏采取了报复行动。十二月十二日，古河公方足利晴氏被迫隐居，他与梁田晴助之妹所生的长子足利藤氏被废除了继承人的资格，改由他与北条氏康之妹芳春院所生之子足利义氏继承家业。次年，足利晴氏在古河笼城试图反抗北条氏康对古河公方的支配。此次行动很快被北条氏康镇压了下去，足利晴氏被押送到后北条氏的领地禁闭。由于古河公方重臣、关宿城（现千叶县野田市关宿博物馆）城主梁田晴助的反对，足利义氏并没有进入古河城，而是在北条氏康控制下的葛西城发号施令。弘治三年，梁田晴助在北条氏康的压迫下，以进驻古河城为条件，让足利义氏进入了关宿城。永禄元年六月，足利义氏前往鹤岗八幡宫参诣。

足利义氏继承古河公方之位后，北条氏康得以古河公方的名义支配关东的其他诸侯。为此，他首先恢复了古河公方对上野、相模和武藏等旧公方领地的支配权。从天文二十二年开始，北条氏康以足利义氏的名义对武藏东部、下总西北部、下野南部和上野南东部的领地行使统治。从天文二十二年到弘治年间，留下了大量足利义氏以梁田氏、野田氏、丰前氏和田代氏等古河公方奉公众为媒介，对领主知行的授予，安堵、公方领地的设置，诸役的赋课、免除等在地支配的有关文书。除了和古河公方关系密切的下野国小山氏和下总国的结城氏外，下野的那须氏、芦野氏和皆川氏，常陆的真壁氏、烟田氏、额田氏和小野崎氏，南陆奥的白河结城氏与芦名家下属的石川氏等，都与打着足利义氏旗号的使者有往来。一时间，古河公方的权威在北条氏康的帮助下恢复了。

与此同时，北条氏康也在文书中打着足利义氏的名义，把自己放到具体执行者的位置上。这样的低姿态打消了不少关东诸侯对后北条氏的疑心。天文二十三年，下总结城氏当主结城政胜与北条氏康开始交好，使得北条氏康通过结城政胜联络到了南陆奥的白河结城氏当主白河晴纲。弘治三年，下野那须氏也因为排除佐竹家实力的那须洞怂剧而开始和北条氏康亲近。

天文二十二年，越后的长尾景虎出兵信浓，开始了与武田信玄在川中岛的数度大战，北条氏康则趁机将上野诸路国人领主纳入自己的统治下。家中一门重臣北条纲成的次子北条孙次郎康元被过继入沼田氏成为当主，足利长尾氏当主长尾当长参与了北条军的征伐行动。

在收服上野的同时，北条氏康实现了与今川家的和解。天文二十三年七月，北条氏康的女儿早川殿嫁与了今川义元之子今川氏真。十二月，武田信玄之女黄梅院嫁与了北条氏康之子北条氏政。之前的天文二十一年，武田信玄之子武田义信迎娶了今川义元之女岭松院。至此，三家之间通过婚姻，结成了骏甲相三国同盟。

弘治元年，下总结城氏当主结城政胜在参诣伊势神宫（现三重县伊势市）归来途中，顺道拜访了小田原城。在会谈中，结城政胜请求北条氏康出兵常陆南部，协助他打倒宿敌小田氏。对此，北条氏康没有表示异议。次年弘治二年，江户城城主远山纲景和岩付城城主太田资正奉命带领两千骑与结城政胜合力出兵。同时，下野鹿沼城（栃木县鹿沼市）城主壬生冈雄、佐野城城主佐野丰纲和上野馆林城（现群马县馆林市）城主茂吕秀忠也在足利义氏的命令下参战。结城政胜也动员了麾下的多贺谷市、水原氏和山川氏等，并力攻小田氏的支城海老岛城（现茨城县筑西市）。小田氏当主小

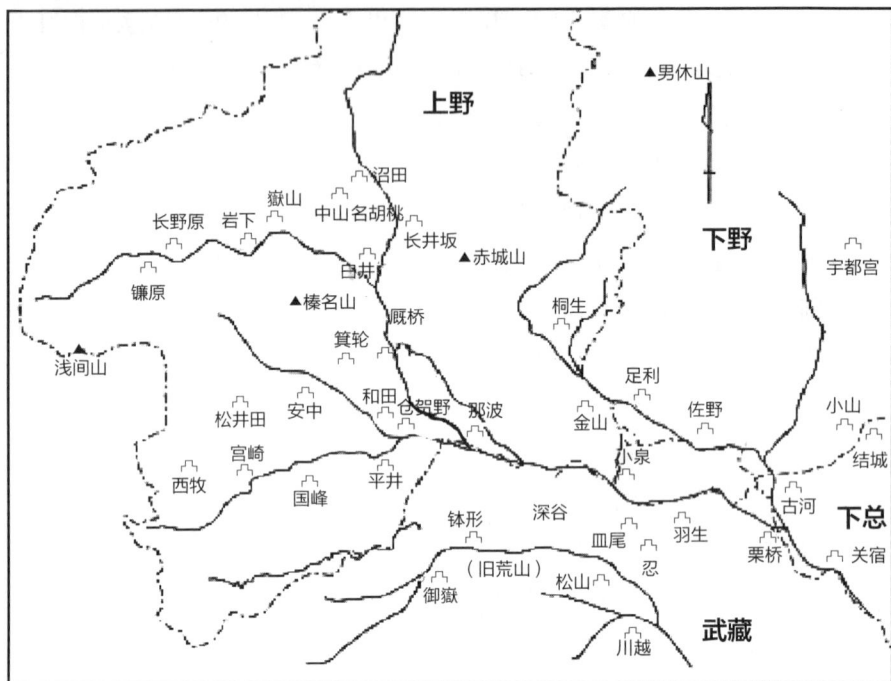

▲ 战国时代北关东简图

田氏治与佐竹援军两千人来援。两军于四月五日在海老岛山王堂附近交战，北条－结城联军获胜。小田氏治放弃了居城小田城（现茨城县筑波市），逃到土浦城（现茨城县土浦市）。海老岛地区和小田城成了结城胜政的领地，而北条氏康也成功地把触角伸进了常陆。

海老岛之战后，北条氏康开始向下野、常陆、上总和安房等国扩大自己的影响。这些地方自"观应之乱"后，初代镰仓公方足利基氏确立起镰仓府统治的萨埵山体制时代就是外样领主，即所谓的"坂东八屋形"的传统势力范围。因此，北条氏康在行动中更加注意利用古河公方足利义氏的威望，建立自己作为关东秩序维护者的立场。其中，最典型的就是宇都宫夺还事件。

天文十八年（1549年），宇都宫氏当主宇都宫尚纲在与那须高资的战争中战死。其子宇都宫伊势寿丸年纪幼小，家老壬生城城主（现栃木县下都贺郡壬生町）壬生纲房趁机与那须高资议和，联合宇都宫家另一重臣芳贺高经，夺取了宇都宫家的居城宇都宫城（现栃木县宇都宫市本丸町）。而宇都宫伊势寿丸则逃到了飞山城（现栃木县宇都宫市竹下町）城主芳贺高定处避难，并暂时被安置在真冈城（现栃木县真冈市台町）。为了夺回宇都宫城，芳贺高定开始了一系列计谋。天文二十年，芳贺高经的后援那须高资在芳贺高定的计谋下被家臣千本资俊谋杀。壬生纲房在北条氏康的支持下，联络了宇都宫一族的盐谷氏、西方氏和三上氏，赶走芳贺高经，独占了宇都宫城。走投无路的芳贺高经被芳贺高定诱入真冈城杀死。弘治元年，壬生纲房暴死，有传说是芳贺高定暗杀的。弘治三年春，芳贺高定联络常陆的佐竹义昭和江户忠通，一起攻打壬生纲雄。佐竹义昭和江户忠通带了五千人，进驻飞山城，隔着鬼怒川与壬生纲雄等对峙。为了不让壬生纲雄的后台北条氏康出兵援助，芳贺高定通过古河公方足利义氏向北条氏康展开了外交攻势。在芳贺高定的努力下，北条氏康此时正在用兵房总，无暇顾及下野，所以，北条氏康非但没有派出援军，反而向那须高资的继任者那须资胤写信，表明自己将以"壬生退治"为任。丧失外援的壬生纲雄不得不向芳贺高定投降，交出了宇都宫城。通过此事，北条氏康确立了自己作为关东管领，对外样领主大名的裁判权。之后，北条氏康的影响力甚至波及东北。然而，佐竹义昭也通过此战确立了自己作为关东东北国人领主中反北条派的核心。日后，佐竹氏联合宇都宫氏，始终站在反抗后北条氏对关东统治的第一线，最后坚持到了后北条氏的灭亡，这是北条氏康所无法预计的。

对北条氏康来说，首要的课题是利用长尾景虎在信浓与武田信玄相争的空隙，逐次将关东反北条氏的势力一一清除。在海老岛之战后，他将攻击的目标定在了盘踞在房总半岛的宿敌里见氏。自从第一次国府台之战后，上总的小弓公方灭亡，上总国的有力国人领主真理谷武田氏衰败。里见家当主里见义尧利用后北条氏专注于两上杉氏的空隙，扩张势力。首当其冲的是势力横跨上总、下总两国的有力国人领主佐仓千叶氏。

天文十六年，佐仓千叶氏当主千叶利胤在同侵入香取、匝瑳两郡的里见军交战中战死。之后，里见义尧的股肱正木大膳亮时茂就以上总大喜多城（现千叶县夷隅郡大多喜町）为据点，开始对香取和匝瑳两郡进行渗透。

▲武田信玄

天文十八年，下总豪族酒井胤治被北条氏康策反，到了天文二十二年，北条氏康开始大举侵入房总。而佐仓千叶氏的继任当主千叶亲胤迎娶了北条氏康之女尾鳍殿，开始协同北条军作战。里见军为了反制，于弘治元年侵入小弓领（现千叶县千叶市）放火。次年又侵入匝瑳郡，与千叶军交战。疲于应付里见军入侵的香取、匝瑳两郡国人领主在弘治三年发动政变，废黜了千叶亲胤，另立千叶胤富为新任当主。千叶胤富继任当主后，减轻了同里见氏的对抗，并与后北条氏保持了适度的距离。

北条氏康并没有理会佐仓千叶氏的这点小动作，弘治元年，他在上总豪族吉田玄番助的帮助下，攻克了上总国西南的金谷城（现千叶县富津市）——里见军在西上总的重要支撑点。里见军不得不在安房国西北的妙觉寺一侧构筑冈本城（现千叶县南房总市）应对。

弘治三年，北条氏康以贺浦（现神奈川县横须贺市）为据点，向房总运送人员物资。永禄三年，北条氏康完成了对里见义尧本城久留里城（现千叶县君津市久留里）的包围。里见氏一度陷入灭亡的绝境。已无力扭转战局的里见义尧只有一面坚守久留里城，一面命令正木时茂向越后的长尾景虎求援。六月二日，足利长尾氏当主长尾政长来信表示，越后军将于秋天越山，出阵关东。九月六日，长尾当长写信告之正木时茂，越后军已经越过三国峠，进入上野国沼田城。九月十六日，上杉宪政写信给里见义尧，告之自己已进入上野国。十月，正木时茂回信给长尾景虎，表示"时茂年来之愿望此时候，关东静谧不可移时日候"。从正木时茂在年底发出的一系列文书来看，北条军最后撤除了对久留里城的包围，专心应付出阵关东的长尾景虎去了。

关东出阵与继承山内上杉家

永禄三年正月二十七日，正亲町天皇依靠长尾景虎等人的奉纳，完成了即位仪式。完成仪式后，时任关白的近卫前久预定在当年九月动身前往越后。近卫前久早就对京都的政治氛围感到不满，之前曾想前往西国，被父母阻拦。当长尾景虎上洛时，两人就成了莫逆之交。当时，长尾景虎三十岁，近卫前久二十四岁。近卫前久派遣家臣西洞院时秀赠予了长尾景虎《咏歌大概》一册、歌书《三智抄》一本。六月一日，近卫前久和长尾景虎互换誓词，近卫前久在起请文中表示要追随长尾景虎远国下向，联手在关东之地建立新的秩序。七月十四日，风闻此事的足利义辉派遣幕臣大馆晴光，以正亲町天皇即位在即不能没有关白参与即位仪式为理由，将近卫前久留在了京都。

永禄三年，长尾景虎加快了越山进入关东的准备。四月二十八日，常陆的佐竹义昭向长尾景虎报告关东形势。五月九日，渡边将监等六人联名，通过本庄玖介和宇野左马允向长尾景虎递上誓书，表示他们不会懈怠其所纳军役。五月十三日，斋藤朝信、柿崎景家、北条高广和长尾藤景四人联名下达了越后府内寺社领、御料所和町人等五年免除诸役。

到了八月，关东出阵的准备基本完成，长尾景虎于八月二十四日写信告诉上野馆林城城主长尾显长等，自己即将出阵，命令其做好迎接准备。八月二十五日，长尾景虎留下桃井左马助、长尾小四郎、黑川实氏、柿崎景家和长尾源五五人为留守，荻原扫部助、直江实纲和吉江景资三人为监察坐镇越后，自己于八月二十九日离开春日山城，开始向上野进军。九月十九日，关白近卫前久依约来到越后，听说长尾景虎已经出兵，他又马不停蹄追了上去。九月二十八日，越后军攻克了上野的岩下（现群马县吾

▲ 近卫前久誓书图

85

妻郡东吾妻町）、沼田（现群马县沼田市）诸城，并入住厩桥城（现群马县前桥市）。入嗣沼田氏的北条孙次郎兵败被斩，一度投向北条氏康的下野足利长尾氏当主长尾当长和政长父子、上野总社长尾家、白井长尾家和箕轮长野家先后加入长尾景虎的阵营。长尾景虎乘胜追击，包围了那波氏主城赤石城和赤井氏的馆林城。国峰城城主小幡宪重因为家臣小幡图书助的反叛而不得不逃往信浓投奔武田信玄。北条氏康在上野的统治体制迅速瓦解。

永禄二年，关东发生了大规模的饥荒。北条氏康趁机退位，将家业交给长子北条氏政，自己、专心于军事作战。永禄三年二月，为了稳定人心，后北条氏在其所领发出了德政令。听说长尾景虎侵入上野后，北条氏康迅速做出反应，出兵进驻河越城。九月二十三日，古河公方足利义氏写信给那须资胤，感谢那须资胤在"越后之凶徒沼田城令越山"之际，能"出马可及其行候间，于上州备者……无二忠信之段感悦之至"。十月二日至十月四日，足利义氏接连写信给小山秀纲、芦野修理大夫、那须高资和烟田右卫门大夫，要求他们"速自身参阵"，并表彰了"参阵被走廻候者"。十月四日，北条氏康写信给富冈氏，表彰了他对上野豪族由良成繁的战功，并要求富冈氏将铁炮的火药和弹丸多送到紧要之处。同时，北条氏康又要求富冈氏将自己的使者安全护送到由良成繁处，以便由良成繁知道自己进一步的计划。十月六日，北条氏康又写信给野田政保，表示馆林城下缺少舟桥，要求野田政保在五日内将舟桥以及其他器物送到。

十月，上野战局进入相持阶段，双方各自对关东各地国人领主展开了拉拢活动。北条氏康在九月三日写信给结城晴助，以足利义氏的名义，希望佐竹和白川结城、那须两家言和。九月十九日写信给佐竹义昭，希望佐竹义昭能够遵从足利义氏的"上意"，即与白川结城、那须两家言和。九月二十一日，北条氏康写信给芦名盛氏，表明因为佐竹义昭"不应上意"，希望芦名盛氏能够提供建议，以便完成"重而一和之仪"。十月九日，北条氏康将起请文送给岩付城城主太田资正，希望太田资正能对足利义氏尽"御忠节"，并看在北条氏康之女同太田资正嫡子太田源五郎"骨肉取结"的份上，"大敌退治三日之内出阵"。北条氏康还表示，太田资正出阵时，将仿照保元之乱时源义朝先例，向京都的三好长庆和松永久秀申请授予太田资正相伴众的家格。十月十七日，北条氏康的盟友武田信玄写信给自己的连襟、大阪的本愿寺显如，希望通过他让越中一向宗的首领上田藤左卫门起兵袭扰长尾景虎的后方。

在另一边，十月二十九日，长尾景虎写信给下野佐野龙溪寺，希望其促成"常野两国诸家中其外出张之仪"。十月二十五日，足利义氏写信给芦名盛氏，告之上野和下野长尾家"一类两三人致同意""越国凶徒至于上州令出张"事，其"指义无候"。北条氏康已移阵松山城，进行防备。之后，又指责常陆佐竹义昭对"佐竹、白川间之仪"（指命令两家停战，出兵援助北条氏康）毫无进展，"无是非次第候"。

十月二十三日，北条氏康在松山城发出感状，表彰了兴津甚兵卫在上野总社宿城的战功。十一月八日，足利义氏写信给由良成繁，表示古河城经过加固，坚固无比，肯定能抵御越后军。十一月十二日，北条氏康写信给梁大藏丞，要他前往加强江户城（现东京都丸之内）的防守。形势并没有朝着对北条氏康有利的方向发展。

十二月七日，越后军攻克了赤石城，上野那波氏残部逃往信浓投奔武田信玄。十二月十四日，加入长尾景虎方的厩桥城城主长野彦九郎和其叔父大胡城（现群马县前桥市）城主大胡左马允因为谋反的罪名被诛杀。沼田城、厩桥城和大胡城被长尾景虎没收作为其直辖地，由年寄众北条高广镇守。而那波领则赐给了由良成繁。大约在这段时间，忍城城主成田长泰、深谷城（现埼玉县深谷市）城主上杉宪盛、胜沼城城主三田纲秀、羽生城（现埼玉县羽生市）城主广田直繁和其兄弟木户忠朝、岩付城城主太田资正都先后加入了长尾景虎一方。从北条军的围困中解放出来的里见义尧命令正木时茂开始准备渡过江户湾，与长尾景虎会师。而原本还在观望的下野、常陆、上总和下总的国人领主也不得不开始站队。下野的宇都宫氏、皆川氏和小山氏当主姗姗来迟，而常陆的小田氏治则派遣了家中的重臣穴户中务大辅参阵。更重要的是，据守古河城的梁田晴助带着足利晴氏的长子、自己的外甥足利藤氏加入了长尾景虎的阵营。对长尾景虎来说，有了足利藤氏，他便有了古河公方的大义名分。得到长尾景虎支持的足利藤氏，很快就让梁田晴助以自己名义授予了菅谷大炊助和会田内藏助各十五贯文的恩赏。

眼见形势不妙，足利义氏先后给印东式部大辅、土肥中务大辅、丰前左京亮和江木户丰后守等被官写信，宣布对加入北条氏康方的部将予以重赏。于是，下总的结城晴朝和千叶胤富，下野的那须资胤和壬生纲雄等加入了北条氏康阵营。十二月中旬，越后军逼近关宿城，足利义氏不得不固守关宿城。十二月二十四日，长尾景虎写信给太田资正，希望他出面达成房总里见氏和佐仓千叶氏之间的和平协定，以便里见氏能参阵。与此同时，北条氏康从松山回到了小田原城。

永禄四年（1561年），长尾景虎在厩桥城过年。在此期间，长尾景虎将投入他阵中的关东诸路国人领主进行了整编，完成了关东幕注文，包括上野国的总社长尾氏、白井长尾氏、箕轮长野氏、厩桥长野众、沼田众、岩下斋藤氏、金山由良氏、桐生佐野氏，下野国的足利长尾氏、小山氏、宇都宫氏、佐野氏，下总国古河公方的重臣梁田氏、小金高城氏，武藏国的忍城成田氏、羽生广田氏、藤田众、深谷上杉氏、岩付太田氏、胜沼三田氏，常陆的小田氏、真壁氏、下妻多贺谷氏、下馆水谷氏，安房的里见氏，上总的东金酒井氏、饭柜山室氏等，总计有名武将二百余人。根据各种军记物语记载，总人数从九万六到十一万五千不等。

二月十一日，留守春日山城的直江实纲将府内防御的任务交给藏田五郎左卫门，长尾景虎写信命令藏田五郎左卫门加强警备。二月十六日，高梨实赖进入府内，直江实纲出阵关东。

作为对应，北条氏康加强了自己支城的防御：北条纲成及其子北条氏繁分别镇守武藏的三崎城（现神奈川县三浦市）和玉绳城（现镰仓市玉绳地区），内藤康行镇守津久井城（现神奈川县相模原市绿区），北条氏照镇守由井城（现东京都八王子市），北条氏尧和大道寺周胜镇守河越城，他自己则和当主北条氏政镇守小田原城。

▲ 松山城本丸遗迹

二月下旬，长尾景虎从厩桥城出发，其先头部队压制了古河城。与此同时，太田资正出兵松山城，迫使城主上田朝直投降。而里见义尧则一路攻下了上总的真理谷城、峰上城和下总的葛西城。到达古河城后，长尾景虎沿利根川南下，绕过了河越城和江户城，向小田原进军。二月二十五日，北条氏康写信给高桥乡左卫门尉，表明原本在浦贺的莳田殿将转移到玉绳城参加笼城。与此同时，甲斐的武田信玄的援军万人从甲斐国都留郡吉田（现山梨县富士吉田市）。骏河的今川氏真尽管因为父亲今川义元在去年六月死于织田信长的奇袭而内部不稳，但还是派出了援兵，进驻河越城参与防守。

三月初，长尾景虎渡过利根川，常陆国的佐竹义昭派遣一门众大山氏参阵。下总的千叶胤富和下野的那须资胤也背离北条氏康，加入了长尾景虎一方。下总结城晴朝虽然依然支持北条氏康，但是其部下——绫户城（现茨城县结城市）城主山川氏重和下馆城（现茨城县筑西市）城主水谷胜俊，在梁田晴助的劝诱下加入了讨伐大军。那须资胤之前曾在二月写信给在关宿城笼城坚守的足利义氏，希望他能出降加入长尾景虎一方。对此，足利义氏回信，大意为："今般世上之风波，诸人皆没有是非之观念，各说各话。'纵对氏康其恨繁多'，但其'累代忠信'，也不应该被诛除。如今'长尾景虎越河（指利根川）至于豆相武（指北条氏康领有的伊豆、相模、武藏三国）'，乃是'二三代'以来无法无天之举。北条氏康'以外戚之好'，对足利义氏，又怎是长尾景虎可共比肩的？更何况如今的时代，'君臣父子兄弟之间'，因为鸡毛蒜皮的小事，各执理由，因为一事而对君主'奉恨'，'太平之时……古今有之'，故自己还是不能相信长尾景虎，自然也不会抛弃北条氏康，倒向长尾景虎。"

三月三日，长尾景虎大军到达当麻（现神奈川县相模市南区）。同日，北条氏照写信给武田信玄部将加藤骏河守虎景，表示长尾景虎军已到达当麻，希望加藤虎景能够让武田信玄早日派出援军，自己将派人在千喜良口（现神奈川县相模原市）接应。三月八日，长尾景虎大军到达中筋（现神奈川县中郡）。三月九日，里见军从海路上岸，在腰越浦（现神奈川县镰仓市）登陆，并下达了在比企谷和禅兴寺禁止滥妨狼藉的禁制令。三月十四日，北条氏康部将大藤式部丞秀信在大槻（现神奈川县秦野市）附近与长尾景虎军交战。大藤秀信讨取首级六个，受到了北条氏康的嘉奖。三月二十二日，大藤秀信又在曾我山（现神奈川县小田原市）与长尾景虎军交锋，"讨捕多人"。三月二十四日，大藤秀信再次在怒田（现南足柄市怒田地域）讨得六人的首级而获得了北条氏政的表彰。同日，北条幻庵写信给大藤秀信打气，武田信玄的援军万人已经出发，五日后即将到达由井城，今川氏真的援军也即将出发，而小田原城十分坚固，又加强了铁炮五百丁，待胜利后，大藤秀信必可令"父之名再兴"。虽然大藤秀信如此善战，但是并没有阻碍长尾景虎军的步伐。三月底，长尾景虎军到达了酒匂川，对岸就是小田原城。

长尾景虎军以太田资正和本庄实乃为先锋，渡过了酒匂川。长尾景虎军一路作战，一路放火。接着，长尾景虎军凭借绝对优势的兵力，将小田原城周围的据点——稲毛、小杉、小札、权现山、信浓坂和大矶边等一一摧毁。之后，长尾景虎将本阵放在了高丽山。据传，攻城当日，他戴着白绫做的乌帽子，身穿黑糸缄具足，外披着浅黄色的母衣，朱柄做成的旗杆上飘扬着白色的"毘"字旗。麾下诸将在其指挥下，朝小田原城发起进攻。北条军则依靠坚城，死命抵抗。长尾景虎军一时攻击无法得手，转而将小田原城包围起来。北条军曾试图发起夜袭，但是没有成功。对小田原的围城进行了十数日，围城者中以岩付城城主太田资正和忍城城主成田长泰最为活跃。以至于北条氏康写给箱根山金刚王院别当的文书中，对"太田美浓守、成田下总守，忘年来重恩，度度背誓句血判，忽起逆心事"而感到耿耿于怀。在这段时间，那须资胤、佐竹义昭等人姗姗来迟，终于加入长尾大军。

闰三月四日，以佐竹义昭、宇都宫广钢和小田氏治为代表的关东国人领主向长尾景虎建议撤军。当时，武田军和今川军作为北条氏康的援军已经分别到达了由井城和河越城，威胁着长尾景虎军的背后。而且，因为永禄年间的关东饥荒，长尾景虎军的补给已经匮乏，各地都出现了抢夺补给的现象，为此，长尾景虎不得不让直江实纲和河田长亲两人出具禁制令。在这样的情况下，长尾景虎也认为出阵关东的目的已经达到，没有必要继续顿兵坚城之下。于是，他解除了对小田原城的包围，撤军前往镰仓。

到达镰仓后，长尾景虎参诣了鹤岗八幡宫，并参观了镰仓内外的诸多名所

▲ 北条氏康

古迹。在这期间，上杉宪政以疾病为名，让出山内上杉家当主，由长尾景虎继任，并将自己名字中的"政"字赐下，将长尾景虎的名字改为政虎。闰三月十三日，小山秀政希望拥立足利藤氏之弟、足利义氏之兄足利藤政为新古河公方。闰三月十六日，长尾景虎给古河公方重臣梁田晴助送上起请文，表明"今度宪当（上杉宪政）名迹何等与夺事"，乃是上杉宪政执意要求，自己多次推辞不成，才因为各种意见（即关东诸国人领主的拥立）而"先以任其候"。之后，长尾景虎又写道："然则公方样御家督之事，其方深令谈和。何之御方御相续之义，可走廻候。"他阐明了自己废黜足利义氏，拥立足利藤氏担任新古河公方的决心。起请文最后的署名，也由长尾景虎改成了上杉政虎，后世人们更习惯以他最后一个名字——上杉谦信来称呼他。

闰三月二十一日，上杉谦信在鹤冈八幡宫举行了盛大的关东管领就任仪式。他在越后众直江大和守实纲、柿崎和泉守景家、斋藤下野守朝信等人的拥护下前进，鹰巢城城主小幡三河守负责捧太刀，太田美浓守资正负责警戒，长野信浓守业盛负责主持制定仪式。闰三月下旬，上杉谦信又在镰仓举办了奖励仪式。其中，武藏众以太田资正、上杉宪盛、广田出云守、木户伊豆守为代表，常陆众以佐竹义昭、小田氏治为代表，上野众以长野业盛、长尾孙四郎、长尾能登守为代表，下野众以佐野小太郎、结城左卫门、宇都宫弥三郎、那须修理大夫为代表，下总众以梁田晴助为代表，房总众以里见民部大辅、正木大膳亮为代表。上杉谦信授予了诸位代表太刀一把、骏马一匹，并表示上杉宪政将在日后对诸将的功勋做出恩赏。四月一日，上杉谦信又在八幡宫举行了能乐表演。完成诸多仪式后，上杉谦信回到了上野。

由于连日鞍马劳顿，身体不适，上杉谦信在上野众的警戒下，先后在草津

▲ 鹤冈八幡宫

温泉和伊香保温泉接受医治。四月十三日，武田信玄向仍然驻守由井城的小山田弥三郎信有写信，表示上杉谦信留在草津温泉，周围有仓贺野众警护。为了防止上杉军突然从信浓口杀入，小山田信有应注意侦察，一有情况就要迅速向武田信玄报告，绝不可大意。四月二十一日，小山田信有向吉田的浅间神社送出祈祷文，祈祷自己此番留守由井城武运长久、无病无灾，早日无事归阵。

五月六日，留在厩桥城的关白近卫前久写信给上杉谦信。在信中，他赞赏了上杉谦信关东出阵的武功，对此番长期远国征伐，上杉谦信能听从诸将的意见、及时撤军而感到高兴；之后，他又回忆了两人永禄二年时在京都知恩寺（现京都府京都市左京区中门前町）中谈论如何重整关东八州的公仪秩序，如今上杉谦信继承山内上杉家名，令两人的理想离实现又进了一步；最后表达了他和足利藤氏都盼望上杉谦信早日康复。

六月二日，足利义辉派遣使僧一舟，前往越后，祝贺上杉谦信关东出阵大胜。六月十日，上杉谦信复原，近卫前久写信慰问并告诉上杉谦信厩桥城情况。六月二十八日，上杉谦信将近卫前久、足利藤氏和上杉宪政等留在关东，自己从上野厩桥城出发，于七月二日回到春日山城。

尾声：武田和北条的反击

上杉谦信撤围小田原后，北条氏康就积极策划反击。六月初，忍城城主成田长泰因为不满上杉谦信将其控制下的羽生领交换给旧主广田出云守，且自己在上杉谦信继任关东管领的仪式上没有担任重要职务，以自己在镰仓时因为不下马而遭到上杉谦信鞭打受辱为由，再次投向了北条氏康。在成田长泰的影响下，成田长泰之弟武藏骑西城（现埼玉县加须市骑西地区）城主小田伊贺守朝兴、原松山城城主上田朝直、深谷城城主上杉宪盛、下总千叶胤富等也先后倒向了北条氏康。

趁形势朝着有利于自己的方向发展，北条氏康开始向武藏国中依然支持上杉谦信的国人领主发起进攻。他的第一个目标是西武藏的三田秀纲。七月，北条军以由井城城主北条氏康三子北条氏照为先锋，向胜沼城进军。七月三日，上杉谦信接到那须资胤的书信，知道了胜沼城被攻击。由于上杉谦信此时正忙于准备第四次川中岛会战，因此没有出兵支援胜沼城。三田秀纲见形势不利，放弃了胜沼城，退守唐贝山城（现东京都青梅市）。围城战一直持续到九月初，北条军攻克了唐贝山城。唐贝山城陷落后，北条军开始扫荡秩父郡的藤田众。九月二十一日，北条军攻克秩父郡的天神山城，收复了武藏北部。

七月十五日，由于里见义尧"警固深旨"北条军无法增援。坚守关宿城的足利义氏被迫出降，将关宿城让予梁田晴助，自己则经过下总小金城（现千叶县松户市大谷口），移住下总佐贯城（现千叶县富津市佐贯地区）。八月二十五日，足利义氏向涉江弹正左卫门尉和土肥中务大辅两人发出感状，感谢两人在笼城时的战功。在之前的八月二日，足利义氏写信给本愿寺，希望加贺一向一揆侵入越后。

在北条氏康逐次恢复自己在武藏的统治的同时，武田信玄也在信浓积极行动。七月十日，他给加藤丹后守景忠和驹井右京亮两人写信，告之自己已经攻下上藏城（现长野县饭山市），同时越中和加贺的一向一揆也准备侵入越后。

面对武田信玄的攻击，上杉谦信派遣大将斋藤朝信出阵越中，压制一向一揆，同时积极准备出兵信浓。八月二十九日，上杉谦信将斋藤朝信、山本寺定长两人留守越中，长尾政景留守春日山城，自己带着陆奥会津的芦名氏和出羽大法寺的大宝寺氏等人，南下信浓。

九月十日，上杉谦信与武田信玄在川中岛发生激战。这场日后被专门称为"川中岛合战"的细节多出自江户时代的军记物语，无法确认其内容的真实性。其中，上杉谦信在分别在九月十二日、十三日、二十二日授予了本田右近允、色部修理近胜长、中条越前守藤长、安田治部少辅长秀、松本大学和冈田但马等人感状。武田信玄方面，则有九月十日、九月二十六日和十月十一日发出的分别授予松本兵部、上野左近丞和土屋丰前守三人的感状。武田信玄之弟武田信繁战死。而从近卫前久在十月五日给上杉谦信的书状可以知道上杉谦信"自身被及太刀打段"的内容，这可能是上杉谦信与武田信玄一骑讨传说的来源之一。至于双方伤亡，前述近卫前久的书状中提到敌"八千余被讨捕"，武田信玄在给成就院的信中则是"信州出张候之机，趁向遂一战得胜利，敌三千余人讨捕候"。

十月一日，武田信玄出兵西上野，攻打松井田城（现群马县安中市松井田町）。松井田诹访神社的和尚诹访宰相在十月二十九日因"计策之仪"而被授予三百贯领地。同月，北条军在秩父、比企与上杉军交战。十月十七日，北条氏政以在秩父郡作战有功，授予斋藤八右卫门尉秩父郡三泽谷领地二十贯文。十一月，上杉谦信再次越山，进军关东。之后，除永禄七年（1564年）为了救援飞骥姊小路氏而发生的第五次川中岛之战外，上杉谦信和武田信玄两人再也没有在信浓大打出手。斗争的方向转为武田信玄和北条氏康联手在关东抵御上杉谦信的进攻。关东之地自此进入武田、北条和上杉三家争雄的局面。

参考文献

《越佐史料》

《集古文书》

《新潟县史》

《上杉家古文书》

《新潟县史·资料篇》

《慈照院殿年中行事》

《东山殿时代大名外样附》

《战国遗文·今川氏篇》

《战国遗文·后北条氏篇》

《伊佐早文书》

《高白斋日记》

《为和记》

《快元僧都记》

《驹井高白斋记》

《上越市史》

《武藏国龙渊寺年代记》

《京都将军家谱》

《武州文书》

《战国遗文·武田氏篇》

《黑金文书》

《中村藤八氏所藏文书》

《毛利文书》

《上杉年谱》

《明治天皇内廷御书类目录》

《本愿寺证如上人日记》

《上杉家什宝目录》

《历代古案》

《福王寺文书》

《伊佐早文书》

《战国遗文·古河公方篇》

《战国遗文·房总篇》

《妙法寺记》

《今宫祭祀录》

《东国的战国合战》

《东大白川文书》

《公卿补任》

《武藏国龙渊寺年代记》

《近卫家谱》

《三股文书》

《由良文书》

《高梨文书》

《御列祖史略》

《古今消息集》

《芜木文书》

《相泽清右卫门氏所藏文书》

《小山文书》

《本愿寺文书》

《本田文书》

《中条文书》

《安田文书》

《妙法寺记》

《武州文书》

武田信玄
西上作战的疑点

作者／司任平

武田信玄西上作战之背景

论起武田信玄发起的西上作战，必须从德川家康与武田信玄由同盟转为敌对关系说起。在永禄十一年（1568年），武田信玄跟德川家康约定夹攻今川家，按照《三河物语》的记录，双方约定以大井川为界，东边归武田家所有，西边则归德川家所有。但是在当年十二月时，武田家臣秋山信友却攻入远江，侵犯了属于德川家康的势力范围。武田信玄招回秋山信友后，在永禄十二年（1569年）一月向德川家康写信（《古文书写》《古今消息集》等书中也收录了这封书信），表示是己方失手，希望安抚家康，但武田家此举已经招致德川家康的不信任。

按照《续本朝通鉴》《小田原记》等书记录，永禄十二年一月，为了救援女婿今川氏真，在关东实力强盛的大名北条氏康、氏政父子率领北条氏规、北条氏繁、大道寺政繁等将领，发动了人数达45000的大军，在一月十八日从伊豆国三岛出发朝骏河国前进。北条军对兴津发起攻势，袭击了武田军留守当地的武田信丰，同时包围了兴国寺城、大宫城等地。依《甲阳军鉴》《武德编年集成》所记，武田信玄为救援侄儿武田信丰，在留下重臣山县昌景镇守骏府城后，就率领1万多兵马前往迎战北条军。据《越佐史料》收录的《上杉古文书》，北条氏康决定与武田信玄为敌后，已派遣使者着力于跟强敌上杉谦信进行和谈，并希望跟武田信玄长年敌对的上杉谦信发兵信浓牵制武田家的军事行动。武田信玄亦非坐以待毙之辈，同样在当年二月透过联姻盟友织田信长①与其拥立上洛的将军足利义昭，与宿敌上杉谦信展开和谈。

然而此时，又有一人与上杉谦信展开外交联系，那就是已不信任武田信玄的德川家康。《越佐史料》收录的《河田文书》《上杉文书》中，家康于当年二月中旬与上杉谦信通信，向他说明远江方面的战况。但武田信玄似乎并未察觉到德川家康态度的变化。在《历代古案》收录的书信里，有一封武田信玄在同年四月六日写给佐竹义重的信件，从信的内容来看，武田军跟北条军仍在萨埵峠一带对

---

① 永禄八年（1565年），武田信玄的第四子武田胜赖娶了织田信长的养女远山氏。

峙期间，信玄除了信心满满地认为北条、上杉两家"无和融样"，还表示德川家康，甚至织田信长会发兵来援，因此希望佐竹义重趁机袭击北条家的领地，攻打小田原城。

武田信玄之所以对北条、上杉两家难以和谈有信心，便是倚仗着将军足利义昭及织田信长仍在积极奔走调停武田跟上杉两家的敌对。《上杉文书》显示，足利义昭及织田信长在四月初依然不断致信上杉谦信，非常想促成武田跟上杉两家之间的和平。但北条氏康也积极实施联上杉制武田的外交战略，在四月底跟上杉家进行磋商时，他已经开出让渡上野、武藏部分领地的条件。

据《续本朝通鉴》《滨淞御在城记》的记录，德川家康拿下今川氏真的挂川城后，出现甲斐兵扰境之事，家康遂派遣松平清宗在新坂、盐井原驻防。德川家康在巡视金谷大井川边时，骏府的山县昌景听闻他身边士兵仅有 600 多人，便擅自率领3000 人袭击他。德川家康击退山县军后，恼怒之下决定跟武田家断交，随即领三河、远江两国之兵攻打骏府城，山县昌景自觉难以守备，便放弃城池前去跟武田信玄会合。前有北条，后有德川，加上武田军在长时间的对峙下已显疲惫，武田信玄在四月二十四日决定撤军。在命令山县昌景跟马场信房对周遭北条方的城池劫掠一番后，信玄率全军经由庵员山往甲斐撤退。在撤退之际，武田军遭到北条军追击，北条氏政在写给伊达家的信里声称斩杀了武田军数百人。武田军撤回甲斐后，骏河多处城池落入北条家手里。

为对抗北条家进驻骏河的战略，武田信玄发起了大规模的外交串联，与坚定反对北条家的关东大名——常陆的佐竹义重、安房的里见义弘等谋求合作，希望结成联盟夹击北条家。他也对北条家的领地展开多方向的进攻：永禄十二年六月再度攻陷骏河大宫城，七月时出兵武藏，十月时经上野发起攻势并一度攻至北条家居城小田原城。尽管没法攻陷城池，但在三增峠之战中击退追击而来的北条军。虽说武田、北条两方都在战后宣称自己获胜，但武田军杀到居城下的举动显示武田方占据优势，并且是进攻方，所以北条氏政自十一月起动员伊豆、相模、武藏三国领民对小田原城进行增筑改修（参照《相州文书》跟《武州文书》的记载）。

在足利义昭跟织田信长超过半年的外交斡旋下，武田信玄与上杉谦信终于在当年七月顺利和谈，但双方的和睦并未长久维持，因为上杉谦信同时在持续跟北条氏康、氏政父子商议，而武田信玄也非真心跟上杉谦信讲和，仅是迫于形势而为之。这从《阳云寺文书》中提到的信玄的祈愿就能明显看出，信玄除了向神佛祈祷顺利拿下骏河，还期盼攻占北条家的伊豆，甚至希望上杉谦信的越后国溃乱，以免自己的信浓、上野两国受干戈之祸。

这等尔虞我诈下，元龟元年（1570年）八月武田信玄攻打北条家的领国伊豆时，上杉谦信便应今川氏真、北条氏康的邀请，决心不顾跟武田信玄达成的和约，出兵攻打上野国的武田家领地。德川家康也趁机跟上杉谦信建立同盟，《上杉家古文书》便收录了家康在当年十月宣告跟武田信玄断交、联合上杉谦信的誓书。上杉谦信突如其来的翻脸，逼得武田信玄回转上野抵御其攻势。

但忙于跟越中一向宗交战的上杉谦信并不能时时响应北条家攻击武田信玄，加上北条氏康病倒，武田信玄再度对骏河国发起的攻势颇为顺利。除了兴国寺城未能拿下外，武田信玄相继攻占了大宫城、蒲原城、骏府城、花泽城，到元龟二年（1571年）一月，他领兵攻打骏东郡的深泽城，顺利劝说城将开城后，骏河一国已大致落入武田家掌中。

武田信玄此后选定先前与自己反目的德川家康作为下一个打击目标，可说是理所当然的一件事。元龟二年三月，信玄悍然领兵侵入远江攻打高天神城，但城将小笠原长忠（小笠原信兴）奋勇抵御，武田军未能攻占城池便撤回信浓。据《家忠日记》《下条由来记》所载，武田军在四月时又转往侵略三河国，拿下了足助城，城主铃木重直逃亡（一说投降武田家）。夺取足助城后，武田家让有姻亲关系的下条信氏担任城代进行把守。而后，信玄策反了国人山家三方众等三河豪族。据《武家事纪》《武德编年集成》《甲阳军鉴》等书的记载，武田信玄又继续攻打吉田城，由于城主酒井忠次坚守不让，加之德川家康适时来援，双方一度在城外交战并进入对峙状态，最终武田军在五月上旬于牛久保、二连木一带劫掠后选择撤退。

以上这些武田家在元龟二年侵攻德川家领地的记录，近年受到很大挑战。学者鸭川达夫、柴裕之将元龟二年战事记录跟文书比对后，发现山家三方众的倒戈、武田军袭击高天神城与元龟三年的状况有重合，很可能这些事都发生在元龟三年（1572年），而非元龟二年，武田军在元龟二年侵略三河、远江两国之事，恐为虚构。

武田信玄与织田家的关系也悄悄生变。先前织田信长着力于协助武田信玄跟上杉谦信和谈，后来上杉谦信撕毁和约，而织田信长显然并不在意此事。翻看《上杉家文书》发现，织田信长在元龟二年三月仍与上杉谦信有着友好的往来，他还向谦信求取鹰隼，获得上杉家赠送的鹰后，信长也回礼给上杉家。这对重新跟上杉谦信敌对的武田信玄而言无疑是不好的信号，信玄对织田家的信任因此蒙上了阴影。依照《武州文书》《荒尾文书》，同年五月，武田信玄在写给近畿豪强松永久秀的家臣冈周防守的信里，就表露出计划上洛协助将军足利义昭对抗织田信长的想法。不过这两封武田信玄跟松永久秀一方的书信，时间点的推定也有争议，存在元龟二年、元龟四年（1573 年）等说法，学者平山优在《武田灭亡》《长筱合战和武田胜赖 败者的日本史 9》等书中都采信元龟四年说，而《大日本史料》中则采用元龟二年说。

武田信玄若意图上洛打倒织田信长，其背后尚有上杉谦信跟北条氏康、氏政父子这些强敌牵制着，但元龟二年十月威震关东的北条氏康病逝，北条氏政正式完全掌握国政，情况就不一样了。据《由良文书》《高桥大吉氏所藏文书》《汤浅文书》来看，北条家跟武田家从该年十二月起开始接触，元龟三年一月时正式和谈，恢复两家的同盟关系。在《显如上人书札案留》中也有同一时间点本愿寺显如写给武田信玄的信，希望信玄出兵袭击织田信长，显如还与信玄约定要出兵越中牵制上杉谦信。翻看《古证文》，发现另一封武田信玄的书信，信玄在信中自承近回出兵远江乃是受本愿寺显如跟朝仓义景的催促，由此可以推测朝仓义景当时也是力促武田信玄西上的要角之一。

武田信玄跟织田信长之间透过远山家形成的姻亲关系也消失了。参照《武田家过去帐》所记，武田胜赖的正室龙胜院——远山直廉之女、织田信长的养女兼外甥女，在元龟二年九月十六日过世。据《甲阳军鉴》《织田军记》所载，织田信长跟武田信玄在永禄十一年还曾约定，要让信长的嫡子信忠迎娶信玄之女松姬，强化双方的关系，但此时松姬尚未与织田信忠成婚。

至此，武田信玄已决心与德川家康、织田信长彻底决裂。

虽摆明了与德川家康敌对的态度，但武田信玄却对织田信长在明面上依然维持友好。按照《武家事纪》《妙满寺文书》《保坂润治氏所藏文书》的记载，武田信玄依然仰仗将军足利义昭与织田信长为他与上杉谦信和谈牵线搭桥。甚至在元龟二年八月时，从《本愿寺文书》《津金寺文书》来看，武田信玄也和将军足利义昭一同调停织田信长与本愿寺显如之间的争端，力促双方缔结和约，完全看不出来武田信玄有意与织田信长为敌。学者小笠原春香认为武田信玄和织田信长的关系是在元龟三年才突然转入全面敌对的，此前武田与织田两家仍维持着同盟状态。

按照《上杉文书》《历代古案》所载，武田信玄于元龟三年九月有调集军队等动作时，对外放出的风声是企图北上攻打上杉家，因此上杉谦信还让家臣山吉丰守强化春日山城的守备，以防武田家突然袭击越后；在《前田家所藏文书》里，甚至有武田信玄联络北陆一向宗的重要人物杉浦玄任攻打越后的信件；在《胜兴寺文书》中也查到武田信玄、胜赖父子联名跟胜兴寺联络，表示要出兵越后。换言之，真实企图是南下进攻德川家的武田信玄，不但欺骗了敌人上杉谦信、织田信长，对长期合作的盟友北陆一向宗也加以欺瞒，将他们当成牵制谦信的棋子。为了瞒骗越中一向宗跟上杉谦信，进而麻痹织田信长，武田信玄在八月七日派遣木曾义昌之家臣山村良候攻入飞驒，并表彰山村良候的战功，营造出试图骚扰上杉谦信侧翼以呼应越中一向宗的态势。

但学者小笠原春香于《战国大名武田氏的外交和权力》一书中，以《安养寺文书》为证据，论述了武田信玄在元龟三年五月时已暗中联合本愿寺显如，对织田信长帐下北美浓郡上郡的远藤氏跟安养寺进行策反。

按照《惠林寺旧记》《古今消息集》所述，武田信玄在元龟三年十月三日挥师南下进攻德川家，在当月十日攻入了远江国，尚不知此事的信长还在十月五日时告知信玄自己仍在努力促成武田、上杉双方和谈之事；当织田信长确认武田信玄进攻德川家后，大感愤懑。《历代古案》就收录了一封织田信长在十一月与上杉谦信通信时痛骂武田信玄的文书，信长自称为了甲越两国和睦之事，加上足利义昭的期待，他遣使奔走，而武田信玄所行乃前代未闻之无道，不知武士的义理；并且织田、上杉两家交换了誓书，约定要夹击武田信玄。

武田信玄决定挥师攻打德川家康的领地后，也向重新结盟的盟友北条氏政请求援军。《大三川志》《北条五代记》《宽政重修诸家系谱》等书中都有北条家派出部分家臣率领兵马赴援的说法，而在元龟四年六月二十一日，武田家以信玄的名义①给北条家臣大藤与七写了一封书信，对与七之父大藤式部丞在前一年冬季攻打远江时阵亡表示遗憾并表彰其功绩。《会津风土记》也收录了一封北条氏政在元龟四年四月写给家臣荒川善左卫门的书信，氏政在信中嘉勉他作为支援武田家的援军从去年冬天出击，到远江、三河作战至春季。可见，北条家支援武田家西上作战一事应无可疑之处。

但究竟北条家派出了多少人马支持武田信玄的西上作战，便众说纷纭、莫衷一是了。在《北条五代记》里，北条氏政派遣大藤式部少辅跟清水太郎左卫门尉率领3000骑兵协助武田信玄攻打德川家康，大藤式部少辅在三方原之战中阵亡，而大藤式部少辅似乎便是前文书信中的大藤与七之父。《甲阳军鉴》中提到，在进攻二俣城时，马场信房率领700人联合北条方的1000援军出阵，但并未说明北条军的将领是谁。至于《四战纪闻》，则叙述北条氏政派出清水太郎左卫门正次、大藤左卫门高直、近藤出羽助真、中山勘解由家范率领1000多人前往甲府，与武田军会师后达4万人或35000人，并与马场信房一同进作战。《武田三代军记》里，进攻二俣城时，北条家臣清水、笠原、大藤三人率领1000人跟马场信房的700人会合行动。《武家事纪》中，北条援军在攻打二俣城时协助马场信房，在三方原之战中跟山县昌景一同行动，领兵将领是笠原、清水、大藤三人。《改正三河后风土记》里并无北条援军的人数，支援将领则是大道寺骏河守跟笠原藏人大夫。

综合以上诸书所述，北条氏政派给武田信玄的援军数量分别有1000、1000多、3000等说法，率领军队的北条家臣同样说法不一，但并无一级史料（如书信、日记等）可佐证，因此不易判断究竟何者为真，仅能在此并陈。

尚未得知武田信玄将要发兵的织田信长，在元龟三年七月中旬时便出兵北近江，试图攻打浅井长政的小谷城。织田军兵力有5万（《浅井三代记》《年代记抄节》）、8万（《朝仓始末记》）等说法。按照《信长公记》的记述，为包围小谷城，织田信长命令并安排佐佐成政、福部秀胜担任奉行，在虎御前山修筑城砦，浅井家的盟友、越前国大名朝仓义景以重臣朝仓景镜为先锋，率领大军南下救援，并与织田军对峙，

---

① 此时武田信玄已然病殁，但依然使用信玄的署名跟朱印，应是配合信玄遗言隐藏死讯而为之。

但八月八日时朝仓家臣前波吉继父子三人阵前投降织田信长，隔日朝仓阵中又有富田长繁、户田与次、毛屋猪介倒戈至织田军。《朝仓始末记》也记录了朝仓家臣池田隼人助跟织田家内通，但朝仓义景发现了此事，将池田隼人助与他年仅6岁的儿子一同杀死。

因此武田信玄挥师出阵前，织田信长仍与朝仓、浅井的联军在北近江交战对峙。为了牵制织田信长的大军，《古今消息集》收录了武田信玄亲自领兵出阵前写给朝仓义景、浅井长政两人的相关信件，武田信玄向朝仓义景强调越中、加贺两国的一向一揆已然绊住了武田家在北面的强敌上杉谦信，武田家的先锋部队已前往三河，希望义景稳固守备，而在写给浅井长政的信里，信玄除了表示武田军已出动外，也希望浅井长政跟朝仓义景合作，勿轻率行事。长于调略的武田信玄还将手伸入织田信长的领地美浓国内，策反美浓北部郡上郡的远藤氏为自家效力，使武田家顺利插旗于美浓境内，所以武田信玄在九月底去信给远藤氏重臣远藤加贺守时，慨然约定赠予他信浓国内百贯文的领地，希望拉拢远藤氏对抗织田家。查阅《多闻院日记》当年八月九日的条目，可知原先的美浓守护土岐赖艺之子土岐赖次也被招徕至大和国，私下招募浪人回到美浓；但曾经投效松永久秀的土岐赖次此举是否为呼应武田信玄，则不得而知。

武田信玄正式西进

武田信玄指挥的武田军正式从甲斐、信浓攻入德川家康领地的时间，早年多采信《甲阳军鉴》的十月中旬一说，如《大三川志》《武田三代军记》等书便引用之；至于《惠林寺旧记》《士林证文》《武德编年集成》等书则叙述武田信玄在十月三日出兵；如今参考《古今消息集》中武田信玄的信件，出兵的时间点都写是十月三日；《岛记录》里，浅井长政在十月三日写给家臣岛秀安的信中也描述了武田信玄出兵远江的状况。可见武田信玄挥师西上的时间，应是十月三日，而非《甲阳军鉴》所记录的十月中旬。

武田军的先锋部队，一般有两种说法：其一，《甲阳军鉴》《四战纪闻》等书叙述的是以山县昌景为先锋，率领5000人攻入东三河，而秋山信友则负责进攻东美浓远山家的岩村城；其二，《当代记》中说的是山县昌景跟秋山信友一同担任先锋，领兵3000攻打东三河。

武田信玄进军的路线，则是直接由甲斐翻过青崩峠进入远江北部，但是日本学者本多隆成提出了经由骏河进入远江的说法，其根据来自《山梨县史》收录的一封武田信玄写给三河豪族奥平贞胜的信件。信中提到："当城主小笠原惘望候间，明日国中进阵，五日内越天龙川，向滨淞出马，可散三年之郁愤候……"这段话的关键在于"惘望"，这两字让整句话有两种解读方式：恳望当城主小笠原明日进阵国中（远江）；当城主小笠原恳望（我军）明日进阵国中（远江）。

首先要厘清的问题就是"当城主小笠原"是谁。可能人选有二，一个是武田家臣、松尾城城主小笠原信岭，一个是那时尚在德川帐下的高天神城城主小笠原长忠。虽无确切文书可佐证，但学者本多隆成认为这位"当城主小笠原"便是指小笠原长忠。若采取第一种解读方式——"恳望当城主小笠原明日进阵国中"，考虑到小笠原信岭长期为武田效力且地位不算十分突显，武田信玄应该不至于用上"恳望"两字，所以是小笠原信岭的机会偏低。套入小笠原长忠，则有可能是先前策反了长忠，因此武田信玄在给奥平家的信中表示希望小笠原长忠会投效武田家，然后五日内越过天龙川向滨松城进发，解除三年来的郁愤。由此可以推出武田信玄的行军路线应是经由骏河进入远江与小笠原长忠会合，再向德川家康的居城滨松城进发。

看起来好像很通顺，但另一名学者鸭川达夫认为在语句上依然有毛病，小笠原长忠虽把守要地，但以武田信玄的身份似乎也不至于用到"恳望"。从逻辑上来看，武田信玄跟新降一年左右的奥平贞胜讲这种不确定的情报，且用略嫌谦卑的语气，可能性也不高。

若以第二种解读方式——"当城主小笠原恳望（我军）明日进阵国中"套入小笠原信岭，有可能是信岭希望主君迅速杀入远江，他也要奋勇效力。此事说来虽通，但按照学者平山优的考证，小笠原信岭当时负责进攻的方向是三河，并非远江；再者，武田信玄不举其他重臣为例，找个地位不上不下的小笠原信岭，似乎无此必要。要说是高天神城城主小笠原长忠，则代表长忠跟武田家内通，高天神城一带落入武田信玄掌握，武田军可五日内越过天龙川向滨松城进发，解除三年来的郁愤，武田信玄向奥平贞胜炫示此事，以巩固奥平家为武田家效力的忠诚，也就顺理成章了。偏偏并没有其他证据与记录证明小笠原长忠在当时就投效了武田家，使得此事依然没法获得证实，仍需进一步探讨。假设没有其他史料证明小笠原长忠倒戈武田家，此信内容亦可以解读成"小笠原长忠恳望武田军明日进军远江国中"，但仅限于信中，笔者觉得这可能是武田信玄为了安抚新降武田家不久的作手城奥平氏，让他们充分配合从东三河进军的武田家人马，故而在信件中撒了一个谎。

因此武田信玄本队进入远江的路线，目前仍应采信传统的南下说，也就是由甲斐翻过青崩峠进入远江北部。

随着武田信玄亲领大军入侵远江，一些远江豪族向他臣服。《神尾文书》记录，十月八日时远江豪族神尾宗大夫向武田家臣服，获得武田信玄同意并受赠领土安堵。据《松平记》《谱牒馀录》《家忠日记增补》所述，位于北远江的豪族天野景贯慑于武田军的威势，在十月中旬亦表示降伏，交出了居城犬居城，并担纲武田军入侵远江的向导，引领武田军攻下多罗罗城跟饭田城两座城池，天方城、一宫城、搭和城、向笠城等城池亦相继被武田军攻下。

据《大三川志》所记，武田军随后便攻打久能城，城主久能宗能依然效忠于德川家，坚守不屈，武田军遂于袋井、见付、木原、西岛一带布阵。而德川家康为试探武田军的状况，率领3000兵马逼近，就在德川军渡过天龙川之际，武田军也发现其动向而发动攻击，双方在一言坂遭遇。由于敌我人数差距悬殊，德川家康很快就决定撤回滨松城。

根据《宽永诸家系图传》《松平记》等书记录，德川军由本多忠胜、内藤信成、渡边守纲、大久保忠佐跟忠世兄弟担任殿军，抵御武田军的攻击，本多忠胜奋勇战斗，数度杀退来袭的武田军，最终德川家康顺利保全诸队撤回滨松城。原属于德川家的远江豪族奥山友久也在十月二十一日向武田家表示降伏，同样为信玄所接纳，并给予领土安堵（《奥山文书》）。

在德川家康领兵退回滨松城后，武田信玄进而包围了远江的重要城池二俣城。二俣城地处天龙川与二俣川之间的丘陵地带，距离德川家康的居城滨松城不算遥远，是滨松城连接东远江另外两处要害——挂川城、高天神城的重要路线。武田军布阵于江台岛。攻打二俣城的战事由武田胜赖、武田信丰、穴山信君指挥，为了防备可能来自滨松城的德川援军，马场信房联合北条氏政派来的援军及武田信玄另外拨出的兵马，共计4000人，进行防备。

德川家康一方面遣使向盟友织田信长求援；一方面派遣松平康安、青木贞治率领援军进入二俣城，协助城主中根正照抵御来袭的武田军。松平、青木率援军成功入城后，城中兵力共约1200人。据《创业记考异》《武德大成记》记录，武田军进入奥三河的先锋部队由山县昌景、秋山信友率领，与投降武田家的山家三方众、作手城城主奥平贞胜、长筱城城主菅沼正贞、田峰城城主菅沼定信在长筱城集合，而后攻下了柿本城，但由于野田城城主菅沼定盈依然效忠于德川家，拒绝武田方的招降，所以山县昌景等人便于野田城周边放火，然后移往远江的并平，于十月二十七日在宇津山构筑城砦。德川家康也曾率领5000兵马试图救援二俣城，但遭武田军击退。

织田信长获悉德川家康的求援后，在十一月中旬派出了援军。据《武德大成记》所述，织田方将领转述了信长的交代，要求德川家康纵然面对武田信玄的挑战，也要谨慎对待，战事以守备为先。

织田家派遣的援军将领跟人数，各书的记录也存有异同。《信长公记》记录的率军武将是佐久间信盛、平手泛秀、水野信元三人，但并无确切人数。《大三川志》里来援的织田家臣则是佐久间信盛、平手泛秀、泷川一益、林通胜、水野政信、饭尾信宗、坂井忠孝、土井通平、荒川赖季，共8000多兵马。《改正三河后风土记》中则是佐久间信盛、平手泛秀、泷川一益三人作为大将，率领九部兵马，援军将领还有毛利秀赖、氏家卜全、林通胜、安藤守就兄弟、稻叶一铁、远藤九左卫门。《武德大成记》中织田援军将领则是佐久间信盛、平手泛秀、泷川一益三人，并且仅说率领九部兵马来援。《武家事纪》中，织田信长派出的将领是佐久间信盛、平手泛秀、泷川一益三人，同样是率领九部的兵马，水野信元在途中领军加入。《佐久间军记》中织田方以佐久间信盛为大将，率领七部人马协助德川家，以一部约2100人来计算，织田援军的数量约为15000人。《明智军记》中则是佐久间信盛、林通胜、泷川一益三人，共率领5000余人来援。《松平记》中，织田信长派出佐久间信盛、平手泛秀、水野信元、林通胜四名将领，兵力为四部，以一部约2100

人来计算，织田援军的数量约为8400人。《柏崎物语》则说织田信长派出1万援军，但援军武将只写到平手泛秀一人。《织田军记》里，将领为佐久间信盛、平手泛秀两人，另有林通胜、水野信元、毛利秀赖及美浓三人众（稻叶一铁、安藤守就、氏家卜全），援军总人数为3000人。《武田三代军记》中，织田信长先派了梁田广正到滨松城，随后以佐久间信盛跟平手泛秀为大将，率领林通胜、水野信元、毛利秀赖及美浓三人众，共3000人来支援德川家。

此外，2013年，学者矶田道史谈到三方原之战的织田方援军数量时，主要拿两个证据来谈。其一是日本国立公文书馆收藏的《前桥酒井家旧藏闻书》，书中提及"武田军两万八千兵、德川军六千兵、织田军两万兵"。其二便是《甲阳军鉴》里曾提及"信长派遣九头援军"，按照一"头"2100人来算，织田军约莫出动18900人来支援德川家。并且矶田先生采信《甲阳军鉴》所说"织田的援军经白须贺分散配置在冈崎城、吉田城"。据此，他认为织田家派出的援军除了直接去支援三方原之战的3000人以外，可能尚有超过15000人分散在德川家西三河的要地冈崎城、吉田城等地。

但是矶田先生这个说法本身也存在好些疑问。首先《前桥酒井家旧藏闻书》成书时间不明，最早也是到江户时代中期，织田家高达2万的援军人数超过大多数书籍记录的数据，令人生疑；其次，《甲阳军鉴》虽成书较早，但内容颇多地方受到质疑，连江户时代初期的《常山记谈》一书也说《甲阳军鉴》记录多有虚妄。总之，这两笔资料本身的可信程度便不高，在矶田先生尚未提出更有力的佐证前，姑妄听之。

二俣城兵凭借地利跟城防奋力抵御，武田军攻城一时没有什么进展。后来，武田军发现城中乃是依靠从天龙川汲水来饮用，故设法破坏了城中汲水用的绳子。由于水源被切断，据《当代记》所述，二俣城在武田军的攻势下难再坚持，终开城投降。据《甲阳军鉴》描述，武田信玄在拿下二俣城后，任命家臣依田信守、信繁父子驻守二俣城；而德川方的城将中根正照、青木贞治则在德川家康与武田家进行人质互换后，方安然返回滨松城。

就在武田信玄围攻二俣城的同时，按照《木下文书》所载，远江豪族幡镰右近丞也倒向了武田家；《安得虎子》也记录了今川家旧臣三浦元政被武田家臣穴山信君招揽一事；《古今消息集》里也收录有北美浓的远藤家确定背离织田信长改投武田信玄的书信，而武田信玄在信中强调远江已有过半入手，并希望利用远藤家来牵制织田信长的兵力，期盼远藤家响应朝仓义景起事。学者竹间芳明在《战国末期的郡上之检讨——武田氏、越前一揆·本愿寺政权为重点关注》一文中，也提出史料证明，远藤氏在当年十一月左右往岐阜的方向新构筑铊尾砦，作为对抗织田信长的一环付出努力。

先前，武田信玄为拉拢朝仓家，赠给与朝仓方来往的使者日向宗立位于骏河厚原乡的七十贯领地，但是本在虎御前山一带对峙的朝仓—浅井联军及织田军的动态出现了变化。依照《信长公记》中的记录，织田信长、信忠父子在九月十六日便转往横山；以《续本朝通鉴》的记录来看，织田信长后在十月十六日正式回师美浓；但《年代记抄节》里，织田信长是十一月方回归美浓。

《信长公记》跟《浅井三代记》有载，浅井、朝仓两家在十一月三日时组成联军出动，试图破坏虎御前山跟宫部乡之间的道路跟土垒，以浅井家臣浅井井规担任先锋，与大野木秀俊跟朝仓家臣朝仓景镜一同率 7000 兵力攻击宫部乡的城砦，守将宫部继润奋力坚守，织田家臣木下藤吉郎也率 3000 人应战，在织田家臣梶原胜兵卫、毛屋猪介、富田长繁、中野又兵卫、泷川彦右卫门等先锋奋勇作战下，顺利击破来犯的敌军。《当代记》记录朝仓—浅井联军因此阵亡 200 人。

此战失败后，朝仓义景放弃跟织田家对峙，决定撤军回归越前。按《朝仓始末记》的说法，朝仓义景撤军的时间点在十一月三日，而《续本朝通鉴》跟《年代记抄节》则记录朝仓义景在十二月三日撤兵回转越前国。毋庸置疑的是，朝仓义景的撤军使仅剩下浅井长政兵马的联军阵地并无有效力量牵制织田信长的主力，甚至连攻打凭仗虎御前山坚固阵地的织田军留守兵马都无能为力。

织田信长同时跟上杉谦信正式缔结盟约，共同对付武田信玄。按照《历代古案》收录的书信，织田信长在十一月七日跟上杉谦信的通信里，已经在商讨信长派出一子前往越后做上杉谦信养子的事，双方在十一月二十日交换誓书，通报战况，约定要夹击武田信玄，织田信长也提及武田信玄进行这般远征，时间拖久便难以为继，到时就是战胜信玄的时刻。由此可推测织田信长在此时就已打定主意采取拖延战术来应付武田信玄发起的西上作战。

三方原之战，开战

据《当代记》《伊能文书》所述，武田信玄在拿下二俣城后，对其增筑以强化防御力，随后在十二月二十二日领兵离开二俣城，逼近德川家康的居城滨松城。《甲阳军鉴》里也持同样观点，但是《信长公记》《改正三河后风土记》里记录，武田军是要先拿下堀江城，再行攻打滨松城。

当时武田军的行军路线是先渡过天龙川，沿秋叶街道南下，逼近家康所在的滨松城后，又转往三方原台地一带。《武田三代军记》跟《织田军记》都提到武田信玄将本阵设在大菩萨山，距离滨松城十分近。《武田三代军记》记录武田信玄安排了武田胜赖、马场信房跟山县昌景三人率领殿军防备敌军。

据《三河物语》跟《滨松御在城记》《武德大成记》描述，获知武田军动向的德川家康也决定从后方追击武田军，原因是放任武田军在城下近边通过将惹后世讪笑。依照《武田三代军记》跟《织田军记》叙述，德川家康集结了自己手上的8000兵力跟织田信长派来的3000援军，以人数约11000的兵马，朝着数量超过3万的武田军发动攻击。在《武家事纪》《落穗集》《武德大成记》的叙述中，织田家臣佐久间信盛、平手泛秀、泷川一益曾劝谏家康，但没被接受。

最早在《信长公记》里，德川军跟武田信玄帐下名为"水股之者"的部队交战，这支部队人数约有300，在交战时有推大砾打人之事，但并未明确描写是哪一名武田家臣率领的兵马。《改正三河后风土记》中也有武田军杂人二三百向织田军的平手泛秀投飞砾一事，然而也没写明是属于哪位武田家臣的部队。参照远山信春所著《织田军记》，德川军交手的第一支武田家部队是小山田信茂的人马，小山田帐下名为"水俣之者"的部队共300多人，在作战时立于前头投石袭敌。后来由日本陆军参谋本部编撰的《日本战史·三方原之役》一书里，同样有小山田信茂率领投石队作战的叙述。

具体来说，《织田军记》也是时隔百年的军记物，《信长公记》本身未记录是小山田信茂率领投石队，而武田方也无史料记录此事，因此在三方原之战中投石袭敌的是否为小山田信茂的部队，甚至投石袭敌是常态或临时起意为之，都尚无确切证据可形成定论。

据《武家事纪》所述，小山田信茂的部队在德川军的攻击下逐渐落败，信茂连忙遣使通报主将武田信玄，信玄闻讯后立即调整阵形迎战德川军。按照《松平记》所述，击败小山田信茂部队的乃是德川家臣石川数正，投降武田军的山家三方众也在败军之列。但在《四战纪闻》《酒井氏御系谱参考》中，击退小山田信茂的德川家臣则是酒井忠次。《改正三河后风土记》中则是石川数正先攻击小山田信茂的部队，然后由渡边守纲冲进敌阵，使小山田信茂败走。

依照《武家事纪》的记录，山县昌景作为先锋跟德川军交战时，虽有北条家派来的援军协助，但山县昌景仍是战败，后武田胜赖跟马场信房前来助阵，击败与山县昌景交战的德川军。《甲阳军鉴》中也记录山县昌景首先与德川军交战被击退，然后小山田信茂也被德川军击退，马场信房跟武田胜赖回援阻挡德川军。《续日本史》也说："山县昌景之兵殆挠，胜赖救昌景，昌景得全，则胜赖之力也。"而《酒井氏御系谱参考》中声称是由德川家康亲自领兵击退山县昌景。在《上杉家文书》中，德川家康写信向上杉谦信叙述战况时提到，德川军确实在初接战时获得胜利，但德川军击败的武田军乃小幡尾张守兄弟所部，也就是武田家西上野国人众小幡氏，而小幡氏父子——小幡宪重、小幡信贞皆称尾张守，因此难以断言信中所述是何人。

由这些记述来看，武田军在三方原之战中初与德川军交手时的战况颇为危急。按照《甲阳军鉴》《武家事纪》或德川家康所留《上杉家文书》中的记载来看，跟德川军交战的山县昌景或小幡信贞，都是通说中率领武田家精英部队"赤备"的将领。

武田家中的"赤备"，按照《甲阳军鉴》所述，由饭富虎昌率领，虎昌死后则由其弟山县昌景以及浅利信种、小幡信贞三人率领，总约千骑，并且在三方原之战中大放异彩。但是跟通说印象相左的是，这两位率领"赤备"的武田家臣，其中一人在三方原之战甫开战时就遭德川军击败。

不过详细检视文书发现事情跟《甲阳军鉴》所述其实有些出入，因为元龟三年九月武田信玄写给侄儿武田信丰的文书，承认了武田信丰部队在国内独占使用朱涂的弓、差物（士兵背旗）的权力，换言之，由山县昌景等人率领的"赤备"不但不能使用朱涂的弓，甚至士兵背后的旗指物也不能使用红色。如此看来，在元龟三年九月前后，武田家的"赤备"是否真是由山县昌景、小幡信贞率领的部队，其实存有疑点。考虑到武田胜赖在长筱之战前让武田信丰改使用黑色装备（有文书佐证），或许在元龟三年三方原之战时，武田家的"赤备"是指武田信丰的部队，到长筱之战前才改由山县昌景、小幡信贞等人的部队使用红色装备，担任"赤备"。

据《三河物语》所载，两军交锋时，武田军以鱼鳞阵迎战，而德川军则摆出鹤翼阵进行攻击。《甲阳军鉴》《武家事纪》等书叙述，武田胜赖与马场信房抵挡下德川军的攻击后进行反击。据《松平家谱》所记，德川家臣松井忠次奋力跟马场信房斗战数刻，一族郎党阵亡多人，终究不敌；但《改正三河后风土记》中，马场信房则是跟德川家臣本多忠胜、榊原康政及大久保忠世交锋。

《甲阳军鉴》《改正三河后风土记》记录武田信玄随后也指挥武田军诸队反攻，连负责后勤的小荷驮奉行甘利氏、米仓氏的部队也投入跟德川军酒井忠次部队的战斗，并将酒井忠次击败。武田信丰、穴山信君跟内藤昌丰则从左面冲击德川军。在《三河物语》的记述中，甚至连武田信玄的旗本亦加入作战，最终顺利击溃人数本就占劣势的德川军，德川家臣本多忠真担任殿军战败身亡。德川军遭到武田军击败后，《续本朝通鉴》也记录了德川家臣成濑正义、鸟居忠广等人在混战中阵亡。《三河物语》中同样记录中根正照、青木贞治、夏目吉信等一众德川家臣在三方原之战阵亡之事。

《信长公记》及《织田军记》亦描述作为援军参战的织田家臣平手泛秀遭到击杀；曾因触怒织田信长而遭到放逐的长谷川桥介、佐胁良之、山口飞骅及加藤弥三郎四人在投奔德川家后参与此战，四人全都阵亡。

德川军战败

通说之中，德川家康在三方原一战大败后，十分狼狈地率领败军逃回滨松城。依照《信长公记》所述，德川家康是英勇奋战，连发箭矢射杀敌人后撤退，神态虽窘却未失英勇。《续本朝通鉴》中，也描写家康安稳归入滨松城，战败军士皆聚而戒严。但有一则关于"甍像"的逸话，说德川家康在三方原之战大败逃归居城后，旋即命令画师狩野探幽将自己当下的惨况描绘成像，用这一幅"甍像"来提醒自己日后行事务必谨慎。

德川美术馆的学艺员原史彦在 2016 年 3 月撰述的《德川家康三方原战役画像之谜》一文中，针对此事提出了颇为有力的反证。其论证基础在于此图乃御三家中的尾张德川家所收藏，截至明治时代初期，这张"顰像"的由来根本与三方原之战无关，因为在收藏此画的内箱盖上就明白贴着字条，上书"家康公长筱战役小具足着用之像"，也就是说这张图画的是长筱之战时的德川家康，而非三方原之战时的德川家康。

尾张德川家在 1893 年制作财产目录时一样是记录的"德川家康在长筱之战的图像"。杂志《国华》第 240 号在介绍时误记为"德川家康在长筱之战战败的图像"。直到 1936 年德川美术馆开馆进行第一回展览时，《新爱知新闻》跟《大阪每日新闻》这两家报纸的记者，在参与座谈会时，听到时为尾张德川家家主的德川义亲自己讲述此画乃是三方原之战后家康为提醒自己因轻率而战败，遂在逃回滨松城后命令狩野探幽所绘。这两家报纸的采访记者信以为真，便在当年 1 月 6 日的报道里说这张画是德川家康在三方原之战后命令狩野探幽所画，结果就讹传讹至今，甚至形成流传甚广的逸话。这则逸话的诞生，至今不足一百年。经过这番口耳相传，1972 年发行的《德川美术馆名品图录》便将这幅画像定名为《德川家康三方原战役图像》，并将这则逸话作为注解。如此，这番错误反而变成有德川美术馆背书的"事实"。

此外，一直有传言说德川家康在三方原之战败走后，乘马逃亡时于马匹上失禁遗矢。学者小楠和正进行史料检阅后，于《检证·三方原合战》一书中表

▲顰像

示大部分史料或相关书籍都无记录，唯一类似的说法出自《改正三河后风土记》里的记述，但该书中导致德川家康遗矢的战事并非三方原之战，而是更早的一言坂之战，故这个传说可能也是多年来以讹传讹的结果。

依《织田军记》所述，三方原一战过后，德川—织田联军合计535人阵亡，而武田军也阵亡409人。这是双方死伤最为接近的数字，《四战纪闻》一书也采信此一数据。《武田三代军记》中则说，德川—织田联军退至犀崖时阵亡535人，武田军阵亡的409人包含了落入犀崖的死者。而《松平记》里记录的则是，德川—织田联军300人阵亡，武田军阵亡100人。《改正三河后风土记》里，记录德川—织田联军阵亡300多人，《续本朝通鉴》同样记载了德川—织田联军阵亡300多人的说法。在《伊能文书》里，武田信玄跟朝仓义景的通信中，声称德川—织田联军共"千余人讨捕"，也就是战死1000多人。《当代记》的记述也与此相当——"滨淞众败北，千余众讨死"。不过在《甲斐国志》中，武田家臣木曾义昌去信祝贺时又表示讨捕数千，这也是一连串记录中最大的德川军死伤数字。《上杉家文书》中，德川家康向上杉谦信通报三方原之战的情况时，则声称"五百余人敌讨捕"，也就是杀敌500多人，这也是诸记录中最大的武田军阵亡数字。

照《改正三河后风土记》所述，德川家康在三方原之战失败后，武田军的马场信房跟山县昌景对德川军展开追击，待追至滨松城的玄默口（北方的城门）时，突然城门大开，篝火亮如白昼，使山县昌景跟马场信房一时犹豫不决，德川军趁机杀出，导致武田军阵势大乱，遂放弃攻城撤退。但德川家康使用空城计令武田军撤退一说，在《三河物语》《当代记》《松平记》跟《续本朝通鉴》等书中皆未记载，因此很有可能是后人为美化德川家康临危不乱而编造。

依照《松平记》的记录，德川军在家康的指挥下退回滨松城，面对追击而来的敌军，德川家臣渡边守纲等人突出作战，杀死敌军5人，顺利抵挡来犯的武田军，但武田军仍持续攻来，德川家臣石川数正指挥部队数度杀退武田军，石川数正跟大久保忠世讨论后以铁炮射击敌军，终于使武田军放弃攻城，但武田军仍逐渐集结，大久保忠世以及天野康景在败军中挑出16挺铁炮，趁夜袭击武田信玄的阵地，甲州众大惊，混乱中由于不明地势，武田军多人落崖，武田信玄放弃攻打滨松城而撤退。

据《三河物语》所载，在德川军兵败撤退后，德川家臣大久保忠世认为武田军可能会追击而来，于是召集铁炮众反过来夜袭武田军，从每个部队里各挑出二三十挺铁炮，共集结了百挺铁炮，前往犀崖夜袭方得胜的强敌，顺利造成武田军混乱。

不过，《续本朝通鉴》中遭到德川军铁炮袭击而出现混乱的仅有武田家臣穴山信君的部队。而在《酒井氏御系谱参考》中，德川家康当夜有意突袭武田军，但酒井忠次跟石川数正派遣间谍窥探武田军阵地后，认为武田军防备坚固难以得手，就劝告家康放弃夜战，家康也接受了此意见。

《四战纪闻》中描述，尽管酒井忠次跟石川数正放弃夜袭武田军阵地，但是大久保忠世和天野康景依然挑选出军中铁炮好手共16人，又集合70多名士兵，先是放火烧了武田军阵地后方的寺庙，再用铁炮袭击武田军，使武田军在夜里不分东西南北的情况下混乱躁动，甚至摔落犀崖身亡。

总的来说，德川军是否在犀崖用铁炮引发武田军混乱，而使武田军死伤众多，尚存有不小的争议。

三方原之战后的武田氏外交

武田信玄于三方原一战获胜后，旋即大肆宣扬。据《寿经寺文书》，信玄在十二月二十四日就写信给朝仓义景，向他通报击败德川军及织田援军之事。同月二十八日，信玄再度跟朝仓义景通信，是为《伊能文书》。这封信的重点是武田方在增筑二俣城后已经持续出兵家康领地，并在三方原战役中击败了获得织田信长支援的德川家康，要求朝仓义景配合武田军的攻势，而朝仓义景以兵士疲劳拒绝出兵理由并不充分，应该趁这个可以灭亡织田信长的时刻有所动作，不要因一时宽松而徒劳无功。

在《护国寺文书》中，松永久秀在十二月二十九日获得武田信玄在远江战胜德川家康的讯息。而《甲阳军鉴》《势州四家记》记录，在大河内城之战被迫投降织田家的北畠具教在一月时派遣家臣鸟屋尾满荣经由水路跟武田信玄取得联系，在三月缔结密约要协助武田军。

据《显如上人御书札案留》所记，本愿寺显如也获得武田信玄在三方原击败德川家康的报讯，显如高兴地于次年一月的回信中写道："大庆此事候。"并表态将发动美浓、尾张、三河、伊势四国一向一揆起事。本愿寺显如为鼓动朝仓义景攻打织田信长，也致信越前，声称将发动美浓、尾张、三河、伊势四国的门徒，在三河方面将有胜法寺起义，美浓方面有长岛一向一揆侵入美浓设置据点，并由日根野弘就入驻，越中、加贺两国的一向一揆也牵制了上杉谦信，希望朝仓义景起兵攻打织田信长。

朝仓义景于先前的虎御前山之战失利后便撤军回归越前，织田信长也只留下家臣木下藤吉郎部留守虎御前山的阵地，其主力部队多回归尾张、美浓的根据地。这无疑不利于武田信玄继续进攻织田、德川领地等后续计划，所以武田信玄联合本愿寺显如相继去信朝仓义景，都期盼他再度兴兵牵制织田信长，故信玄跟显如在信中都难免有些夸大言词。像武田信玄当时仅拿下岩村城并杀退织田家派给德川家康的援军，便声称织田信长的"灭亡时刻"将至；本愿寺显如号称要发起美浓、尾张、三河、伊势四国门徒对抗织田家一事，截至武田信玄退兵都没具体动作出现。

在《甲阳军鉴》里，则又写到武田信玄跟织田信长透过幕臣向将军足利义昭控诉以争取足利义昭支持。足利义昭在元龟四年一月一日派出幕臣上野中务大辅出面调停，希望武田信玄与织田信长、德川家康恢复和睦。而武田信玄则写信向足利义昭申告织田信长跟德川家康的罪状，声称织田、德川之流在远江、三河两国强占神社佛阁诸寺物，迫害民众，逆威乃前代未闻，所以信玄举义兵与他们作战，虽然敌军集结来战，武田军仍攻下挂川、二俣等数个要害之地，残党尽皆降服，信玄还请足利义昭发出御教书，让武田讨伐织田、德川这些逆贼以恢复天下平静。为此，武田信玄在信里细数织田信长跟德川家康的五大罪状：

其罪一，破坏佛门事物，破灭佛法、王法之相有如天魔化身，更未得敕许即自行升殿。其罪二，不辨自己匹夫血统低贱，出言轻侮权门贵胄。其罪三，徘徊洛中、洛外，课征税役，掠夺战败者的财宝。其罪四，赦免高槻今中城、高官的士兵后，却又忽判以死罪，杀死笼鸟一般的行为谁人不憎恶？其罪五，永禄十二年（1569年）时朝仓义景跟织田信长在坂本交战，经朝廷和将军调停，双方立下数通誓书后各自归国，但信长翌年上洛将神社佛阁烧成灰烬，违背敕命，恶逆非道。

武田信玄数完这五大罪状后，就提出希望足利义昭下令消灭织田信长、德川家康为首的凶徒，他信玄将攻入他们的居馆消灭凶党，将其尸体曝于军门，挂首级于狱门示众，解开万人愁眉，恢复现世安稳，致天下静谧。

不过这封书信中问题颇多，就不知是武田信玄真的弄错，还是这封书信纯属《甲阳军鉴》的编造。首先，信玄所数罪状很多都单是织田信长所为，但疑似为了强化他攻占德川家远江、三河领地的正当性，德川家康也被算作凶徒。其次，信中声称攻下德川家的挂川城，但实际上并无此事。第三，所谓高槻今中城、高宫的士兵被杀害一事，则找不到有关记载，若说是指高槻城城主入江春景先降于织田信长、足利义昭，后又反叛投降三好家而被杀一事，从高槻城后续被交给足利家臣和田惟政来看，主打协助将军旗号的武田信玄同情起协助三好三人众在本圀寺之变包围足利义昭的入江春景，似乎显得愚蠢了。至于朝仓义景跟织田信长交战，时间是在元龟元年而非永禄十二年。以上种种疑点，让这封书信是否为真着实难下定论。

《甲阳军鉴》里随后又收录了一封织田信长获知此事后向足利义昭提出反驳的书信，信中强调武田信玄所数的五大罪状只是谗言，并强调自己在永禄之变后扶助足利义昭重新上洛，击败六角家、三好家，让义昭当上征夷大将军的功劳，更反过来指责武田信玄的不义之举：放逐老父武田信虎，使他年届八十仍流亡京都；幽禁嫡子武田义信并将他毒杀；派遣家老夺取外甥今川氏真的领国；出兵攻打女婿北条氏政在关东的领地，杀害北条亲族郎党无数；娶诹访赖重之女为妾，在她生下四郎胜赖后，却设下鸿门宴邀赖重到甲斐观赏猿乐歌舞趁机刺杀。

但是这封书信露出数处严重的问题而让人怀疑是伪造的。其一，当时足利义昭尚未被流放，年号尚未改元，这封宣称由织田信长在一月写的信里年号却是改元后的天正，而非元龟。其二，织田信长自述的官位是右大臣，但是按照《公卿补任》《孝亲公记》等书记录，织田信长在当时的官位是弹正忠，以《公卿补任》来看，织田信长是天正五年才当上右大臣的。这封文书时空严重错乱，应可确认是《军阳军鉴》伪造无疑。

大部分书籍认为足利义昭是信长包围网的幕后黑手，甚至是义昭授意、邀请武田信玄发动西上作战攻打织田信长跟德川家康。但细数元龟年间的战况，其实并没有明确迹象表明足利义昭跟朝仓义景、浅井长政联合，义昭与信长包围网的另一方主力——三好家势力之间还屡次爆发战事。而且依据《言继卿记》《细川家记》的记录，在织田信长于元龟元年四月攻打越前朝仓家而与浅井长政决裂后，足利义昭也在六月十八日出兵近江高岛，并让细川藤孝集合浪人加入织田方，参与姊川之战，击败朝仓—浅井联军。

声称足利义昭与武田信玄串通的说法，多半会提及《大槻文书》收录的足利与武田两方在元龟三年五月十三日的通信，但足利义昭在信中仅是奖励武田信玄的忠功，以及要他为"天下静谧"努力，真说不上是足利义昭联合武田信玄要对抗织田信长的铁证。

据《多闻院日记》所载，元龟二年七月，三好三人众与松永久秀攻打足利家臣和田惟政，但在细川藤孝跟三渊藤英的救援下，松永—三好联军攻击不果撤退；而足利义昭也透过收九条植通之女为养女，将她嫁给与松永久秀长年敌对的大和豪族筒井顺庆，拉拢顺庆。依照《荒木略记》记录，同年八月和田惟政跟荒木村重爆发白井河原之战，和田惟政战败身死，荒木村重随后领军攻陷茨木城、郡山城，进而包围和田家高山友照、右近父子守备的高槻城，织田信长先在九月九日让家臣佐久间信盛前往高槻城进行调停，后又在九月二十四日派遣明智光秀率领千余人进驻高槻城，于是双方暂时罢兵。

元龟三年三月，三好义继跟松永久秀、久通父子率领16000人攻打畠山昭高的领地，袭击畠山家臣安见新七郎镇守的交野城。按照《信长公记》记录，织田信长随即集结军队前往讨伐，派出佐久间信盛、柴田胜家、蜂屋赖隆等家臣领兵出战；而《细川家记》也记录足利义昭派遣细川藤孝与三渊藤英、上野秀政率3000人支援。足利军、织田军进至交野城周遭，反过来包围松永—三好联军建造的付城并攻陷该城，松永—三好联军见形势不妙，趁着风雨在夜间紧急撤离。

长时间来，足利义昭跟织田信长的立场分歧使义昭颇为不满，但邻近敌军三好家的足利义昭也有仰仗织田家军力的必要，与织田家撕破脸，会令义昭落入两面皆敌的境地，所以足利义昭暂且忍下这股不满，双方在对抗三好方势力上多次联合开展军事行动。

但在元龟二年至元龟三年间出现了一些战况变化。松永久秀于辰市城之战惨败于筒井顺庆，而筒井顺庆也接受了足利义昭的拉拢。再来，原属三好方的三好政胜在元龟二年七月投降足利义昭，而细川昭元跟岩成友通也在元龟二年十二月归入足利义昭帐下，河内的畠山家依然宣誓效忠将军。据《古简杂纂》收录的信件，在元龟三年十一月时，三好家亲族中执掌淡路岛的安宅信康表态请降，足利义昭仍与信长通信讨论安宅信康归降之事，并在织田信长的建议下，接纳安宅信康投效足利、织田的势力。据《年代记抄节》跟《耶稣会日本年报》所述，元龟三年十二月二十日，三好义继、松永久秀、三好三人众联合一向一揆攻打细川昭元的居城摄津中岛城，城池在次年二月二十五日被攻陷，细川昭元逃往和泉国的堺。

与之同时，武田信玄西进，这或许成为足利义昭在元龟四年打算跟信长反目的诱因，因此私下有动作，但真正促使足利义昭最后决定与织田信长为敌的原因，可能还是织田信长不满足利义昭的行为而在元龟三年年末提出的十七条异见书。

《信长公记》中，这十七条谏言的第一条就直指足利义昭对朝廷态度懈怠，其余十六条还提及义昭侵占贺茂神社的领地赠给岩成友通、变卖幕府夏季的存米换取金银、隐瞒他国进献的金银、选用的年号"元龟"不吉祥、还没有支付改元相关费用等事，甚至还提到足利义昭被百姓称为"恶御所"。织田信长这十七条谏言毫无疑问地让足利义昭与他的关系进一步恶化。

但综合足利义昭跟织田信长在元龟二年、三年间频繁发起联合军事行动来看，身为室町幕府征夷大将军的义昭不像是信长包围网的发起人，更像是见局面对包围网有利后想趁机打倒织田信长的参与者。

武田军的后续行动

据《四战纪闻》《续本朝通鉴》所记，三方原一战后，德川家顺利收拢败军防备其后续进攻，而且德川家的挂川城城主石川家成在听闻战败后，隔日拂晓也领兵进入滨松城助战，武田信玄认为没法迅速拿下滨松城，因而放弃攻城，率领武田军转往刑部过年，后在元龟四年一月七日离开刑部，经由井伊谷，向三河进发，在当月十一日对丰川上游右岸的野田城发动攻击，野田城城主菅沼定盈决定奋力抵抗来袭的武田军，《松平记》也记载德川家康派出松平忠正率军支援。虽然《三河物语》中形容野田城只是"灌木丛中的小城"（薮のうちに小城あり），但在约400名城兵的坚守下仍让武田军久攻不下，武田信玄甚至命令帐下士兵举起竹盾以龟甲车不分昼夜攻城，耗费数日终于攻陷二之丸跟三之丸，将菅沼定盈逼入本丸固守。《松平记》中记录，武田信玄见野田城难以拿下，遂由甲斐调来掘金工人挖断野田城水源进行渴杀作战，德川家康闻讯后也出兵于笠头山布阵。

为救援野田城，德川家康向仍在进攻越中的上杉谦信求援。查阅《古今消息集》跟《上杉文书》可知，家康于二月四日、六日去信上杉谦信，并献上产自备前的太刀一口，希望尚在越中作战的上杉谦信可以返回攻打信浓以牵制武田信玄的攻势。然而上杉谦信此时正忙于攻打越中的富山城，短时间内难以抽身回国。据《甲阳军鉴》记载，德川家康同时派家臣小栗大六向织田信长求援，但织田信长并未同意。按《年代记抄节》所述，德川家康随后移师吉田城，此事也获得《古今消息集》中德川家康向上杉谦信求援之书信证实。

依照《古证文》，武田信玄在二月十六日攻陷野田城，并生擒城主菅沼定盈送往信浓。《松平记》中叙述菅沼定盈是在城中长期无水的情况下，迫于无奈才与武田家交涉用自己切腹换取城兵性命，但他在出城后就遭武田军擒捉。《当代记》跟《三河物语》记录德川家康为救回菅沼定盈，与武田家交涉，以山家三方众送出的人质进行交换，获得武田信玄的首肯后，顺利救回菅沼定盈。据《当代记》所述，武田信玄在拿下野田城后，便往奥三河移动，进入了长篠城，并遣人增筑野田城。《牧野家谱》称武田军同时分兵攻打牛久保城，但被城主牧野康成击退。

一般通说里提及武田信玄在西上作战时对东美浓的出击，多半会叙述织田信长借机将远山家收入麾下一事。岩村城城主远山景任在上村之战败给武田家后，于元龟二年年末病故，织田信长让身为远山景任之妻的姑母艳姬收下自己的第五子御坊丸为养子，借此入主岩村城远山家，而武田信玄在决意跟织田信长敌对后，在元龟三年年末派遣秋山信友攻打岩村城，经过数个月的包围，到元龟四年三月武田军北上美浓击退织田信长的援军后，岩村城方不敌投降，艳姬嫁给敌将秋山信友，御坊丸则被擒送甲斐。此一通说大致是参考《织田军记》《美浓国诸旧记》《改正三河后风土记》等书而来。

领地介于美浓与信浓边境的远山氏早在永禄年间就同时跟织田、武田两家交好。远山氏中的岩村城城主远山景任迎娶了织田信长的姑母艳姬，苗木城城主远山直廉迎娶了织田信长的妹妹，而远山直廉之女被织田信长收为养女并嫁给武田信玄的第四子武田胜赖，后生下武田信胜。除了姻亲血缘的联系外，在军事行动上也有合作。据《苗木传记》所载，远山直廉曾在永禄三年（1560 年）的桶狭间之战加入织田方作战；《惠那郡史》记载，远山直廉于元龟三年的秋天加入武田家进攻飞驒的战事，参与威德寺之战，并在威德寺放火，但他本人于作战中被流矢所伤，因伤病故。

在武田信玄选择跟织田信长翻脸而发动西上作战前，依《美浓国诸旧记》《武田三代军记》叙述，信玄在元龟元年十二月就派遣秋山信友出兵攻打远山家，双方爆发了上村之战，秋山信友以 3000 兵马出战，有德川军支援的远山氏联军人数达 5000，但秋山信友一战即顺利击破了远山氏联军。然而此战记录的时间大有疑问，如《美浓国诸旧记》《武田三代军记》等军记物都认为上村之战发生在元龟元年；《宽永诸家系图传》《宽政重修诸家谱》《依田记》都认为此战发生在西上作战期间的元龟三年十二月；《依田记》中，武田军的主将并非秋山信友，而是依田信守；《甲阳军鉴》中完全没有此战的相关记录。在《美浓国诸旧记》中，又有在上村之战后织田信长派遣明智光秀救援岩村城之事，同样发生在元龟元年十二月。当秋山信友击败远山氏联军后，远山家转向织田信长求援，因此织田信长调来过去有地缘关系而眼下人在近江的明智光秀领兵出战。明智光秀派遣家臣、伯父明智光廉作为先锋前往惠那郡，于十二月二十九日在小田子村跟秋山信友交战，明智光廉安排四五处伏兵后，击败了秋山信友，并在追击时使用火攻，最终秋山信友败回信浓，明智光廉也退回岐阜。

这段记录目前尚未找到更明确的源头，而且如上所述，秋山信友击败远山景任的上村之战本身也存在诸多疑问，由此战衍生的救援战，别说欠缺一级史料佐证，甚至连《美浓明细记》《武田三代军记》亦无记录，可信度十分低。

根据《历代古案》收录的上杉谦信书信，在元龟三年十月时，远山景任、远山直廉双双病故后，织田信长派遣兄长织田信广跟家臣河尻秀隆进入岩村城，上杉谦信还称："远山七头纳入信长帐下。"《改正三河后风土记》也记载了在远山景任病故后，织田信长的姑母以信长庶子御坊丸继承远山氏家督。可见大约在这一时期，织田信长运作顺利，御坊丸入继远山家，使织田信长成功间接掌控了岩村远山家。旋即，武田信玄派遣秋山信友前来攻打岩村城。但真是这样吗？

根据《甲阳军鉴》《武田三代记》跟《续本朝通鉴》等书，岩村城并未爆发战事，而是在野田城遭武田军拿下后，织田信长在二月下旬时主动向武田信玄求和，将守寡的姑母嫁给武田家臣秋山信友，并让家臣织田扫部助将御坊丸送往甲斐作为人质，以向武田家请求和谈。吊诡的是《甲阳军鉴》中又记录了织田信长在元龟四年三月十五日率领1万兵马出阵支援岩村城，所以武田家臣马场信房也统领包含越中众、飞骡众的800名士兵从三河北上美浓支援秋山信友。双方接阵后并未直接开战，而是织田信长直接撤退，然后马场信房挥军伺机追击，斩杀织田军27人，由于织田军战败后撤退回岐阜城，岩村城中的城兵随后便投降武田家，武田方以秋山信友入镇。《改正三河后风土记》中则叙述是秋山信友在三月十六日时计诱远山一族7名家老反叛织田家，秋山信友娶了远山景任的遗孀、织田信长的姑母为妻，遭到生擒的御坊丸被送往甲斐作为人质。而《本朝通鉴》里才有武田信玄在三月十五日率军进入美浓跟织田信长对峙，马场信房跟内藤昌丰突击织田信长军，织田信长察觉不利而撤退之事，甚至还强调美浓之士投降者甚多。《武田三代军记》同样宣称马场信房以寡击众，打败织田信长。但另参照其他史料，就能看出个中问题来。

据《古今消息集》，在元龟三年十一月十九日，武田信玄在跟北美浓国人远藤氏通信时便声称"岩村城请取之"，而织田信长也在相近的时间点——十一月十五日，跟东美浓国人延友氏通信时强调"岩村逆心之刻"。此外，《山村文书》记录了武田信玄为奖赏山村良利、良候父子，在十一月九日各赐给他们美浓安弘见一带三百贯的领地。换言之，岩村城早在元龟三年十一月中旬时就被武田家掌握，并非《甲阳军鉴》《武田三代记》等书记录的元龟四年三月，这些记录跟大多数相关文书抵触，以虚构、夸张的成分居多，不足采信。

学者柴裕之在2007年于武田氏研究期刊中发表了《战国大名武田氏的远江、三河侵攻再考》一文，该文针对武田家在元龟三年至天正元年间于东美浓岩村城的战事，对通说也提出质疑。

武田军是由秋山信友挂帅攻打岩村城吗？

以《当代记》记载，岩村城被武田家拿下的元龟三年十月，秋山信友应处于三河远江战线，而非攻略东美浓。所以岩村城归属信玄后，是派遣下条信氏进入岩村城。下条信氏进入岩村城之事，在《下条由来记》里面也有记录，并强调是由下条信氏拿下城池的，但记述的时间是天正元年三月。而参照《古文书纂》中武田信玄在天正元年三月写给秋山信友的书信，织田信长将出兵东美浓，所以要秋山信友前去当地击退敌人，远江、三河的事务就交给别人。以此来看，秋山信友并非如《甲阳军鉴》《武田三代军记》所述是攻下岩村城的主将，而是岩村城归属武田家后，才由武田信玄在隔年三月派去岩村城镇守。

此外，岩村城爆发了攻城战，还是单纯开城呢？

在《古今消息集》中，武田信玄于元龟三年十一月十九日跟越前大名朝仓义景通信时，将浓州岩村跟三州山家一样列为归属；而织田信长跟东美浓国人延友氏通信时，也用了"岩村逆心"一类的词语，由此看来，武田家拿下岩村城似乎并没有爆发战事，而是单纯的守城方倒戈。但《开善寺过去帐》中提到有远山家臣在岩村战场被铁炮击毙。由此看来，虽然最后是守城方投降武田，武田军来袭期间，似乎也有爆发小冲突。

如上所述，所谓马场信房支援攻打岩村城，在野战中以寡击众，打败织田信长之事，看似言之凿凿，但和其他史料对照来看，个中问题实在不少。与《甲阳军鉴》一脉相承的记录中，多为元龟四年三月马场信房进入美浓击退织田信长后，东美浓岩村城才被秋山信友拿下，但是织田信长和武田信玄的亲笔书信都记录岩村城是在元龟三年十一月被武田军拿下。同时，参见《上越市史》中收录的织田信长写给上杉谦信的书信，织田信长得到的情报是武田军在三月十二日时向三河、信浓边界移动，在三月十六日时士卒暗中开始撤退，并未提及两军在三月十五日交锋之事。因此马场信房是否曾出征东美浓并击败织田信长，令人深感怀疑。

在武田信玄拿下野田城后，《甲阳军鉴》中描写了北畠具教、长岛一向一揆、本愿寺显如、朝仓义景遣使前来表示要协助武田信玄上洛，但实际上，朝仓义景对于帮助武田信玄一直表现得兴致不高。据《显如上人御书札案留》，本愿寺显如为催促朝仓义景出兵帮助武田信玄牵制织田信长，从元龟三年十二月到元龟四年一月、二月频繁写信给朝仓义景，希望他领兵进入北近江，但朝仓义景始终未动。《慈敬寺文书》中，本愿寺显如在元龟四年二月十四日去信近江坚田的慈敬寺，令其准备起事，随后在二月二十七日向武田信玄通报西近江一向一揆集结之事。

除了本愿寺显如表态配合武田信玄外，身为征夷大将军的足利义昭同一时间也举兵加入了信长包围网，摆出跟织田信长为敌的姿态。足利义昭试图增强权威并累积军事力量的举动引起了织田信长的忌惮，信长因而推出异见十七条，试图打压足利义昭的威信。但三方原之战的结果确定后，想来足利义昭认为武田信玄将大幅度牵制织田的兵力，这才决定举兵对抗织田信长。

按照《寻宪记》所载，足利义昭在元龟四年二月十五日时开始招募丹波国的犯人为士兵。据《牧田茂兵卫氏所藏文书》跟《寻宪记》，义昭在二月十九日向朝仓义景求援，而朝仓义景也发兵6000—7000南下。

依照《信长公记》所述，获知足利义昭与自己为敌后，织田信长派出岛田秀满、村井贞胜与朝山日乘担任使者前去与足利义昭和谈，甚至表示要送去人质；但按《年代记抄节》跟《寻宪记》所述，义昭在当月二十七日表示拒绝。与此同时，《信长公记》也记录了足利义昭为防备织田信长的攻击，命令山冈景友和矶贝新右卫门、渡边党联合本愿寺显如发起的一向一揆，于近江国的今坚田和石山两处构筑城砦，起兵对抗织田家。《年代记抄节》中也收录了足利义昭赦免松永久秀、三好义继，要求两人率兵进入山城国宇治之事，本愿寺显如在三月十四日写给武田信玄的书信里，也表示他在跟三好义继、松永久秀交涉；但《寻宪记》在二月十五日就记录了松永久秀跟盐川国满加入将军足利义昭帐下一事，二月十六日时在山城国西冈一带也出现一揆。

参照《寻宪记》，筒井顺庆在二月十九日便侵入松永久秀领下的奈良，并在二月二十三日领兵3000，跟久秀之子松永久通战斗。与松永久秀结仇的筒井顺庆，在足利义昭拉拢松永久秀的同时，选择与松永军作战，等于变相改投织田信长一方。

依照《细川文书》所述，摄津三守护中的伊丹亲兴跟随足利义昭与织田信长为敌，武田信虎进入近江后，甲贺、六角义贤也有所动作。虽然信长想透过细川藤孝拉拢岩成友通，但未成功，反而是取代了池田胜正的荒木村重表态效忠织田信长。同时织田信长还透过支援兵粮弹药跟金钱，将中岛城失陷后逃亡至堺的细川昭元拉进自己的阵营，而身为足利义昭重臣的细川藤孝私下也持续跟织田信长通信来往。

《信长公记》《当代记》记录织田信长在与足利义昭进行和谈时，早在二月二十日便派遣柴田胜家、明智光秀、丹羽长秀和蜂屋赖隆四将出兵镇压，二十四日时渡过濑田攻打山冈景友率领甲贺众跟伊贺众镇守的石山砦。当时城砦尚未完全建好，受到织田家包围后，山冈景友在二月二十六日便战败投降，并毁去石山砦。坚田城随后在同月二十九日遭织田军明智光秀、丹羽长秀跟蜂屋赖隆攻打，明智光秀率水军穿越琵琶湖从城池的西边攻打，丹羽长秀和蜂屋赖隆则经由陆路从城池南方攻击，最后明智光秀在当日午时占领此城，斩首300多人，守将渡边宫内少辅跟矶贝新右卫门战败后逃亡，明智光秀在战后因功入驻坂本城，而柴田胜家、丹羽长秀和蜂屋赖隆则领兵回转岐阜城。足利义昭帐下的和田惟长也因为家臣高山友照、右近父子跟荒木村重联合而遭到放逐，其居城高槻城及领地为高山父子所夺，归入荒木村重帐下，使摄津国大部分为荒木村重所控制。

《古今消息集》中收录了武田信玄在元龟三年十一月十九日时跟远藤加贺守联络的信件，信中提到已经拿下岩村城。[1]到十二月十二日还有一封信表示将在明天出兵美浓，希望远藤家届时配合。[2]

据《当代记》所述，武田信玄在三月进入长筱城，并对野田城进行增筑，而武田军也拿下东美浓的岩村城，加上北美浓远藤氏暗中跟武田家联系要倒戈，让武田军当时可以保证东三河串连到东美浓、木曾道的交通，所以武田信玄长期摆出要攻往美浓的架势，而非着力攻打三河继而进入尾张国。

简而言之，武田信玄希望远藤家能够在武田军进攻美浓时加以呼应，并配合越前朝仓家威胁织田家。信玄摆出一种要在隔年春天直接进攻美浓，威胁织田家岐阜城的态势，为此最为欣喜的，莫过于在织田信长的进攻下，领地锐减的浅井长政。因而在野田城被武田家拿下后，浅井长政在二月二十二日跟武田家臣穴山

---

① "如露先书候、当备追日任存分候、就中去十四日岩村城请取之、笼置人数候、比时无用舍、岐阜へ可被显敌对之色哉否、不可过其驰走候、又越前阵へ越使者候、路地无相违样、指南可为祝着候、恐々谨言。"
② "于其表、别而当方荷担之由、祝着候、当年过半任存分候、幸岩村へ移入人数候之条、明春者、浓州へ可令出势候、其已前向于岐阜、被显敌对之色候之样、悉皆驰走可为本望候、委曲附与三村兵卫尉口上候、恐々谨言。"

信君通信时，表示当武田信玄攻入尾张美浓时，他会加以协助。按《胜兴寺文书》所载，浅井长政在二月二十六日去信越中的胜兴寺，表示武田信玄的先锋已经打入东美浓了。

《甲阳军鉴》也描述武田信玄在三月上旬病情一度稳定后，在三月十五日就打算朝着织田信长居城所在的美浓国进发。由武田胜赖跟武田信丰、穴山信君率领1万人往吉田的在乡山进行预备，再由山县昌景率领上野、信浓、骏河共8000兵马攻打吉田城。

《大三川志》里也记录了在元龟四年三月十六日时，武田信玄进军至三河凤来寺，并在宫崎筑砦，由美浓、信浓两国的士兵跟三河的山家三方众镇守，信玄还命武田胜赖、武田信丰率领1万人前往西乡山构筑本阵，同时分兵8000，让山县昌景攻打吉田城。吉田城的酒井忠次、深沟城的松平伊忠等德川家臣以500人抵御，使武田军在攻城战中死伤甚多，而织田信长也出兵至岩村附近，兵力数不明。由于武田信玄再次发病，所以山县昌景放弃继续攻打吉田城而撤退。

《后三河风土记》则叙述在三月九日时武田信玄便发病，由武田胜赖担当名代，在三月十五日时与武田信丰、穴山信君率领1万人北上美浓，山县昌景攻打吉田城之举则是为了牵制德川家康，但武田、织田两军并未爆发冲突就因为信玄过世，武田胜赖跟山县昌景两路兵马会合撤退。《三河德川历代》中也有德川家康收复远江城池后，武田胜赖等三人也把兵力移往滨淞方向的记录。

由此看来，尽管武田信玄有病在身，武田军其实一直在活动，并非毫无作为，只是转移美浓之举尚在预备阶段，使德川军抓到机会反击。既没跟织田军正式交战，山县昌景又在西三河碰壁，因此其活动长年被忽视而以为武田军拿下野田城后便没有动作。

但是武田军采取的行动是否针对织田家的攻势，也存有疑问。因为据《上越市史》中收录的织田信长给上杉谦信的书信，织田方的情报是武田军在三月十六日时士卒暗中开始向信浓撤退，而非积极对东美浓展开攻击。

与之同时，人在越中作战的上杉谦信收到越后的部下紧急求援而归国。原因就是武田信玄来袭。偏偏织田信长的来信也显示武田信玄彼时已有撤兵迹象，使上杉谦信担心走信浓归国的武田军趁机攻入越后，因此从越中归国防备，直到路上才接获真相——上杉家臣误认猎人打猎的铁炮声是武田信玄从信浓来袭而心生恐怖，千里迢迢请回谦信助阵，弄了个大乌龙。

但上杉谦信除了因为这项错误情报而将主力从越中撤回越后外，还因屡屡接获德川家康跟织田信长求援而分兵牵制长年敌对的武田信玄。按照《上杉年谱》《双林寺传记》的记录，上杉家在元龟四年三月上旬从沼田城、厩桥城派兵支援白井长尾家的长尾宪景击破留守上野的武田军，攻陷前些年被武田家夺去的白井城，白井城兵千余人战死，长尾宪景重新入主白井城。

织田与德川的动向

《大三川志》跟《三河记》《改正三河后风土记》等书中收录了德川军在三月时的反攻动作。德川家臣平岩亲吉率军攻打天方城，武田家派驻的守将久野宗政抵御不住，被德川家臣大久保忠跟渡边守纲攻破外郭后逼至本丸，历经三日攻防战，久野宗政表示投降后交出城池退往甲斐。家康随后又派出石川家成跟久野宗能率500人费一日攻破可久轮城。酒井忠次以300人在凤来寺城附近的角屋村放火后，出兵攻下凤来寺城。酒井、石川、久野三将会师，再攻打武田方的大笠、二宫两城，两城开门投降。至此，德川军夺回了远江国内的5座城池。

据《大三川志》《家忠日记增补》，身在冈崎城的家康长子、年方15岁的松平信康初次率兵出阵，便攻打三河武节城，城兵力尽后投降；随后信康又攻打被武田军攻下的足助城，城主铃木弥兵卫不敌，弃城逃亡。

与之同时，为帮助将军足利义昭对抗织田信长的攻势，人在越前的朝仓义景准备进一步提供军事支援。根据2017年4月时福井县立一乘谷朝仓氏遗迹资料馆公布的新寻获的朝仓义景书状，朝仓义景在元龟四年三月十二日曾去信近江高岛郡的豪族朽木元纲，表示将与浅井长政一同按照将军足利义昭的意向行动，并赞扬朽木元纲追随足利义昭之举。

该资料馆的宫永一美学艺员表示，过去朝仓义景怠于出兵而收到软弱的评价，但这份书状可反映不同的一面。另外，此信亦显示数年前曾协助织田信长通过朽木谷的朽木元纲，在将军与信长反目后加入反信长势力。

织田信长也对反织田阵营顺利进行了策反。根据《信长公记》记载，织田信长在元龟四年三月二十五日亲自率兵进入京都，足利义昭的家臣细川藤孝和摄津国的豪族荒木村重在二十九日时联袂在逢坂迎接表示臣服织田家，此举等于细川藤孝掌握的山城国胜龙寺城一带跟荒木村重掌握的摄津国领地归入织田家帐下，而织田信长亲自布阵于知恩院，旗下大军分别在白川、粟田口、祇园、清水、六波罗、鸟羽、竹田等地宿营。《御汤殿上日记》记载足利义昭在三月三十日包围了织田家臣村井贞胜的宅邸，并派兵警卫朝臣、禁里。

照《信长公记》记录，在四月三日进入京都的织田信长再度遣使向足利义昭求和，甚至还请出正亲町天皇下令，同时在京都外围地区放火，进而直接发兵包围二条城。织田信长双管齐下，足利义昭被迫同意和谈，织田信长派遣兄长织田信广为代表，跟足利义昭正式交涉，待和谈成立后织田信长便于四月七日撤兵回归美浓国。在撤军途中，信长让佐久间信盛、蒲生贤秀、丹羽长秀及柴田胜家包围鲶江城的六角义治，发起一揆支援六角家的百济寺后在四月十一日被织田信长下令放火焚毁，百济寺的堂塔伽蓝全烧成飞灰。

《朝仓始末记》则记录，朝仓义景虽在三月十一日从敦贺出阵南下，获知足利义昭又跟织田信长讲和后，在四月中旬派遣山崎吉家跟鱼住景固率 3000 人转往进攻若狭国，进攻从属织田家的粟屋胜久，并收割国吉城附近的粮食。但足利义昭实际上并未放弃对抗织田信长的想法，《兼见卿记》记录了当时尚不知武田信玄死讯的足利义昭在四月二十日时向吉田兼和调集人夫增筑二条城，企图加强城池的防备。

武田信玄之死

武田信玄最受注目的莫过于他的死因。黑泽明的电影《影武者》跟山岗庄八的小说《德川家康》里绘声绘色地描写了武田信玄在野田城之战期间，遭德川军用铁炮狙击，最终因此伤而病故一事。其出处又在何处呢？

此一说法在《菅沼家谱》《柏崎物语》跟《改正三河后风土记》等书中都有记述，大多是说在武田信玄攻击野田城期间，城中的名笛手村松芳休每夜吹奏，而每晚信玄都会私下来到城池附近聆听，某一日，城兵鸟居三左卫门发现有敌将来聆听村松芳休奏笛，刻意在高处埋伏，趁机以铁炮狙击听笛之人，而遭到射伤的敌将正是武田信玄，此一伤势致使武田信玄健康恶化，终至殒命。可是根据《甲阳军鉴》《天正玄公仏事法语》之记录，武田信玄的死因都是因病而逝，像《武家事纪》里信玄侍医御宿监物的书状中就说"肺肝病患，忽萌腹心"，可见武田信玄应死于疾病。虽说武田信玄死于何种病症，仍有肺痨、胃癌等不同说法，但应非遭受铁炮狙击而毙命，此一说法可能是德川家臣的后代为美化先祖而创作，学者小和田哲男等人多认为此说乃是虚构。

据《三河物语》所载，武田信玄在进攻野田城时便已发病，《甲阳军鉴》虽记录武田信玄在三月上旬病情一度平稳，由于他久病不愈，武田家决定撤军回归本国。武田信玄离开凤来寺后，行经平井、波合，在四月十二日时到达信浓国伊奈郡驹场，因病情转重终于当地辞世，享年 53 岁。

据《甲阳军鉴》记录的武田信玄遗言，五载前他已经在思考此事，特画花押纸 800 张，并要求隐瞒死讯 3 年；由信胜在 16 岁时继承武田氏家督，信胜元服前由四郎胜赖担任阵代；武田家累代使用的孙子之旗跟将军地藏之旗、八幡大菩萨之旗，信胜在 16 岁初阵时持之，而胜赖可使用大文字的小旗，诹访法性的甲给胜赖着用，但之后要让给信胜；以武田信丰跟穴山信君辅佐胜赖；信玄死后不用办佛事，将尸体穿上甲胄在 3 年后沉入诹访湖；信玄认为周边诸国里上杉谦信是可以信赖之人，胜赖该与他和睦，一旦织田信长来攻，要依仗险要山道对阵，待信长调来五畿内近江、伊势之兵疲劳困顿时，可趁机攻击取胜；德川家康在信玄死后定会攻入骏河，要加以防备；为防范北条氏政生变，让武田信廉回到甲斐，冒充信玄仍在人世。

而在《武家事纪》中收录了武田家臣御宿监物跟小山田信茂的通信，信中又有另一个版本的武田信玄遗言，是武田信玄将武田胜赖招至枕边所言，内容如下：

"信玄一期佳运限今日没命，我以三户之小国攻伏邻国他郡，回策于帷幄之中，亡敌于铁钺，为一事莫不散郁望，虽然不举旌旗于帝都仪，妄执之随一也。信玄亡命之由显露者，当方怨雠窥时节可蜂起必矣，三四霜之间，勤秘批判，先坚封内备，镇防国家，抚育义卒，一度花洛可责上事，纵离生死两头，虽成金刚实体，可为欢喜之由，仅有遗诫。"

两篇遗言中，除了要隐瞒信玄的死讯 3 年外，其余重要事项多不相同，而参考《天正玄公仏事法语》，武田家确实在天正四年（1576 年）四月方举办武田信玄的葬礼。此外《大藤文书》中提到，针对北条家的援军将领大藤式部丞阵亡一事，元龟四年六月武田家向其子致谢的书信依然署名"信玄"；在《显如上人书札案留》中，也提到本愿寺显如在元龟四年向武田信玄道贺他将家督让给武田胜赖。由此可见，武田家隐瞒信玄死讯，并依然使用信玄花押纸张撰写文书一事有相当的可信度。

武田家虽竭力隐瞒武田信玄的死讯，甚至将信玄的葬礼延后 3 年方举办，但掩盖信玄已死这件事其实并不成功。根据《吉江文书》中上杉家臣河田长亲的书信，武田信玄身故一事在四月底已经遭到宿敌上杉家怀疑。因为按照《上杉古文书》，在四月二十五日时，飞驒豪族江马辉盛已经向上杉家臣河田长亲通报武田信玄疑似身亡的情报。依照《赤见文书》，当年五月德川家康试探性攻入骏河，后与上杉谦信联络，谦信与家臣通信时已初步断定武田信玄逝世。织田信长在七月、九月两度与毛利家通信时，也都提到武田信玄病死。上杉家臣村上国清在《吉江文书》中收录的七月二十三日的信件里也确认了武田信玄的死讯。根据《伊达家文书》，织田信长在十二月与伊达家通信往来时，再度提到武田信玄的死讯。由以上织田、上杉两家的文书可发现，武田家隐藏武田信玄死讯一事基本上是完全失败的，在武田信玄病逝不到一个月的时间内，其死讯已经向外传开。

过往多采信《甲阳军鉴》的说法，认为武田信玄死前是指定武田胜赖之子武田信胜在元服后继任家督，而武田胜赖则作为阵代摄政。不让胜赖直接继承家督的原因一向众说纷纭，有人说武田胜赖曾过继诹访家，名分上已不算是武田家一门或信玄之子；甚至有人说穴山信君、胜千代父子有更高顺位的继承权。

在通说中，武田信玄的第四子武田胜赖继承诹访家一事，多会参考《甲阳军鉴》的叙述，认为是山本勘助进言让武田信玄纳诹访御料人为妾，所生的孩子继承诹访赖茂一系的诹访本家。但数年前，丸岛和洋教授参考高野山的《武田家过去帐》，提出了武田胜赖是过继至诹访家旁支高远氏。在此，笔者简述丸岛和洋教授所提证据。

参考《武田家过去帐》，武田胜赖的妻子、祖母跟母亲都以信州高远诹访胜赖的亲属来属名，而诹访本家就只有信州诹访，同样前面冠了信州高远诹访的，就是诹访家旁支高远赖继。因此武田胜赖被怀疑应该不是继承在信玄生前就被吞并的诹访本家，而是入继旁支高远氏，所以后来武田胜赖是担任高远氏居城高远城的城主，而不是进入诹访本家居城上原城或取代上原城功能的高岛城。

此外，若采用《甲阳军鉴》中武田信胜继承当主、胜赖为阵代之说，胜赖应该没有将姓氏从诹访改姓回武田，但看《武田家过去帐》，最后胜赖的神位还是采用武田姓，而《显如上人书札案留》中也存有称呼"武田四郎"的信件传世。因此可以轻易推知在武田信玄决定让武田胜赖作为继承人后，是有让武田胜赖回归武田家一事的。

至于说到穴山信君父子拥有武田家继承权或是亲类众笔头之事，若参照《甲阳军鉴》，在信玄的法事上，武田亲类众的排名里，武田胜赖以胜赖公称呼，排在他前面的是信玄生前就颇受重用的武田信丰跟一门中辈分最高的武田信廉，穴山信君仅跟木曾义昌、板垣信安排在武田信玄的一众弟弟、儿子跟侄儿之后，要说他是亲类众笔头都有点勉强，更遑论穴山父子继承武田家督的顺序还在武田胜赖之上。在《甲斐国志》中，穴山一族跟其他武田氏分家一样，排在将帅类，而非亲族类；对穴山信友、穴山信君父子的描述，也未提到他们是武田家臣笔头或一门众笔头，更别说继承权高于信玄兄弟、诸子之事。目前尚未查到穴山信君是武田御一门众笔头的文献。虽然穴山信君本身在《显如上人书札案留》等收录的信件中被称"武田左卫门大夫"，但仅能证明他被列为亲族之一，而非亲族之首。

整体看来，称穴山信君为亲类众笔头之说，甚至说他们父子有继承武田家督的名分，应该是误传的谣言。

如前所述，《显如上人书札案留》中便收录了本愿寺显如恭贺武田信玄退隐，由武田胜赖继承家督的书信，而武田家的盟友北条氏政也在元龟四年七月跟长延寺师庆通信时提到武田胜赖继承家督之事，甚至翻看《高野山文书》可知，武田胜赖自己也曾在当年八月就家督继承一事向高野山祈愿"武运长久、当家繁荣"。后世的记录中，《甲阳传记》里在武田信玄过世后，就直接写武田四郎胜赖家督相续；《甲阳国历代谱》中同样在武田信玄辞世后，就说同年五月武田四郎胜赖公家督立；

《当代记》中也说信玄三男胜赖（未算早夭的信玄三子）继其迹，为信甲骏西上之主。

所以在《甲斐国志》一书里，针对《甲阳军鉴》称武田胜赖只是"阵代"的说法是持否定态度，认为《甲阳军鉴》此说只是附会、无稽之言，而且武田家领地扩及六七国如何能秘不发丧？武田家更处于四战之国，岂能以"阵代"领国？因而《甲斐国志》认为此说最是粗陋。

武田信玄身故使转战至三河、美浓一带的武田军撤退归国。少了武田军的牵制，原先将主力调回美浓尾张的织田信长也得以灵活调度兵力。在元龟四年七月足利义昭再度表态与织田信长敌对后，义昭据守槙岛城，织田信长随之发兵攻打。足利义昭完全不是织田信长的对手，在织田军的包围下，义昭被迫以嫡子义寻为人质向织田信长投降，义昭本人在信长的授意下被送至河内国的若江城，由妹夫三好义继庇护，槙岛城在战后则封给了投效织田信长的细川昭元。

织田信长旋即在八月二日消灭了淀城的岩成友通。在浅井家臣阿闭贞征投降织田家后，织田军团团包围浅井家的居城小谷城，并重创前来救援的朝仓军，在刀根坂之战大破朝仓义景的部队，织田军衔尾杀入越前国消灭了朝仓家，九月时再回头攻破小谷城，灭掉了浅井家。根据《远藤家谱》，先前遭武田信玄策反的郡上郡远藤家再度倒回织田信长一方，参加了对朝仓家的战事。

九月下旬，织田信长出兵伊势，虽成功使当地诸多豪族降伏，但在撤退时遭到长岛一向一揆追击而有所损失。十月时，大和国的松永久秀再次投降织田信长。十一月时，织田军又攻破若江城消灭了三好义继。

构成信长包围网的各家势力在武田信玄发起的西上作战中一度意气风发，随着武田信玄壮志未酬身先死，原先暂时潜伏爪牙的织田信长再度挥动干戈，信长包围网风流云散。

撰写此文只为试图厘清武田信玄临终前最后一场大战中的诸多疑问，但仍有许多未获解答的问题，期盼未来能寻获更多史料加以验证。

致谢

本文之撰写，特别需要感谢伊达政宗、不懂战国、秋风萧落、织田不蕉、伊势早苗五位贤达益友。部分史料的厘清与相关文献的搜寻，以及问答讨论间的碰撞、推敲，多赖诸位好友协助与勉励，使本文许多关键处豁然开朗，故在此特别致上十二万分感谢。

参考文献

史料

[1] 高坂弹正《甲阳军鉴》，1893 年刊刻本

[2] 三浦净心《史籍集览·北条五代记》，1925 年刊刻本

[3] 大久保忠教《三河物语》，1890 年刊刻本

[4] 成岛司直《改正三河后风土记》，1886 年刊刻本

[5] 片岛深渊《武田三代军记》，1885 年刊刻本

[6] 松平忠明《史籍杂纂·当代记》，1912 年刊刻本

[7] 素行子山鹿高兴《武家事纪》，1918 年刊刻本

[8] 堀田正敦编《宽政重修诸家谱》，1922 年刊刻本

[9] 太田牛一《信长公记》，1881 年刊刻本

[10] 小瀬甫庵《信长记》，1622 年刊刻本

[11] 远山信春《织田军记》，1913 年刊刻本

[12] 林春斋《续本朝通鉴》，1920 年刊刻本

[13] 松平定能编《甲斐国志》，1897 年刊刻

[14] 根岸直利《四战纪闻》，1784 年刊刻本

[15] 岐阜史谈会《美浓明细记》，1929 年刊刻本

[16] 阿部四郎兵卫定次《松平记》，1913 年刊刻本

[17] 松平家忠《家忠日记》，1897 年刊刻本

[18] 作者不明《史籍集览·朝仓始末记》，1919 年刊刻本

[19] 作者不明《明智军记》，1703 年刊刻本

[20] 《史籍集览·浅井三代记》，1919 年刊刻本

[21] 一色重熙《続日本史》，1882 年刊刻本

期刊文章

[1] 木村康裕. 上杉・織田氏間の交渉について [J]. 駒沢史学,2000(55).

[2] 鴨川達夫. 武田信玄の"西上作戦"を研究する [J]. 東京大学史料編纂所研究
紀要,2015(25).

[3] 小笠原春香. 戦国大名武田氏の小田原侵攻と三増合戦 [J]. 駒沢史学,2006(66).

[4] 竹間芳明. 戦国末期の郡上の検討——武田氏、越前一揆・本願寺政権との関
わりを中心として [J]. 若越乡土研究,2015(60).

[5] 柴裕之. 戦国大名武田氏の遠江・三河侵攻再考 [J]. 武田氏研究,2007(37).

[6] 原史彦. 徳川家康三方ヶ原戦役画像の謎 [J]. 金鯱叢書,2016(43).

[7] 丸島和洋. 北条・徳川間外交の意思伝達構造 [J]. 国文学研究資料館紀
要,2015(11).

学位论文

小笠原春香. 戦国大名武田氏の外交と権力 [D]. 東京: 駒沢大学,2015.

著作

[1] 萩原頼平. 甲斐志料集成 [M]. 甲府: 甲斐志料刊行会,1935.

[2] 甲斐丛书刊行会. 甲斐丛书 [M]. 甲府: 甲斐志料刊行会,1935.

[3] 高桥义彦. 越佐史料 [M]. 新潟: 高桥义彦,1931.

[4] 柴田顕正. 冈崎市史 [M]. 冈崎: 冈崎市役所,1926.

[5] 加藤护一. 惠那郡史 [M]. 惠那: 惠那郡教育会,1926.

[6] 爱知县. 爱知县史 [M]. 名古屋: 爱知县厅,1940.

[7] 奥野高広. 武田信玄 [M]. 東京: 吉川弘文館,1956.

[8] 信浓史料刊行会. 信浓史料 [M]. 長野: 信浓史料刊行会,2011.

[9] 平山优. 武田灭亡 [M]. 東京: 角川选书,2017.

[10] 平山优. 长筱合战と武田胜頼 敗者の日本史 9[M]. 東京: 吉川弘文館,2014.

[11] 平山优、丸島和洋. 戦国大名武田氏の権力と支配 [M]. 東京: 岩田書院,2009.

[12] 东京大学史料编纂所. 大日本史料 [M]. 東京: 东京大学史料编纂所,1912—至今.

[13] 小楠和正. 検証・三方ヶ原合戦 [M]. 静冈: 静冈新闻社,2000.

武田军团灭亡之谜

长筱设乐原合战小考

作者 / 伊势早苗

1467 年，日本应仁元年，日本京都爆发了前所未有的大战乱"应仁之乱"，从此，日本进入战国时代，在众多提到"战国"的史料中，当属武田信玄《甲州法度次第》中的"当今天下，战国之上"最为有名了。武田信玄出身的武田氏世世代代担任甲斐国的守护，但是在室町幕府时代中期，关东爆发了"上杉禅秀之乱"，武田氏受到波及，到了战国时代，武田氏更是如同传统的武士家族一样走向了衰弱，直到武田氏的中兴之祖，也就是武田信玄的父亲——武田信虎的出现。武田信虎手上的武田家重新成了东国的强国之一，在武田信玄担任武田家的家督时，武田家进入了鼎盛时期。然而，元龟四年（是年改元天正元年，1573 年），武田信玄在西进作战的途中病逝，其子武田胜赖继承了武田家的家督之位，成为甲斐武田家的第二十任家督，同时，武田胜赖也是甲斐武田家的最后一任家督。

从诹访四郎到武田胜赖

武田胜赖出生于天文十五年（1546 年），是甲斐国大名武田信玄的第四子。武田信玄已确认的儿子有武田义信、海野信亲、武田信之、武田胜赖、仁科盛信、葛山信贞、安田信清七人。武田胜赖自诞生之日起，就被武田信玄钦定为被武田家消灭的信浓国诹访家分家高远诹访氏的继承人，因此他元服时，并没有拜领武田家的通字"信"字，而是拜领了诹访家的通字"赖"字，以"诹访胜赖"之名继承了诹访家。武田胜赖本来会老老实实地以诹访胜赖的名义侍奉武田家，成为武田家的重臣了此一生，但是他的一生却在永禄八年（1565 年）发生了改变。

永禄八年，因为不满武田信玄与今川家的死敌织田信长交涉结盟，武田信玄的嫡长子武田义信策划了一场针对武田信玄的暗杀，结果却被武田信玄发觉，参与暗杀计划的饭富虎昌、曾根周防被捉拿。最终，饭富虎昌被处刑，武田义信则被幽禁于甲斐国东光寺，于次年病逝。

武田信玄的二子海野信亲天生患有眼疾，三子武田信之早夭，按顺序排列，家督继承人之位自然就落在了武田胜赖的手上。

永禄五年，武田信玄对上野国发起侵攻，时年十八岁的武田胜赖随军出征，这是他的初阵，《北条家文书》里称他为"伊奈四郎"。武田信玄正式考虑让武田胜赖继承武田家家督时已经是元龟元年四月了，当时，武田信玄在给幕府将军足利义昭的侧近一色藤长的书信中提到，希望"犬子四郎的官途与御一字下赐"。然而，武田信玄想给武田胜赖继承家督之位铺路的计划最终因足利义昭与织田信长反目，京畿陷入一片混乱而告终，武田胜赖也因此一辈子都顶着诹访家的通字"赖"字。

武田义信死后，武田信玄将武田义信的遗孀，也就是今川家当主今川氏真的妹妹送回了今川家，此举无疑是在宣告武田家与今川家的"甲骏同盟"破裂。永禄十一年（1568年），武田信玄率领大军自甲斐出发，进军骏河，与三河国的大名德川家康密定以大井川为界，瓜分了在今川义元死后陷入一片混乱的今川家领地。然而，武田信玄却在此役派出了秋山虎繁作为别动队，自信浓国入侵了本应由德川家康占领的北远江领地。当时尚且弱小的德川家康迫于武田信玄的淫威敢怒不敢言，但两家决裂的伏笔由此埋下。

甲骏同盟破裂后，虎踞关东的大名北条家也与武田信玄决裂，北条氏康、北条氏政父子甚至与上杉谦信、德川家康密定组织"武田包围网"，企图困死武田家。然而，武田信玄的调略手段高超，武田家通过幕府将军足利义昭的御内书与上杉谦信议和①；同时，武田信玄对德川家康的盟友织田信长表示强烈不满，并批评德川家康的行为举动是"妄者的谗言"②。不仅如此，打开"武田包围网"局面的武田信玄还与关东的豪强佐竹义重、结城晴朝、小山秀纲、宇都宫国纲等人结成同盟，组织了"北条包围网"，让后北条尝到了甲斐之虎的威力。

值得一提的是，因为往年武田信玄的军事能力被无限夸大，因此后来有许多战国史爱好者开始在网上纠偏，除了早年对阵村上义清的败仗以外，还举例甲相同盟破裂后，武田信玄曾被北条家击退的例子作为论据，证明武田信玄在军事方面并不是天下无敌。但是近年来，网络上普遍存在误解，我国台湾著名的日本战国史研究学者司任平先生在网上曾多次提出武田信玄在对阵北条家时被击退，大

① 出自《上杉家文书》。
② 出自《武家纪事》。

概提及武田信玄被击退的频率较高，导致许多朋友以这几场失败甚至只是没有取胜的战斗贬低武田家的实力。

　　实际上，武田信玄在对阵北条家之时，拥有巨大的优势。如《野田家文书》中的记载，武田信玄派一小队军队出阵武藏国大泷，制造出自己即将出阵武藏国的假象，实际上他却悄悄来到了骏河国，准备攻打北条方的大宫城。北条氏政一度计划出阵武藏国以应对即将到来的混乱，后来，北条氏康确认武田信玄实际上人在骏河国，并让北条氏政出阵救援时，已经是大宫城沦陷前一天的事情了。日本学者山口博在其著作《北条氏康与东国的战国世界》一书中就对此评价道："武田信玄在北条家伊豆至上野的庞大边境线上的巧妙用兵，使得北条家的前景看起来十分不乐观。"

西进作战

　　元龟二年，北条氏康死后不到两个月，北条氏政就与武田信玄重新缔结了盟约。此时，武田信玄虽然奉命担任石山本愿寺与织田信长的调停人，但是他已经产生了西进作战的想法。元龟三年，他将想法变成了现实。这年九月，武田信玄与越前国的朝仓义景、近江国的浅井长政，还有摄津国的石山本愿寺结成同盟，并开始召集军队于当月二十九日以山县昌景作为先锋出阵。

　　关于武田信玄这次出阵的说法众多，历来的通说皆出自日本学者小和田哲男《三方原之战——武田信玄上洛大战略》一书，武田信玄此次举兵乃是为了上洛"夺取天下"。然而武田信玄以幕府将军足利义昭为"信长包围网"盟主，与朝仓义景、浅井长政还有石山本愿寺结盟的说法，最早出自《荒川家文书》，这篇文书出现在武田信玄死后的元龟四年，所以说武田信玄此举乃是应足利义昭之邀上洛的说法实在是疑点重重。学者高柳光寿在《武田信玄的战略——三方原之战》一书中提到，武田信玄举兵是为了侵夺三河和远江二国，武田家的最终目标是将这两国纳入己方版图。学者本多隆成在《定本德川家康》、鸭川达夫在《武田信玄与胜赖——文书所见战国大名的实像》中的观点则是，武田信玄举兵的最终目的是打倒织田信长，向织田信长的根据地尾张、美浓发起进攻。

不过，根据武田信玄历来用兵的习惯，笔者认为高柳光寿的说法是最可信的，其次为本多隆成与鸭川达夫。因为武田信玄在给"山家三方众"之一的作手奥平氏当主奥平贞胜的书信中曾提到："五日内越过天龙川向浜松城出阵，以解我三年来的心头之恨。"武田信玄所说的"三年来的心头之恨"，大概就是指永禄十二年德川家康私自与今川氏真达成和睦，后来德川家康破弃与武田信玄的盟约，反过来与武田信玄的宿敌上杉谦信结盟一事。武田信玄选择性地忽略了当年派秋山虎繁违约进攻北远江才导致武田与德川关系恶化之事，在他看来，弱小的德川家康就活该被强大的武田家欺负。

武田信玄以降服武田家的犬居城城主天野景贯作为向导进军，随后，高天神城守将小笠原氏助降服，武田军顺带着攻略了饭田城与天方城。《三河物语》记载，十月十四日，德川家康为了侦察武田信玄的动向，率领本多忠胜、大久保忠世、酒井忠次、石川数正等人出阵，越过天龙川侦察武田军的动向，结果两军在三箇野相遇，德川家康匆忙向浜松城逃去。多亏本多忠胜在一言坂率军殿后挡住了武田军的进攻，德川家康才得以渡过天龙川返回浜松城。武田信玄向远江、三河进军时，也派遣下条信氏进攻织田信长的美浓领地。①此时，岩村城城主远山景任与苗木城城主远山直廉兄弟恰好病死，远山家的家臣们商量后决定，反抗织田信长派来接收领地的织田信广和河尻秀隆，迎接下条信氏入城。

织田信长这时还是武田信玄和上杉谦信议和的仲介人，得知武田信玄背盟袭来后，气得他在给上杉谦信的书信里骂武田信玄是个无耻小人——"信玄之所为，是前代未闻的违背武士义理的恶行"，"永远与武田信玄断绝往来，即便是万劫不复也不会与他有所联系"。织田信长是个很记仇的人，他默默地把武田家背盟之事牢记在心，暗自决定有一天一定要报这个仇。

武田军随后以武田胜赖的军势为主力，攻打德川家中根正照与青木又四郎把守的二俣城。两个月后，二俣城开城投降。二俣城投降之前，织田信长就派遣了

---

① 旧说武田信玄派遣至美浓的武将为秋山虎繁，但是近年发现了一份武田信玄给秋山虎繁的无年份的文书，此文书显示，三月六日织田军入侵美浓，要求秋山虎繁前往美浓迎战，远三事务交由其他人处理。根据推测，此文书应当是元龟三年十月武田与织田关系恶化后的次年，即元龟四年三月六日所写。

平手汜秀与佐久间信盛率领三千人援军进入了浜松城。武田信玄察知了此事，便率军沿着秋叶街道南下向浜松城逼近，没想到在浜松城附近，武田信玄突然改道朝三河国杀去。

德川家康意识到了武田信玄的意图，认为要是就这样放武田信玄西去，只怕三河国也会落入敌手。《三河物语》记载，德川家康此时决意出击，但家臣们均以武田军人数过多反对出兵。德川家康对众人说："要是就这样让攻入我领地内的敌军从我面前经过，后世肯定会嘲笑我们不敢出阵的。"随后，他率军出击，两军在三方原台地遭遇。一点也不令人意外的是，德川军被武田军打得一败涂地。值得一提的是，当时武田军的先阵是山县昌景所部。山县昌景的进攻被德川军给挫败，武田胜赖见状便与马场信春率军支援，这才将德川军打得全军崩溃。这个时候的武田胜赖充分表现出了虎父无犬子的样子。

可惜的是，武田军之后在犀崖之战中遭到打击，武田信玄也在三方原之战不久后因病逝世，留下了一个大烂摊子给武田胜赖。武田信玄身子骨本就不好，攻略东海道时旧疾就经常复发。关于武田信玄的病，御宿友纲在给小山田信茂的书信中有提到，是"肺肝"，根据后来的情况推测很有可能是肺痨。不过，《松平记》里说武田信玄是在攻打野田城时不小心中了流弹。贞享年间成书的《贞享书上》更详细地写道：有个守城的家伙村松芳休天天在夜里吹笛解闷，因此武田信玄每晚都去听笛子，而后被城内的士兵鸟居三左卫门发现，被他用铁炮狙伤，不治而死。其实，武田信玄是中铁炮而亡的说法是后人编出来的，仅供娱乐，切勿当真。

《甲阳军鉴》记载，武田信玄死前曾下密令，三年内不得发丧，由于武田胜赖曾继承了诹访家，不得继承家督，家督之位传由武田胜赖年幼的儿子武田信胜继承，武田胜赖仅是家督的后见人，在武田信胜成年前代理执行家督权力。网上及目前国内许多通俗读物都采用这种说法，并且有的文章还举例说明，因为武田胜赖不是家督，家中的老臣骄傲蛮横不服气，因此其后的高天神之战、长筱之战，都是武田胜赖为了在家中立威而进行的战争。

其实，只要对战国史稍微有些了解，稍微解读解读史料就可以知道《甲阳军鉴》的说法完全是谬论。只因维基百科采用了武田胜赖是家督后见人的说法，因此导致国内众多书籍被误导。实际上，江户时代的日本就已经有人质疑这种说法了，江户时代成书的《甲阳军鉴辨疑》就直接指出《甲阳军鉴》中的说法是无稽之谈，嘲笑"三年内秘不发丧""留下八百张署名武田信玄的空白判纸"的说法，乃是参考"死孔明吓走活忠（仲）达"的故事进行的再创作。日本近代由官方编写的官修史书《大日本编年史》，也是直接采用武田胜赖为家督的说法，并指出《甲阳军鉴》里武田胜赖担当阵代的说法"疑非事实"。就算是近几十年的日本专著里，也鲜有看到武田胜赖非家督而是"阵代""后见人"的说法，倒是日本市面上归类为"童书"的图解历史科普读物都采用阵代说法。

战争年代也是个信息至上的时代，当初织田信长就是靠得知今川义元身在桶狭间才赢得了桶狭间之战的胜利。征伐越前时，他也是提前得知了盟友浅井长政背叛了自己，才顺利脱身。实际上，尽管武田家想隐瞒武田信玄之死的消息，但武田信玄死后的六月，武田胜赖便开始以自己的名义署名安堵状了，织田信长也在给毛利家和伊达家的书信中就明确提到"武田信玄病死"之事。要是说武田信玄自认为死讯能瞒过织田信长三年的话，那就是在侮辱武田信玄和织田信长的智商。

那么，究竟有没有隐藏武田信玄死讯这件事呢？答案当然是肯定的。在武田信玄死后的七月七日，长坂光坚给奥平贞能的书信中还写着"现在馆主（武田信玄）生病隐居"这样的话。本能寺之变后，羽柴秀吉也曾隐瞒过织田信长的死讯，所以说，担心家内发生动乱或者敌国会有不利动向而隐瞒当主死讯之事是非常平常的一件事，并没有《甲阳军鉴》中叙述的那般传奇。

另外，关于武田胜赖继承武田家家督之事，史料与古文书处处都有提到，甲斐向岳寺的年代记《盐山向岳禅庵小年代记》里说"天正元年，武田信玄公之嫡男胜赖公继位"，《家忠日记增补》里也有"男胜赖继位"的记载。另外一本重要史料，据说曾参考武田遗臣建议写下的《当代记》里也提到"信玄三男四郎胜赖继其迹，成为信浓、甲斐、骏河、西上野的主人"。而武田信玄病逝当年北条氏政所写的文书更是直接提到"武田胜赖继承家督"，本愿寺显如也在武田信玄病逝当年给武田胜赖送去庆祝继承家督的书信，武田胜赖本人也在给高野山成庆院的书信中提到自己"家督相续"……这些证据足以证明武田胜赖当时就是直接继承家督之位，后人将"武田家灭亡"的责任归为"武田胜赖并没有继承家督"不过是参考了二次创作的军记物语，没有经过考证的说法。

德川家康的反攻

天正元年（元龟四年）四月，武田信玄逝去，武田军从三河撤退，织田信长与德川家康在东边的威胁解除。五月九日，德川家康就率军出阵，越过大井川入侵武田家的领地骏河国，并在久能城的根古屋与骏府城的附近放火挑衅，随后又侵入长筱城附近，最终返回冈崎城。该次行动记录于德川家康写给上杉谦信的文书中（《上杉家文书》），按德川家康的军事行动推测，德川家康五月左右应该就已知道武田信玄的死讯了。

当年七月，织田军流放幕府将军足利义昭，室町幕府实质上宣告灭亡。值得注意的是，尽管足利义昭被织田信长流放，但是控制了京都的织田信长却并没有威胁朝廷解除足利义昭的征夷大将军之职。紧接着，八月，织田军杀入越前国，二十日，朝仓义景兵败身亡，织田信长仅花了一个月不到的时间就一举消灭了盘踞越前百余年的盛极一时的大名朝仓家。朝仓家灭亡后，二十八日，浅井长政也步了朝仓家的后尘，兵败自杀。一年之内，织田信长的三个强敌武田信玄、朝仓义景、浅井长政相继死去，不禁让人感慨这名天下人除了有极高的能力外，还有举世无双的好运。几乎在浅井、朝仓灭亡的同时，飞驒、美浓原本从属武田家的势力也纷纷离反，美浓国的国人远藤氏更是直接断了与武田氏的往来，转而从属织田信长参加了讨伐越前朝仓氏的战争。

通常在通说中，在武田信玄西进的过程中，德川家康完全只有挨打的份，只敢龟缩在浜松城内守城，唯一一次出城迎战却在三方原输得一败涂地，然而事实真是如此吗？实际上，在武田信玄逝世前，德川家康已经处处出击，开始反击武田信玄对德川领的侵攻了。《浜松御在城记》《武德编年集成》里云，早在天正元年三月开始，德川家康就着手从武田信玄手上夺回城池了，在德川家康的努力下，远江国天方城、各和城、向笠城、一宫城，甚至原本被武田信玄攻下的高天神城等城池相继都回到了德川家的怀抱。在这段时间，三河国的国众"山家三方众"的动向引导着整个东国的局势变化，最终导致长筱、设乐原之战的爆发。

山家三方众

"山家三方众"指的是三河国内以田峯城为居城的"田峯菅沼氏"、以长筱城为居城的"长筱菅沼氏"与以龟山城为居城的"作手奥平氏"三家国众,这三家在当地互相联姻,关系错综复杂。在战国时代,处于织田、德川、今川三家势力交界处的山家三方众先是从属今川家,桶狭间之战后[1],山家三方众中的大部分都从属了德川家康,剩下的一部分在今川家被德川家康击退后,也从属了德川家康。然而,元龟三年十月,武田信玄发起了"西进作战"的计划,侵入德川家的三河、远江领地,山家三方众也因此分裂成了支持武田与支持德川的二股势力。

首先是田峯菅沼氏,田峯菅沼氏号称家族最早出自美浓土岐氏,初代当主土岐小次郎来到了三河国设乐郡的菅沼居住,开始以"菅沼"为苗字,称菅沼定直。不过,近年来发现,田峯高胜寺里梵钟上的铭文有"大殿下藤原贞吉"字眼,藤原贞吉便是田峯菅沼氏的第三代家督菅沼定信(原名菅沼贞吉)。因此,田峯菅沼氏应当出自藤原氏,清和源氏土岐流的出身应该是江户时代才出现的冒称。到了战国中期,菅沼氏的当主菅沼定继在对抗今川家的侵攻中战死,菅沼定继的弟弟菅沼定直(与家祖同名)便扶持菅沼定继之子菅沼小法师定忠为田峯菅沼氏的当主。武田信玄西进后,田峯菅沼氏分裂,当主菅沼定忠支持武田家,而菅沼定忠的叔叔菅沼定氏与堂兄弟菅沼定利(菅沼定直之子)则支持德川家。站错队的菅沼定忠在天正十年武田氏灭亡后遭到了处刑,田峯菅沼氏改由庶流菅沼定利继承。

再来是长筱菅沼氏,长筱菅沼氏最早出自田峯菅沼氏初代当主菅沼定直的次子菅沼满成。菅沼满成原本以岩小屋城为居城,永正五年(1508年),其子菅沼元成修筑了长筱城,并以此为居城流传下了家系。战国时代中期,长筱菅沼氏从属德川家与今川家作战,当主菅沼贞景在德川家与今川家的悬川城之战中战死。到了武田信玄西进时期,菅沼贞景之子,长筱菅沼氏的当主菅沼正贞与岩小屋城

---

① 尾张织田氏当主织田信长奇袭侵入尾张领地的今川家当主今川义元的战斗,该战中,今川义元以及今川家众多重臣战死,导致德川家康从今川家独立成为大名,今川家走向衰弱。

城主菅沼满直从属了武田信玄（菅沼正贞与菅沼满直关系尚不明确）。武田信玄死后，菅沼正贞在长筱城与德川家康作战，长筱城被德川家康攻下后，菅沼正贞被怀疑与德川家康内通，据说后来被幽禁在信浓国小诸城了此一生。另一个小屋城城主菅沼满直，他的儿子菅沼八左卫门尉据说在武田氏灭亡后冒充百姓躲在信浓国，最后被捕获斩杀。

接下来便是"山家三方众"的最后一家，也是最强的一家——作手奥平氏。《宽政重修诸家谱》里记载，奥平氏出自藤原氏，是武藏国与上野国的国柱人"武藏七党"之一的儿玉党。儿玉党的末流儿玉氏行以上野国奥平乡为根据地，从此以奥平作为苗字。南北朝时期，奥平氏归属南朝方作战，南北朝统一后，奥平氏又从属关东公方属下。永享十年（1438 年），关东爆发了"永享之乱"[①]。在永享之乱中，奥平氏从属关东公方足利持氏作战。在足利持氏兵败身死后的永享十二年（1440 年），受到永享之乱波及的奥平氏遭到流放，因此来到三河国居住（《丰前国中津奥平家谱》）。当时，关于奥平家的家主有两种说法，《宽政重修诸家谱》里说是奥平贞俊，《丰前国中津奥平家谱》则说是奥平贞久。总之，从此以后，奥平家便以三河国作手乡为根据地，修筑了龟山城作为领地。到了战国时代中期，作手奥平家连续有三代家督活跃在德川家与武田家的战争舞台上，分别为奥平贞胜、奥平贞能、奥平贞昌（后改名奥平信昌，下文统称奥平信昌）三代。在江户时代，奥平家的家谱里说，奥平信昌是在长筱之战后因功受了织田信长下赐的通字"信"才改名的，然而根据学者柴裕之的考证，奥平信昌名字中的"信"字，实际上是奥平家从属武田家时从武田家拜领的通字，受信长赐字只不过是江户时代奥平家为了迎合幕府，强调奥平家与织田、德川家的联系，并淡化与武田家曾有过从属关系之事，借着织田家与武田家的通字恰好都是"信"字而编造出来的一个谎言而已。

---

① 关东公方足利持氏与关东管领上杉宪实的战争，永享之乱中，幕府将军足利义教支持关东管领上杉宪实。最终，关东公方足利持氏兵败自杀，关东公方短暂灭亡。

奥平氏父子离反

山家三方众互相联姻，相互联系，关系错综复杂，最早山家三方众从属于今川家，今川家灭亡改投德川家康麾下。早在今川家麾下时，山家三方众家族内部就分裂为支持今川家与反抗今川家的两股势力，而元龟三年武田信玄的西上作战无疑再度点燃了内部矛盾的火种。为了拉拢奥平贞胜，武田信玄向奥平贞胜发了一张领地安堵状，其中包括三河的一处领地"牛久保领"。然而同一时间，武田信玄给野田城城主菅沼定盈的内通承诺里，竟然也包含"牛久保领"的安堵。武田信玄两边下注的行为，大概只是战争时期的不得已而为之。俗话说兵不厌诈，要是能消灭德川家夺下三河、远江二国的话，再着手处理此事也未必会发生问题。

然而，人算不如天算，武田信玄没有料到自己的天命已尽，在天正元年四月就撒手人寰，留下了一个大烂摊子。六月末，武田胜赖签署了一则领地安堵状，收录在《战国遗文·武田氏·松平奥平家古文书写》中，里面提到了山家三方众的领地安堵，而关于牛久保领地的归属问题，武田胜赖则让奥平贞胜之子奥平贞能与田峯菅沼氏当主菅沼定忠自己商量。武田胜赖自认为此举是对山家三方众独立性的最大尊重，然而实际上，这种模棱两可的态度却为山家三方众的分裂埋下了伏笔。毋庸置疑，山家三方众关于牛久保领的和谈肯定是崩了，奥平贞能因此向甲斐派出使者，希望通过山家三方众的取次役①山县昌景上报武田胜赖，让武田家介入牛久保领地问题。然而，天正元年五月到六月这段时间，因为德川家康对骏河国冈部城、远江国二俣城的侵攻，武田胜赖派山县昌景与武田信丰出阵迎敌，奥平氏的上诉最终被武田胜赖的亲信重臣长坂光坚受理。长坂光坚也不知道该如何处理这件事，便以最近大殿下武田信玄因病隐居（实则已死），山县昌景、武田信丰等人又出阵骏河等理由搪塞过去。《宽永诸家系图传》《谱牒余录》《宽政重修诸家谱》都说，奥平氏得知武田信玄过世后便产生了重回德川家麾下的想法，

---

① 取次役，指的是负责国众与主家联系的职业。

仿佛当初跟随武田信玄完全是迫于武田家的淫威不得已而为之一样，实际上，这些说法都只是后世的创作而已。山县昌景是山家三方众的取次役，三方原之战时，山家三方众从属于山县昌景率领的别动队，要是此次奥平贞能父子的上诉能够由山县昌景来处理的话，说不定结局会有不同。

在武田胜赖发下领地安堵状两个月后，也就是八月底，奥平贞能、奥平信昌父子背叛武田氏，重回德川家康麾下。有书写道："但信玄死后，三方众之一的作手城领主奥平贞能、贞昌父子及时认清了天下大势，便领着一族郎党重新归顺了德川家康。""六月奥平父子来降时，给他们提供了很重要的信息：武田信玄确实已死。"试问，要是六月奥平父子就投降了德川家康，那《松平奥平家古文书写》里收录的六月末武田胜赖给奥平贞能写的安堵状，以及七月长坂光坚给奥平贞能写的回书该如何解释呢？奥平父子在六月便认清天下大势更是无稽之谈，此时离三方原之战发生还不足半年，织田信长还陷在畿内的战乱中，直到八月下旬织田信长相继灭亡朝仓、浅井等劲敌，天下局势才稍微明朗起来，实际上，奥平父子恰好是这段时间趁夜脱出武田阵营，归顺德川家康的。

天正元年五月，德川家康开始着手准备攻略长筱城，七月十九日，德川军以总势三千余人出阵，并在次日一举包围了长筱城。七月二十三日开始，武田胜赖派出了城景茂，今福筑前守昌和、横田康景等人率军作为先遣部队出阵救援长筱城，随后在月末又派出了武藤昌幸（真田昌幸）、山县昌贞（三枝昌贞）等人增援，并宣布自己将在八月初旬出阵。可以看出，武田信玄逝世不久后这段时间，武田胜赖完全被德川家康的军事行动牵着鼻子走，也可以看出家督交替之际，武田胜赖做决策十分小心谨慎，并不像通说中那样自大，处处惹事。

按《宽永诸家系图传》《谱牒余录》的说法，在救援长筱城的行动中，奥平贞能、奥平贞昌父子已在德川军阵中，这是不属实的。马场信春、武田信丰、土屋昌次等人率军出阵后，马场信春率军五千余布阵内金，武田信丰、土屋昌次率军七千余布阵黑濑，二人还分兵在作手布阵，想要与马场信春一同夹击德川家康。《当代记》《贞享书上》中记载，此时作手龟山城城主奥平贞能父子已与德川家康内通许久，德川家康的允诺异常诱人：其一，保证九月将女儿嫁与奥平信昌，两家结为秦晋之好；其二，奥平家在三河国的本领安堵；其三，田峯菅沼氏的领地赐予奥平家；其四，长篠菅沼氏的领地赐予奥平家；其五，争取从今川氏真那里取得让奥平家继承三浦家的许可；其六，德川家康将从织田信长处获取起请文交由奥平氏，并向织田信长表达奥平氏想要获得信浓国伊那郡的请求，与织田达成协议，德川家康保证无论如何都不会弃奥平家于不顾。

想当初，武田信玄只给奥平家保持原本领地的安堵权，承诺可有可无的小地盘牛久保领，现在德川家康却以如此丰厚的报酬来换取奥平家的投诚，这无论让谁看了都会动心。这里题外话一下，德川家康下嫁的大女儿龟姬是德川信康的同胞妹妹，德川信康对此事持强烈反对的态度，认为奥平家不过是一介国众，不值得下嫁自己的妹妹。意外的是，织田信长竟然支持德川信康的观点。这也是德川家康与德川信康这对父子的第一次对立。国内有的读物编造出德川家康将女儿许配给奥平信昌是织田信长的意思，是毫无根据的。然而，奥平贞能与德川家康内通之事竟然走漏了风声，土屋昌次便在黑濑的阵中找来奥平贞能问话。奥平贞能当然是死不认账，在拜别土屋昌次后，奥平贞能父子与其一族的大部分人便从龟山城叛逃出城。关于奥平贞能叛逃的时间，记载不一，德川方的史料《朝野纪事》说是八月十五日夜里，《菅沼家谱》则说是八月二十八日夜，武田方的史料《当代记》则是八月二十五日夜。奥平一族叛逃后，武田方陷入了混乱，原本准备夹击德川家康的计划也就此中止。

八月二十八日，德川家康故意营造出自己要退兵的假象，命人在营内燃烧松叶作为焚烧营地的假象，并且布下伏兵想引诱武田军前来追击。武田军的将士看到德川军的营地上烟雾缭绕，便想要追击，老将马场信春很快就发现猫腻，制止了他们。马场信春认为事有蹊跷，飘上天的烟雾又白又淡，看起来不像是烧营的样子。他先派出几骑哨骑前往查探，结果发现德川军果然有埋伏，德川家康伏击武田军的计划宣告失败。九月七日，笼城的长篠城开城投降，据说是城主菅沼正贞与德川家康达成了秘密协定，开城以后守将都往凤来寺武田军军阵的方向退去。菅沼正贞回到武田军军中后就被捉拿，并幽禁在了信浓小诸城。

关于山家三方众，说了这么多，他们究竟是一股势力呢？他们的军事动员力到底有多强？竟引得武田、织田、德川三家超级大名围着他们一个小小的国众一摞体团团转。《甲阳军鉴》里，田峯菅沼氏动员力为四十骑，长篠菅沼氏也是四十骑，作手奥平氏则是一百五十骑。就是这股不到三百骑的小势力，竟然引发了改变整个东国局势的战争——长筱、设乐原之战。

高天神城之战

《当代记》中记述，奥平父子秘密以作手城投靠了德川家康，导致支援长筱城的武田军陷入了混乱，而此时武田胜赖恰好与山县昌景、穴山信君等人商议，准备让二人接手后备队的指挥权，前往长筱城。

奥平贞能、奥平信昌父子投靠德川家康后，武田胜赖便派人严加防备奥平贞能之父奥平贞胜把守的作手城，防止奥平贞胜与儿孙一同投敌。九月二十一日，作为对奥平贞胜背叛武田氏的惩罚，在武田处做人质的奥平贞胜之子仙千代丸遭到处刑，同时被处死的还有奥平信昌的老婆，没错，这家伙其实是有老婆的，不知道奥平信昌在享用牺牲原配妻子换来的荣华富贵时，会不会良心不安。

尽管武田信玄已死的消息传遍诸国，比如《越佐史料》里收录的天正元年四月的《上杉家古文书》里，河田长亲在书信中就提到武田信玄死去的消息，但是实际上，武田家仍然在隐瞒武田信玄的死讯，七月三日武田胜赖给北陆势力发去的文书署名仍为武田信玄，表示三方原之战获胜后，秋季准备对越后动手，随后便表现出准备与上杉谦信对决的姿态。不过这之后，武田胜赖便以武田信玄生病未愈来搪塞盟友，推迟出兵日期。

在此期间，织田信长相继剿灭了越前国的朝仓义景，近江国的浅井久政、浅井长政父子，室町幕府的末代将军足利义昭也被他流放，室町幕府正式灭亡。织田信长算是摆脱了"第一次信长包围网"的窘境，织田家的事业开始走向上升阶段。

天正二年（1574 年），武田信玄的父亲武田信虎在信浓国高远城病逝，享年八十一岁，这位武田家的前家督自从被儿子武田信玄放逐后就过着居无定所的生活，早年在女婿今川义元家中的生活还算舒适，桶狭间之战后被今川氏真逐出今川家后便留在了京畿，直到武田信玄病逝后，武田胜赖才将他迎回武田家。按《甲阳军鉴》的说法，由于武田胜赖不是家督，担心武田信虎回到家中后会威胁到自己的地位，因此将武田信虎安置在信浓国高远城，并不让他回到甲斐。这是毫无根据的，武田信虎回到武田家时都已经八十岁高龄了，哪里还会有野心与实力去对抗武田信玄、武田胜赖经营的家臣团？

　　祖父过世后，家中的局势趋于稳定，这下武田胜赖开始找德川家康算账了。这年五月，武田胜赖出阵发兵远江，包围了德川方的高天神城。很多书都认为，高天神城是武田信玄生前未攻下的城池，武田胜赖为了证明自己强过父亲，在家中立威，因此才执意违反父亲的遗训，发兵攻打高天神城。实际上，攻打高天神城的说法很多，但绝对不会是武田胜赖想在家中立威，因为几乎所有提出"立威说"的书籍，其论据都是建立在《甲阳军鉴》中武田胜赖并非武田家的正牌家督的条件上，上文已否定武田胜赖非家督的说法。既然武田胜赖就是武田家的家督，何来立威之说？退一万步来说，即便按照《甲阳军鉴》的说法，武田胜赖出阵是为了立威，那武田信玄生前未攻下的城池比比皆是，要是一一去证明，岂不得把这个年轻的继承人给累死？武田信玄生前最后的着阵地长篠城前年被德川家康攻下，武田胜赖为何不拿长篠城开刀？再说，真要为了证明自己比父亲强，一座小小的高天神城算什么，关东第一坚城小田原城武田信玄也没打下呢，武田胜赖怎么不去攻打小田原城证明自己，尽挑软柿子捏能立什么威？

　　日本学者黑田基树认为，高天神城在武田信玄生前就有降服的想法，但还未降服武田信玄就过世了。平山优、柴裕之等学者则认为，高天神城早在武田信玄西进时就已经降服，只是在武田军退去后再度回归了德川家。双方的依据都是收录在《战国遗文·武田氏》里武田信玄生前的一封信，信玄在信中曾称高天神城已被自己攻下。虽然此封文书不排除是武田信玄在吹牛，但是既然武田信玄本人说高天神城已被攻下，又为何会有武田胜赖攻打"父亲生前都未攻下的城池"的说法呢？要是这样，武田胜赖岂不是在说自己父亲当年只是在吹牛？要武田胜赖真是如此的话，那他的家督之位倒确实有些危险。

　　实际上，武田胜赖发兵远江，不过是武田信玄的西进政策的延续，而高天神城等一众城池即是挡在这项政策前的挡车之螳。天正二年五月十二日，武田军包围高天神城，没多久城主小笠原氏助就开始寻求与武田氏的和谈，尽管文书《战国遗文·武田氏·巨摩郡古文书》显示武田胜赖让穴山信君负责和谈，但是武田胜赖仍然不信任小笠原氏助，在此期间对高天神城照样保持着围攻姿态。五月二十八日，小笠原氏助在写给真田信纲的书信中提到自己"这两天很郁闷，为什么不被允许（投降）"①。六月十一日，高天神城开城前夕，小笠原氏助在写给大井高政的信中也说自己"一直以来（想降服）的愿望都被拒绝"②。因为武田胜赖的怀疑，小笠原氏助不得不两头下注，派家臣潜出高天神城，向德川家康求援。好在六月十一日后的降服和谈进行得很顺利，六月十七日，高天神城开城投降，从武田信玄病逝到高天神城之战这几件事可以看出，武田胜赖是个十分谨慎的人，并非传统小说家笔下的莽撞武夫。

值得一提的是，五月十五日，即武田胜赖包围高天神城的第四天，身在京都的织田信长就得知了武田家又对远江发起侵攻的事情。次日上午，织田信长便动身前往岐阜城③，因为事先没有准备，他便在岐阜城准备粮草，向诸国的商人发去了征收粮草船只的命令。六月八日，织田家家臣横井伊织时泰在岐阜城发现了敌人的忍者，随后忍者遭到斩杀，推测这名忍者是武田胜赖派遣的。

有书称："织田家的援军第一时间出发，但还没赶到战场，高天神城就因为小笠原与八郎投靠武田军而陷落。"实际上，尽管织田信长如临大敌，但他从决定发去援军与实际出阵，却拖延了近一个月的时间。六月九日，刚刚被织田家占领不久的越前国爆发了大规模的一揆，因此，织田家的援军迟迟没有出发。织田信长出阵的迟疑，日本学者谷口克广认为是因为他害怕武田胜赖。这个害怕并非是我们理解的那个畏惧，而是担心此时还对付不了武田胜赖，一个是因为军粮问题，另一个是因为越前国的局势还不稳定，无法抽调出大量军队前往东海道。在次年发生的长篠之战中，织田军的很大一部分兵力此时都正在越前国稳定局势。

织田信长好不容易在六月十四日决意出阵救援高天神。十七日，织田信长、织田信忠父子进入三河国吉田城，十九日到达远江国的今切渡口。这时，高天神城开城投降的消息传到军中，织田信长只得悻悻而归。在回去前，大概是出于对盟友的歉意，织田信长赠给德川家康两袋用马才能驮得动的金子作为德川家康的

---

① 出自《战国遗文·武田氏·真田文书》。
② 出自《战国遗文·武田氏·武州文书》。
③ 出自《多闻院日记》。

军资，用来帮助这年春天在远江爆发了饥荒的德川家康，震惊了在座的所有德川方家臣。

织田信长在六月二十一日返回岐阜城后，便开始着手镇压长岛一向一揆。武田胜赖一系列的凌厉攻势，让织田信长与德川家康忧惧不已，织田信长在写给上杉谦信的信中极高地评价了武田胜赖，说"武田胜赖是个不输给其父武田信玄的人"。他心里明白得很，拥有庞大领地且领地接壤的织田家与武田家两大名，迟早会有一战。天正二年九月，为了策应已经被织田信长逼入绝境的长岛一向一揆，武田胜赖再度入侵远江、三河、东美浓等地，对德川家康的领地形成三方包围之势。可以说，武田信玄的西进政策被武田胜赖很好地继承并发扬光大了，武田胜赖是个十分合格的继承人，没有让武田信玄失望。不过，武田信玄没有料到的是，天正元年，朝仓氏、浅井氏、室町幕府都被织田信长消灭；天正二年，困扰织田信长多年的长岛一向一揆也被镇压。很快，织田信长用来对付上述逝去势力的兵力，就会被抽调出来，与虎踞东国数百年的大名武田家进行决战。

大冈弥四郎事件

天正三年（1575年）二月二十八日，降服德川家康的奥平信昌率军进入长筱城，大肆翻修加固旧城，以防备武田军可能到来的侵攻。

笔者粗翻了几本书，发现有的书提到："武田胜赖以外姓回归本宗，老爹又不明令让他继承家督之位，而只是当儿子信胜的'后见'（监护人），威望实在不足以服众，面对信玄留下的诸多骄横的老将，必须打赢一场决定性战役才能使自己的宝座稳如泰山，为此他只能频繁发兵东进，寻找与织田、德川主力决战的机会。""天正四年四月，武田胜赖亲自统率大军南下，准备发兵攻打三河，完成父亲信玄上洛的遗愿。""天正三年四月，武田胜赖出征，于十二日从踯躅崎馆出发，进入三河，一场决定未来命运的大战拉开了帷幕。""武田胜赖此次行动的第一目标是长筱城。""1575年5月11日胜赖出兵，志在夺回背叛的长筱城。""甲斐的武田胜赖却在天正三年三月底，急不可耐地对北三河的长筱城发起了进攻。"

很多作者在对长筱合战这段历史没深入了解的情况下进行乱推测以及肆意揣

测当事人的心理。如果"天正四年四月"算是笔误的话，那么发兵攻打三河完成父亲上洛遗愿就有点说不过去了。一万多人的军队，在当时真的可以一路通过织田信长占领的三河、尾张、美浓、近江上洛吗？有的还搞错了武田胜赖出阵的时间。四月十二日是武田信玄的三周年祭，武田胜赖怎么可能会在这之前或者当天发兵出击呢？至于最后一句引用所写的出阵时间更是错得一塌糊涂。

四月十二日，是武田信玄逝世三周年的祭奠，前一天，武田胜赖就给各地的家臣发去了"甲府着阵"的命令，同时德川方的石川数正也侦察到了武田胜赖的动向。

实际上，武田胜赖在三月底就对足助城方向派遣了小股部队。趁武田信玄的三周年祭聚集起来的武田军在四月十五日，由下条信氏、山县昌景等人统领，包围了三河国的足助城，而非长筱城。值得注意的是，武田胜赖此时并不在军中，这支军队是他派遣的侵攻三河国的别动队。那么，武田胜赖此时发兵的原因是什么？

武田军侵攻德川领地历来都是想占据奥三河，从正中央切断德川家的三河领地与远江领地的联系。但足助城的位置不在奥三河，武田军之所以攻打它，其实是因为它挡在了武田领地与另一座德川家的重要城池——冈崎城——之间。冈崎城有多重要？从德川家康的爷爷松平清康开始，冈崎城就是德川家（德川家康早年名叫松平元信）的主城，德川家康是在冈崎城诞生的，而松平家的家庙大树寺也在冈崎城附近。后来，德川家康攻打下了今川家的领地远江国，便将主城的位置由冈崎城迁移至远江国的浜松城，冈崎城则交给嫡长子德川信康把守。所以，此次武田军攻打三河国的目标很有可能不是奥三河，而是冈崎城。照理来说，冈崎城也是德川家的要塞，武田军靠几千人的别动队就想攻下明显不太现实，不过，要是他在冈崎城有内应的话，就不一定了。

《三河物语》称，德川信康的家臣大冈弥四郎[①]，是德川家的谱代家臣里的中级家臣，负责三河国二十余乡的代官职务。长筱之战前的这段时间，他与同为冈崎众出身的家臣小谷甚左卫门尉、仓地平左卫门尉以及山田八藏等人与武田胜赖

---

① 《三河物语》原文为大贺弥四郎，为了方便阅读统称大冈弥四郎。

串通，准备暗杀冈崎城城主德川信康，开城引武田军入城。然而，山田八藏认为此次行动太过冒险，不易成功，便将大冈弥四郎等人出卖给了主公德川家康。德川家康通过侦察后发现，大冈弥四郎等人确实怀有叛心，便展开抓捕行动。最终，仓地平左卫门尉被斩杀，小谷甚左卫门尉流亡甲州，主谋大冈弥四郎则被锯刑锯死，他的妻子也连带被处以磔刑。

在《三河物语》中，怀有叛心的大冈弥四郎集团遭到德川家康的剿灭，德川家康顺利完成了"攘外必先安内"的政策。然而事实真相真是如此吗？

真相还真有另一种可能，《冈崎东泉记》《传马町旧记录》记载，大冈弥四郎是德川家的冈崎町奉行，乃冈崎城的上级家臣，是德川信康有力家臣团里的一员。当时，冈崎町奉行一共有三人：大冈弥四郎、松平新右卫门与江户右卫门七，谋叛的中心是大冈弥四郎与松平新右卫门二人，随后大冈弥四郎又拉拢了小谷甚左卫门尉、仓地平左卫门尉与山田八藏三人加入，再后来连德川信康的老师兼德川家家老三河国小川城城主石川春重与石川春久父子都加入了。不过，众人的目的与《三河物语》的大相径庭，他们并不是针对德川家，而是针对德川家康。"大冈弥四郎事件"的背后，涉及德川家康与今川家出身的妻子筑山殿之间的矛盾（夫妻矛盾），德川家康与嫡长子德川信康的矛盾（父子矛盾），德川家康手下的原安祥城松平家谱代家臣组成的西三河众与德川家康迁居浜松城之后提拔的本多氏、大久保氏、榊原氏组成的浜松众的矛盾（新旧家臣矛盾）。内部的对立，使德川家当遇到武田家的调略时，西三河众的部分人员聚集在了以筑山殿、德川信康为首的"一揆众"之下，准备推翻德川家康，拥戴德川信康继任德川家的家督。最终，德川家康发觉叛乱，将其掐死在了摇篮中。虽然《三河物语》《冈崎东泉记》《传马町旧记录》里的说法不一，但《宽政重修诸家谱》也有大冈弥四郎在天正三年被捕，山田八藏得到奖赏的记录，再加上之后德川信康与筑山殿被德川家康勒令切腹与刺杀之事，看来此事不是空穴来风。实际上，在日本战国至江户时代甚至近代编修的史书里，尤其是通史类的史书，几乎全都有提到《松平记》版本的"大冈弥四郎"事件，并且指出武田胜赖攻打长筱城是大冈弥四郎被捕后的替代行动。国内许多作者却众口一词：武田胜赖在天正三年的出阵是为了长筱城。

总之，武田胜赖估计是抱着试一试的心态，派遣别动队攻击足助城，而他自己则从另一个方向向奥三河前进。此时，别动队与武田胜赖的本队分别位于奥三河的东边与西边，对奥三河形成夹击之势。估计武田胜赖是想吸引德川家康的注意，故而制造武田军是冲奥三河而去的假象。大冈弥四郎被捕的时间没有确切记载，不知道大冈弥四郎已被逮捕的武田军随后对奥三河发起进攻吸引德川家康的注意。直到月底，武田胜赖才得知大冈弥四郎早已被捕，冈崎城的夺城计划失败，转而攻打长筱城。

包围长筱城

四月十九日足助城城破后，武田军安置下条信氏把守，随后别动队先后拿下了浅谷城、大沼城、田代城，于四月下旬在长筱城附近的作手古宫城与武田胜赖本队汇合。这也说明武田胜赖一开始就不是冲长筱城去的，长筱城的守军不过数百人，武田胜赖大可以在攻下长筱城后再与别动队汇合，就算攻不下长筱城，也可以包围长筱城，等待别动队前来，而不是绕过长筱城主动去寻找别动队。武田军此次的动向，估计是在大冈弥四郎被捕后，武田胜赖将计就计将原来计划的佯攻奥三河改为主攻奥三河，毕竟大军劳师远征，不能空手而归。

四月二十九日，山县昌景率领的别动队南下攻击二连木城，其城主户田康长弃城而逃，山县昌景率军追击。在追击的途中，武田军在吉田城遭遇了前来支援的由德川家康亲自率领的德川军，并将其击破。山县昌景小胜之后，没有与德川家康纠缠，因为对武田胜赖来说，吉田城等城已是德川领地腹地了，而在两家势力交错的前沿，还有一座长筱城没有拿下。月底，武田胜赖对下条信氏发去了向长筱城进军的命令。武田胜赖判断，德川家康不敢追击武田军，救援长筱城。

武田军攻打吉田城的时间记载不一，《当代记》《大须贺记》《三河物语》里是说武田军在包围长筱城前先行对吉田城进行攻击，按照这种说法，武田军攻打吉田城是为了引出德川家康，策应大冈弥四郎。而《谱牒余录》《武德大成记》《当代记》里，则有武田军在包围长筱城后攻吉田城的记录。《信长公记》《长筱日记》《甲阳军鉴》《松平记》里没有记录武田军攻打过吉田城。另一本史料《菅沼家谱》更是将攻打吉田城的时间给提前到了天正二年。需要注意的是，《当代记》

里武田军对吉田城发起两次进攻，第一次是攻打二连木城也就是四月二十九日，第二次则是五月六日，武田胜赖从包围长篠城的军队中抽调了一部分兵力前往吉田城附近的牛久保烧杀劫掠。武田胜赖第二次对吉田城的进攻，大概是想牵制身在吉田城的德川家康。

五月一日，武田胜赖包围了长篠城，并在五月十一日对长篠城发起猛烈进攻。《松平记》《浜松御在城记》《大须贺记》只是很含糊地提到长篠城在四月被包围，而《谱牒余录（松平下总守章）》则说是四月二十一日，《当代记》《武德大成记》《长篠日记》《菅沼家谱》以及《谱牒余录（奥平美作守章）》中均是五月一日。

长篠城下两军的兵力对比悬殊，史料中对武田军的兵力记载不一，如《当代记》说武田军军势只有一万人，《信长公记》《甲阳军鉴》则说有一万五千人，《宽政重修诸家谱》里说武田军的兵力为一万八千人，《武德大成记》里是两万人，《松平记》里是两万五千人，《长篠日记》《总见记》则夸张地说武田军有数万人。值得一提的是，《甲阳军鉴》与《信长公记》意外地均记录武田军人数为一万五千人，因此后世便大多采用一万五千人的说法。相比之下，长篠城里的军队人数就可怜得多，上文说过，《甲阳军鉴》中奥平家的军势动员力只有一百五十骑。此时长篠城内的兵力，《三州长篠合战记》记载的是四百余人，《日本战史·长篠役》里是五百人，《明智郡志》是七百人，《牧野文斋遗稿》里是五百余，《中津藩史》里则是四百人。不过，按《长篠日记》里有"奥平氏兵力二百余"的记录，而在进驻长篠城之后，德川家康又派遣兵力增援，使得城内的兵力达到了四百到五百人左右。

尽管长篠城守军处于劣势，可是却装备着铁炮，《谱牒余录》中就多次提到守军用铁炮击退敌人。武田军见城池久攻不下，也调来了铁炮，在城下与长篠城对射。近年来，考古学家在长篠城遗迹发掘出了二十多颗铁炮弹丸，足以证明当时长篠城有装备足够数量的铁炮。攻不下长篠城，武田胜赖便在长篠城东边的乘本川一侧修筑了五个工事砦——君伏床砦、姥怀砦、鸢巢山砦、中山砦、久间山砦，并让叔父武田信实作为统率五砦的大将。需要注意的是，这五个砦所在的位置位于长篠城的东面，而武田胜赖率领的武田军本阵则是位于北面，也就是说，武田军撤退回信浓是不需要经过东面的五砦，因此，不存在鸢巢山是武田军后路的说法。

就在两军于长篠城僵持时，长篠城守将奥平信昌首先要忍不住了。毕竟兵力对比如此悬殊，城池被包围十多天，也没见主公德川家康前来解围，莫非长篠城继野田城、高天神城之后，将成为第三个被德川军抛弃的弃子？五月十三日，长篠城北的粮库被武田军夺取，十四日被守军夺回后，城池里便只有四五日的存粮了。原本在战前织田信长曾送了三百俵粮食到长篠城，加上城内的存粮，五百余名士兵吃个几十天是没有问题的，结果在两军一来一去争夺间，粮仓就少了许多粮食。

此时，武田军的铁炮队已对长篠城发起了多次攻击。在地下，武田军中的掘金众也在长篠城底下挖隧道入城。在奥平信昌的示意下，十四日夜里，长篠城对外派出了使者，使者外出求援的原因历来有两个：一个是粮食不够了，另一个是守军士气低落得快扛不住了。无论是哪个原因，对长篠城来说都是致命的。派使者出城的说法不一，大多出自江户时代的史料，《三河物语》《甫庵信长记》等书里说使者只有鸟居强右卫门胜商一人，而《长篠日记》等书则说有鸟居强右卫门与铃木金七郎重正两人同时出发，《武德大成记》里则是说鸟居强右卫门先出城，铃木金七郎后出城。但是，《信长公记》《当代记》这些相对可靠的史料却没有提这件事。

按最早记录此事的《三河物语》的说法，鸟居强右卫门出城后便前往冈崎城，并在那里见到了织田信长。织田信长与鸟居强右卫门约好一定出阵救援长篠城后，鸟居强右卫门便重新返回长篠城，但是为了混过武田军的包围网，他装作杂兵混入了武田信廉的军队，结果被武田军发现遭到逮捕。武田胜赖并没有杀死鸟居强右卫门，反而和他约定，他在城下告诉守军织田信长的援军不会前来，劝守军不要抵抗，开城投降的话，就能饶他一命。鸟居强右卫门假装答应武田胜赖，随后便被武田胜赖带到了长篠城下。

在长篠城下，鸟居强右卫门先是对着城内高喊："城里的人快出来，在下鸟居强右卫门，在进城前被武田军捉住啦，现在变成这个样子啦！"

城内的守军非常诧异地回答："哦？是强右卫门吗？"

这时，鸟居强右卫门突然对城内喊道："信长公让我们多坚持一会儿，此时他已经在冈崎城出阵了，织田信忠殿下也出阵八幡，主公德川家康和德川信康殿下正在朝野田进发。希望城内守军能够坚守，三天之内援军必到，请转告奥平贞能①与奥平信昌殿下！"

在鸟居强右卫门身边的武田军武士大叫："竟然说这种鼓舞敌人的话，快快杀死此人！"随后，鸟居强右卫门被武田军处以磔刑。

以上便是《三河物语》对鸟居强右卫门之事的记载，《甫庵信长记》内容基本与《三河物语》一样，但是特别传奇的后半部分则简略了许多。总之，不该来的援军来了，武田胜赖便也做好了准备要与织田信长决一死战。

大战前夜

织田信长终于动了。

实际上，织田信长早就行动了，武田胜赖一侵略三河国，他就已经知道了，只是他正在畿内与敌人三好氏和本愿寺交战，无法抽身，武田胜赖也是想趁这个机会大捞一笔。不过，事情很快就出现了变化，四月，织田信长在京畿大肆征兵，号称募集了十万大军②。四月十四日，织田军攻打石山本愿寺；四月十七日，攻下了和泉新堀城，斩杀三好家的家臣香西元成与十河因幡守；四月二十一日，高屋城的三好康长献城投降，织田信长率军返回京都。不过，随后织田信长却并没有马上回师救援德川家康，而是在京都对京畿的地盘开始了分配工作，直到四月二十九日，他才从京都返回岐阜城。而此时，武田胜赖正在大肆攻略德川家的领地与城池，并且在大冈弥四郎被捕后，向长筱城聚集。

天正元年武田信玄西进时，织田信长陷在与浅井氏、朝仓氏、室町幕府还有石山本愿寺的战争中。天正二年武田胜赖攻略高天神城时，织田信长陷入越前一揆以及长岛一向一揆中。天正三年，武田军包围长筱城时，织田信长已经将京畿的反对势力收拾得差不多了，暂时不会发生前两年那种大规模的动乱了。

从京都回到岐阜城后，织田信长便在领内大规模收集铁炮、火药以及铁炮手。

---

① 《三河物语》误记，此时奥平贞能应该不在长筱城而在德川家康军中。
② 出自《甫庵信长记》。

五月十二日，细川藤孝便向织田信长送去了铁炮手与火药①，五月十七日，《多闻院日记》也有大和国的筒井顺庆向岐阜城派遣了五十名铁炮手的记录。

而织田信长呢，五月十一日，他在热田神宫表达了自己近日将会出阵三河的意思。十三日，织田信忠便率先从岐阜城出阵。随后，织田信长、织田信忠父子来到热田神宫，祈祷此次出征胜利。热田神宫也是织田信长在桶狭间之战时祈愿的神宫，足见织田信长多么渴望这次胜利，并且将武田胜赖与今川义元这样的强大对手同等看待。次日，也就是五月十四日，织田信长就到了冈崎城。十八日左右，他来到设乐原附近的极乐寺山布阵。

武田胜赖没有料到织田信长会亲自出阵，而且这一次，织田信长不像去年的高天神之战那样拖拉，竟然很快就来到了战场，对武田胜赖摆出了决一死战的姿态。织田军此次也出动了大批人马，《三河物语》《甲阳军鉴》中记载有十万人，《信长公记》里则是三万人，《当代记》中联军人数为四万人，《武田三代军记》更是号称有十二万人，其中还有一万挺铁炮。

尽管市面上的战国史读物都有揣测武田胜赖的心理，但实际上，揣测当事人心理几乎是小说家才会做的，我们不是当事人，无法知道他得知织田信长来援时到底是怎么想的。但是，按照武田军与德川军交战的前例来看，武田胜赖有可能认为织田、德川军的出现，只是为了逼退武田军，因此他想在战场上与织田军僵持一下，并非不可。然而，织田信长此番率领大军有备而来，其目的就是要与武田军决一死战，没有做好决战准备的武田胜赖却没有发现这一点②，一步一步走进织田信长挖的大坑里。

有书称："织田信长决定放弃适于大军决战的广阔平原有海原，选择狭长的设乐原作为进军方向。"然而，在长筱、设乐原之战的决战场地中，从来就没有"广阔平原有海原"这个地方，"有海原"这个地方实际上就是指设乐原，只是《信长公记》《武德大成记》《三河物语》等史料记载此地名为"有海原"，而《总

---

① 出自《爱知县史·永青文库所藏文书》。
② 从他麾下仅一万五千人即可得知，他没有与织田、德川军决战的意思。

见记》等史料则记载为"设乐原",传播最广的《日本战史·长篠役》采用的是"设乐原",因此才会有"长篠、设乐原之战"的叫法。日本学者高柳光寿考证出的,如今被日本大多数学者采纳的《长篠合战两军对阵图》中倒是有"有海原"这个地方,但是此地压根就不在战场上,而是在长篠城附近的寒狭川边上,也就是武田军布阵处的正后方。

又有的书称:"设乐原一带是丘陵起伏的地形,织田德川联军向西布阵,左为凤来寺山,右为鸢之巢山,两山之间大约是30町(大约3.2公里)的平地,而凤来寺山麓有河名为泷泽川,从北向南流过平地,武田军越过泷泽川,在距离织田德川联军前20町(约2公里)处布阵,其侧背为鸢之巢山。根据《信长公记》记载,信长在此沿着丘陵起伏,布下了几道防马栅栏。"事实上,凤来寺山压根就不在有海原附近,反而在长篠城的东北方向约五至六公里处(谷歌地图),离位于长篠城东面不远的鸢巢山也大约是这个距离,所以凤来寺山是在武田军布阵的东北方,也就是武田军撤退回信浓的方向,压根就不会在织田德川联军布阵的左边。因为设乐原—长篠城的走向在地图上是东北—西南走向,因此《信长公记》中记载的是有海原的左侧为自凤来寺山向西延绵的山地,右侧是自鸢巢山向西延绵的深山,大约30町是作者太田牛一估计的战场南北间的距离,而不是凤来寺山与鸢巢山的距离。将凤来寺山、鸢巢山两地后的"から"一词以及紧接其后的后半句省略,是对《信长公记》的误读。其次,武田军在织田军的东边,织田德川联军为什么要向西布阵?再然后,《信长公记》中记载的布下防马栅的地方是"德川、泷川阵前",也就是连吾川西岸,而不是什么沿着丘陵起伏。

还有的书称:"织田信长遂决心利用这种地形构筑阻遏武田军冲击的著名的长篠野战工事,他命令大军以大宫川、连吾川为天然壕沟,并掘土在其后垒成斜坡式的台地,在台地前竖起多重栅栏。"织田信长命令布下的栅栏,根据各文献的记载以及现代学者的考证,是沿着连吾川自最南边的连吾桥向最北面的须长布下的,而大宫川在织田德川联军布阵的西面,也就是背面(大宫川与连吾川之间,即是织田德川联军的布阵处),试问织田德川联军为何要在自己的背面布下防马栅呢?

织田信长来到设乐原(有海原)极乐寺山后,便立即着手布阵,命令泷川一益、羽柴秀吉、丹羽长秀等人前往设乐原最东处的连吾川西岸向东布阵，《信长公记》中说此地为有海原，这是太田牛一的记述错误，实际上三人布阵的地方应该是弹正山前与连吾川之间的弹正山台地。德川家康则前往高松山布下本阵，其麾下的德川军也沿着连吾川在织田军的右侧布置防马栅。防马栅的形状模样，各史料记载不一，但基本确定是在二重到三重之间。

五月二十日，织田信长的本阵向前移动到了茶臼山，这大概是织田信长在"桶狭间奇袭"以及"金崎撤退"中累积的经验，本阵不要离大部队太远，免得遭到奇袭时主力部队无法及时支援。武田胜赖也在鸢巢山五砦安排了两千人防守，同时另安排在己方的退路，也就是长筱城下留下了两千人防守，随后带着一万一千人朝连吾川前进。在后人看来，武田胜赖的决断十分令人疑惑，为何他要朝着人数倍于自己的织田德川联军进发呢？

按《甲阳军鉴》所说，在战前一天，也就是二十日的军议上，山县昌景、马场信春、内藤昌丰三人坚决反对与织田德川联军正面决战，他们提出的解决办法是武田军立即强攻长筱城，一定要将城池拿下，而他们三人则在长筱城西边的泷川布阵，形成与织田德川联军长期对峙的姿态。但是，武田胜赖的近臣长坂长闲斋却强烈支持武田胜赖与织田德川联军决战，最终使得武田胜赖做出进军的决断。

《当代记》中的军议则日期不明确，但马场信春、内藤昌丰（内藤昌秀）、山县昌景、穴山信君、武田信丰等武将同样以敌方人数四万，我方人数仅一万反对与织田德川联军的决战，提出暂且避其锋芒撤军，待织田信长回师后，来年秋天再率军一举灭亡德川家，而武田胜赖的近臣长坂钓闲斋却支持与联军决战。

实际上，以上两部史料都算不上是十分正宗的一手史料，《甲阳军鉴》中更是把骏河国久能城城代今福长闲斋与武田胜赖的近臣长坂钓闲斋光坚搞混了，长坂光坚的斋号为"钓闲斋"，"长闲斋"指的是今福石见守长闲斋，大概因为"钓闲斋"和"长闲斋"日语发音相似，《甲阳军鉴》中将长坂光坚与今福石见守搞混拼出了一个"长坂长闲斋"，实际上今福长闲斋并不在长筱战场上。在长筱之战前一日，武田胜赖还发给今福长闲斋文书，让他放心，这文书被保留下来了，证明今福长闲斋并未参阵。《当代记》据说有参考武田遗臣的说法，但是在没有绝对的证据表明武田军中有过这场军议，以及军议上诸将与武田胜赖的具体观点的情况下，随意采用这两本史料或者其他后世参考这军记物语的记载作为武田胜赖"莽撞"，长坂钓闲斋是"奸臣"的证据，对当事人实在是不公平。

那么，要是没有这场军议的话，武田胜赖会是怎么想的？笔者大胆推测一下，在当时的战场背景下，武田胜赖并不可能十分准确地得知织田德川联军的具体数目，他很有可能参照了天正元年以及天正二年织田军来援的力度与人数，误判了敌军的人数，并且认为己方有足够的实力与之一战，甚至可以像三方原之战那样，一举击溃织田德川联军。所以，在保证后路的情况下，临时决定与敌军交战的武田军朝着织田、德川联军进军，就算战事朝着最坏的结果发展，武田军也可顺利撤军回国。

按《长筱日记》《宽永以来诸家系图传》《谱牒余录》《甫庵信长记》《三河物语》的记载，在织田、德川联军战前的军议上，酒井忠次提出要绕远路奇袭武田军在鸢巢山布下的防御砦，然后与长筱城内的奥平信昌合兵一处，断掉武田军的退路。不过《信长公记》中却没有提到是酒井忠次献策，只是说由酒井忠次率队。至于《常山纪谈》这样江户末期创作出来的小说物语里的记录，就不值一提了。织田信长令酒井忠次挑选德川军中善用弓箭铁炮的精锐，编成一支两千人的队伍，又从自己的御马回众里抽调五百挺铁炮与两千人交付酒井忠次手下，随即命令这支高达四千人的奇袭队对鸢巢山进行长途奔袭。

鸢巢山之战

织田信长之所以抽调那么多人马与铁炮，原因有以下几个：一是长筱城估计快要扛不住了，派酒井忠次绕过武田军前去救援；一是两军交战时，武田军后方如果响起织田军的铁炮声，武田军的阵脚一定会被打乱；第三，按《松平记》《设乐史要》的记载，鸢巢山是武田军的后勤补给基地。

酒井忠次在五月二十日晚八时左右出发，渡过丰川后，在当地的豪族近藤平右卫门、丰田藤助的带领下，经过吉川，迂回到武田军鸢巢山的背面，对其展开奇袭。《信长公记》里说，酒井忠次发起奇袭的时间是辰时（上午八时），《谱牒余录》里则是说卯上时，也就是上午六时以前，《当代记》《宽永以来诸家系图传》《谱牒余录》《德川实纪》则说是天亮前，并没有具体时间。

鸢巢山五砦大概没有料到会遭到敌人的袭击，其中守备中山砦的几乎都是武田军招来的浪人，其战斗力与战斗热情可想而知。很快，武田军在五砦的防御被击破，守将武田信实、三枝守友等战死。《谱牒余录》中记载，鸢巢山砦奇袭战，武田军战死两千余人，而奇袭军则战死千人。随后，奇袭军与长篠城守军合流，杀向了屯驻在长篠城下的另一支武田军，阵斩高坂昌信之子高坂昌澄以下二百余人，不过奇袭军中的松平伊忠及其麾下三百人在与小山田昌行的交战中战死。

武田军对长篠城的包围，就此被打破，长篠城由一座破城在即的城池，变成了扎在武田军屁股上的一枚钉子。

连吾川决战

虽然《日本战史·长篠役》称"长篠、设乐原合战"，但实际上这场大战决战的真正位置应该是设乐原东边边缘上的连吾川，因此称"长篠、连吾川合战"似乎更为合适。很多书对长篠之战中武田军布阵的位置以及整场战斗的交战过程非常不了解，有的书甚至这样写道："马场信春率军在第一波、第五波攻击中两度冲锋。""（将）小幡信贞等精通战术的猛将配置在左右两翼，希望通过迂回包抄的战术，收取如汉尼拔在坎尼会战时的奇效。"从而得出了许多看似有道理，实则匪夷所思的结论。

实际上，武田军右翼布阵的军队有马场信春、真田信纲、真田昌辉、土屋昌次、穴山信君、一条信龙等将，左翼则是山县昌景、甘利信康、迹部胜资、武田信丰[①]、小山田信茂等将，中央军队则是小幡信贞、内藤昌丰、原昌胤、武田信廉、安中景繁、和田业繁等将，武田胜赖的本阵则是设在中央军队与右翼军队中间的位置。武田军右翼面对的军队，是人数庞大的织田军；大部中央军队以及左翼精锐部队，面对的是人数少许多的德川军。笔者以为，武田胜赖所选用的作战方式与姊川之

---

① 《甲阳军鉴》中为中央，本文采取最新考证的《菅沼家谱》布阵说法。

战中织田、德川联军采用的战术相同，即用一翼军队拖住敌军大部，另一翼以优势兵力迅速击溃敌军，再迂回作战的战法[1]。除了布阵外，还有一个强有力的证据表明武田胜赖的用意——史料中对两军交战经过的还原。

如今搭乘日本JR列车饭田线，在三河东乡站下车，便能够来到长筱、设乐原之战的古战场。三河东乡站恰好位于武田军左翼部队的布阵位置，车站以南即连吾川下游——武田军与织田军的胜乐寺交战地，即山县昌景、武田信丰与德川军的激战位置。车站以北则是武田军部分左翼，然后依次是中央、右翼与联军交战的竹广、柳田前、大宫前等地。如今，此地的风景怡人，有许多农田，丝毫看不出在几百年以前这里竟是一场旷世大战的交战地。

天正三年（1575年）五月二十一日清晨，此时，织田信长已经从茶臼山来到前线，在弹正山（一说高松山）布下本阵亲自指挥战斗。午前十一时[2]，得知鸢巢山砦失守以及长筱城下围城军队败走，担心被前后夹击的武田军对织田军发起了总攻击，按最可信的《信长公记》的记录，当时的战况应该是这样的：

山县昌景率先率领一番队进攻，其麾下军队敲打着太鼓前进，遭到铁炮攻击后退却。

山县昌景部退却后，紧接着的第二波攻击是由武田信廉率领的二番队，我军以足轻吸引对方攻来，引至铁炮队阵前，在铁炮的攻击下，过半的士卒被击倒。

紧接着，三番队是由小幡信贞率领的由西上野一党组成的身着红色铠甲的赤武者（赤备），伴随着太鼓的击打声，其麾下善于骑马的关东武士骑着马向我方攻来。我军待其接近后一齐射击，小幡队半数以上的士卒阵亡，只剩小部分人马退却。

四番队，是由武田信丰率领的身着黑色具足的武士，以交替前队的战法攻来，我军同样避而不出，敌军遭到了铁炮队的攻击而退却。

五番队是马场信春率领的军队，同样敲打着太鼓前进，我军如法炮制，在铁

---

[1] 姊川之战中，德川军以寡击众，位于联军左翼独力面对朝仓军，联军右翼则是织田信长与美浓三人众率领的织田军，集中优势兵力攻击浅井军，再回援德川军。

[2] 本文从《大须贺记》之说。《松平记》记载是上午六时，《信长公记》则是说是天明时，按平山优、藤本正行等学者的考证，天明时应该仅是小规模交战，《大须贺记》记录的午前十一时当为武田军真正开始发起总攻击的时候。

炮队的攻击下，马场队也是大部阵亡，随后败退。

五月二十一日，从日出开始，我军向着正东方的敌军战至未时，我军交替作战，攻打武田军。武田军的军势不断被我军削弱，纷纷逃往武田胜赖本阵与其汇合，并认为难敌我军，统统朝凤来寺的方向溃逃。

以上便是《信长公记》对长筱之战武田军攻击过程的记载，简单而粗暴，武田军迎面压来又在铁炮的攻击下伤亡惨重。值得一提的是，在《长筱日记》里，有提到一番手是马场信春，这是与《信长公记》记载的攻击顺序完全不同，网上的网文大多将这些良莠不齐的史料胡乱揉成一团，导致对整场战斗的记述混乱不已。在史料记载有冲突的情况下，应该根据史料优劣进行分析"择其善者而从之"，而不能将有冲突的部分拼在一起。好比武田军包围长筱城的时间，史料有四月二十一日与五月一日两种说法，难道可以将两种说法揉在一起说武田胜赖四月二十一日包围了长筱城，五月一日撤围再包围一次吗？

按最可信的《信长公记》的记载，武田军攻击的顺序依次是山县昌景（左翼）、武田信廉（中央）、小幡信贞（中央）、武田信丰（左翼）、马场信春（右翼），可以看出，武田军的攻击重点是在左翼与中央，这与前文提到的，武田军准备以精锐部队迅速击退联军中的德川军战法相同。然而，令大家意想不到的是，德川军麾下的铁炮队竟然发挥了充分的战力，利用连吾川的下游十分不利于冲锋的地形条件，击退了武田军左翼的进攻，并造成大量伤亡。

当然，武田军的进攻并非是一无所获，《甲阳军鉴》就记载武田军攻破了联军布下的三重栅栏，但此时武田军已是强弩之末，伤亡人数过大，最终被织田、德川联军击退。《甲阳军鉴》的说法并不是孤证，《本多家武功闻书》里也有内藤昌秀（内藤昌丰）军势攻破了三重栅栏中的两重，后遭到本多忠胜的迎击而败退的记录。甚至江户时代米泽藩的藩士村越松正在记录其曾祖父——马场信春同心众的村越藤左卫门的事迹时也提到，长筱之战中，曾祖父、马场信春以及山县昌景三度与织田军交战[1]，第三度交战中，武田军甚至击破了丹羽长秀队的防御，

---

[1] 出自《先祖由绪帐》。

164

最终山县昌景等人战死，武田军溃败。

《信长公记》《甫庵信长记》中记载，此战从天亮战至未时（午后一时至午后三时），《大须贺记》则称此战从午前十一时战至午后二时，战斗结束的时间基本一致。

有书说："杀至下午一时左右，鸢之巢山失陷、后路被断的武田军士气崩溃，名将山县昌景首先中弹而死。"《信长记》中记述山县昌景、真田信纲战死时是在未时（午后一时至三时）的追击战中战死，而《甲阳军鉴》中则有土屋昌次在进攻时就战死在栅栏前的记录，因此山县昌景并不是第一个战死的武将。

有的书说："下午一时，参加长筱合战的武田谱代大将几乎全部阵亡，而御亲族众，如穴山、小山田、典厩信丰、武田逍遥轩等部，也纷纷自行脱离战场。""就算信玄再生，也控制不住总崩溃的态势了，最终胜赖选择了脱离战场。"显而易见，作者似乎对武田军的战况一头雾水。

实际上，约正午时分，武田胜赖就在土屋昌恒、初鹿野传右卫门的护卫下[1]，沿着伊那街道逃走。作为全军总大将，武田胜赖面对织田、德川联军的强大火力时怂了，早在武田胜赖本阵稍有后撤时，小山田信茂、武田信丰等人便加固了防御布阵。当武田胜赖仅带二骑逃走后，武田信丰率队紧紧地跟了上去，护卫武田胜赖离开，紧接着其余的武田军便展开了近两个小时的为保证家督安全脱离战场的殿后作战。加上前文所述武田军攻击联军的梯队大多都是中央的军队与左翼的军队，因此此战压根就不存在武田军不团结以及中央部队临阵退缩，造成两翼军队伤亡过大导致总崩溃的说法。约午后二时，判断家督武田胜赖应该成功脱离战场后，骁勇善战的武田军终于撑不下去了，全军瞬间崩溃，随后，织田信长命令联军全部从栅栏里出击，追击溃败的武田军，同时长筱城的守军与奇袭军也合兵一处杀来。武田信廉、小山田信茂等将相继脱离战场，而山县昌景、马场信春、真田信纲、真田昌辉兄弟、内藤昌丰等将则在后撤途中遭到追击战死。

《信长公记》记载，武田军中战死的人有：山县三郎兵卫（山县昌景）、西

---

① 出自《山梨县史·武家纪事》。

上野小幡（小幡昌定）、横田备中（横田纲松）、川洼备后（川洼诠秋）、真田源太左卫门（真田信纲）、土屋宗藏（土屋昌次）、甘利藤藏（甘利吉利）、名和无理介（名和重行）、仁科、高坂又八郎、兴津、冈部、竹云、惠光寺、根津甚平、土屋备前守、和气善兵卫、马场美浓守（马场信春），其中还特意提到了马场信春阵亡前的武姿相当活跃。括号为笔者加的武将的名字，之所以这么做，是因为要纠正一个错误。

中川太古翻译的现代文版《信长公记》中，将《信长公记》原文中的"西上野小幡"加注解释为小幡信贞，当时小幡家的家督其实应为小幡上总介信真（小幡信贞为误记），不过小幡信真却并没有在长筱之战战死，战后仍有以"小幡信真"署名的文书发布，小幡信真直到文禄元年（1592年）才以五十二岁之龄过世，原文中的"西上野小幡"指的应该是此战中战死的小幡信真的弟弟小幡昌定。

至于武田方战死的人数，除了《兼见卿记》外，《信长公记》中记载武田军"宗徒杂兵战死一万"，《多闻院日记》则说"甲斐众千余讨死"，织田信长则在给细川藤孝的文书里称"敌军崩溃时讨死数万人"[1]，在给上杉谦信的书信里也说"连大将都讨死了，其他的更是数不清了"。当然，此文书和书信不排除织田信长是在吹牛，但是根据平山优的考证，武田军在长筱之战战死的重臣、国人大小武将共有百余人，说是精锐尽失也不为过。《信长公记》相对来说可信度较高，因此后世都采用《信长公记》里的说法。

至于织田军的战损，说法可就不一了。《德川实纪》说联军战死仅六十人，《长筱日记》则依据《改正三河后风土记》记录联军阵亡六千人，其余史料均没有提织田、德川联军阵亡人数。按笔者推断，《德川实纪》记载的人数固然少，但别忘了除连吾川决战外，长筱、设乐原合战还有个重要的交战地——长筱城，在那里联军可是战死了武将松平伊忠。而成书在江户时代末期的《改正三河后风土记》《长筱日记》中的六千人更是无稽之谈，联军在正面决战中未战死任何一员武将，六千人的伤亡于理不符；其次，要是联军有高达近百分之二十的伤亡的话，不可

---

① 出自《细川文书》。

能其他史料没有记载。因此，联军的伤亡人数虽然待考，不可确定，但笔者的看法是，应当有一定数量的伤亡，但是从亲身经历过此战的太田牛一在《信长公记》里的记载来看，此战相当轻松，所以联军在主战场伤亡的人数不会很多。

骑马队与铁炮

《日本战史·长筱役》里，提出了武田胜赖率领的武田军以骑兵冲向了织田德川联军，而织田信长则以"三段击"的战法击败了武田骑兵，至今仍影响着许多影视作品以及文学作品，近年来也有国内的通俗读物以及网络上的日本史达人在反驳《日本战史》的说法，《日本战史》的说法固然不可信，然而笔者想表达的是，反驳《日本战史》的说法也未必正确，敌人的敌人也有可能不是我的朋友。那么，此战中的骑马队与铁炮队究竟存不存在，下面咱们就来稍微探讨一下。

多年来，武田骑马队是否真的存在，一直困扰着大家。日本学者铃木真哉曾经提出观点，认为骑马武士大多是将领或者队长这样的领导者，因此单独将骑马武士拉出来编成骑马队是相当困难的。毕竟这样一来，小队长要么徒步打仗，要么就是离开自己的队伍组编成骑马队，让手下成为无头苍蝇。铃木真哉认为，这样矛盾的编法是不可能存在的，因此武田骑马队也不存在。他还提出了一个观点，就是骑马武士虽然骑着马，但大部分时候都是下马作战的。注意，他提的是骑马武士，不是武田家的骑马武士，而且还有个词"大部分时候"。不过，同样是战国史大家的桐野作人却对铃木真哉的观点表示不屑，因为铃木真哉所提的观点是基于《甲阳军鉴》的。而铃木真哉为了证明自己观点正确，刻意忽视了《甲阳军鉴》中骑马作战的例子，从而断章取义地得出武田军"下马作战是常态"的观点。而且，桐野作人指出，在长筱之战前，德川家康的书状里就有提到"要好好警惕武田骑马队的战术"云云，认为武田骑马队的攻击是存在的。平山优也在《武田信玄旗本阵立图》中发现，里面有下级武士组成的骑马队"马之众"。

目前国内的很多书籍似乎都为了解释日本骑马武士的真实性，而参考维基百科以及网文进行推测，如有书提到："按一般的关东军役，是每千石骑马三人，其余配备铁炮、枪、弓等。""但一般甚少有闻'北条骑兵'之说。"

首先，"按一般的关东军役"这句话有歧义，究竟是按照北条家的军役呢，还是按照里见家、佐竹家、宇都宫家的军役？作者所言应当是指北条家，可是北条家实行的是贯高制，何来"每千石骑马三人"的说法？举几个例子，《相州文书》（弘治二年三月八日，虎印判状）中，伊波大学助·同修理亮的军役是，伊波家二人有知行贯高四百四十二贯八百三十二文，负担的军役里是五十六人，其中骑马武士十二人。《武州文书》（永禄九年六月二十一日，北条氏照印判状）中的来往野大炊助，知行贯高十一贯五百四十四文，负担人数三人，无骑马武士。《武州文书》（永禄十一年二月十日，虎印判状）中小洼六右卫门尉知行贯高十贯，人数一人，骑马武士一人（余下本文不详细列出）……笔者统计了几位现存军役帐的北条家臣军役后，发现北条家的军役约是平均每百贯三骑武士，大约4.7人出一骑骑马武士。不过也有例外，比如北条家下辖的岩付众负担军役是一千五百人，骑马武士却高达三分之一，也就是五百骑武士，当然也从侧面证明了：没听说过"北条骑兵"，不代表没有（《战国遗文·北条氏·丰岛宫城文书》）。

还有的书认为，造成许多读者对武田家拥有大量骑马武士的错觉是："这样的印象大多来自《甲阳军鉴》品第十七里的'武田法性院信玄公御代总人数事'章节中对武田众家臣军力的记述，都是某某家臣，领某某众多少骑，最后加在一起是近九千两百骑。""但笔者必须要说的是，包括一些日本历史学家在内，对'骑'这个字都产生了误读误判。其实'骑'不是'一人一马'，而是一人就能叫作'骑'。"

这种说法可以说是在没有看过《甲阳军鉴》原文的情况下胡编乱造得出的结论，《甲阳军鉴》尽管有的地方的史料可信度存疑，但"骑"实实在在指的是骑马武士，而不是所谓的"人"，其证据就在同为《甲阳军鉴》品十七中的军役，在"XX骑"之下，还有"足轻XX人"，明显就是将步骑分开统计的。

还有的文章这样写道："根据越后国战国大名上杉氏的'兵役帐'来估算，上杉氏全盛时期骑马武士数量大概在三千人左右，那么与上杉氏实力相当，并且同样以骑马武士享誉天下的武田氏，数量应该不会超过五千人。"

文中所言的"上杉氏的兵役帐"，应当就是指现存的天正三年《上杉氏军役帐》，不过这份军役帐人数并不完整，一共只有五千五百一十四人，其中骑马武士的只占百分之十左右，即约9.7人中出一骑骑马武士。不知其"全盛时期骑马武士数量大概在三千人左右"是从何得来的。至于武田家的军役，《武州文书》中武田左马允在永禄年间的军役是四十五人五骑，天正年间是三十八人四骑，《阳云寺文书》中武田兵库助军役是二十八人，其中骑马武士三人，笔者粗略地统计了下现存的几位武田家家臣的军役帐，发现武田家的高级家臣与低级家臣负担的骑马武士军役不同（高级家臣约百贯一骑，低级家臣则十余贯或二十贯就得负担一骑），综合平均后骑马武士比例大约是 6.8 人出一骑骑马武士，武田家骑马武士的比例应当在百分之十五左右。武田、北条、上杉三家之中，当属北条家骑马武士比例最大，其次为武田家，再次为上杉家。因此，实际上在战国时代的军队还是存在一定比例的骑马武士，当然，这些骑马武士自然会在战场上发挥他们该有的作用。

《信长公记》中有提到，联军为了防备武田军的骑马突起战术"修筑了许多防马栅"以及武田军中小幡队的"上野马上巧者对我军攻击"的记载。太田牛一不可能得知武田军的军役编制，也无从得知武田军的军势组成是否是步骑混合，或者是否有将骑马武士单独编制成队作战。但是在长筱之战的战场上，织田、德川联军针对武田军的骑马武士战法，布下了防马栅，太田牛一本人在战场看到了武田军西上野小幡众带着一批善于骑马的武士向己方阵地冲来，这是不争的事实。笔者以为，无论长筱之战中武田军的编制为步骑混合，还是纯骑马武士，此战中武田军以骑马队突击的攻击方式是存在的。

在长筱之战武田军军役帐没有流传下来的今天，仅仅以"常理"或毫无根据就说日本没有骑兵，长筱之战中武田骑马队是步骑混合的说法是非常不靠谱的。除去战国时代，在镰仓幕府时期，记载元军入侵日本的《八幡愚童训》中，便有文永之役元军来袭时，九州御家人菊池武房、诧磨赖秀二人分别率领一百三十骑、一百骑骑马突击元军军阵的记录。《蒙古袭来绘词》里也有对日军骑马武士作战方式的描绘。下马步战，不是没有，《信长公记》里桶狭间之战织田信长就因为在田间泥地里作战不便，从而下马作战的例子。但是有下马作战，不代表每回都是下马作战。也许日本没有类似其他国家的以骑兵单独训练的军队，但是以上的论据足以证明，无论日本是否有成熟的骑兵战法，本土马匹是否适合冲锋，骑马武士人数有多少，都不能抹掉其有骑马武士突击战法的存在。

说完了武田骑马队，再说说织田、德川联军麾下十分令人争议的铁炮队，首先说说联军所谓的"三段击"战法。

三段击最早的出处来自，江户时代的儒学家小濑甫庵的《甫庵信长记》里"铁炮交替一段接一段射击"的记述。不过，被认为是《甫庵信长记》的原本（就是被小濑甫庵抄袭的原文），也就是太田牛一的《信长公记》，却没有记述"三段击"战法。

在《信长公记》里，天文二十三年（1554 年）的村木城攻击中，有织田军将铁炮交替射击的记载。因此，日本铁炮研究的学者宇田川武久认为，交替射击的战法在当时应该是一种相当普遍的战法，长筱之战使用这种战法不过是按部就班，不是织田信长的首创，既然不是首创，那么这种习以为常的战法太田牛一也就没有必要记录在文中了。宇田川武久还提出，在后来的大阪之阵中，《上杉家大阪御阵之留》中有上杉家将铁炮队分开交替射击装填的记载，文禄庆长之役中，也有日军将铁炮队分开轮番射击装填攻击的记录。

不过，平山优认为《信长记》中的三段击并不是指铁炮队横排成三行轮流射击，而是三支铁炮队在不同地方布了三段军阵轮流射击。

因为没有足够的证据证明三段击存在，《信长公记》也只有"我军铁炮一齐射击"的记录，因此，笔者认为"三段击"战法有可能是后世以织田、德川联军的三重防马栅以讹传讹得出来的结果，最终被《日本战史·长筱役》继承和发扬光大，导致影响深远。

接下来再讨论讨论长筱之战投入的铁炮数量——任何涉及"长筱、设乐原之战"都会提到。

通常提到的长筱之战中织田军的铁炮数量出自《日本战史·长筱役》参考的《甫庵信长记》里的"三千挺"。而真正靠谱的太田牛一著的《信长公记》则有"三千挺"以及"千挺"两种说法，并且有提到织田信长选拔佐佐成政、前田利家、野野村三十郎正成、福富平左卫门秀胜、塙直政五人作为战场上率领铁炮队的铁炮奉行。

由于《日本战史·长筱役》的影响，因此国内日本史民科第一人不懂战国先生、近年新冒头的民间学者秋风萧落先生与中国台湾战国史研究者司任平先生三人曾在网上纠偏，云"《信长公记》中铁炮记载的数目有可能是铁炮千挺"，随后此说迅速传开，并且成为许多压根没有看过《信长公记》之人言之凿凿的论据。因此，很多国内的书籍从三人纠偏后，在没看过《信长公记》的情况下都借花献佛写道：
"《信长公记》在记录本次战役时写了'铁炮千挺'。""很多史料说此战信长
使用了三千铁炮，但权威性较高的《信长公记》里说得一清二楚，铁炮千余挺。"
实际上，纠偏三人组所言的是"有可能是铁炮千挺"，为什么是"有可能"呢？
因为他们对此问题并没有深入探讨。实际上，《信长公记》流传最广的相传是太
田牛一亲笔书写的有两个版本，一个是建勋神社藏本，一个是池田家藏本。关于
长筱之战的章节，建勋神社藏本的《信长公记》记录德川家康时是直呼其名，说
"家康在ころみつ坂上、高松山布阵"，池田藏本的则尊称德川家康为"家康'公'
在ころみつ坂上、高松山布阵"，根据推测，池田本版成书当晚于建勋神社版，
可能是在关原合战后才写的。池田本版记载的是"铁炮三千余"，建勋神社本版
则是"铁炮千余"。不过，池田本版中"铁炮三千余"的"三"字，其实是在"铁
炮千余"的边上补的一个数字，因此，很多人都认为池田本版的"三"字是后人
添补的，不足为信。但是此说在日本并没有被广泛采纳，因为"三"字究竟是后
人故意加上去吹牛的，还是太田牛一加上去的，没有定论。日本目前刊行的《大
日本史料》里采用的是另一个版本的《信长公记》（也被称为《原本信长记》），
记录着"铁炮三千挺计"。不过，最近学界发现太田牛一子孙收藏的尊经阁藏本
《信长公记》，号称是太田牛一所写的《信长公记》稿本，其中明明白白地写着"铁
炮三千余挺"，并没有添加或修改的痕迹。

前几年，也就是发现尊经阁藏本《信长公记》前，日本学者名和弓雄曾推测，
《信长公记》之所以会有不同的版本，有可能是织田信长在战前的一个欺敌策略，
即故意隐藏己方铁炮数量，吸引武田胜赖上钩与织田德川联军决战。而藤本正行
则指出，《信长公记》中分配给五位铁炮奉行的"铁炮千余"，其实是织田信长
从家臣处征集来的铁炮与铁炮手，在战前仓促编成军势，因此才需要临时安排铁
炮奉行。

确实，除了征集来的铁炮手，织田信长手下确实可能有一支拥有相当数量的
直属铁炮队。在《信长公记·卷三·小谷城攻击》就有记录织田信长曾将诸队的
五百挺铁炮集中起来交给殿后军，然后命令御马回众的簗田广正、佐佐成政与中
条家忠担任这支部队的临时指挥，这就说明织田军的铁炮队其实也是有直属铁炮

队与家臣下属的铁炮队的。因此，藤本正行的说法不无可能，名和弓雄的提议固然有道理，但是尊经阁藏本面世后，此说与当下学说有些不符。

织田信长有没有可能调集三千挺铁炮呢？首先日文维基以明智家的军役作为举例笔者是不赞同的，因为即便此军役属实，也不过是明智光秀在天正九年制定的明智军军役罢了，怎么能够将其套用至织田军全军呢？再者，《明智军记》的可信度，与《甲阳军鉴》中记录的武田军军役里的骑马武士人数一样，不敢恭维。

不过，维基百科虽然引用了不靠谱的说法，但是结论未必是错的，根据笔者的考证，《显如上人御案札》中，天正六年本愿寺显如在催促纪伊国门徒众来参阵的书信中，要求其派出一千人的铁炮队前来本愿寺参阵。根据宇田川武久的统计，天正年间纪伊国一国有记录的铁炮保有数就在六千至七千左右，但是实际上这些数字只是书信中投入战斗的统计，不能按照游戏里的惯性思维，国众们外出参战后家中铁炮数就为零，因为还有相当一部分可能藏在家中备用，这也是一个可观的数值。但这仅仅是笔者的推理，目前还没有证据表明库存的铁炮数量有多少，因此还是取宇田川武久统计出的数值。天正六年与天正三年相差不远，一个本愿寺的法主一开口就是铁炮千挺，而三年前占据富饶的京畿和越前浓尾伊的织田信长搜刮领地后才拿出一千五百挺铁炮（外加派给酒井忠次的五百挺），这样未免有些不可思议。因此，笔者赞同尊经阁藏本《信长公记》中，织田信长分配给三奉行的铁炮为三千挺的说法。

不过，这并不代表长筱、设乐原合战中织田、德川联军投入的铁炮数量就只是三千挺，加上酒井忠次的五百挺铁炮以及德川家康麾下的铁炮队（在小野田本的《长筱日记》中，大久保兄弟麾下的铁炮队也有五百挺），是有可能达到四千挺的。武田军在此战中也投入了相当的铁炮队，其证据就是近年来在长筱城发掘出来的许多铁炮弹丸以及《长筱合战屏风》中，有织田、德川联军的铁炮手被武田军铁炮击倒的描绘，《南纪德川史》中更是有德川家康的御用商人茶屋四郎次郎被武田军铁炮流弹击伤的记录。按名和弓雄的推测，武田军投入了一千五百挺铁炮，但此说是他"照常理"推测的，因此笔者认为不可信，但武田军在长筱之战也投入了一定数量的铁炮，这应该是事实。

实际上，许多读者在读到这里时都会陷入一个思维盲区，即织田、德川联军

战场出土铁炮弹丸口径表

出土口径	铁炮口径推测
9.5 9.8 10.8	2.5—4.5 匁
11.1 11.2 11.2 11.2 11.6	3.5—5 匁
11.9 11.9 12.0 12.4 12.5	4.5—6 匁
14.9	8—9 匁

的铁炮数目虽然庞大，但因当时的铁炮技术限制，不易造成持续性的打击——事实真是如此吗？非也，大多数关心长筱、设乐原合战的读者，往往被铁炮数量以及三段击吸引了注意力，结果忽视了战国时代组成重要远程打击部队的弓箭手。织田、德川联军军中配置的大量弓箭手和大量铁炮手，对武田军毫不留情的、持续性的大面积远程打击，是武田军在人数占劣势时进攻造成难以估量的伤亡的原因，这也是织田、德川联军能取胜的原因之一。

经笔者亲自去查验论文以及长筱之战出土弹丸，发现长筱之战战场一共出土了十七颗弹丸，因为年代久远，腐蚀严重，其中完整可考只有十四颗，而这十四颗中仅有三颗最小口径可能为 2.5—4 匁目[1]，其余口径均在 3.5—9 匁目之间。以上长筱之战出土的弹丸足以证明，织田、德川联军拥有的铁炮在有足量火药时是具有足够杀伤力的，因此才会对武田军造成大量伤亡。至于铁炮威力与火药量、口径的关系，本文暂不深究，日后有机会再详细说。

笔者还原一下长筱、设乐原合战的经过，大致如下，二十一日清晨，误判联军人数的武田军在连吾川与联军交战，双方的远程兵先交战。也许此时，武田胜赖还在犹豫是否要与织田、德川联军交战，要知道现在以完整军势撤军，织田、德川联军未必敢像后来武田军总崩时那样冲出防马栅追击武田军。到了午前十一时左右，鸢巢山五砦以及长筱城下的败报传到军中，担心被织田、德川联军以及长筱城守军、奇袭军前后包围夹击的武田胜赖不得不下令对织田、德川联军发起总攻击，并且以中央、左翼的精锐部队集中攻击联军中较弱的德川军。但是在总

---

[1] 1 匁目约 9—14mm。

人数占劣势、连吾川战场不利于冲锋的情况下，武田军在织田、德川联军远程部队的几波打击下伤亡惨重，然而，仍然有部分武田军武士顽强杀到了防马栅前与织田德川联军拉锯；另一方面，德川军也在山县昌景、武田信丰部被铁炮击退时杀出防马栅追击。正午时分，总大将武田胜赖丢下军队脱走，武田军余部开始组织殿后作战。午后二时左右，伤亡惨重的武田军发生总崩，山县昌景等将则在总崩的乱局中遭到织田、德川联军的攻击后纷纷倒在连吾川畔。在追击途中，武田军武士、杂兵被讨死以及淹死者达万余人。

这大概就是长筱合战的所有经过了，长筱合战后，武田家中的家臣几乎进行了一波大换血，但是百足之虫，死而不僵，在面对转守为攻的德川家康依然游刃有余。但武田胜赖在长筱合战后至天正十年武田家灭亡前的一系列误判，向武田家先祖交了一份不及格的试卷。他也许不是一个庸才，但他确实不像一个人才，只能说是一个中规中矩的守成之君。武田家灭亡的种子，其实早在织田信长坐大时就已埋下，天正十年灭亡武田家后织田信长下令诸杀武田亲族遗臣的"武田狩"命令，则是因为武田信玄早年间破盟。

附录：关于山县昌景在长筱之战中是否被本多忠胜击杀

山县昌景在长筱之战与本多忠胜交战，被本多忠胜指挥的铁炮队击杀，历来是网上津津乐道的一个段子，然而事实并不是这样。此说同样是出自记录了织田、德川联军共阵亡六千人的《改正三河后风土记》。其余史料甚少记载，《大日本史料》更是直接忽略《改正三河后风土记》的记录。《大日本史料》反而收录了山县昌景被德川军的武将大久保忠世、大久保忠佐兄弟杀死，如《治元世记》中便有："大久保忠世同忠佐下知放铁炮，山形（县）昌景中铁炮，于竹广死。"《大日本编年史》引《信长记》《三河物语》："敌左先锋山县昌景来战，二人退入栅，命铳手乱射，昌景逼栅，中丸死。"

在《本多家武功觉书》中，与本多忠胜交战的同样是内藤昌丰所部："内藤修理千五百人弓至三重栅栏，二十余人杀入栅栏中，被忠胜公发觉并击退。"因此，山县昌景被本多忠胜击杀的说法实在是不可取。

致谢

感谢秋风萧落、不懂战国、自古卖艺不卖肾、司任平、南无提督大明神在本文写作期间提供建议以及帮助。

参考文献

[1] 太田牛一著，中川太古（訳）．現代語訳信長公記．新人物文庫，2013．

[2] 平山优著．長篠合戦と武田勝頼．吉川弘文館，2014．

[3] 日本史史料研究会監修，渡边大門編集．信長軍の合戦史．吉川弘文館，2016．

[4] 武田氏研究会编．武田氏年表．高志书院，2010．

[5] 小和田哲男監修，小林芳春編集．戦国ウォーク長篠・設楽原の戦い．黎明书房，2014．

[6] 平山优著．武田信玄．吉川弘文館，2006．

[7] 笹本正治著．武田勝頼．ミネルヴァ书房，2011．

[8] 本多隆成著．定本德川家康．吉川弘文館，2010．

[9] 池上裕子著．织田信長．吉川弘文館，2012．

[10] 奥野高広著．武田信玄．吉川弘文館，昭和三十四年．

[11] 平山优著．検証長篠合戦．吉川弘文館，2014．

[12] 藤本正行著．再検証長篠の戦い．洋泉社，2015．

[13] 小和田哲男監修，小林芳春 編集．徹底検証 長篠・設楽原の戦い．吉川弘文館，2003．

[14] 名和弓雄著．長篠・設楽原合戦の真実——甲斐武田軍団はなぜ壊滅したか．雄山閣，平成十年．

[15] 鈴木眞哉著．鉄砲隊と騎馬軍団——真説・長篠合戦．洋泉社，2003．

[16] 丸島和洋著．戦国大名武田氏の家臣団——信玄・勝頼を支えた家臣たち．教育評論社，2016．

[17] 藤本正行 著．長篠の戦い．洋泉社，2010．

[18] 鈴木将典著.戦国大名武田氏の戦争と内政.星海社，2016.

[19] 湯本軍一著.戦国大名武田氏の貫高制と軍役.法政史学，第二十九号.

[20] 池上裕子，小和田哲男，小林清治，池享，黒川直則編集.戦国全史.講談社，1995.

[21] 宇田川武久著.鉄砲伝来の日本史—火縄銃からライフル銃まで.吉川弘文館，2007.

[22] 佐脇栄智著.後北条氏と領国経営.吉川弘文館，平成九年.

[23] 山口博著.北条氏康と東国の戦国世界.夢工房，2004.

[24] 陈杰著.日本战史：激荡日本一百年.西安：陕西人民出版社，2015.

[25] 万邦咸宁著.最好看的日本战国史.广州：广东旅游出版社，2015.

[26] 洪维扬著.日本战国风云录.桂林：广西师范大学出版社，2011.

[27] 指文烽火工作室著.战场决胜者004：日本战国争霸录.长春：吉林文史出版社，2016.

[28] 赤军.宛如梦幻.北京：现代出版社，2008.

以下为参考的影印本书目

《东大藏大日本编年史》	《信长公记》	《续皇朝史略》
《大日本史料》	《续日本史》	《烈祖成绩》
《爱知县史》	《日本史记》	《当代记》
《凤来町志》	《大日本野史》	《三河物语》
《武田史料集》	《越佐史料》	《甲阳军鉴辩疑》
《山梨县史》	《本朝通鉴》	《长筱日记》
《菅沼家谱》	《改正三河后风土记》	《日本战史·长筱役》
《甲阳军鉴》	《甫庵信长记》	《日本外史》
《武田三代军记》	《长筱合战屏风》	《八幡愚童训》

▲ 武田信玄像

▲ 武田胜赖像

▲ 北条氏康像

▲ 德川家康像

▲ 织田信长像

▼ 惠林寺的武田信玄墓所

▼ 高天神城遗址

▲ 鸢巢山遗迹

▲ 长篠城遗址

▼ 现代骑马武士复原（古代日本马更矮小一些）

▲ 再建后的冈崎城

▼ 田峯城本丸御殿复原图

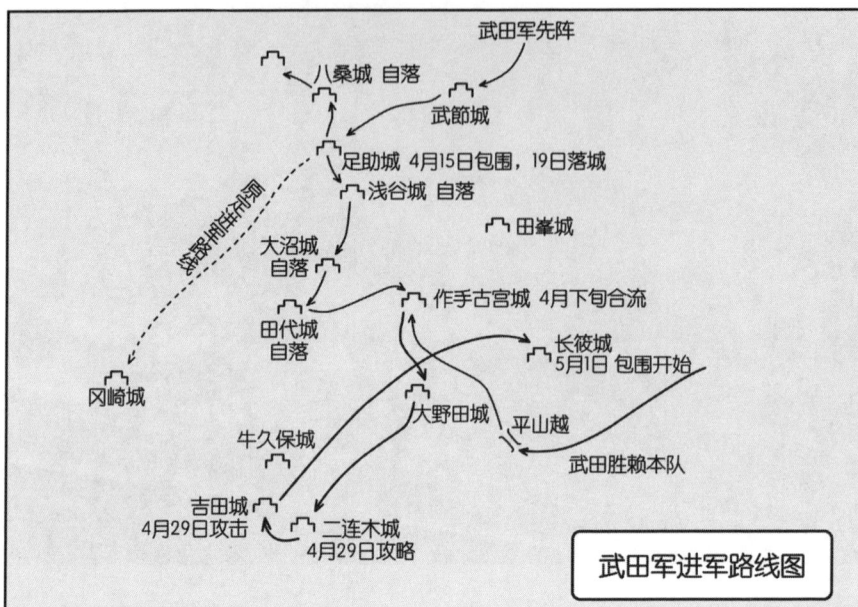

武田军先阵

八桑城 自落

武節城

足助城 4月15日包围，19日落城

浅谷城 自落

田峯城

大沼城
自落

作手古宫城 4月下旬合流

田代城
自落

长筱城
5月1日 包围开始

武田军的撤退路线

冈崎城

大野田城

平山越

牛久保城

武田胜赖本队

吉田城
4月29日攻击

二连木城
4月29日攻略

武田军进军路线图

▲ 武田军进军路线示意图

▼ 长筱、设乐原合战中两军的布阵示意图

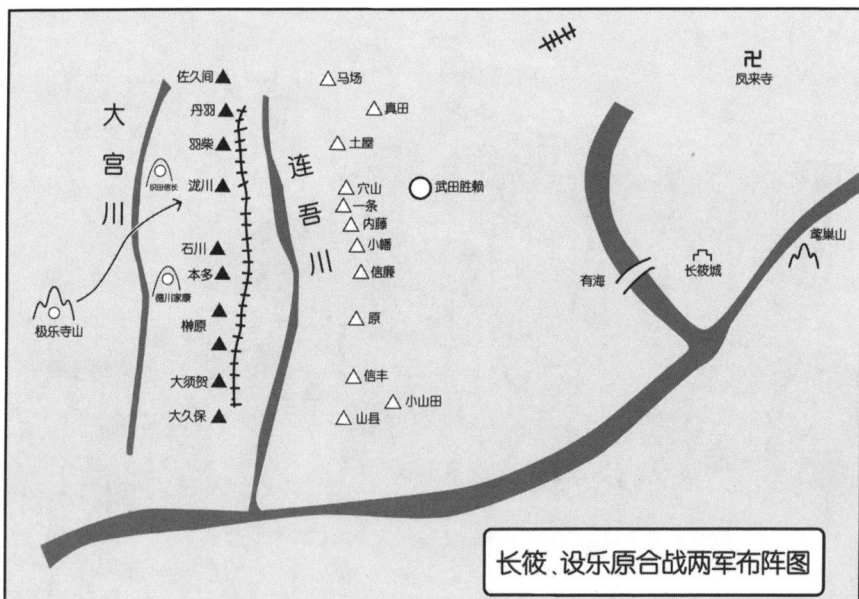

佐久间▲

马场△

大宫川

丹羽▲

羽柴▲

泷川▲

织田信长

真田△

土屋△

凤来寺

穴山△
一条△
内藤△
小幡△
信廉△

武田胜赖

石川▲

本多▲

连吾川

德川家康

榊原▲

极乐寺山

原△

鸢巢山

有海

长筱城

大须贺▲

信丰△

大久保▲

小山田△

山县△

长筱、设乐原合战两军布阵图

182

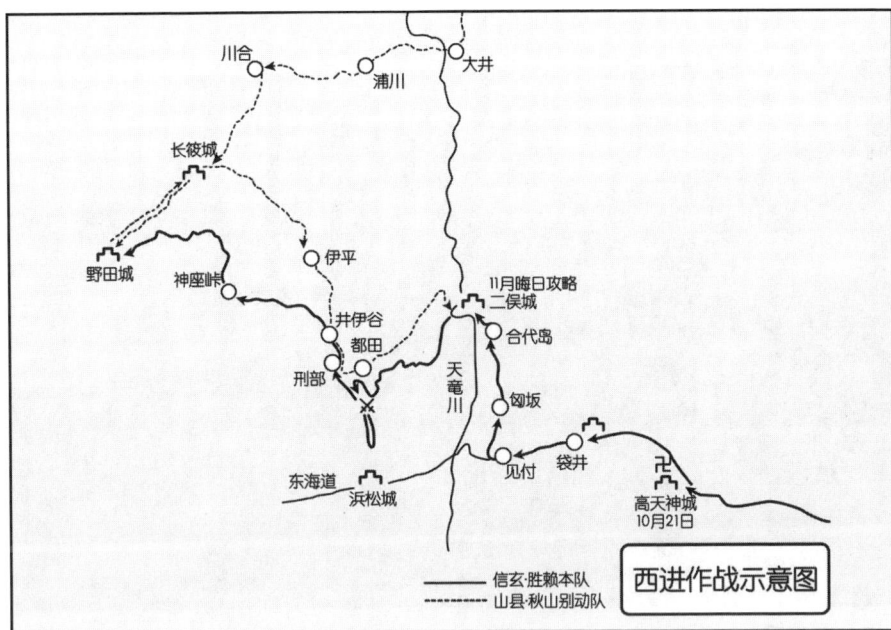

▲ 西进作战示意图

▼ 长筱合战屏风图（局部）

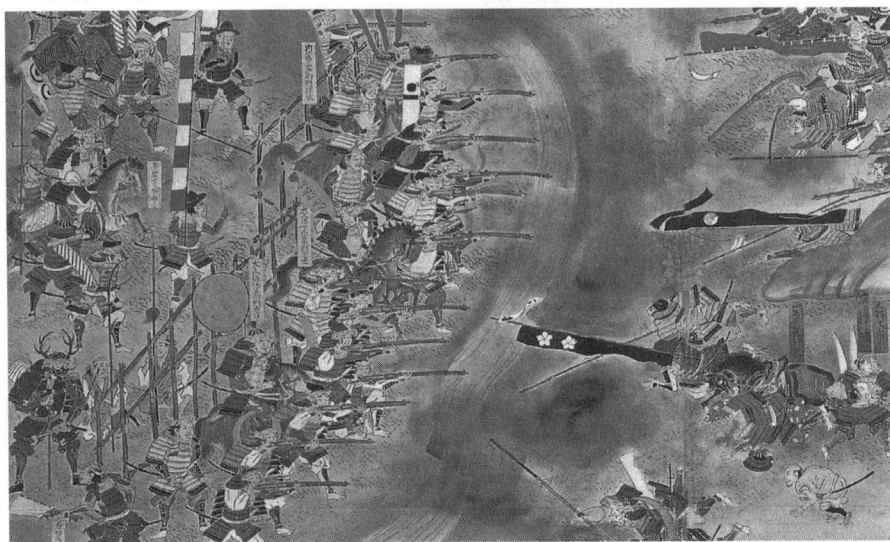

▲ 防马栅复原图

▼ 土屋昌次战死地

▲ 酒井忠次像

▲ 小幡家当主小幡信贞像

▼ 三方原之战

▼ 尊经阁藏本《信长公记》记载的铁炮数量

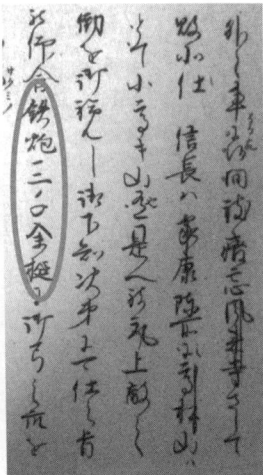

▲ 山县昌景像

▲ 鸟居强右卫门

▼ 马场信春像

▼ 本多忠胜像

▲ 长岛一向一揆

屡败之虎与不义之龙

武田信玄与上杉谦信的败战与虚名

作者 / 星野恒

日本战国时代的人物中，甲斐的武田信玄和越后的上杉谦信被后人视作璀璨夺目的两大名将，二人分别有"甲斐之虎"和"越后之龙"之称。但在声誉背后，他们也经历过很多不常被人提起的挫折。武田信玄攻打信浓，整整用了十三年时间，中间多尝挫折困辱。上杉谦信侵略北陆，屡屡被一向宗徒所挫败。武田信玄与上杉谦信两位名将直接对阵的川中岛之战，又被后人演绎了太多虚构的故事情节。不可否认的是，这两个人确实都有非常杰出的军事能力，但他们也都曾在天时、地利、人和等因素的影响下，多次遭遇过挫折和惨败。他们身上很多的虚名也是后世之人出于种种目的所添加的。

武田晴信的信浓攻略

天文九年（1540年），甲斐守护武田信虎联合信浓大名诹访赖重、村上义清，大举入侵信浓佐久郡，一日之间连克三十六城，赶走了当地豪族海野氏，对佐久郡进行瓜分。但是到了翌年六月，武田信虎的嫡子武田晴信（武田信玄原名）发动政变，将其父信虎驱逐到骏河国，武田家易主。这一事件的发生导致佐久郡的国人众趁机动乱，对武田家生出离心。

趁着这个机会，同年七月，关东管领上杉宪政应被武田、诹访、村上三家联军侵夺领地的海野幸纲请求，率军从上野出发，越过碓冰峠，进入信浓佐久郡，徐图收复海野家的领地。村上义清等信浓豪族，以及甫任武田家家督的武田晴信，皆望风大惧，不敢硬碰硬地与上杉宪政直接交手，各个都龟缩在自己的领地之内，屏息以待。武田晴信和村上义清都将希望寄托于身任诹访神社大祝的诹访赖重，拼命向他乞求援军，希望他能挡住上杉宪政一阵。但诹访赖重势单力薄，勉强出军与上杉宪政在长洼对峙，终究也不是其对手，被上杉军挫败，只能遣使向上杉宪政乞和。所幸在这个时候，上杉宪政领内发生危机，因而选择与诹访赖重议和，在信浓芦田乡大肆劫掠一番之后撤军回了上野。这次上杉宪政出兵帮海野幸纲收复旧领，虽然没成功，但也着实杀了一把村上、武田、诹访几家大名的威风。天文十年上杉宪政的信浓侵攻，是武田晴信就任家督之后，面临的第一次军事上的挑战，此事被记载于一级史料《神使御头日记》当中，是不折不扣的信史。可以说，

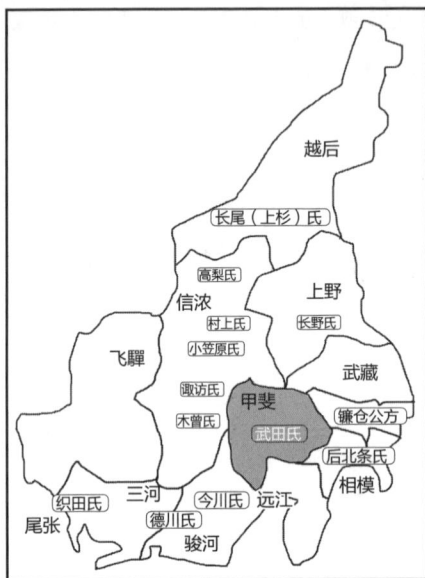

▲ 信浓周边分国图

初出茅庐的武田晴信完全处于被动挨打的局面，十分狼狈，但这就是他真实的"首演"。

在上杉宪政侵攻信浓佐久郡的过程中，诹访赖重与之对峙交手过，因而军马疲惫、士卒凋零，实力大为减弱。武田晴信没有出兵，保留了自己的实力，对此时实力大为衰退的诹访赖重势力加以窥觊，暗怀侵吞信浓的野心。与此同时，诹访赖重的同族、诹访上社的矢岛满清也蠢蠢欲动，想趁机除掉诹访赖重，取得诹访神社大祝的位置，于是他让同族高远信浓守赖继在暗地里勾结武田晴信，两家一拍即合。

天文十一年（1542年），武田晴信撕破面具，正式与诹访赖重对立，亲自率军与高远赖继会合，侵入信浓诹访郡，对诹访领动手。诹访赖重闻听急报，紧急做出部署，调动兵力迎击武田－高远联军。但由于在去年的长洼之战中被上杉宪政重创，诹访赖重所能动用的兵力少得可怜，翻出家底，也仅仅只能调动步兵七八百人、骑兵一百五十余人，凑一块也没满千人，远远不是武田晴信的对手。诹访赖重带着这群不到千人的老弱病卒在犬射马场布阵，企图在此堵截进兵途中的武田军。诹访赖重的家臣劝谏他趁夜袭击武田－高远联军，出其不意攻其不备，或尚有一丝胜算，但为保守的诹访赖重所拒绝。另一边，由于诹访军的兵力太过寡少，武田晴信、高远赖继则干脆无视这支不满千人的队伍，直接绕过犬射马场，率领大军直扑诹访赖重的居城上原城。诹访赖重堵截武田晴信的计划落了空。

本来诹访赖重凑出一千不到的人马已经很费力气，留守在上原城的守兵更是寡少，城兵面对武田大军，都惊惧溃散，根本没有心思留下来为诹访赖重卖命。武田晴信没用多大工夫就攻陷了上原城，随后入城，焚毁街市。失去了主城上原城，诹访赖重只剩下桑原城这一屏藩。得知这一消息的诹访赖重十分哀恸，仍然妄图与武田晴信决一死战，但诹访家臣纷纷劝谏，请求赖重退保桑原城，等待转机。此时的诹访赖重确实已经别无选择，不得已，只能从犬射马场退入桑原城。

武田晴信自然不会轻易罢手。翌日，晴信再度进攻桑原城，并遣人诈和，言称诹访赖重只要出城投降，晴信就会收兵而归，不会拿赖重怎么样。诹访赖重此时势屈力穷，在绝境之下，很天真地相信了狡诈的后辈武田晴信的说辞，甚至欲借晴信之力击杀高远赖继，出一口恶气，于是依照和武田晴信的约定，出城投降，桑原城同时亦宣告陷落。然而，等待诹访赖重的是极其悲惨的结果。欺骗得手后，武田晴信露出了狰狞的本来面目，将诹访赖重与其弟弟大祝赖实杀死，铲除了后患。

武田晴信初始不敌上杉宪政，寄生于诹访赖重，方得一丝生机。及诹访赖重因此衰弱，晴信就勾结矢岛满清、高远赖继出兵信浓诹访郡，一举灭亡诹访赖重。这种行为完全可以用"过河拆桥"和"恩将仇报"来形容了。而上原、桑原城的陷落，诹访赖重的灭亡，正式揭开了武田晴信侵攻信浓的序幕。

灭亡诹访赖重后，武田晴信与矢岛满清、高远赖继进行"分赃"，以宫川为界，分领信浓诹访郡。但是矢岛满清、高远赖继并不安分，企图将整个诹访纳入囊中。战国时代，局势说变就变。九月十日，矢岛满清、高远赖继背叛了前不久还是盟友的武田晴信，率军侵入已经隶属于武田家的上原城，将其攻陷。之后又攻打下宫，取得诹访上、下两社。一时之间信浓诹访郡呈现尽数被矢岛、高远占据的局势。

回到甲斐国的武田晴信听到这个消息后，勃然大怒，再度率军杀入信浓，与高远赖继、矢岛满清抢夺诹访郡。这次出兵，武田晴信还特意拥立诹访赖重的遗子宫千代进入信浓，作为"收复失土"的象征，这一举动使武田晴信在名分和道义上占据了优势，诹访赖重的叔父诹访萨摩守满邻，以及信浓的矢崎、千野、小坂等族也纷纷响应。二十五日，武田晴信率领诹访、矢崎、千野、小坂等联军与矢岛满清、高远赖继在诹访神宫寺展开会战，武田方的联军大胜，杀死敌军七八百人，高远赖继的弟弟蓬峯轩也战死于是役。挑起这次事变的矢岛满清、高远赖继害怕武田晴信的报复，遁逃至上伊那郡高远城。取得胜利后，武田晴信派板垣信方留守诹访，为上原城城代，并以诹访满邻的第三子赖忠为诹访神社的大祝。至此，武田晴信压制了整个诹访郡。

另一方面，武田晴信攻灭诹访郡并置成城代的消息，让信浓守护小笠原长时感到异常愤懑。信浓各郡本来都应该由守护大名小笠原家统摄，而此时诹访郡却遭到甲斐国大名武田晴信的入侵并尽数陷落，这让小笠原长时感到其地位遭到了挑战。天文十二年（1543 年），按捺不住心中愤怒的小笠原长时率兵攻打诹访上原城，企图重新树立信浓守护的权威。留守在上原城内的武田家大将板垣信方，扛不住小笠原长时的攻击，派遣使者向长时乞求投降，答应献出上原城。这时，小笠原阵中的仁科盛明对小笠原长时说，如果长时在事成之后能够把上原城赏赐给他，他愿意充当小笠原军的先锋，直攻入甲斐，与武田晴信决一生死。但这一项提议遭到了小笠原长时的拒绝，这让仁科盛明感觉脸上无光，加之先前武田晴信曾暗中对其加以笼络，于是仁科盛明想都不多想，脱离小笠原阵中，回到自己的领地，转而投靠了武田晴信一方。看到仁科盛明离去，板垣信方认为小笠原军自身就不团结，于是坚守上原城，拒绝开城投降，而此时武田晴信也正在赶来救援板垣信方的路上，攻城不下的小笠原长时只好退据诹访陵布阵，等待与武田晴信的决战。

▲ 武田信玄，一勇斋国芳绘

九月二十三日，武田军的阵容终于出现在小笠原长时眼前，诹访陵会战正式开始。武田晴信开局不利，被小笠原长时步步紧逼，压得层层后退，向北逃窜。几回合战斗下来，武田军被小笠原军杀死一百五十余人。但武田晴信非常狡猾，在会战之前暗中贿赂了小笠原长时的家臣三村骏河守、山部持胤，让他们背叛长时，临阵助己。被逼急了的武田晴信亲自指挥中军迎击小笠原长时，先前被晴信贿赂的三村骏河守、山部持胤这时在长时后军中，也趁机率领所部袭击小笠原长时的本军。小笠原长时分兵抵抗，应接不暇，手下的精兵战死不少。在不利的局势下，小笠原长时最终溃败逃走。武田晴信率军追击。眼看无路可退的小笠原长时，穷极之下，背水一战，"拒险死斗，斩首数十"（《笠系大成》），硬是溃围逃出，从诹访郡逃窜至其在信浓的本城，也就是筑摩郡的林城。诹访陵一战，虽然武田晴信打击了一次小笠原长时，使其溃走，但己方也付出死亡二百余人的代价，损失也是不小。

在获得一番惨胜之后，武田晴信准备趁势攻打小笠原长时的本城，但这时候突然传来昔日盟友村上义清侵攻武田家后方的消息，于是武田晴信收军而还。

稳定了诹访郡，武田晴信下一步要解决的就是之前背叛自己的盟友——高远赖继和矢岛满清。

天文十四年（1545年），武田晴信再度率军踏入信浓，展开对上伊那郡的侵攻，准备一举攻灭高远赖继、矢岛满清。一开始，武田晴信虽然攻克了高远、失岛的居城高远城，但高远赖继、矢岛满清很快就纠集周边势力，夺回了高远城。苦苦攻城不下，武田晴信只能退军，转而进攻上伊那郡的福与城。城主藤泽赖亲与武田晴信素无仇怨，纯粹是遭受武田晴信入侵的一个无辜受害者。但藤泽赖亲更不好惹，坚守城池，展开回击，令武田军方寸大乱。围城战自四月始，打了两个月，武田晴信硬是没能拿下福与城。福与城中的守将藤泽织部、大泉上总守擅长射箭，频频射击城外的武田军，让武田军死伤甚为惨重。武田晴信眼见攻城不下，也没有别的办法，只好卑躬屈膝地派遣小山田信有、穴山信友向藤泽赖亲乞和。值得一提的是，此事被记载在一级史料《妙法寺记》《二木寿斋记》中，是武田晴信一生唯一主动向对手讨饶的记录。在达成和议后，武田晴信就退军回甲斐国了。这次信浓福与城之战，让初出茅庐的武田晴信输得很惨，可以说被藤泽赖亲狠狠地教训了一顿。而吸取了这一教训后，武田晴信又卷土重来，重新攻打高远城、福与城，终于降伏了高远赖继、矢岛满清、藤泽赖亲，压制上伊那郡。

在相继消灭老对手之后，武田晴信对信浓开始了随心所欲的侵攻。往后的绝大多数敌人，跟武田晴信以往都没任何纠葛，都是受到其侵略的受害者。

天文十五年（1546年）七月，武田晴信尽发领内之兵，倾国而来，大举入侵信浓。这一次武田军的攻略目标是佐久郡，一开始便相继攻陷当地豪族大井贞隆的内山、岩屋、村田三城，灭亡了大井氏。随后他进军攻打志贺城的豪族笠原氏，但城主

▲武田二十四将图，长野市立博物馆藏

笠原清繁坚守不屈，武田晴信无可奈何。唇亡齿寒，闻讯的佐久郡豪族相继赶来支援志贺城，组成联军布阵在浅间岳麓，迎击武田军。值得一提的是，江户时代的军记《关八州古战录》记载，这支援军是由关东管领上杉宪政从上野派出的，但当时上杉宪政刚经历河越之战的惨败，根本无暇他顾，所以这个说法并不正确，实际上组成这支联军的就是佐久郡的诸多地方豪族。但偏偏是这支好心帮忙的援军出了岔子。武田晴信派板垣信方、甘利虎泰、横田忠良三员大将率军攻击这支援军，最终将其击败，杀死其首领十余人，斩得三千多颗头颅。随后武田晴信命令部下将这三千多颗头颅放置在志贺城外，试图从气势上震慑敌军。结果志贺城的守军一看这情形，顿时吓得心惊胆战。武田晴信又趁机断了志贺城的水源，城里喝水成了问题，陷于苦困之中。七月十一日，志贺城为武田军所攻陷。武田晴信将城内坚守不屈的笠原清繁与高田、依田等族以下三百余人屠杀，把笠原清繁的妻子赐给自己的家臣小山田出羽守为妾。攻陷志贺城后的武田晴信，控制了佐久全郡，与控制北信浓四郡的村上义清全面接壤，两家的矛盾也不可避免地深化了。

天文十七年（1548年）初，武田晴信开始进行北信浓攻略，准备对村上义清动手。二月，晴信率军进入北信浓，布阵在上田原。村上义清亦闻讯出阵，和武田军隔筑摩川对峙。二月十四日，两军发生激烈会战，战斗正式打响。武田晴信以板垣信方为先锋，与村上义清展开交战。板垣信方不负晴信的期望，顺利将村上义清击破，并对溃走的村上军进行追击。但大喜过望的板垣信方追过了头，又停下来进行"首实检"，即清点斩获的村上军的人头，想炫耀自己的战果，结果放松了戒备。村上义清获悉后，卷土重来，掩其不备，大败板垣信方，使之战死于阵中。随后，村上义清率军直攻入武田晴信本阵，没反应过来的武田晴信仓促应战，结果大败。

吃了大败仗的武田晴信很不甘心，滞留战场很久，硬是不想承认自己战败的事实。到了次月，他终于想通了，取道诹访郡上原城，在三月二十六日回到了甲斐国。但之后，武田晴信还是跑去汤村温泉泡了三十天，以治疗身心的创伤，可见上田原之败对武田晴信的打击非常之大。同时，这次惨败也引起甲斐国人的抱怨，一级史料《妙法寺记》中记载："是役也，甲斐兵多死，国人愁怨。"另外，武田军在上田原的败战也对信浓的豪族产生很大的冲击，尤其是武田氏诹访郡代板垣信方战死，使得武田在诹访的统治发生混乱与动摇。在上田原之战后不久，

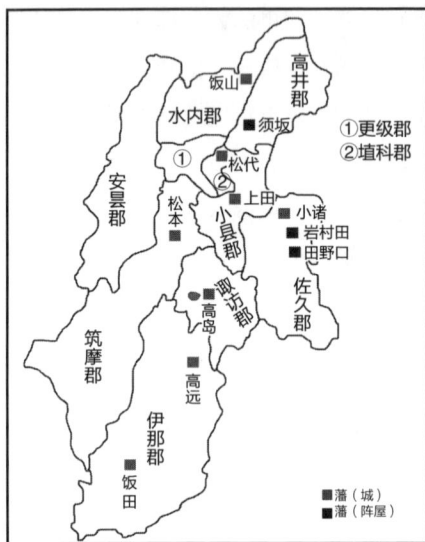

▲ 信浓国各郡

村上义清就联合了小笠原长时、仁科氏、藤泽氏，趁机展开对武田领下诹访郡的进攻，兵抵下宫，大肆焚烧村落，也算是捡了一时便宜。

而趁着诹访郡乱势再起，并有愈演愈烈之势，身为信浓守护的小笠原长时再度燃烧起了重新树立自己威望的野心，于是在同年七月十日再次独自率军进入诹访郡，相继策反了之前已经依附武田家的当地豪族，使其在武田家后方发起叛乱，扰乱其阵脚。但这时候距离上田原惨败已经过了一段时间，武田晴信已经差不多恢复了元气。听到小笠原长时又在诹访郡有所动作的消息后，武田晴信就决心再度出阵诹访，教训小笠原长时。但为了达到出其不意的目的，他直到快进入诹访郡时才宣布出军的消息。此时小笠原长时仍然在诹访郡一带活动，突然接到了武田军出阵的消息，事出意料之外，小笠原长时只好在匆忙之中集结起五千人的兵力，在盐尻岭紧急布阵防御。但最后终究由于仓促应对，小笠原军战败，丢弃一千多具尸体以后落魄逃走。此即为"盐尻岭之战"。

武田晴信稳住诹访的阵脚以后，就着手展开对小笠原长时的全面进攻，追击其至筑摩郡村井城。小笠原长时虽然在盐尻岭之战惨败，但还没有到元气大伤、一蹶不振的地步，仍顽强地在村井城附近抵抗追击而来的武田军。特别值得一提的是，小笠原长时也是一员被历史长期埋没的悍将，根据《笠系大成》《二木寿斋记》的记载，他曾在天文十三年（1544 年）的信浓青柳城之战中，凭借一人之力，一举击溃武田家饭富虎昌、甘利虎泰、板垣信方三员悍将，实力相当不俗。所以在村井城之战开始阶段，小笠原长时直接打崩了武田晴信的前军，算稍稍挽回了颜面。但好运不长，武田晴信随即亲自调度指挥中军猛攻，小笠原长时逐渐处于不利的局面，小笠原方的将领草间肥前守、泉石见守等相继战死。泉石见守是小笠原军中的名将，擅长箭术，名气颇盛。随着他的战死，小笠原军士气大颓，最终被武田晴信击溃，小笠原长时只好遁逃到其居城筑摩郡林城。

小笠原军在盐尻岭、村井之战的相继战败，使得筑摩郡的濑黑、村井、塔原、青柳、万西、岛立、西卷等城望风降服武田，这让小笠原长时的局势更加岌岌可危。最终权衡再三，小笠原长时决定放弃林城，前往北信浓投靠村上义清。至此，筑摩郡也落入武田晴信手中。

在武田晴信与小笠原长时对峙的同时，武田方的小山田信有在晴信的安排下，也正积极开展北信浓攻略，攻打村上义清的山口城。村上义清也纠合了不愿附属武田晴信的佐久郡诸豪族，对山口城展开救援，截断了小山田信有的退路。武田晴信得知这一消息后，亲自率军赴援，大破村上军。根据《妙法寺记》记载，山口城之战武田方杀死敌军五千余人，俘获男女无数，佐久郡诸豪族皆战死。此战可谓是彻底洗刷了武田晴信在上田原之战中惨败的耻辱。但从此后的行动和记录来看，这次打击没有造成村上义清势力的衰落，或许《妙法寺记》此处略有夸张。但山口城之战，着实为武田晴信对村上义清成功的复仇之战，值得一书。

胜败乃兵家常事，山口城之战获胜的幸运并未能维持太久，战败的惨痛记忆，很快武田晴信又将领略到。两年后的天文十九年（1550 年），武田晴信趁村上义清与信浓豪族高梨政赖交战之时，欲坐收渔翁之利，再度侵入信浓，进军攻打村上义清的支城信浓户石城。如果户石城陷落，村上家将失去东信浓的屏藩而不得不收缩防线，因此此战在战略上与战术上都是重要的一战。面对如此紧张的事态，村上义清与高梨政赖达成和睦以解除后顾之忧，之后迅速回防户石城。九月一日，村上义清与武田晴信在户石城下展开激战，村上义清的将领室贺满氏首先进攻武田晴信，将武田晴信

▲ 户石城（砥石城）结构图

的先队击败。村上义清鼓众奋进，进逼武田晴信本阵。户石城内的村上守军也从城中突出，内外夹击武田军，最终武田晴信大败。武田军将领横田备中以下战死千余人，可谓死伤惨重。武田晴信败走溃逃，结果被村上义清紧紧追击。幸得武田一方的小泽式部、渡边出云奋死抵抗，以自己的生命换取了武田晴信逃窜的时间，让武田晴信捡回一条命。这是自上田原之战后，武田晴信第二次惨败给村上义清。

天文二十年（1551年），趁着户石城之战大败武田晴信的锐气，也为扶植其他势力牵制武田，村上义清决定出兵帮助小笠原长时收复其失土筑摩郡。有了底气，小笠原长时纠合稻藏、冈田、小岩岳、岩冈、大池等族共二百五十骑、二木一族一千五百骑，率先开道，进入筑摩郡；村上义清率军三千跟进，布阵在塩原。小笠原长时打算先进军收复落在武田家手中的深志城，于是派遣使者通知布阵在塩原的村上义清，请他协力攻城，村上义清允诺相助。但是武田晴信侦知了村上、小笠原欲攻打深志城的消息，快马加鞭，趁夜色进入了深志城，亲自坐镇，并派遣其弟武田信繁趁着村上义清外出的空当，去袭击村上的本城葛尾城。武田晴信的两手安排完全出人意料之外，得到本城遭到进攻这一消息后，村上义清感到异常畏惧，拔腿就跑，完全丧失了上田原、户石城两战大败武田晴信的胆气。他甚至慌张到没来得及通知小笠原长时，就连夜逃亡撤军。翌日黎明，得知村上撤军消息的小笠原长时痛骂其不守承诺，说自己要是早知道村上义清是这副德行，恨不得当面刺死他。在失去村上义清这一复国援军后，小笠原军中士卒感到恐慌，相继逃亡，最终小笠原军不满千人。《小笠原家谱》形容此时小笠原长时的窘境说："郁愤在啮脐而已。"

武田晴信看到这一情形，自然乐不可支。他以马场信房、饭富虎昌为先锋，自己坐镇中军，攻向小笠原长时，兵势共一万余人。但中国有句古话叫"穷寇莫追"，而小笠原长时就是个很有战斗力的"穷寇"。小笠原长时这时候已经退无可退，再输就只能输掉自己一条命了。他在得到一万武田军正在赶来的消息后，没有选择退缩，而是决定拼死一搏，于是在野野宫一地等待与武田军的决战。临战，小笠原长时激励手下的士卒说道："呜呼，洁哉，吾兵士也。虽武田弱兵百倍于此，何惧之有乎？"（《小笠原家谱》）。可以说小笠原长时意气昂扬，丝毫不把武田军放在眼里，直斥其为"武田弱兵"。

武田军刚到达野野宫，已经置生死于度外的小笠原长时就带头向武田军发起决死冲击。他拔出太刀，亲自斩杀十八个披着铠甲的武田军士卒，小笠原军的士气为之一振。小笠原清藏贞种、小笠原式部少辅赖贞等人皆殊死作战，频频进击。亡命之徒的杀伤力可怕得惊人，作为武田军先锋的马场信房、饭富虎昌在小笠原长时的攻势下最终崩溃，小笠原长时趁势杀向武田晴信本阵，使得武田晴信节节败退，最终斩获武田军三百多颗人头。武田晴信哀叹之余，无奈退走。此战即为"野野宫之战"。是战，小笠原长时军不满千人，横扫一万余武田军，击败了饭富虎昌、马场信房，以及包括武田晴信本人在内的武田家三位名将，诚为战史上的奇迹。可见，人在绝境中往往能迸发出最大的潜力。但随后问题又来了，虽然暂时击退了武田，但和村上义清闹翻脸让小笠原长时又一次失去了容身之处。小笠原长时十分自责，甚至有自杀的想法，但是被其家臣二木重高阻拦了下来。二木重高向小笠原长时进言，自己曾在一个叫中洞的地方筑城，中洞城深处山谷之中，易守难攻，粮食可撑数年，建议小笠原长时暂时以其为据点，静观事变。再三劝说之后，小笠原长时采纳了二木重高的进言，举族徙往中洞城。

　　对灭亡小笠原长时还不死心的武田晴信，又在同年四月以洗马、山边、赤泽、濑黑、西牧、仁科、坂西诸氏为先锋，进攻中洞城。小笠原长时命令一部分小笠原守军埋伏在中洞城周边的深林中，等武田军出现在面前时，小笠原长时挥动采配，命令伏军

▲饭富虎昌，一勇斋国芳绘

对准其射箭，中洞城内的小笠原军又从中突出，正面进攻武田军。结果这一次，武田晴信又遭小笠原长时所击溃，武田军被小笠原军斩首两百多级，狼狈而去。

同年九月下旬，不信邪的武田晴信第二次出兵中洞城，并以饭富虎昌、三寸十兵卫为先锋。小笠原长时让二木善左卫门政广防守东方，二木六计右卫门宗末防守南方。两军相战，武田晴信又一次败给小笠原长时，铩羽而归。小笠原长时趁着胜势，从中洞城出兵，主动对外进攻，攻打西牧垒，斩获许多首级，又趁机收复平濑城。小笠原氏似乎有了复兴的曙光。

天文二十一年（1552 年）六月，武田晴信出阵无吕原，准备率领三村、两牧、坂西、仁科诸氏第三次攻打中洞城，这次小笠原长时决定主动出城迎战，直接出军在无吕原与武田晴信交锋。合战甫一开始，仍然是小笠原长时军占有相当优势，武田军二百多颗人头落地。但局势到后面起了变化，武田晴信以旗本奋战，三村、两牧、坂西、仁科诸氏袭击小笠原长时的后军，造成小笠原长时的失利溃败。小笠原长时退回了中洞城，小笠原氏复兴的希望破灭了。

天文二十二年（1553 年），攒积了足够实力的武田晴信对村上义清发动总攻击，在盐田之战大败村上义清，村上义清弃城逃走。武田晴信趁机进军，一日一夜攻拔村上氏所领十六城，斩获无数（《妙法寺记》）。村上义清丧失在北信浓的全部领地，北信浓四郡落入武田晴信手中。到了年底，小笠原长时在中洞城也支撑不住，弃城逃亡。和村上义清一样，他也投奔越后领主上杉谦信去了。翌年，武田晴信又攻占了下伊那郡，并派遣武田义信进入佐久郡压制叛乱的豪族。武田义信一夜之间攻克九城，杀敌三百多人，佐久郡再度宣告平定。之后木曾义昌亦对晴信表示降服。至此，信浓国被武田晴信控制。

从天文十年（1541 年）到天文二十三年（1554 年），花费十三年的光阴，武田晴信终于将信浓这个领土面积是甲斐三倍的国度收入囊中，付出的代价也实在巨大，中途多次大败给村上义清和小笠原长时，还有一个藤泽赖亲，战死的甲斐兵亦无数。在武田晴信征服信浓的路上，是无数甲斐兵的累累白骨。胜利之后的武田晴信即将面临更强大的对手的挑战，他就是越后的上杉谦信。此后，为了救援被武田晴信侵夺领地的村上义清、小笠原长时等信浓大名，上杉谦信开始了他的信浓征战，即后世所通称的川中岛之战。

军记物中的川中岛之战

上杉谦信与武田信玄 [①] 在信浓川中岛对峙的次数，当今通说为五次，分别发生在布施、犀川、上野原、八幡原、盐崎。这种论调出自渡边世佑在昭和四年（1929年）所著的《武田信玄的经纶与修养》一书，迄今尚未满百年。在此之前的明治二十二年（1889年），田中义成在《史学会杂志》第一号上发表了名为《甲越事迹考》的论文，认为谦信与信玄只在弘治元年（1555年）与永禄四年（1561年）大战两次，据此提出川中岛二回战说。不过这种说法最终在昭和四年为渡边世佑的五战说所压制，渡边世佑对川中岛五战的时间划分如下：

布施之战：天文二十二年（1553年）八月中旬至下旬；

犀川之战：天文二十四年（1554年）七月；

上野原之战：弘治三年（1557年）八月；

八幡原之战：永禄四年（1561年）九月；

盐崎之战：永禄七年（1564年）八月。

这一新五战说，得到了《上杉家文书》《越佐史料》《信浓史料》等古记录和古文书的印证，最终成为日本史学界的通说。在实证主义尚未出现的江户时代，关于川中岛之战的次数及交战时间、地点，众说纷纭。例如米泽上杉家编写的《川中岛五战记》，将川中岛之战的交战时间如此划分：

第一阶段：天文二十一年（1552年）；

第二阶段：天文二十三年（1554年）八月十八日；

第三阶段：弘治二年（1556年）三月二十五日、二十六日；

第四阶段：弘治二年（1556年）八月二十六日；

第五阶段：永禄四年（1561年）九月十日。

江户时代的赖山阳在《日本外史》中如此划分：

第一阶段：天文二十二年（1553年）十一月；

---

① 武田晴信在永禄二年（1559年）出家，法名信玄，为方便叙述，下文皆称此名。

▲ 川中岛合战屏风图

第二阶段：天文二十三年（1554 年）八月；

第三阶段：弘治二年（1556 年）三月；

第四阶段：弘治二年（1556 年）八月；

第五阶段：永禄四年（1561 年）八月。

明治时代刊行的《国史大辞典》中这样划分：

第一阶段：天文二十二年（1553 年）十一月；

第二阶段：天文二十三年（1554 年）八月；

第三阶段：天文二十四年（1555 年）七月；

第四阶段：弘治二年（1556 年）三月；

第五阶段：永禄四年（1561 年）十月。

《甲阳军鉴》更是将川中岛之战划分为十二阶段，分别如下：

第一阶段：天文十六年（1547 年）；

第二阶段：天文十七年（1548 年）；

第三阶段：天文十八年（1549 年）；

第四阶段：天文十九年（1550 年）；

第五阶段：天文二十一年（1552 年）；

第六阶段：天正二十三年（1554 年）；

第七阶段：天文二十四年（1555 年）；

第八阶段：弘治二年（1556 年）；

第九阶段：弘治三年（1557 年）；

第十阶段：永禄元年（1558 年）；

第十一阶段：永禄二年（1559 年）；

第十二阶段：永禄四年（1561 年）。

在《甲阳军鉴》中，第一次川中岛之战的发生时间是天文十六年十月，时年不过十七岁的少年上杉谦信为救援丧失领邑的村上义清，出兵与武田信玄对峙于信浓海野平。武田信玄之前就数次听闻上杉谦信的名声，所以略有些忌惮，做了谨慎的防备。上杉谦信在合战中首次使用"车悬阵"，欲直攻武田中军，但由于武田军坚守，并不是很奏效。最终武田军战死一百三十余人，上杉军自身阵亡二百六十余人，双方各敛兵而退。这是现存于世的川中岛之战发生时间最早的记录，也是上杉谦信使用车悬阵最早的记录。

在《甲阳军鉴》当中，村上义清在天文十六年的上田原之战中惨败，以至于无处容身，所以来投靠上杉谦信，谦信因而出兵，这都与当今的通说相差悬殊。通说当中，上田原之战发生在天文十七年，而且是村上军大败武田军，与《甲阳军鉴》的说法完全是南辕北辙。且根据良质史料《妙法寺记》，村上义清是自天文二十二年盐田之战惨败，丢失北信浓全部领地后，才和高梨政赖等信浓豪族一起来投奔上杉谦信的。

《甲阳军鉴》中的第二次"川中岛之战"发生在天文十七年五月，上杉谦信与武田信玄对峙于信浓小县郡。村上义清向谦信请战，但是受到宇佐美定行的阻拦，认为时候还没到，最后也不了了之，以双方撤军收局。第三回合发生在天文十八年四月，上杉谦信与武田信玄第二次在信浓海野平对峙，但也没有实质性交战。第四回合发生在天文十九年五月，上杉、武田两军对阵于信浓佐久郡，但仍然只是相互对峙，没有实质交战。第五回合发生在同年九月，两军再度对峙于信浓海野平，但依然未交战。

在几次对峙以后，天文二十一年三月，上杉谦信与武田信玄于信浓小县郡常田一地发生冲突。上杉谦信以长尾政景为先锋，击破武田军六队，武田军中的小山田昌辰战死。但很快甘利春忠、马场信春就对长尾政景展开反扑，结果长尾政景战败，上杉军一共战死七百余人（一说五百余人），武田军战死三百七十余人。

之后，在天文二十三年、天文二十四年、弘治二年、弘治三年、永禄元年、永禄二年，上杉谦信与武田信玄六度对峙于川中岛，但都是延续老套路，相持而未战。

永禄四年八月，历经之前多次的对峙，川中岛大战终于爆发。上杉谦信率兵一万三千，以村上义清、河田亲章、本庄繁长、高梨赖治为先锋，柿崎景家、北城长国、大关亲益为后继，斋藤朝信为游军，长尾政景、饭尾景久为监军，浩浩荡荡进入川中岛，布阵在海津城①旁的西条山。

九月九日，在海津城的武田信玄与山本勘助商量后，分军为二。武田信玄派饭富虎昌、马场信春、小山田昌行、甘利昌忠、真田一德、相木常喜、小山田信茂等人领军一万二千，袭击布阵在西条山上的上杉谦信。他自己则亲自率领武田信繁、内藤昌丰、诸角虎定、山县昌景、武田义信等共八千人，进军川中岛布阵，准备和西条山的别军对上杉谦信前后夹击。但是武田信玄的这一计谋很快便被上杉谦信识破，谦信令全军绑住马舌，不要发出任何声音和动静，趁夜下西条山，避开了正袭往西条山的武田别军。上杉谦信以柿崎景家为第一阵，自己为第二阵，使用车悬阵，杀向布阵在川中岛的武田信玄，天明时，赫然出现在武田军眼前。武田信玄在天文十六年的第一次川中岛之战中领教过车悬阵的厉害，这时候猛然认出了这种阵形，非常畏惧，下令重整队形以迎战，但是并未奏效。武田义信首当其冲，为上杉军击败，武田军阵形大乱。上杉谦信以白布裹头，单骑突入武田信玄本营之中，对他连砍三刀。武田信玄未及拔刀，仓促之间以指挥的军配挡了谦信几刀，手腕受伤。武田军左右赶来救援信玄，原虎昌一枪刺向上杉谦信，但没有刺中，第二枪则刺中了谦信的马，马受惊逃去，信玄因而得救。武田信繁得闻，单骑追杀溃走的上杉谦信，但反被谦信一刀砍死。武田军中的诸角虎定、山本勘助在此时也战死于乱军之中。由饭富虎昌、马场信春等将率领的袭击西条山的武田别军，到达西条山后，才发现空空如也，又听到川中岛处传来两军鼓噪大战的

声音，于是回过头杀向上杉军的后方，结果让上杉军大受惊扰而溃走。武田军对上杉军展开追击，但上杉军中的甘槽景持率领六七骑、四五十名残卒殿后，等上杉军全部渡过犀川北还后，才慢慢撤退，这种气势令武田军不敢有所动作。

以上就是《甲阳军鉴》所记载的十二场川中岛之战的主要情节。十二场这数目并不是最多的，在《北越军谈》

▲ 川中岛一骑讨（左为武田信玄，右为上杉谦信），位于长野市八幡原史迹公园

中甚至达到了十四次之多，这些都远远多于今日通说的五回合战。另外值得注意的是，《甲阳军鉴》中上杉谦信使用车悬阵并非仅使用了一次，而是用了两次，分别在天文十六年的第一回合战，和永禄四年的最后一场大会战当中。

也有许多军记物的记载跟《甲阳军鉴》的说法有些差异。如武田信玄分兵袭击西条山的这支一万两千人的别军，根据《川中岛五战记考证》的说法，并没有在后来的川中岛之战中回过头来杀向上杉军后方，而是在西条山上攻打上杉谦信留下来防守的村上义清等人，但没捞着什么便宜，最后也败退。这个说法中，上杉谦信没有率全员下西条山，而是留了一部分兵力在西条山上，和《甲阳军鉴》中上杉军全员趁夜色下山的说法有出入。另外关于上杉谦信在川中岛之战中"一骑讨"，砍伤武田信玄，还有另外一个传说。在后世军学者伪作的《上杉谦信书状》等资料中，出现过上杉谦信和武田义信单打独斗，将义信砍伤以后，方才袭击武田信玄的记载。如果这些军记作品的说法都成立，那么上杉谦信在川中岛之战中单骑突入武田军，先后和武田义信、武田信玄、武田信繁三人一对一交手，砍伤义信和信玄，杀死信繁。根据《大日本野史》的记载，武田信玄事先为了掩人耳目，在本阵配置了六个年龄、相貌与他相似的影武者，以防不测。谦信在大战之中突入武田本阵，大声喝问："信玄何在？"武田军中的原虎吉接话道："信玄怎么会在这里？！"挺枪刺向谦信，结果反遭谦信挑落马下。武田信玄厉声呵斥谦信："无礼！"就这一句话，谦信从众多影武者中一眼辨认出了信玄，挥刀砍向信玄，将其砍伤。正好这时武田援军赶到，信玄才幸免于难。

除《甲阳军鉴》外，赖山阳的《日本外史》对川中岛之战的记载也颇具代表性。《日本外史》中记载的第一次川中岛之战发生在天文二十二年十一月，武田信玄甚至联合了今川义元。武田军总势二万，与上杉军隔雨宫渡对峙，上杉谦信屡屡向武田信玄挑衅，而信玄不为所动，两军相持了二十七天。上杉谦信遣派使者至武田营中下战书后，合战方正式开始。上杉谦信在合战一开始就摆出了车悬阵[①]，武田信玄以十四队迎战，两军不分胜负。武田军中的横田源助、坂垣三郎战死，今川军中亦有七员将领战死，而上杉军也死伤惨重，最后各引兵而归。

第二回发生在天文二十三年八月，上杉谦信率兵八千人，武田信玄领兵两万人，两军在犀川对峙。谦信使村上义清在晚上设伏，并让军中士卒伪装成砍柴的人，接近武田军营寨，引诱其接近埋伏圈。武田军中计，陷入伏内，于是两军展开大战，一日之内总共交战十七回合。在武田信玄的调度下，武田军一度扭转局势，并逼近上杉谦信本阵，击溃谦信，乘胜而进。但这时宇佐美定行赶来救援，又击破武田军，将武田军逼至犀川的河水之内。武田信玄骑马跃向岸上，将要逃走。这时上杉谦信以白布裹头，骑着"放生月毛"，挥刀砍向武田信玄，武田信玄不暇拔刀，拿着指挥的军配接了谦信一刀，军配被击碎，上杉谦信又朝武田信玄肩膀上砍了一刀。武田军中的小头目原大隅见情况危急，用枪刺向上杉谦信，但没有刺中；再刺一枪，刺中了上杉谦信的坐骑，马因为受到惊吓，跳入河水之中，让上杉谦信成了落汤鸡，武田信玄得以逃走。另一方，武田信繁得到信玄危急的消息，赶来救援，但这时信玄已经顺利逃脱，武田信繁正面遇上了刚从河水中爬起来的上杉谦信，被一刀砍死。此战，武田、上杉两军死伤也大致相同，最终都敛兵而退。

第三回川中岛之战是在弘治二年三月，武田信玄分军使保科弹正趁夜越过户神山，袭击上杉军背后，再计划自己从正面进攻，来个前后夹击，彻底击溃上杉谦信。但是保科弹正偏偏因为不熟悉地形，再加上月黑风高，迷了路，还闹出了动静。这么一来就被上杉谦信侦察到了。于是谦信就率领八千人，摸黑直往武田晴信本营进军，武田军受惊溃退，山本勘助等六将战死。等到天亮的时候，保科弹正终

---

① 《日本外史》记为"圆阵"。

▲ 武田信繁，一勇斋国芳绘

于抵达本来计划袭击的上杉军营寨，但是发现里面空空如也，这时候听到川中岛战声如雷，才明白过来，立刻回军，渡过筑摩川，袭击上杉军后方。武田军望见了保科弹正，中止了溃走，回过头来夹击上杉军，终于使得上杉军战败遁逃。武田军对上杉军展开追击，将其逼迫至犀川，但是这时候上杉军又祭出了车悬阵①，硬是强行杀退武田军，成功撤军，武田军也因过度疲劳，不再追击。

第四次是在同年八月，过程比较平淡，而且有抄袭《史记》中孙膑在马陵之战减灶诱杀庞涓的情节的嫌疑，不复详述。最终也是武田、上杉两军杀伤相当，各引兵而退。

第五次合战发生在永禄四年八月，上杉谦信率军布阵在海津城②旁的西条山，武田信玄与其子义信率军二万，布阵在雨宫渡。相持三日后，上杉谦信仍然无任何动作，武田信玄等得很焦躁，退入海津城，准备分军为二，自己率军在川中岛埋伏，另一军从海津城出发，袭击西条山。这样一来，无论上杉谦信战胜或战败，都会从西条山撤军北归，埋伏在川中岛的武田军只要趁此时刻袭击疲惫的上杉军，再联合西条山的武田军进行夹击，对上杉谦信便可一战而擒，这就是武田信玄的想法。但是武田信玄的这一计策，很快便被上杉军中的宇佐美定行、斋藤朝信所识破。上杉谦信决定来个出其不意，于是率领全军趁夜下西条山，渡过雨宫渡，进逼武田军在川中岛的本营，直接避

---

① 《日本外史》称为"轮转返战"。
② 《日本外史》也作贝津城。

开了袭击西条山的这一支武田军。天渐渐变亮了，武田军看见突然出现在眼前的上杉军的旗帜，皆面露惧色。上杉谦信率领一小队人马，突入武田信玄的本阵，武田信玄麾下惊扰溃败。上杉谦信的影武者荒川伊豆守拔刀进逼武田信玄，武田信玄落魄逃走，上杉谦信对其进行追击。武田义信以两千人尾击上杉谦信，但是被甘槽景茂等人击退。

追到一半，上杉军腹中饥饿，于是上杉谦信传令军中吃饭。但是这样一来，就又给了武田义信一个机会。武田义信率领残兵剩卒，对正在吃饭的上杉军展开进攻，杀死志田义时以下数十人，形势岌岌可危，谦信不得已亲自拿起枪作战。这时正好本庄繁长等援军赶来，才又击退了武田义信。最终上杉谦信到善光寺滞留三日，遣使向武田信玄挑战，武田军将士亦向信玄请命作战，但都遭武田信玄拒绝，最终便不了了之。

以上便是《日本外史》当中叙述的五次川中岛合战的全过程，与当今的通说相差巨大。例如，上杉谦信的"一骑讨"上演了两次，第一次是第二回川中岛之战，上杉谦信本人亲自上；第二次是第五回川中岛之战，由谦信的影武者荒川伊豆守负责。山本勘助战死在第三次川中岛之战，不是死于通说的第四次。武田军分兵袭击布阵在山上的上杉军，这个计策是由武田信玄本人想的，不是通说中由山本勘助献策的。武田军分兵袭击布阵在山上的上杉军，这个相同的战术，武田军用了两次，不是通说中的一次。武田信繁战死在第二次川中岛之战，不是通说中死于第四次川中岛之战。车悬阵被上杉军使用了两次，也不是通说中的一次。

《日本外史》里这第五次川中岛之战的经过，并非《日本外史》所独创，其史源是《川中岛口上书》《谦信记》《北越军记》《甲越五战记考证》《北越耆谈》《川中岛五战记》等军记作品。这些书里都不约而同地提到一个细节，上杉谦信在合战最后关头，因为大意而进餐，就在这吃饭的工夫里被武田义信袭击，一度陷入窘迫，而之后在本庄繁长、中条藤资等人的救援下，上杉谦信才得救。上杉谦信在败战之后，经常受到本庄繁长和中条藤资的讥讽，这触怒了自尊心很强的谦信。不久谦信便找借口让本庄繁长诛杀了中条藤资。本庄繁长也因为担心迟早遭到谦信报复，而据本庄城叛变，后历经数年方降服，这是后话。

不过要说川中岛之战最传奇的一段记录，还是在军记物《盛正记》中。书中记载，上杉和武田两方为了解决在川中岛纠缠不分的局面，决定举行一场相扑以决定川中岛四郡的归属。于是双方选了个黄道吉日，在两军阵前，甲斐的"刚力大兵"安场彦六与越后的"小兵手取"长谷川与五左卫门进行了生死相搏的较量。相扑中，与五左卫门力不能敌，就使阴招，以肋差刺死了彦六。武田军要报复，却被自认武运已堕的信玄制止。信玄信守诺言，以血判把川中岛四郡割给了谦信。在古文书中，也有印证此事的川中岛四郡归属谦信的朱印状，米泽上杉家鼓吹此说最为卖力。鉴于上杉一门遗传性地颠倒黑白、自塑金身，此事自然属于无稽之谈，毕竟文书也是可以伪造的。

但关于川中岛之战，还有离奇的情节。在《真田三代记》一书当中，记录了一场发生在永禄十二年（1569年）九月的川中岛之战。这一年份发生的川中岛之战，除了《真田三代记》以外，其他书统统没有记载。此战中，上杉谦信与武田信玄再次冤家相逢，狭路对峙。谦信言辞犀利，开战前把信玄大肆批判了一番，让信玄恼羞成怒，颇有《三国演义》里诸葛孔明痛骂王朗之风，其文辞非常精彩："汝不识时机，已掠略甲信二州，武威不灭父祖，然屡出无名军，劳民困人。汝形貌似浮屠，然侵略女婿之境域，纵火夺地。汝不闻浮屠有五戒，以犯为贼乎？诡杀赖重，夺其邑，奸其女，所谓邪淫戒也。老年忘浮屠，耽乐淫酒，是饮酒戒也。我尝朝京师，以国托汝，汝盟而诺，我往而后，汝侵我邑，是妄语戒矣。师起无名，军罢士困，多截人命。虽缠法衣修学，唯形相而已，不异以粪包锦。破戒若斯，忽猛天谴，我不忍坐见，故今代萨埵，而谴责汝罪。幼而废父夺国，不孝莫大焉。"

武田信玄被上杉谦信这番言辞激怒，遂与上杉军相战，胜败不决，最后各自收兵退去。

最后一次川中岛会战，发生在武田信玄进行西上作战前夕的元龟三年（1572年）四月，是上杉谦信与武田信玄四子胜赖的对决。上杉谦信为声援当时遭受武田军进攻压力的德川家康，率领八千（或作一万、一万五千）大军出兵信浓，在长沼城纵火焚掠，随后进军川中岛挑衅。驻守在信浓伊那郡的武田胜赖所部仅有八百余人，闻讯后前来迎战。本来对上杉谦信而言，是大象踩蚂蚁，但是谦信却被晚生后辈胜赖的胆识所慑服，心生恐惧，不敢与其交战，于是引兵退去。武田胜赖对谦信展开追击，斩杀其殿后部队。元龟三年四月的川中岛之战，是文字记载中

甲越勇將傳　上杉家　十四将

宇佐美駿河守　定行

北越の勇将宇佐美駿河守定行は川中嶋の合戦み為る天塚村み陣と探二よふ込く軍勢

蒐を呼も気勢いきや真ち萬いさや上の臺の臨るが如く不かせバ勇を之る

早進の軍兵ち跨たる武田勢へ真蕎み切てしり縦横会尽ぶ戦へ込をの武田乃軍勢も

定行へ時好と付米幣返うろ込み込く敵の逃蒐来ると静里ろくつく居たりしく

させそ避易し勇ろし巴方へよりと切んも光景ありる

應需　一筆菴誌

▲ 宇佐美定行，一勇斋国芳绘

210

谦信生平最后一次出阵信浓，以其撤军而宣告终结。此战上杉谦信因畏惧武田胜赖而撤军，遭其追杀的狼狈场景，连上杉方的军记物《北越家书》也承认。这应该是完美诠释了上杉谦信几度出兵川中岛却最终籽粒无收的结局。

说完了军记物中记载的川中岛之战，我们回过头来讲现在通行说法中的第四次川中岛之战（即永禄四年八幡原之战）。此战是历次川中岛之战中最精彩的一战，可谓脍炙人口，耳熟能详了。大概经过就是上杉谦信布阵在信浓海津城平旁的妻女山，山本勘助向武田信玄献出"啄木鸟之计"，分兵袭击上杉军。由高坂昌信等人率一万二千人袭击妻女山，武田信玄本人率军八千人布阵川中岛。但是武田信玄的如意算盘被上杉谦信识破，于是上杉军自妻女山下山，连夜渡过雨宫渡，杀向川中岛的武田本军，使其猝不及防而一时溃败。山本勘助羞愧自杀，武田信繁也在乱军中身亡。上杉谦信单枪匹马，冲进武田本阵，对武田信玄"一骑讨"，砍伤了他。袭击妻女山的武田别军也在这时回过神来攻击上杉谦信，令上杉军溃败。后世判定前半阶段上杉军胜，后半阶段武田军胜，各打五十大板。但即便是这种通行已久的说法，也充满了谬误。

首先说上杉军布阵在妻女山，这本身就是一种流毒已久的谬传。根据《甲阳军鉴》的记载，上杉军布阵的地点是"西条山"，不是"妻女山"。说上杉军布阵在"妻女山"的，是江户时期的《甲信越战录》一书，此书性质上大概类似《三国演义》，属于军记小说一类。

无论是"西条山"还是"妻女山"，从实际地理来考察，都是很不现实的布阵地点。西条山的位置在海津城的东南方向，而上杉军连夜渡河的雨宫渡则在

▲ 武田信玄所用稚儿铠

▲ 山本勘助，一勇斋国芳绘

海津城的西面，万余大军从西条山下来，直趋雨宫渡，怎么可能不被海津城内的守军探察到呢？上杉谦信如果选择布阵在妻女山，理论上必须攻下附近的武田氏的支城，也就是在妻女山后面的鞍骨城、天城城。就算上杉谦信无视此二城的存在，一万多大军安然登上妻女山布阵，一举一动都会遭武田的天城城、鞍骨城守军监视，之后下山时也不可能不被侦察到动静。事实上，江户时期的《海津城近傍古城考》的作者通过实地徒步勘察，发现一万多人马很难攀登这两座山，遑论布阵，遂认为上杉军布阵于西条山、妻女山之说是个谬传。

说山本勘助向武田信玄在川中岛之战中献出"啄木鸟之计"，更是没有任何史料来源的无凭无据的谬传。根据《甲阳军鉴》的记载，永禄四年川中岛之战中，山本勘助确实向武田信玄献上分兵之计，袭击布阵在西条山上的上杉军，但是没有出现"啄木鸟之计"这个名词。这个词汇的正式出现，是在《甲阳军鉴》中记载的永禄十二年骏河萨埵山之战。当时武田信玄和北条氏政对峙，相持不下。马场信房此时向武田信玄献上"啄木鸟之计"，分兵攻打北条氏政，而武田信玄则趁机撤军。也就是说，"啄木鸟之计"的提出者是马场信房，而且是在永禄十二年的萨埵山之战，并非是山本勘助在川中岛之战向武田信玄提出来的。而且武田信玄在萨埵山之战使用"啄木鸟之计"，是为了"声东遁西"，金蝉脱壳，趁机逃走。总之，"啄木鸟之计"这个名词在史料当中并不存在于川中岛之战，这是后人的谬传。

最后是川中岛之战的"一骑讨"，其实这在《甲阳军鉴·品第二十七》中就上演过一次，故事情节雷同。大意是说村上义清在天文十六年①的信浓上田原合战中，在最后关头，单枪匹马冲入武田信玄本阵之中，挥刀砍伤了他（"单骑挥刀，独与晴信斗，晴信被创"）。这和同样存在于《甲阳军鉴》中的永禄四年九月的川中岛之战，上杉谦信对武田信玄上演的一骑讨剧情雷同。哪里会有这么巧合的事情？历史不是小说，不可能存在双方大将在乱战之中单打独斗的情节，而且类似的情节还在同一个人身上发生两次就更不可能了。

---

① 应为天文十七年，《甲阳军鉴》作十六年。

换言之，《甲阳军鉴》中存在两场相同的"一骑讨"，剧情完全相同。都是敌将单枪匹马闯进武田信玄本阵，再挥刀砍伤了信玄。这应该是属于《甲阳军鉴》作者的自我抄袭，因为不懂得发挥想象力，于是让一个故事重复了一遍。

　　其次，上杉谦信本人的身体条件限制了他不可能在战场上恣意纵横驰骋，更加不可能在乱军之中，避开所有的杂兵，一个人单枪匹马冲进武田的本阵中去。根据《涩家手录》《武隐丛话》的记载，"谦信体短小，左胫有气肿，挛疼"，说他腿脚有毛病。在布施秀治的《上杉谦信传》当中，则更直截了当地说谦信的左脚是跛的，是个瘸子。上杉谦信在战时的神采，《涩家手录》《武隐丛话》记载为"居每不甲，著黑棉布胴服，被铁小弯笠，终世莫用麾及军配，不过一两回。恒采三尺许青竹，以指挥众"。综合起来看，谦信是这样的：身体短小，左腿有残疾，跛脚；战时不穿甲胄，喜欢穿黑棉衣，戴半圆铁笠；终生不爱用采配指挥作战，最多不过一两回，几乎每次都使用三尺青竹指挥军队。这样看来，上杉谦信的形象很像金庸的武侠小说《射雕英雄传》中的柯镇恶：跛脚，喜欢穿黑棉衣，使用三尺青竹。但谦信不是小说里的柯大侠，在残酷的历史现实中，一个跛子根本不可能潇洒地在战场当中纵横驰骋，遑论避开周围的杂兵，冲进敌方大将的本阵。这是根本就不可能存在的。

　　上杉家的记录也不承认上杉谦信本人有过"一骑讨"。根据《越佐史料·卷四》引《历代古案》，近卫前久褒扬谦信在川中岛之战中亲自用刀砍人（"自身被及太刀打段"），但没提到砍武田的事情。如果真有这种事情，以近卫前久向来阿谀讨好对自己有利的人的秉性，根本不可能不会提到。《谦信公御年谱》中，则认为对武田信玄上演"一骑讨"的是谦信的影武者荒川伊豆守，不是谦信本人。但即便是这样，《谦信公御年谱》沿用的史源还是军记物《川中岛五个度合战之次第》中的说法。此书又是越后流军学者以《甲阳军鉴》的内容为基础改写而来，也不可靠。

　　还有一个疏漏是，《甲阳军鉴》说永禄四年九月川中岛之战"一骑讨"时，上杉谦信的装束是白布裹头的出家和尚形象，但是上杉谦信出家，称法号"谦信"，是在元龟元年（1570年）十二月。历来的川中岛之战，不管说法如何，有何种纠纷，其时间都在元龟年以前。而谦信正式剃度，称号"法印大和尚"，则迟至天正二年（1574年）十二月。所以一般游戏、影视作品中出现的上杉谦信以白布裹头的出家和尚形象对武田信玄展开"一骑讨"，其实都是大错特错，与史实上真实的形象不符，上杉谦信在川中岛之战中"一骑讨"的说法根本就靠不住。

既然传统说法中的永禄四年九月川中岛之战，上杉军布阵"西条山"或"妻女山"不靠谱，"啄木鸟之计"不存在，"一骑讨"不存在，那么真实的川中岛大战的模样是如何的呢？具体的对峙地点、合战经过，由于原始史料的极度匮乏，已经不得而知。目前存世的、详述其经过的，都是后世的史料或著作。根据现存一级史料大胆猜测一下的话，这场永禄四年的川中岛大战，武田、上杉两军实际上是正兵对正兵，直接正面对决，而并非军记物语中记载的武田信玄分兵攻打上杉谦信，以奇打正。

该次川中岛之战的结果，上杉谦信自称"凶徒数千骑讨捕，得大利候"（《谦信公御年谱》），武田信玄自称"乘向遂一战得胜利，敌三千余人讨捕候，诚众怨悉退散眼前候欤"（《战国遗文》），也就是都自称自己战胜，杀死对方数千人。两方虽然敌对，但在单方面宣称胜利这事上，倒是非常有默契。

上杉谦信的北陆侵攻

如果说武田信玄的代表作是信浓攻略，那么上杉谦信的代表作便是北陆侵攻。上杉谦信一生之中最大的成就，便是用了整整十六年的时间打下了偌大的越中，消灭椎名、神保二氏，控制了部分北陆地区。谦信与北陆的渊源，最早可以追溯到其祖父长尾能景时代。当时正值永正三年（1506 年），越中神保家当主神保庆宗因受到加贺一向一揆的攻击，逃往越后，乞兵于守护代长尾能景。同年八月，能景亲自协同神保庆宗回到越中，与一揆众在莲台寺交战并获得胜利。九月，长尾能景、神保庆宗与一揆在砺波郡莲沼城交战。但庆宗出兵不出力，竟临阵脱离了战场，致使能景被孤立，最终兵败身死。神保庆宗在莲沼城之战的表现，令能景之子长尾为景大为不满，为景采取了敌视庆宗的态度。昨日之友，今日之敌，战国的局势说变就变。之后神保庆宗干脆与一向一揆结盟，与长尾家敌对。

永正十三年（1516 年），积聚了实力的长尾为景杀入越中，为其亡父报仇，神保庆宗与越中椎名一族共同迎击为景。此战的结果，根据《大日本史料第九编

▲ 上杉谦信，月冈芳年绘

之六》引《东寺光明讲过去账》记载，"神保、椎名于越中国长尾弹正忠乱入之时，被诛人数三百余"，《大日本史料第九编之六》引《东寺庙过去账》则记载，"于越中国，神保、椎名以下与越后长尾众合战，死亡族数百人"。总之，神保庆宗、椎名一族的联军被长尾为景所击败，被杀死数百人。但这次打击，没有给神保庆宗造成多大影响。

永正十六年（1519年）三月，长尾为景再度攻击越中，与神保庆宗、椎名一族交战，战斗持续了五十余日。越中方势力在境川之战中败北，庆宗撤退到二上山笼城，几乎到了穷途绝路。幸亏为景由于国内危机解围返回越后，庆宗才脱离危机。

但是在永正十七年（1520年），长尾为景联合了越中守护畠山尚顺、能登的畠山义总、管领细川高国作为援军，完成了神保包围网。庆宗再次受到打击，被联军攻击。开始庆宗向为景提出了降服的请求，但被为景断然拒绝。完全觉悟的庆宗反而积极地作战，于十二月二十一日向为景在越中的根据地新庄城发动攻击，拉开了决战的序幕。战斗从早上开始，一直激战不休。在战斗的开始阶段，神保势相当有利，越后势六百余人战死。但是到了下午，形势发生了逆转，越中势数千人阵亡。庆宗率领残兵再次败走二上山城，在严寒的冬天渡过神通川，溺毙和冻死的人数达到二千余人，但是其目标二上山城却被畠山义总军攻落。被断绝退路的神保庆宗最终绝望了，在严冬的射水湿原自刃，终结了自己的一生。

神保庆宗败于长尾为景并自刃，神保氏衰亡，但是庆宗留下了一个儿子，即神保长职。长职在泷山城的神保遗臣的守护下，一直雌伏着，等待再兴的机会。天文年间，长尾为景逝世，神保氏正式开始了再兴的活动，目标是统一越中。永禄二年，长职进攻当时已经从属于长尾家的椎名康胤。一开始双方在长尾家的介入下达成和睦，但是神保家不服和睦，于永禄三年（1560年）再次进攻椎名康胤。处于劣势的椎名康胤向长尾家的新当主长尾景虎（上杉谦信原名，下文皆使用其通称）请求援军。于是，接受了椎名康胤请求的上杉谦信开始了他的首次越中出阵。

在叙述谦信的越中出阵前，首先必须要厘清谦信出兵的动机与目的，否则后来的许多事情都解释不清楚。根据江户时代的野史私乘的说法，上杉谦信出兵越中是出于"大义"，替亡父长尾为景报仇。参考《越杉小记》等书的记载，天文十四年，长尾为景率军三千攻入越中，攻打椎名氏的松仓城，将其攻陷，复攻克放生津城，杀死城中七百余人。越中神保氏、能登畠山氏派遣过来的游佐氏、加贺一向一揆纷纷前来救援放生津城，但是为时已晚。众人商议过后，决定让加贺一向一揆假装投降长尾为景，将其引诱到陷阱之内，再合力攻杀。长尾为景接受了加贺一向一揆的投降，在他到达栴檀野时，神保、椎名突然杀出，合力围攻，为景与其部众陷入先前被设置好的陷阱内，惨遭众势力击杀。之后的岁月里，上杉谦信为了替其亡父长尾为景复仇，便对越中、加贺、能登三地动手，屡屡用兵。这种说法也就是说，长尾为景同其父长尾能景一样，都遭越中豪族所弑杀，兵败身亡。也让之后上杉谦信屡屡用兵越中等地，取得了理所当然的"大义"名分。

但是，长尾为景的死没有确切年份、原因，历来说法颇多。关于长尾为景的死因，一共有病死、战死、被暗杀三种说法。至于其具体死亡日期，更是让人眼花缭乱：

天文五年三月十一日——《越后治乱记》

天文五年十二月二十四日——《林泉寺旧过去账并旧灵牌写》

天文五年丙申十二月二十五日——《吉江氏藏过去账》

天文五年十二月二十四日道七沙弥——《上杉家旧藏招灵棚挂轴》

天文七年四月十一日——《异本长尾系图》《宇佐美系图》《北越军记》

天文七年四月二十四日——《竹股系图》

天文九年七月二十四日——《越后治乱记》

天文九年极月二十四日——《肯构泉达录》

天文十一年十二月二十四日——《林泉寺现过去帐并灵牌》《长尾系图》《米泽外史》

天文十一年丙申四月二十四日——《转轮寺灵牌》

天文十四年二月十一日——《续本朝通鉴》《椎名先祖由绪书》《越杉小记》

天文十五年五月十九日——《越中志》《千光寺灵牌》

根据目前留存的文书记录，一般认为长尾为景是病逝于天文十一年十二月二十四日，并非是战死的。至于长尾为景战死于栴檀野，为越、登、贺三地豪族联合击杀的说法，与其父长尾能景在越中莲沼之战（或称般若野之战）为加贺一揆击杀之说类似，现在一般认为是后世混淆了长尾为景与其父长尾能景的死因，是误记。当然，也很有可能是江户时代的"越后流"军学者主观上为了塑造谦信的"大义"形象，寻求其合理出兵越、登、贺地区的"大义名分"，有意粉饰篡改了长尾为景的死因。

上杉谦信之所以对北陆地区用兵，并不是为他亡父为景报仇，而是为了打通上洛的道路。天文二十一年，关东管领上杉宪政被北条氏康打败，逃窜至越后投靠谦信，之后将"关东管领"的名号与"上杉"的姓氏让渡给了谦信，希冀谦信为己复仇雪恨，扫讨后北条氏。但这毕竟不是最为官方的授权，谦信为了获得出兵关东和讨伐邻敌的"大义"名分，于天文二十二年和永禄二年两度上洛，最终在永禄二年六月二十六日，将军足利义辉正式承认其为"关东管领"，并授予其讨伐邻敌的权力。谦信上洛，势必要经过越中砺波郡（神保家势力范围）、加贺（一向宗势力范围）两地域。天文二十年，谦信以春日山城附近的僧侣本誓寺超贤为使者，向加贺小山城（金泽御坊）交涉，成功与加贺一揆达成和睦，这也影响到了当时已经与一揆达成和睦的神保家。因此谦信能成功上洛，两次谒见足利义辉。但是和睦并没有持续多久，武田信玄与本愿寺显如有姻亲关系，之后在信玄的操弄下，本愿寺授意加贺一向宗与谦信敌对。在永禄二年第二次上洛之后，谦信上洛的通道就被阻断。谦信在之后屡屡对北陆地区用兵，就是为了后续的与朝廷、幕府的交涉能够顺利。

除了谦信出兵的动机之外，在江户时代的野史私乘中，谦信用兵越中的时间、次数，也是莫衷一是。根据《北越军记》《北越太平记》《春日山日记》《越后军记》等军记物作品的记载，谦信自天文十五年至天文二十三年，屡屡向越中用兵，却屡屡失败，无一胜利，狼狈之至。现将富田景周所著的《越登贺三州志》中相关记载转引如下："天文十五年，上杉谦信首度出阵越中，为亡父长尾为景报仇，但是战斗失利，于是撤军。天文十七年八月二十一日，谦信第二次出阵越中，与椎名、神保交战，仍然失利，在九月三日收败兵而归。天文十九年五月，谦信再度出阵越中，仍不胜椎名、神保，复引败兵而归。天文二十三年，谦信再次攻向越中，攻打板屋刑部政广所在的鱼津城，但是越中的泷三郎左卫门、寺崎民部左卫门、斋藤带刀、土屋平次左卫门、游佐信浓守等率四千人，以及加贺一揆派遣过来三千多人，合计七千余人，共同来援救鱼津城，使得谦信再度失利战败，媾和后收军而还。"

但是这些说法有很大的疏漏，例如说天文十五年谦信首度出阵越中而战败。当时谦信不过才是个十七岁的稚子，且尚未继承家督，越后国内问题多发，根本不可能有能力出兵征讨越中。而且上文已经提及，长尾为景是自然病死，并非战死在越中，说谦信为了替为景复仇而出兵越中，于理不合。谦信出兵越中，是为了打通上洛的道路，这种需求是在永禄二年上洛的道路被加贺一向宗阻断以后才出现的。在此之前的时间里，似无用兵之理。而且，如果说越中椎名氏是谦信的杀父仇人，在天文年间参与了杀死长尾为景，与谦信有不共戴天之仇的话，椎名氏也不会在永禄年间从属上杉家，谦信也没有必要为了支援他而在永禄三年进兵越中，与同样是"杀父仇人"的神保氏对立。

富田景周在《越登贺三州志》中认为，以上这些军记物中的记载，说谦信频年向越中出击，其说法相互抵牾，恐怕其中有不少内容是重复的。日置谦主编的《石川县史》一书，则认为这些不过是"野乘所记"，并参考布施秀治在《上杉谦信传》一书中用原始文书对照所作的结论，认为上杉谦信第一次出兵越中应该是在永禄三年三月攻打富山城，没有天文年间那么早。因而，《北越军记》《北越太平记》《春日山日记》《越后军记》等军记物中对谦信早年用兵越中的记载，从严谨审慎的角度来讲，不应该采信。

澄清了江户时代的军记物作品中对上杉谦信出兵越中的动机、时间的谬误记述，我们回过头来继续讲谦信的第一次越中出阵。永禄三年，谦信在接受了椎名康胤的请求后，于三月出阵越中，攻打神保长职的居城富山城。长职抵挡不住谦信的攻势，逃亡至增山城。谦信旋即进逼增山城，却因为城高险峻、敌众我寡而攻城不利，一度退军。休养整顿一番后，谦信重新进攻增山城。这时的神保长职已经丧失了抵抗谦信的能力，惊惧逃遁，弃增山城而走，往五箇山方向逃亡。攻陷增山城后，谦信又攻打神保家臣南部源左卫门的居城隐尾城。自知不敌谦信的源左卫门，将儿子源右卫门托付给家臣小原作藏，让他们从隐尾城后面的山道小路逃走，之后出城与上杉军大战，最终壮烈战死，隐尾城被上杉军焚掠一空。富山、增山、隐尾三城的相继陷落，使得长职统一越中、复兴神保家的希望几乎完全破灭。但是就在这时，谦信归国，受到鼓舞的长职趁机收复了被上杉军攻陷的城邑，富山、增山城又回到长职手中。

永禄五年（1562 年）九月，长职再次与椎名康胤交战，并将椎名氏逼到了几

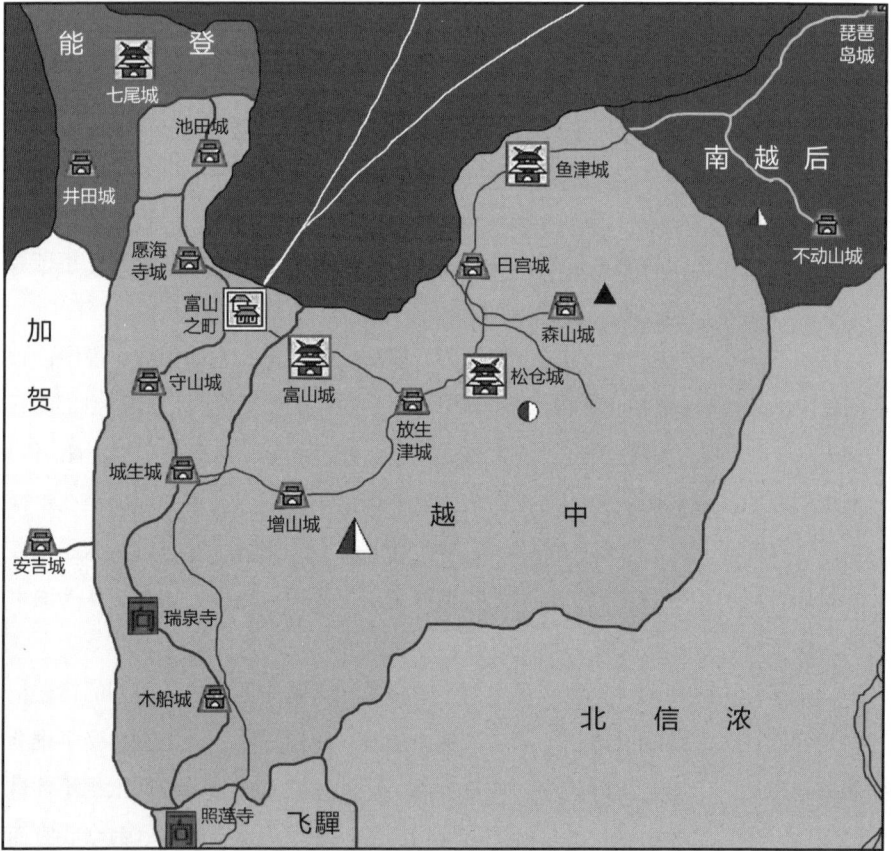

▲ 越中、加贺、能登三国

近灭亡的地步，此时长职几乎要完成越中的统一。十月，谦信为救援椎名康胤而再度出阵越中。长职于十月五日金屋村一战后退回富山城笼城，迎击上杉军。上杉军攻城不利，死伤者很多，但最终将富山城攻陷。长职退至神通川左岸的白鸟城。谦信烧毁白鸟城附近的防御工事，将之孤立。长职没有办法，在能登守护畠山义纲的介入下向谦信表示降服。至此，长职统一越中的野心彻底崩溃。长职虽然丢失了富山城，趋于没落，却仍然保留了射水、夫妇两郡守护代的地位，获得了宽大的处置。不过，饱受长职攻击之苦的椎名康胤对神保氏败北还能获得越中的霸权极为不满。

永禄十一年（1568年）三月，对谦信不满的椎名康胤和武田信玄"眉来眼去"，终于投入其怀抱，加入了反谦信一方。神保家中也分裂成了支持上杉方的当主神保长职、重臣小岛职镇、日宫城城主神保觉广一派，以及支持武田方的嫡子神保长住、重臣寺岛职定一派。结果神保家爆发了内乱。在此情况下，长职仍坚持与武田断绝关系，支持上杉方。时移世易，永禄十二年四月，长职在椎名康胤的攻势之下苦战，无奈只能向谦信请求援军。到了这个时候，当初与谦信敌对的神保长职，反倒变成了上杉的盟友，而本来是上杉盟友的椎名又与谦信反目成仇。昨天的朋友今天成了敌人，而昨天的敌人今天又成了朋友，令人不禁感叹战国局势变化之快。

八月，接到长职求援的谦信率领大军出阵越中，攻下属椎名康胤的新庄、金山等城。谦信的这次救援，击退了椎名氏的一波攻击，总算解决了神保氏的燃眉之急。之后上杉谦信协助神保长职平定家中的反上杉势力，将反上杉派的神保长住流放出越中，包围了寺岛职定的居城池田城，寺岛职定降服于谦信。但在十二月二十七日，越中一向一揆势力持续暴动，反抗谦信进入越中，谦信最终迫不得已退军。

元龟二年（1571年），飞騨豪族姊小路赖纲趁着越中局势不稳，派遣其部将盐屋秋贞从飞騨进入越中，攻打隶属于上杉家的福泽、今泉二城，将其攻陷。之后，盐屋秋贞又进兵攻打城生城，其城主斋藤次郎右卫门是越中豪族，附属于上杉谦信，匆忙向其请求救兵。闻听此报后，上杉谦信在当年三月亲自率兵二万八千进入越中，攻打盐屋秋贞，将其击败，并在越中、飞騨交界的西猪谷对其展开追击。西猪谷之战，盐屋秋贞再度战败，最后降服于谦信（一说秋贞中铳战死）。平定盐屋秋贞之后，谦信回过头来，再次展开对椎名康胤的进攻，相继扫荡十余城，并将鱼津城攻陷，留河田长亲在此戍守，作为上杉家在越中的重要据点来经营，之后返回越后春日山城。

同年，最后选择依附于谦信的神保长职出家，将家督之位让给次子长城，并于第二年病逝。长职死后，神保家的实权落入了重臣小岛职镇的手中，长城基本成为傀儡，可神保家在小岛的影响下依然从属于上杉家。但眼看着谦信逐渐将平定越中，武田信玄自然不会甘心。

元龟三年五月，在武田信玄的策动下，加贺一向一揆首领杉浦玄任率领四万大军进入越中，对上杉家在越中的势力展开全力进攻。杉浦玄任首先拿来开刀的，是依附于谦信的越中豪族、日宫城城主神保觉广。神保觉广大惊，将这一消息报告给了上杉家留屯在越中新庄城的大将鲹坂长实，鲹坂长实随即将此消息报告给了春日山城中的上杉谦信。谦信得报后，派遣直江景纲前往救援神保觉广。鲹坂长实在等待直江景纲前来救援的空隙，欲亲自率军救援日宫城，遂与加贺一揆在吴服山展开交战，结果因寡不敌众而大败，导致日宫城落入一揆之手。一揆势趁机攻入已经为上杉所支配的富山城，富山城落城。

▲ 鱼津城遗址

之后，小岛操纵的神保家在武田信玄的介入下与一向一揆达成和睦，采取了反上杉的立场，与一揆共同据守在富山城内抵抗谦信。椎名康胤也在其居城松仓城遥相呼应。至此，一向一揆、椎名、神保三股势力联合一致，全部反了上杉。一向一揆、椎名、神保都直接受到武田信玄的影响，越中在事实上已经落入了武田信玄一方的手中，这让谦信感到非常气愤。

八月，直江景纲抵达越中，与神保、一揆势在鲫川决战，击破一揆势，并攻

日 本 海

佐渡

新潟

能登

越后

直江津（越府）

七尾

鱼津

放生津

越中

善光寺

上野

弘愿寺 卍

卍瑞泉寺

②

飞驒

吉崎御坊

③

加贺 卍④

照莲寺 卍

松本（信府）

武藏

福井

越前

⑤一乘谷

今庄

敦贺

若狭

小浜

津

坚田

本福寺

京都

长滨

美浓

信浓

甲斐

相模

骏河

远江

伊豆

丹后

但马

因幡

丹波

美作

播磨

备前

淡路

讃岐

阿波

摄津

石山本愿寺

⑧⑦

河

⑥近江

⑩

长岛

尾张

安祥

卍⑪

本证寺

三河

山城

伊贺

伊势

志摩

奈良

根来寺 卍

⑨ 杂贺

高野山

大和

纪伊

太 平 洋

一向一揆诞生地

一向一揆占领地

门徒密集地

① 越后一向一揆（1506，1521）
② 越中一向一揆（1481—1580）
③ 加贺一向一揆（1474—1480，1488—1580）
④ 飞驒一向一揆（1485？）
⑤ 越前一向一揆（1506—1575）
⑥ 近江一向一揆（1465—1467，1570—1573）
⑦ 天文畿内一向一揆（1532—1536）
⑧ 石山战争（1570—1580）
⑨ 杂贺一向一揆（1570—1577）
⑩ 长岛一向一揆（1570—1574）
⑪ 三河一向一揆（1563—1564）

▲ 一向宗势力盘踞示意图

陷了敌方水越盛重防守的泷山城。随后，上杉谦信本人亲自出马，再次率领重兵杀入越中，在同月十八日抵达越中高原野布阵，准备狠狠教训一揆、神保、椎名，逐一收拾。但谦信还未及成行，就遇到了阻遏。越中有一位名叫上野彦次郎的勇士，愤恨谦信对越中的屡次入侵，对其行径咬牙切齿，他听从了一名乡士的建议，欲效法田单复齐，使用火牛计攻击谦信。于是他暗中集中周边的乡民，向他们索要了几十头牛，以为己用。上野彦次郎趁着上杉军在夜晚松懈不备时，使用了古老的火牛计，放出火牛袭击谦信的本阵。昏天黑夜之下，此举令上杉谦信大为恐慌，狼狈不知所为。上野彦次郎的这一火牛奇袭，令上杉军猝不及防最终败北。为此，越中佛生寺城城主细川氏特赐给上野彦次郎感状，褒扬他的功绩。此战是为"越中高原野之战"，是谦信越中侵略中的一场惨败。

谦信败退回越中鱼津城，进行一番休整后，很快就又恢复了元气。从十月开始，谦信猛烈攻打加贺一揆据守的富山城。但两军僵持不下，上杉军也并未占据明显上风。即便是对谦信多有溢美之词的《北越军记》，提到富山城之战，也是使用"互有胜败"这一词汇来形容。可见谦信在攻打富山城时，肯定也遇到了不少挫折。这时，依附上杉家的飞驒豪族江马辉盛进入越中，前来谒见上杉谦信。一向一揆在事前得知了这个消息，欲在途中拦截江马辉盛，但是被河田长亲等上杉将领击退，讨取一揆势数十人（即尻垂坂之战），阻遏了一揆的一波攻势。十二月底，富山城终于被上杉军攻陷，愤怒的谦信展开屠城，屠杀了两千余人。在富山城中的一向一揆首领杉浦玄任，以及神保家当主神保长城，无奈降服于谦信。但在谦信撤军之后，他们又因受到信玄支持而"春风吹又生"，重新占据了富山城。

局势在天正元年（1573年）出现了变化。武田信玄在西进途中阖然长逝，一揆和椎名、神保等反上杉势力失去了后盾，富山城遭到孤立。谦信回军，再次将富山城攻陷，又一举攻克椎名康胤的居城松仓城。最终，一向一揆渡过神通川逃亡，神保长城逃遁至木舟城，椎名康胤亡命至莲沼城。至此，越中神通川以东地区已经为谦信所压制，但没有彻底消灭一向一揆、椎名和神保。

翌年五月，谦信率领两万大军又一次进入越中，攻打椎名康胤、神保长城。但是这次椎名、神保加固城池，笼城固守，让谦信很是不利，也没有捞到什么便宜。无奈之下，谦信只能撤军。秋七月，上杉谦信再度率军进入越中，攻打神保氏所属木舟城，神保军出城交战，结果大败。根据《甲越春秋》一书的记载，神保军"死者数千人"。已经无处遁身的神保长城向谦信臣服。之后谦信趁势进入加贺，焚掠加贺一向一揆的大本营小山城、松任城，尤其是对一揆门徒若林长门守负责守卫的小山城进行了血洗屠城。一向宗徒在恐惧之下，多望风投降谦信。上杉谦信见形势大好，旋即攻打加贺朝日山城。守卫朝日山城的是若林长门守的儿子若林雅乐助、甚八郎。这两兄弟是非常凶狠的角色，且思维极其超前，用上了大量铁炮对付谦信。在二人指挥之下，一揆军使用铁炮猛烈射击城外的上杉军，这让轻视铁炮的上杉军遭遇极大挫折，死伤者甚众，场面非常之惨烈。但这时候恰巧传来北条家袭击上杉家关东后方的消息，上杉谦信有了体面收军的理由，于是趁机返回越后。此战，谦信依然没有吸取早年攻打上野和田城时，因遭到武田军用铁炮猛烈射击而败北的教训，依然轻视铁炮的运用，故而导致上杉军的败北，被一揆众活生生逼退。

虽然剪灭了神保长城，但是椎名康胤还躲在莲沼城苟延残喘，谦信一直惦记着。在随后闰十一月的关东出阵中，上杉谦信在武藏羽生城之战被北条氏政打败，弃羽生城、关宿城逃回越后。之后引发的一连串连锁效应让谦信几乎丢掉了整个关东，使其元气大伤。但柿子专拿软的捏，解决椎名，对谦信来说还是绰绰有余的。

早在元龟三年，上杉谦信便下定决心要灭亡椎名一族，剁碎这缠绕多年的一团乱麻，但一直未能如愿。天正四年，谦信集结大军，再度向越中发起征服战争，准备彻底消灭椎名氏。二月二十四日，谦信进军途中，为越中胜兴寺所领安养寺城所阻。作为北陆一向宗徒势力之一，寺主显幸与谦信连年战争，杀伐不断，相互仇视。负责守卫安养寺城的是沼田太郎右卫门高信。此人是上野安田庄人，受到胜兴寺显幸器重，因此被任命为城守。高信不负使命，奋力抵抗，终将上杉军击溃，上杉军将领长尾新五郎为秀被俘虏，令谦信十分狼狈。最终在迫不得已的情况下，谦信与其订立媾和条约，绕路进攻椎名康胤，这也是鲜为人知的谦信在越中的败仗之一。

早先已经失去了屏藩鱼津城、松仓城的椎名康胤，如今蜷缩在莲沼城这一隅之地避难，显得十分落魄。上杉军军势盛众，抱着必定灭亡椎名的决心气势汹汹而来，椎名氏之灭亡，只在咫尺之间。三月，谦信率领一万三千大军攻向莲沼城，椎名康胤向武田胜赖乞求援兵，加上自己仅剩的一点儿人马，勉强凑够八千兵力，与谦信在鸦川一带交战。结果椎名军大败，逃回莲沼城固守。上杉军层层围绕莲沼城，攀牒猛攻，杀伐声不断。坐困愁城的椎名康胤步出居室，凭栏眺望，最后望了一眼越中的土地，在这辽阔的土地上，他曾经为之奋斗，为之防守，交兵神保，抗斗上杉，如今皆已化为风烟，成为历史。椎名康胤回到居室，拿出短刃，切腹自尽。

在室外喧扰的交战声中，莲沼城亦告陷落。越中椎名氏，至此彻底灭亡，湮没在历史的沙尘之中。

关于椎名康胤的最终下场还有另一种说法。江户时代继承上杉家衣钵的米泽藩编纂的《谦信公御年谱》称，上杉谦信在元龟四年（1573年）八月攻陷椎名康胤（年谱中写作椎名泰种）的松仓城、金山城，椎名康胤凭借不动山的众徒向谦信求降，有人提议诛杀康胤，但谦信念及曾和椎名氏有过旧谊，不忍心痛下杀手，于是将其移往同国今泉城，而将金山城赐给了河田长亲。这是说椎名康胤早在元龟四年就被上杉谦信击败，并且谦信还放了他一条生路。但是《谦信公御年谱》一书，站在其传主立场上，为主掩盖是非很多，事件的年月发生次序亦时常有颠倒，故只能另存其说。这种情况在我国古代史书中也有，比如《晋书·穆帝纪》提到前燕攻齐的广固之战，慕容恪执杀段龛并屠杀城内三千余人，《晋书·慕容儁载记》则换了个说法，说慕容恪降服了广固的三千人，也没有杀段龛，并且宽大地封了他官位，也没有秋后算账。这种情况就是站在传主立场上为主讳过，《谦信公御年谱》的情况亦相同，故此处不采此说。

七十年前的永正三年，谦信的祖父长尾能景为救援神保庆宗而出兵越中，与加贺一向一揆交战于莲沼城，却兵败身死。七十年后的天正四年（1576年），谦信又在莲沼城攻灭仇敌椎名康胤。令人不得不惊叹历史的戏剧性。

椎名氏宣告灭亡，而神保氏的亡魂，又开始在谦信头上盘旋。神保氏的同族神保氏张，趁谦信致力解决椎名氏之际，在越中守山城作乱，又一并攻陷了已隶属于上杉家的富山城。俗话说"背靠大树好乘凉"，氏张知晓其孤木难支，此举难免遭到谦信报复，遂投诚织田信长，以信长为靠山。在织田信长的授意下，神保氏张对谦信公开立起了反旗，并且命令儿子神保清十郎在下濑砦一带构筑障碍物，阻拦上杉军的进军。不闹不要紧，自尊心强烈的谦信又被惹怒了。天正四年七月，谦信集结二万重兵，又一次踏上了征战越中的旅程，不到三日便攻破了神保氏张为阻拦其进军而设置的小砦，进而直逼富山城。神保氏张吓得魂飞魄散，弃富山城而逃，遁至其居城守山城。九月，谦信进攻守山城，将其攻陷，之后又一并攻陷响应神保氏张反叛的汤山城、㧬尾城、增山城。神保氏在神保氏张的带领下，依然没能起死回生，还是败亡在上杉谦信手上。这场"茶壶里的风暴"，

"其兴也勃焉，其亡也忽焉"，只是作为上杉谦信征服越中过程中的一个小插曲和一场闹剧而告终。身为败军之将的神保氏张亦只能无奈降服于谦信。在这以后，越中的土地上，再也没有出现过椎名、神保一族对上杉谦信的反抗。即便有，谦信也看不到了[①]。

在征服越中后，军中又传来飞骅的豪族江马辉盛背叛谦信的消息。谦信确认这一情况之后，又立刻勒马进军飞骅，对江马辉盛展开征讨。原来江马辉盛性情反复无常，不停在上杉和武田两大势力之间摇摆，虽然他曾经在元龟三年亲自从飞骅出发，去参见当时正出阵越中的谦信，正式表达了对上杉家的附属，但很快又"见异思迁"，倒戈到了武田胜赖一方。可是等到武田胜赖在长筱之战大败，势力逐渐衰微，就又遭到了江马辉盛的嫌弃，他又想转投上杉谦信。

但江马辉盛还没来得及向谦信再次投诚，谦信就已经率军踏入飞骅境内，布阵在飞骅松仓城内休整。无奈之下，江马辉盛只能勉强迎战。熟悉地形的江马辉盛率领两千人马，在谦信完全松懈、没有防备的情况下，出其不意袭击松仓城（城内一共一万七千上杉军），一连击溃谦信的几个先阵。江马辉盛的不意袭击，令上杉军一时间陷入失利的局面。值得一提的是，在《松陵夜话》一书的记录中，江马辉盛袭击上杉谦信的飞骅松仓城之战和天正二年的加贺朝日山城之战，是谦信一生中仅有的两次战败记录。这个统计虽然很不完全，但也足够说明江马辉盛的这次突然袭击，给谦信造成的打击有多大。此举令谦信大为震怒，对江马辉盛展开回击，江马辉盛挡不住谦信的进攻，遣使真诚向谦信悔过，恳请得到谦信饶恕，最终勉强得到了谦信的宽宥。但谦信终究难以抑制心中的怒火，他将这股怨气撒到了无辜的飞骅百姓身上，一连在飞骅屠杀了无辜的百姓两千余，其中包括完全没有抵抗能力的女人和孩子。在发泄完怨火、重新制服江马辉盛后，谦信回师越中，飞骅征伐结束。这是上杉谦信在征服越中之后的一个插曲。

总而言之，天正四年，越中莲沼城陷落，椎名康胤兵败自刃；拇尾城、增山城陷落，神保氏张降服于上杉谦信，这标志着越中椎名、神保两大氏族的真正没落，

---

① 谦信在天正四年压制越中，两年后他就撒手人寰了。

越中正式被上杉谦信压制。从永禄三年上杉谦信首次越中出阵，到天正四年椎名、神保彻底败亡，上杉谦信足足用了十六年的时间，这中间付出的代价也可谓惨烈。

在依附神保氏张的拇尾城、增山城陷落后，神保氏残党久世但马、益木中务、游佐信浓、小岛仓光等人相继逃亡，谦信"宜将胜勇追穷寇"，从飞驒回师越中后，又对这些残余势力展开追击，于是渡过神通川，进入射水郡，与久世但马等人在閇野交战。久世但马等不敌谦信，战败后从越中逃窜至加贺，谦信

▲ 上杉谦信

趁夜追击，在十一月进入加贺境内，兵抵俱利伽罗峠。在这里，谦信意料之外地遭到了加贺土寇洲崎兵库、龟田隼人、铃木右京、若林雅乐助等人的阻击。这些土寇都是加贺的一向贼魁，因为与谦信素有仇怨，所以听闻谦信进兵加贺，便出兵抵抗。但是他们挑错了时候。当时，洲崎兵库等人的兵力加起来才不过三千，而谦信率军进入加贺时，坐拥两万大军。洲崎兵库等一揆众在坐拥大军的上杉军面前，显得微不足道。实力的不对称，导致洲崎兵库等人直接战败，逃窜回其根据地松根城。上杉谦信命令河田长亲对当场杀死的一揆众悉数割取首级，进行清点，以炫耀其武功。

松根城是土寇洲崎兵库的居城，是他的大本营，在日本南北朝时代，此城是战略价值极高的要冲之地。上杉谦信报复心极强，无端遇阻，自然不想善了，于是率军追击洲崎兵库至松根城下，再度与其展开死斗。还来不及休养整顿的洲崎兵库，又遭此袭击，在与上杉军的白刃战中再度败北，于是弃松根城而走，逃窜到加贺东方边境的白见城。敌视谦信的加贺土寇洲崎兵库、龟田隼人、铃木右京、若林雅乐助等人的抵抗全部失败，上杉谦信得以安然在加贺津幡一带暂时休整。这次，谦信的目光已经不在不知所踪的神保氏余党身上，而是瞄准了北方的能登

畠山家这块肥肉，可谓"得陇望蜀"。谦信以柏崎妙乐寺为使者，派遣他至能登畠山氏的居城七尾城，让畠山氏的家臣们奉当主畠山春王丸来谒见自己，表示对自己的臣服。这一无理的要求遭到了以游佐续光为首的能登畠山氏家臣们的一致反对。得知这一情况的谦信，当即决定攻打能登七尾城，于是率军从津幡开拔。其实，谦信心里想的是两手算盘，畠山氏的家臣们答应与否，对谦信来说并不重要，他需要的只是一个出兵的借口。

事实上，这不是谦信第一次窥觑能登，自从永正十七年（1521年）谦信的父亲长尾为景联合能登守护畠山氏剿杀越中神保氏后，本来和睦的同盟关系，在一段时间之后突然发生变化。双方关系破裂，并中断了外交。迟至弘治四年（1558年）两家才恢复正常的外交。引发这一矛盾的原因不明。中间这段时间，根据《长家谱》的记载，长尾为景在大永年间以须田监物、须田右京为水军大将，率领兵船渡海袭击能登，但是被长英连挫败。越后势被驱逐，须田右京以下被杀数十人，数只船只被夺走。之后从弘治元年开始，继承父志的上杉谦信再度率领兵船渡海，攻打能登穴水城。当时穴水城城主长续连在七尾城，不在穴水城内，其家臣坚守，数度防御，终将上杉谦信击退。之后越后水军又在弘治三年几次入侵能登，但每次都败退。当时正恰逢能登国内兵乱，农事多荒废，上下困顿，加之以笼城，士卒多缺乏粮米，十分困难。长续连为感谢家臣山本源右卫门、山本与次郎、小林彦右卫门在穴水城笼城的功劳，赐给他们感状。

这件事在其他史料中也有记载，《越登贺三州志故墟考》《越登贺三州志鞔囊余考》也提到，上杉谦信在弘治元年以水军侵攻能登，七尾城方面完善了守备，在道下村一带构筑城砦，以防御越后势的侵攻。没得逞的谦信转而攻打穴水城，留守城内的长续连家臣坚守，又将上杉谦信击退，这之后长续连对笼城防御的家臣进行了赏赐。《山田六郎左卫门家传》也提到上杉谦信在弘治年间浮兵船乱入能登，山田十郎与其交战于"富木松之下边海"，取敌首十余级。之后越后势以须田监物为大将，数度乱入能登奥郡，船只停泊在轮岛，窥觑河原田馆。山田十郎与中村左马、太田藏人接连在河原田馆与越后水军交战，先后击退越后水军船只五艘、数十艘，数度防战，最后将其驱逐，并进行追击。之后长纲连对山田十郎赐予感状。

这就是说，长尾为景、上杉谦信父子对能登的侵攻早在大永、弘治年间就开始了。这比一般传统说法中，上杉谦信直到天正四年才开始攻略能登是早了很多年。总之，早期的越后势是以水军多次侵入能登，但是每次都是以失败而告终。

　　如今事过境迁，手中握有足够筹码并积攒了足够实力的上杉谦信，已经不再是弘治年间初出茅庐的少年了，踌躇满志的他准备再次着手收拾能登畠山氏。同以往的水路进攻不同，谦信这次是经由陆路加贺往能登进攻。但人算不如天算。当时正值寒冬，加贺境内漫天大雪，寒风刺骨。上杉军甲胄单薄，抗御不了这严寒的天气，到了晚上，上杉军在中条村、太田村一带的民家休息，由于实在冻得受不了，士卒们簇拥取暖，或焚烧掉弓箭，烧火取暖。窥探到这一情报的洲崎兵库，自然不肯放弃这一时机。他联合森本城的龟田隼人、月浦城的林新六郎，以及木越光德寺、鹰巢的平野神右卫门、林七介、坪坂新五郎、得田小次郎、松永丹波、铃木出羽、铃木右京、铃木采女等共计八百土寇，前往突袭上杉军位于中条村、太田村的大本营。

　　洲崎兵库等土寇沿着山路进军，仿佛从天而降一般，悄无声息地突然出现在上杉军眼前，着实让其吃了一惊。首先遭到洲崎兵库等人攻击的是河田长亲所部，河田长亲有龙阳之色，以此上位，颇得谦信重用，是上杉家在北陆方面的大将。但是以潜规则上位，战场上则未必尽如人意了。事发仓促，河田长亲根本没想到前不久自己还亲自清点首级数的加贺一揆众，现在又突然出现在自己眼前，于是慌忙逃窜，上杉军由是大乱。打崩了河田长亲，洲崎兵库等八百余土寇直接进逼上杉谦信的本阵。面对仓促不意

▲上杉谦信用过的头盔

的袭击，此时谦信的反应，《越登贺三州志》一书用"落胆崩溃"来形容，可见其窘迫、丧胆之至。因为恶劣的天气，加上事出不意，谦信心慌失措，在这些加贺土寇横冲直撞、纵横杀掠时，毫无还手之力，任凭其残酷杀戮上杉军。最终，上杉军大败溃散。根据《北越家书》的记载，上杉军一共阵亡一千余人。洲崎兵库等土寇完美完成了对上杉军的复仇，大肆杀戮、抢掠一番后，满载而归。是战，被关永政春的《古兵谈》称呼为"太田村之战"，日置谦的《石川县史》则称之为"津幡之战"。

洲崎兵库等加贺一揆众，以八百寡卒袭击两万上杉军，将其打崩，让"军神"谦信遭逢了一生战史上最大的屈辱。北陆道地方的民众听闻了此事，编写了民谣来讥讽谦信。民谣是这么唱的："如日光一样照耀关东、耀武扬威的上杉谦信，其长柄的光芒终于被加贺的乌云所掩盖。"

谦信自元龟三年出阵攻打富山城以来，先后在高原野之战、朝日山城之战、安养寺城之战、太田村之战等战斗中经历惨败，输给北陆一揆，令其灰头土脸，十分狼狈。同时，也令北陆一揆大为扬眉吐气。

虽然太田村之战让上杉谦信大尝挫折，蒙受屈辱，但并未对他的总体局势有太大影响。谦信在太田村战败之后，清点人马，重新集结兵力。当时上杉军尚剩余一万多人马，于是重新开拔，攻向能登七尾城。决定能登畠山氏生死的时刻到来了。

七尾城位于能登半岛东南部，屹立于石动山脉北端的尾根七尾山上，属于难攻不落之城。在相继扫荡能登周边的城邑后，上杉军进军直逼七尾城。闻听上杉军侵攻消息的畠山氏家臣们随即出兵，在城外的鸠场一地防御上杉军。上杉军先锋上杉义春、直江实纲击破畠山军，杀死数百人，在彻底扫除外围后，进军围困七尾城。但七尾城守备坚固，谦信多次进攻都以失败告终，于是在七尾城附近修筑石动山一城，做长期围城的准备，与畠山军一直僵持到第二年。

天正五年（1577年）三月，正在谦信苦苦围困七尾城之时，北条氏政出兵袭击上杉谦信在关东的最后一个据点，即上野的厩桥城。要是丢掉这个据点，那谦信就真的成了没有一块关东领地的"关东管领"了。情急之下，谦信留直江景纲、河田长亲、吉江资贤三位大将戍守石动山城，与畠山军对峙，自己则旋即撤军，赶赴救援上野厩桥城。但是在谦信撤军途中，意想不到的事情又发生了。不是冤家不聚头，之前在加贺俱利伽罗峠、松根城、中条村、太田村这些地方三度与上杉军交手的加贺一揆，历来与能登畠山氏家臣游佐续光、长续连、温井景隆关系密切，知道唇亡齿寒的利害关系，这次又盯上了匆忙撤军的上杉军。上一次中条村、太田村之战是以奇制胜，所以能用区区八百人打崩上杉军一万多人，但前例恐怕不能重演。于是，狡黠的加贺一向一揆这次干脆倾巢而出，整整动用一万多人，在上杉军从能登边境撤退的路上阻击。当时，加贺、能登边境地区的大雪尚未消退，上杉军与一揆"打雪仗"的历史似乎又要重演了。上杉谦信望着眼前白茫茫的一片"雪男"，更是吓得目瞪口呆。之后如何，又不难想象了。中井积善的《逸史》记载："既而一向贼一万邀谦信归路，越人皆冻，为所败，遂班师。"冈谷繁时的《皇朝编年史》也记载："既而敌一万邀谦信归路，会大雪，士卒皆冻，为敌所败。"谦信再度被这些加贺"雪男"揍得趴下了，所幸最后还能安然无恙回到越后。这一事件，军学者所著的《甲越春秋》一书中也有提到，但是为了替谦信掩饰，仅仅说了过程，而不记载结果。这种态度，更加坐实了谦信被一揆围殴而惨败的事实。谦信的战史上，多次被北陆一揆打得大败溃逃，尽管一揆利用了天气、城防、武器这些对上杉军不利的因素，但也说明一个道理，人外有人，天外有天。这个世界上，不出名但是真正有能力的人，太多了。

同年闰七月，上杉谦信成功击退北条军，保住了厩桥城，于是再度率领大军攻向能登。畠山家臣长续连将全部兵力集中于七尾城，并强制将城下町的领民移入七尾城并进行笼城。狭小的七尾城内聚集了大量兵士与领民，因卫生不佳引起疾病与瘟疫蔓延，使城内许多人病死，幼主畠山春王丸也病死了。

七月中，陷入瘟疫危机的长续连派儿子长连龙为使者冒死变装逃出城，奔向安土城向织田信长求救兵，织田信长同意遣军驰援。回不去七尾城的长连龙又跑去小伊势村煽动一揆。然而一揆又事前被谦信瓦解，七尾城落城已迫在眉睫，城内守军的士气也大为下降。眼看继续笼城毫无胜算，此时游佐续光为取得畠山家家臣团的执政权，便与上杉谦信勾结，再联合温井景隆与三宅长盛（景隆之弟）为内应。谦信答应他们如果当内奸，畠山氏的旧领与七尾城就都给他们。于是忠于畠山家的仅剩下长续连一族。

九月十五日夜，七尾城内内奸造反，城门被打开，上杉军冲了进去。混乱中长续连、长纲连、长则直等长氏一族一百多人全部被游佐续光所杀。长氏一族中幸存者仅剩下向信长求援的长连龙与长纲连的幼子菊丸丸。七尾城落入谦信之手，能登完全成为上杉的势力范围。接收了七尾城后，上杉谦信又攻下七尾城西南方的能登末森城。至此，能登畠山家彻底灭亡。

为报复加贺一揆在之前两次"雪战"中令自己遭受奇耻大辱，在灭亡畠山家后，谦信率兵六千，再次往加贺进军，攻打一揆据守的松任城。但是松任城城主镝木赖信坚守不屈，让谦信大吃苦头。谦信感到再拖下去会对自己十分不利，急于脱身，就把手中的一万贯地割让给镝木赖信，向他求和。镝木赖信答应了这一要求，谦信得以被允许在松任城附近布阵，等待和即将前来的织田军决战。

值得一提的是，根据井上锐夫的《上杉史料集》的注释，上杉谦信割让给镝木赖信的一万贯地等于是十万石地。相当于是上杉谦信整整割让了十万石地，来向他奈何不了的一揆讨饶求和。也有另一种说法认为，当时上杉谦信并非是割了一万贯地给镝木赖信，而是只割了一万石。无论是一万石还是惊人的一万贯（十万石），上杉谦信自己主动割地，向加贺一揆求饶讨降，这是白纸黑字记载的事实没有错。

另一方面，赶来救援七尾城的织田军，在加贺水岛布阵时得知七尾城陷落且长续连父子兵败身亡，认为继续救援七尾城已经毫无意义，于是撤军而还，没有和上杉军发生交战。得知织田军撤退的上杉军则嘲笑织田军的懦弱，在进军水岛、斩杀了织田军留守的数十名闲杂人员后，又到附近民家放火，而后撤回越后。这就是上杉谦信人生中最后一场合战，即"水岛之战"。江户时代的野史中记载说这场战斗是"手取川之战"，上杉谦信击败织田信长本人，杀死织田军一千多人，织田军渡过手取川逃亡时，正赶上河川暴涨，又溺死了不少人。上杉谦信为此十分蔑视织田军，认为既然织田军这么弱，那么自己将来将其扫荡一空，上洛也不是什么难事。但野史毕竟就是野史，这种说法根本不值得理会。"手取川之战"历史上并不存在，存在于历史上的只有这场小规模的水岛之战。

和之前造成谦信惨败的加贺中条村、太田村之战一样，"水取川之战"无论事实上存在与否，根本对整个局势没有造成多大的影响。即便确实存在，最多也就是一场对彼此而言战术胜利或失败的战斗，实际意义并不大。上杉谦信一生之中的征伐，也在这场水岛之战后画上了句号，之后再未有过直接与敌方交手的合战。两年后的天正六年（1578年），佐竹义重、结城晴朝请求上杉谦信再度出兵关东，对付北条氏政。谦信遂在领内下令集结重兵，但是谦信在正式出阵前即病死，关东出阵的计划便无疾而终。

值得注意的是，虽然在正史记录当中，谦信的北陆征伐在天正五年九月"水岛之战"就画上句号，但在野史中，迟至同年十一月，谦信仍然有出阵北陆的记录。根据《北越家书》《北越军记》的记载，柿崎景家深受上杉谦信重用，在谦信平定越中后，被安置在鱼津城，统辖越中国内事务。天正五年，柿崎景家在京都出售上杉家的三百匹马，织田信长认为可以趁机离间景家和谦信。于是以十倍的高价将马买下，并写信厚谢，且向景家索要老鹰。有耳目将这消息报告给了上杉谦信，果然引起谦信的猜疑和震怒。上杉谦信在十一月七日率领七千人马进入越中，攻打柿崎景家的鱼津城。景家认为虽然被织田信长坑了，但自己

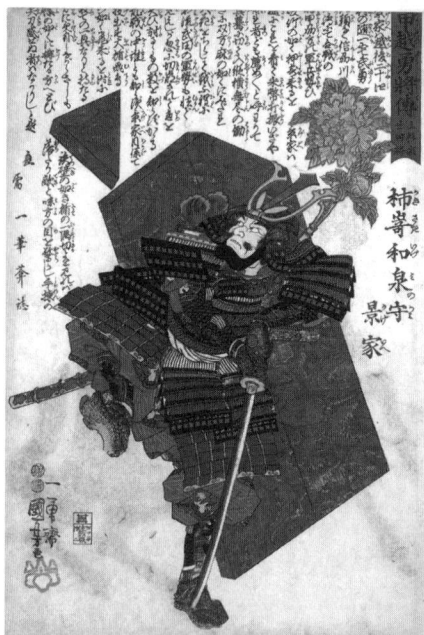

▲ 柿崎景家，一勇斋国芳绘

解释不清楚，干脆一反到底，以死洗刷冤屈。于是他和弟弟泰家、儿子小次郎出城血战，杀死谦信军数千人（注意这一骇人听闻的数字），之后暂时休兵。上杉谦信大怒，发起第二次攻势，柿崎景家命令己方停止抵抗，父子四人切腹自尽。还有一说，上杉谦信并非是被织田信长的计策蒙蔽，而是冲冠一怒为红颜。据《松陵夜话》记载，上杉谦信出兵关东时曾经和上野平井城城主千叶采女的女儿伊势姬发生过恋情，但是遭柿崎景家拆散，而伊势姬后来也出家了。谦信因此怀恨在心，隐忍多年，终于找到一个合理的借口来除掉柿崎景家。

按照一般的印象，上杉谦信安置在鱼津城的大将应该是河田长亲，而从《北越家书》《北越军记》《三州志》这些书来看，这个人是柿崎景家。《三州志》中存有元龟元年越中豪族神保氏春等人联合进攻柿崎景家守卫的鱼津城的记录，景家向谦信请求援军，从而将其击退。不过，上面的说法似乎也有些矛盾，谦信会因卖马的小事，或者伊势姬的事猜疑或记恨柿崎景家，又如何会委任他戍守鱼津城，统辖越中地区？根据近些年的"研究共识"，认为是柿崎景家的儿子晴家，在天正五年内通织田信长被杀。此外，根据《上杉家军役帐》，天正三年柿崎家当主的名字是晴家，不是景家。这些被视为柿崎景家在天正三年前就已经逝去，后人是把他儿子晴家勾结织田被杀的事实和他的死因混淆了的证据。不过，这种解释可能并非太圆满，因为柿崎景家可能只是退下当家家主的位置，让给了儿子晴家，所以军役帐上没有他的名字。《北越家书》《北越军记》中景家的死亡时间也是天正五年，和现在认为晴家的死亡时间一样。所以上杉家猛将柿崎景家的死亡原因至今依然是个谜。

不过，这段文字记载可以算作"军神"上杉谦信最为吃亏的记录了。虽然最后搞定了"叛将"柿崎景家，但是谦信出兵七千人，竟然被景家反击打死了几千人。当然，以上这段记载缺乏一手史料的佐证，只能姑且一说，以做参考。

回头再说谦信死后的北陆局势。还记得若林雅乐助、若林甚八郎、铃木出羽守、铃木右京进、铃木采女、坪坂新五郎、德田小次郎这七个人吗？他们都是加贺的贼魁首领。他们做过同样一件事，在天正二年的朝日山之战和天正四年的中条村、太田村之战中，使谦信溃败逃窜，大尝败绩。结果在天正八年（1580 年）十一月，柴田胜家大肆进军攻打加贺时，这些人纷纷落马，悉数为柴田胜家打败，首级被上呈给织田信长。其中的佼佼者，曾领导一向一揆在加贺中条村、太田村之战中痛击谦信的洲崎兵库，其居城松根城也被柴田胜家所攻陷，后来洲崎兵库被前田利家召仕，成为其家臣，数立战功。

之后天正十年（1582 年）六月三日，柴田胜家攻陷上杉家在越中的大本营鱼津城，诛戮其守将山本寺景长、中条景泰。如果不是同时发生的本能寺之变（六月二日），按照柴田胜家的攻势开展下去，上杉家几乎有灭亡之虞。同样的，"手取川之战"的莫须有，大量原始的史料的佐证，替柴田胜家洗刷了冤白。加之柴田胜家讨取所有曾打败谦信的加贺一揆，攻破其用心多年营建的越中鱼津城，足以证明其实力。从天正七年柴田胜家进入加贺，攻打安宅、本折算起，到天正十年攻陷越中鱼津城，跨度也就四年时间。谦信折腾越中、加贺，从永禄三年到天正四年，整整十六年，还只有加贺一小块地方。就算谦信依然在世，若本能寺之变没有发生，按照织田军的攻势开展下去，上杉家的命运依然不乐观。

武田信玄与上杉谦信的人为神化

武田信玄和上杉谦信在当今的一般形象是日本战国时代高大的"军神"，几乎战无不败。但这只是后世塑造的形象，和真正的历史差距甚远。在真实的历史上，武田信玄、上杉谦信有很多在战场上吃亏的例子，但为何后人还将他们视为伟岸的"军神"呢？除了受到当今影视、游戏等次文化影响外，还有别的原因。这个还得追溯到元龟三年十二月的三方原之战。德川家康于此战惨败给武田信玄以后，便将武田家的军法视为学习对象，十分推崇。德川幕府自家康以来，一直奉行甲州流军法。在江户时代，民间的军学者是以编纂军记著作，获得上层赏识，进而教授各藩军队、谋生、仕官。为了迎合市场需求，书商又恬不知耻地以假充真，人为篡改历史，将虚构的事写入书中，令读者难辨是非。

此类书籍的典型代表便是军学者小幡景宪撰写的《甲阳军鉴》。此书出于美化传主的需要，对与武田信玄相关的记录做了很多的掩饰和篡改，记述与事实有非常大的出入。例如，在《妙法寺记》《王代记》等良质史料中皆记载武田信玄于天文十年六月将其父武田信虎流放至骏河，但是在《甲阳军鉴》中却将时间记载为天文七年（1537年），提早了三年。并且称在同年六月，发生了信浓大名诹访赖重、小笠原长时联军侵攻甲斐的"韭崎之战"，结果被武田信玄击溃赶走。发生"韭崎之战"的原因是诹访、小笠原趁武田家家督更迭，根基未足立稳之际，以为信玄区区竖子容易欺凌，于是就发兵九千六百相攻。闻讯后的武田信玄率领饭富虎昌、甘利虎泰、板垣信方、小山田昌辰诸将共计六千余人，与诹访 – 小笠原联军激战于甲斐韭崎，但在武田军几乎要败退时，留守在甲府的武田家臣原昌俊率领一大票农民、商人，让他们披着劣质的甲胄，背着纸做成的旗帜，拿着竹枪，虚张声势，前来救援信玄。诹访－小笠原联军还真被这气势给震慑住了。于是信玄兵势复振，与原昌俊前后夹击，击败诹访－小笠原联军，斩首二千七百余级。小笠原、诹访大败回信浓。在"韭崎之战"之后，《甲阳军鉴》中又提到天文九年一月的"海尻城之战"。经过是武田信玄出兵信浓，攻克海尻城之后派小山田昌辰戍守，而后海尻城遭到了户石城城主村上义清的觊觎，遭其围困，信玄闻听此消息后立即还军，大破村上义清，战败的义清仓皇逃走。总之，"韭崎之战""海尻城之战"是《甲阳军鉴》中武田信玄逐父后初出茅庐的两战。

尽管《甲阳军鉴》中将"韭崎之战""海尻城之战"描写得神乎其神，初出茅庐的武田晴信深谙兵机，连续击走信浓大名诹访赖重、小笠原长时、村上义清，使其败而遁走，非常神勇，但这些都并非是事实。对照一手史料《妙法寺记》，武田信虎直到天文九年还在甲斐待得好好的，甚至联合女婿诹访赖重以及村上义清攻入信浓佐久郡，一日之间连下三十六城，很是威风。一方面武田信虎的势力处于扩张期，另一方面当时和诹访赖重、村上义清又是联盟军，怎么会有《甲阳军鉴》写的诹访赖重窥觊武田家，认为其弱小可欺凌而发动的"韭崎之战"，以及天文九年村上和武田兵戎相见的"海尻城之战"？

同样是在《妙法寺记》的记录之中，从天文七年到天文十年，武田信玄的对外军事记录完全是零。信玄面临的第一次外部军事挑战是天文十年上杉宪政对信浓佐久郡的侵攻。在这次战事中，刚刚继承家督的毛头小伙子信玄吓得大气也不敢喘一口，龟缩在居城之内，最后还是诹访赖重收拾残局，没有信玄什么事。诹访赖重也因此战伤了根基，在第二年被武田信玄出兵灭了。所以，《甲阳军鉴》的说法根本不是事实。

在"韭崎之战""海尻城之战"后，《甲阳军鉴》又记载在天文十一年二月，武田信玄侵入信浓，小笠原长时联合诹访赖重、村上义清、木曾义昌，在濑泽一地与其交战，最终四家联军被信玄击败，遭斩首一千六百二十一级。闰三月，村上义清为了一雪濑泽战败之耻，再度与武田信玄兵戈相向。信玄以穴山信友为先锋，武田信繁为后援，与村上义清交战于信浓平泽，又将其击败，斩首三百一十九级，义清败走。同年十一月，村上义清又和小笠原长时组成联军，率兵一万三千攻打武田信玄。信玄率军八千，与村上－小笠原联军在信浓大门峠交战，又一次将联

▲上杉谦信用过的铠甲

军击败，斩首一千七百二十余级。

《甲阳军鉴》中以上三战，分别为"濑泽之战""平泽之战""大门峠之战"，和上文的"韭崎之战""海尻城之战"一样，都没有其他一级史料的佐证，都是属于虚构出来的战役。《甲阳军鉴》的作者堂而皇之地当成正史来写，在很长一段时间误导了后人，实在是其心可诛。

《甲阳军鉴》拼了命抬高武田信玄，说他一生战功彪悍，没打过败仗。这个谎言在江户时代就曾被人识破："夫《甲阳军鉴》者，后人伪撰，不足执焉，不足信焉……阅小笠原右近大夫忠政家谱，其中多载小笠原长时胜信玄，击破甲军之事迹。盖《甲阳军鉴》曰信玄束发以来，无一败涂地之辱，检见长时传，则载信玄屡为长时所困之事，其证验炳然也。《甲阳军鉴》之夸说不亦酷乎？"举证了武田信玄屡屡在信浓被小笠原长时击败，并没有《甲阳军鉴》中吹嘘得那么神乎其神。但在当时，这种声音是很微弱的。

但正如不同的剑道流派之间会造成对立，相互敌对，军学著作的流派也是如此。《甲阳军鉴》的盛行，势必会造成有反对它的声音存在。在这种背景下，催生了诸多越后流军学者，如宇佐美定佑、夏目军八、畠山义真等人，他们纷纷撰写武田信玄在历史上的对手——上杉谦信相关的军记作品。但这些人同样不惜捏造史料，对事实加以歪曲，以达到和甲州流军法对抗的目的。这些人的真实目的是希望通过写书，让自己的"才华"能被上层赏识，录用自己，靠自己主张的军学兵法去教授各藩的军队，让自己收入丰厚、仕途能够更一帆风顺。

上杉谦信的"大义"形象，目前能得见的最早史料出处就是军学者宇佐美定佑撰写的《川中岛合战辩论》一文。其中称谦信"愤宪政放荡，发义兵拂北条"。

从中可窥见，最初军学者著作中渲染的上杉谦信的"大义"，针对的仅仅是上杉宪政出兵攻打北条氏。但这个说法后来却变得愈加离谱，后人甚至说他参与的全部战役都是"义战"了，好像谦信但凡出兵，都是为了"大义"。

其实根据史料，上杉谦信但凡出阵，总是会有杀戮无辜百姓的记载，并不能称之为"义"。根据《松陵夜话》的记载，谦信在永禄四年攻陷上野高津城，屠杀城内无辜男女千余人。而根据《享禄以来年代记》一书的行迹，谦信甚至在永禄五年三月"袭松根城，杀妇孺三千"；《上杉古文书》也记载谦信在天正二年"屠猿洼城，悉杀其男女"，杀死大量的无辜百姓。大量的史书中留下了谦信血迹斑斑的罪证。

有些人在"义"字的定义上给谦信做文章，认为上杉谦信的"大义"，是指"义气""侠义"，不是"仁义"。最著名的例子便是谦信赠盐给武田的传说，然事实是否确实如此呢？根据小林计一郎在《武田·上杉军记》一书中的考证，上杉谦信送盐这事确实的史料出处只有《北越军谈》这本书，即所谓的孤证。而奇怪的是，从上杉谦信留存下来的祈请文内容来看，他的心愿是烧掠甲斐、信浓一空，让上杉家的旗帜尽屹立于甲府，一点都不怜悯敌国的百姓，而是想让他们统统死光才最好。所以他突然大发慈悲，送盐给武田，这就显得非常奇怪，有悖初衷了。而且上杉谦信对自己家的领民也不怎么好，突然对敌国的领民大发慈悲，更显得有点奇怪。话又说回来，以当时的物资流通水平，就算北条、今川真想禁武田的盐，也是禁不了的，上杉谦信根本不必多此一举，赠盐给武田。所以说，这件事是后人捏造的，并不是事实。

《北越军谈》里还有一件轶事，说是正在吃饭的上杉谦信听闻武田信玄死后，伤心得扔掉手中的筷子，哀恸大哭，叹息自己失去了一个好对手，感到非常惋惜。不过这事也被《大日本编年史》的编修者星野恒指摘为军学者的捏造："《北越军记》云：北条氏政遣使越后告信玄死，谦信方食，投著而叹曰：失吾好敌手矣。世复有此英雄男子乎？因潸然泪下。辉虎为晴信所困，屡祈于神，冀其死亡。今闻其死，当喜为神助，岂容有此等叹息之言？其出于越人之捏造审矣。今不取。"

总之，《北越军谈》两则上杉谦信对武田信玄惺惺相惜的逸话，即送盐和痛哭信玄之死，都被认为是不实的。小林计一郎和星野恒质疑的切入点，都是上杉谦信的祈请文。因为在其祈请文内，充满了对武田信玄的诅咒，希望他尽快死，根本就不希望他好。故而，根本不可能发生所谓的送盐和痛哭信玄之死。

还有人说了，上杉谦信的"大义"是指"维持幕府统治秩序"，不是字面意思上的"义"。然事实确实如此吗？永禄八年（1565年），室町幕府将军足利义辉为三好三人众所弑杀，三实院义尧随即将这一消息报告给了上杉谦信，希望他能尽快发兵入洛讨贼，为死去的将军报仇。朝仓义景的家臣朝仓景连，以及避难在外的足利义昭，还有大觉寺义俊，纷纷与谦信通书信，嘱托他尽快兴兵入洛，诛戮三好三人众，复兴室町幕府。对于这些要求，上杉谦信在口头上都做了承诺（《上杉古文书》）。但最终的结果是，他没有出兵，口头承诺全部没有兑现。《北越军记》《谦信公御年谱》二书推诿说，上杉谦信在该年七月正出阵加贺，攻打一向宗的金泽御坊、松任、小松诸城，忙得很，根本没空。对此，星野恒在《大日本编年史》中带有嘲讽地评论道："二书病辉虎得义昭书而不出兵，遂以他年之事附会之，皆非事实。"编写上杉谦信传记的作者，都为谦信收到信后不出兵感到心虚，所以作了隐讳。类似的事件到天正二年（1574年）又发生过一次。这次足利义昭想要托谦信解决的对象是织田信长，因此寄信给谦信，好言相劝，希望他与武田、北条能讲和，立点兵马西上，解决信长："苟与甲相和，提兵西上，诸国皆归公掌中，芳名又流于无穷。"（《松平义行所藏文书》）然而，上杉谦信收到信后，依然无动于衷，再次放了足利义昭一回鸽子。

永禄八年和天正二年的两个例子中，上杉谦信收到足利义昭的求援信后，不肯为其出兵。两个将军家的死对头，三好三人众和织田信长，祸害室町幕府甚深，全然将其架空，但上杉谦信对此完全没有一点儿感觉。由此也可证明，上杉谦信心底深处根本不存在什么"维持幕府统治秩序"的理念，更多的时候，他只可能会借点"大义"名分办自己的事情。这样才是"务实的"战国大名。

又有人说了，谦信的"大义"不是"维持幕府统治秩序"，而是他"尊皇"。那么事实又真的如此吗？岩垣松苗在《国史略》一书中，就对谦信的"仁义"多有指摘，甚至尖锐批评他"未尝有勤王济世之志矣"，其原文如下："然观其（上杉谦信）平生所为，则祝发披缁，不畜妻妾，不茹荤腥，俨然持律僧也。而至行军略地，则杀人盈野，血流为河。未尝有勤王济世之志矣。加之弃祖先之胤，养螟蛉之子，其尸未寒，生祸阋墙，与国破嗣绝者，仅一间也已。智计虽多乎，胆勇虽壮乎，徒足以行强暴于一世已。"

则所谓"尊皇"说，又不攻自破。而且所谓的"尊皇说"，又是往日本近代的军国主义方向引导，反而让上杉谦信原来的"大义"方向迷失得越来越远。

上杉谦信"军神"形象的早期塑造，大抵也是出自《川中岛合战辩论》一文，文中鼓吹得非常厉害，摘录如下："谦信所到莫不平夷，八州之士，恐谦信如虎，何其壮乎……北条氏康纳质献降旗，织田信长献地称臣，东照宫亦不远千里，驰两价之使，以结昆弟之交，惧血书相连和。其余会津芦名、常陆佐竹、安房里见、下野佐野、下总千叶，皆成谦信幕下。谦信旌旗西指，信长畏之如雀逢鹰，来大军拒塞大陆，谦信所向无敌，用兵始神，能登披靡，加贺降服，徇飞驒侵越前，压到信长大军……殳夷北陆，席卷诸城，其威并吞洛阳，畿内皇都惶遽，无不战栗也……当时若假之年，则洛阳血流波卷，信长为之乌有，遂入鬼籍者必矣……"

总之，越后流军学者在其著作中，有意塑造上杉谦信"大义""军神"的完美人格形象，甚至不惜歪曲事实，主要就是为了和当时盛行的甲州流兵法对抗。

宇佐美定佑撰写的《川中岛合战辩论》便是如此，贬斥当时盛行的《甲阳军鉴》一书的价值，并对武田信玄加以否定，转而鼓吹其历史上的对手上杉谦信。

此外，还有一个不得不提的人物，纪州藩当主德川赖宣。德川赖宣自认为没能当上幕府将军，又受封荒僻之地，对幕府当局非常不满。当时幕府奉行甲州流军法，于是德川赖宣燃起了与幕府对立的雄心壮志，命令家臣研究与信玄敌对的上杉谦信的军法。当然在军事上对抗是不可能了，只能在软的文化上相敌对。相同的人总能走到一起，不知什么因由，宇佐美定佑等人竟然真的受到德川赖宣赏识，在其手底下仕官。在德川赖宣的命令下，监修越后流军学者视角的"川中岛合战屏风图"，描绘了上杉军对武田军占据压倒性优势的场面，显示了越后流军学的优越性。德川赖宣意在借此屏风图表明纪州藩对德川幕府的优越性，影射尊奉上杉的纪州藩比尊奉武田的幕府有优越性，以此向整个武家社会夸耀。写书谋生并谋求以此仕官的越后流军学者、失意的纪州藩当主德川赖宣，这一对势力的结合，便是上杉谦信神话的最早起源。同样，武田信玄的神话，便是早于越后流军学者的甲州流军学者所创造。而为后世所津津乐道的上杉与武田的纠葛、对峙、大战，毋宁说是近世军学者之间、前辈和后辈笔墨之间的大战的延续吧。

附录一：武田信玄败绩编年表

天文十三年三月，第一次信浓福与城之战，对阵藤泽赖亲

天文十三年十月，第二次信浓福与城之战，对阵藤泽赖亲

天文十四年六月，第三次信浓福与城之战，对阵藤泽赖亲

天文十七年二月，信浓上田原之战，对阵村上义清

天文十九年三月，信浓野野宫之战，对阵小笠原长时

天文十九年四月，第一次信浓中洞城之战，对阵小笠原长时

天文十九年九月，信浓户石城之战，对阵村上义清

天文二十年九月，第二次信浓中洞城之战，对阵小笠原长时

天文二十一年六月，第三次信浓中洞城之战，对阵小笠原长时

弘治二年四月，第一次上野箕轮城之战，对阵长野业正

弘治二年八月，第二次上野箕轮城之战，对阵长野业正

永禄元年某月，第三次上野箕轮城之战，对阵长野业正

永禄二年某月，第四次上野箕轮城之战，对阵长野业正

永禄三年二月，第五次上野箕轮城之战，对阵长野业正

永禄四年二月，第六次上野箕轮城之战，对阵长野业正

永禄十二年四月，骏河萨埵山之战，对阵北条氏康、北条氏政

永禄十二年六月，伊豆鸣岛之战，对阵北条氏康、北条氏政

以上合计共 17 次。

出处：《二木寿斋记》《高白斋记》《妙法寺记》《甲阳军鉴》《东乱记》《别本小田原记》《镰仓九代后记》《北条五代记》《武德编年集成》《江源武鉴》《续本朝通鉴》《上杉家文书》《伊达家文书》《群马县史》（旧版）、《上野国群马郡箕轮城主长野氏兴废史》《群书类从·上野国群马郡簑轮军记》

附录二： 上杉谦信败绩编年表

天文十五年七月，第一次越中侵攻，对阵椎名泰种、神保长职

天文十六年二月，第二次越中侵攻，对阵椎名泰种、神保长职

天文十七年八月，第三次越中侵攻，对阵椎名泰种、神保长职

天文十八年六月，第四次越中侵攻，对阵椎名泰种、神保长职

天文十九年五月，第五次越中侵攻，对阵椎名泰种、神保长职

天文二十三年三月，越中鱼津城之战，对阵板屋刑部政广

弘治元年至弘治三年，能登穴水城之战，对阵小林彦右卫门、山田十郎

永禄三年三月，越中增山城之战（第一阶段），对阵神保长职

永禄四年三月，相模小田原城之战，对阵北条氏康

永禄四年九月，信浓川中岛之战末尾阶段，对阵武田义信

永禄四年十一月，武藏生野山之战，对阵北条氏康

永禄五年三月，下野佐野城之战，对阵佐野昌纲

永禄五年九月，永禄越中侵攻，对阵神保长职

永禄七年三月，第一次下总臼井城之战，对阵松田康乡

永禄七年三月，上野和田城之战，对阵横田十郎康景

永禄九年三月，第二次下总臼井城之战，对阵千叶胤富

永禄十一年十一月，越后本庄城之战，对阵本庄繁长

元龟三年四月，信浓长沼城、川中岛对阵，对阵武田胜赖

元龟三年八月，越中高原野之战，对阵上野彦次郎

元龟三年十月，越中富山城之战（互有胜负），对阵一向一揆

天正二年四月，上野金山城、桐生城之战，对阵由良成繁、国繁

天正二年五月，天正越中侵攻，对阵椎名泰种、神保长纯

天正二年五月，天正加贺侵攻，对阵加贺一向一揆

天正二年七月至九月，加贺朝日山城之战，对阵若林雅乐助

天正二年十一月，武藏羽生城之战，对阵北条氏政

天正二年十一月，上野金山城溃退战，对阵由良成繁

天正四年二月，越中安养寺城之战，对阵沼田太郎右卫门高信

天正四年三月，飞驒松仓城之战，对阵江马辉盛

天正四年十一月，第一次加贺太田村之战，对阵洲崎兵库

天正四年至天正五年，能登轮岛名州村之战，对阵名州村渔民、村民

天正五年三月，第二次加贺太田村之战，对阵洲崎兵库

天正五年九月，加贺松任城之战，对阵镝木赖信

天正五年十一月，越中鱼津城之战，对阵柿崎景家

以上合计共 33 次。

出处：《大日本史料》稿本、《大日本史料》刊行本、《战国遗文·后北条氏编》《上越市史·上杉家文书》《越中古文书》《越后史料丛书》《上杉史料集》《长氏文献集》《越登贺三州志》《群书类从》《续日本史》《千叶大系图》《千叶传考记》《续本朝通鉴》《肯构泉达录》《越之下草》《石川县史》《战国合战大事典·石川县篇》

参考文献

史料

[1] 东京大学史料编纂所《大日本史料》9—10 编，1912—至今编纂中

[2] 上越市编《上越市史·资料编·上杉氏文书集·卷一》，2005 印行

[3] 上越市编《上越市史丛书·谦信公御书》，2005 印行

[4] 太政官修史馆《大日本编年史》，1891 未刊本

[5] 出羽米泽藩《谦信公御年谱》，1696 刊刻本

[6] 富田景周《越登贺三州志·鞭蓑余考》，1798 刊刻本

[7] 撰者不明《长氏文献集·长氏家谱》，1868 刊刻本

[8] 慎岛昭武《上杉史料集·北越军谈》，1698 刊刻本

[9] 大关定佑《越后史料丛书·北越太平记》，1643 刊刻本

[10] 野崎雅明《肯构泉达录》，1698 刊刻本

[11] 宫永正运《越之下草》，1786 刊刻本

[12] 小幡景宪《甲斐志料丛书·甲阳军鉴》，1621 刊刻本

[13] 二木寿斋《信浓史料丛书·二木寿斋记》，1611 刊刻本

[14] 撰者不明《信浓史料丛书·妙法寺记》，1818 刊刻本

[15] 宇佐美胜兴《越后史集·松陵夜话》，1683 刊刻本

[16] 小笠原长干《笠系大成》，1903 刊刻本

[17] 林春斋《续本朝通鉴》，1670 刊刻本

[18] 饭田忠彦《续大日本史》，1851 刊刻本

后世著作

[1] 日置谦《石川县史·第一编》，1926 出版

[2] 上越市编《上越市史·通史编·二》，2005 出版

[3] 布施秀治《上杉谦信传》，1917 出版

[4] 今福匡《上杉谦信的神格化与秘密祭祀》，2013 出版

[5] 小林计一郎《武田·上杉军记》，1983 出版

[6] 井上锐夫《上杉谦信》，1966 出版

[7] 矢田俊文《上杉谦信》，2005 出版

[8] 花前盛明《新装版 上杉谦信》，2007 出版

[9] 池享、矢田俊文共编《上杉氏年表·增补改定版》，2013 出版

[10] 盐照夫《战国合战大事典 石川县篇》，1989 出版

[11] 石林文吉《加贺能登的战争》，1981 出版

[12] 葛谷鲇彦《中世江马氏的研究》，1970 出版

本能寺之变的生与死

以尾张织田为代表的日本战国武家体制

作者 / 胡炜权

天正十年六月二日，即公元 1582 年 6 月 21 日，在京都爆发了一件影响日本历史发展的大事——"本能寺之变"。当时被认定能结束战国乱世、统一天下的织田信长被他最信任的重臣明智光秀率兵突袭，最后信长被迫在本能寺的烈焰中自杀，享年四十八岁。这个日本历史上的著名事件改变了日本近世史的发展方向。后来，本属织田家臣的丰臣秀吉建立丰臣政权；再后来，织田信长的盟友德川家康建立了德川幕府政权，迎来了日本的近世。

被背叛的战国魔王

　　"本能寺之变"可以说是日本历史上最大、最重要的未解之谜。直到四百多年后的今天，"本能寺之变"依然是一个令人着迷、使人们不停研究的题目。如日中天的织田信长到底是怎么命丧本能寺的呢？而策动本能寺之变的主谋——明智光秀的动机到底又是什么呢？这两个问题，不少日本战国历史爱好者及史学家都想得到答案。从江户时代到现代，不知多少文人、小说家、军记物语作者以及现代史学家绞尽脑汁地去探寻真相。

　　不过，本能寺之变其实只是织田信长四十八年人生中遭遇的背叛之一。打从他的弟弟织田信胜、妹夫浅井长政开始，背叛一直如影随形。甚至可以说，织田信长是战国时代面对最多背叛的大名。信长会落得如此下场，与他的性格、行为作风让自己与周围人之间容易出现矛盾及利益冲突有很大关系。织田信长对家臣的要求可谓极为严格。他强调家臣要无条件地、绝对地效忠。他对家臣说过，拼命立功就是报答他的最好方法，家臣忠心就会得到神佛保佑，他也会给予相应的报酬与奖赏。而家臣一旦被信

▲ 信长的忠臣柴田胜家

长认定是无用之物，下场就悲惨了。可以想象，在家臣们眼中，信长这位老板或许比魔王更可怕。

上面提过，信长所遇到的背叛大部分都来自他手下的家臣或近族。这说明信长的要求并没得到家臣的绝对支持及追随，同时也说明这位枭雄最终在背叛的火焰中灰飞烟灭并非事出无由。

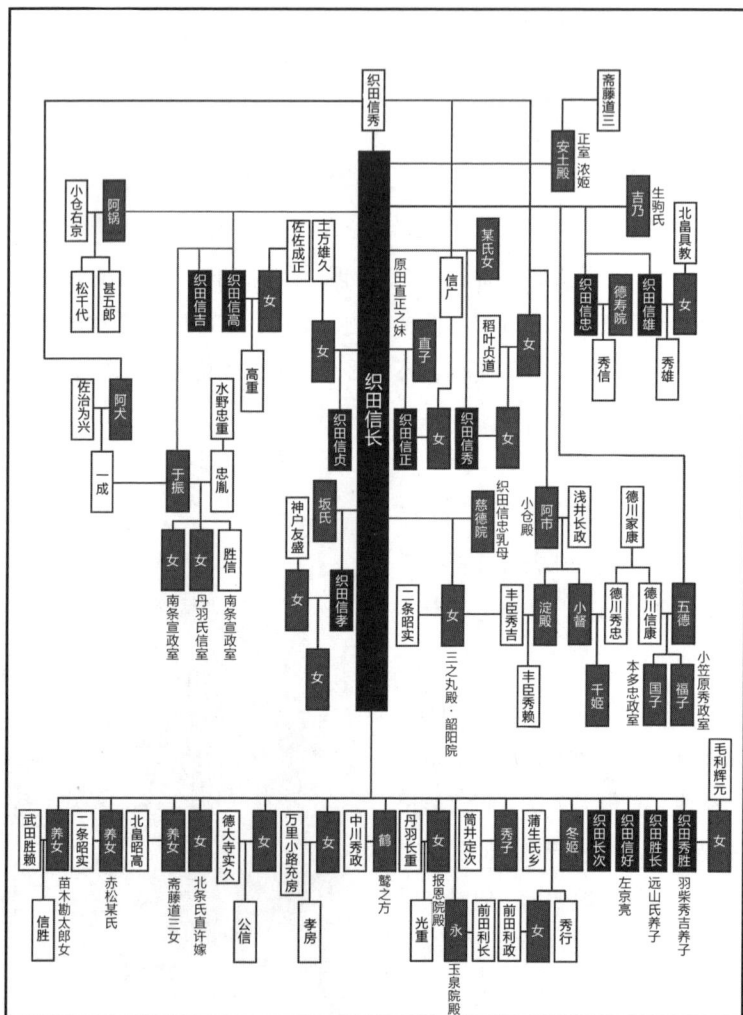

织田信秀　斋藤道三　正室浓姬　安土殿　吉乃　生驹氏　北畠具教
小仓右京　阿锅　佐佐成正　主方雄久　某氏女　信广　稻叶贞道　织田信忠　德寿院　织田信雄　女
松千代　甚五郎　织田信吉　织田信高　女　原田直正之妹　直子　女　秀信　秀雄
佐治为兴　阿犬　水野忠重　高重　织田信长　织田信贞　织田信正　织田信秀　女　女
一成　于振　忠胤　神户友盛　坂氏　慈德院　小仓殿　阿市　浅井长政　德川家康
胜信　织田信孝　织田信忠乳母　二条昭实　丰臣秀吉　淀殿　小督　德川秀忠　德川信康　五德
南条宣政室　丹羽氏信室　南条宣政室　女　三之丸殿·韶阳院　丰臣秀赖　丰臣秀赖　千姬　国子　福子　本多忠政室　小笠原秀政室　毛利辉元

武田胜赖　二条昭实　北畠昭高　养女　德大寺实久　女　万里小路充房　女　中川秀政　鹤　丹羽长重　筒井定次　秀子　蒲生氏乡　冬姬　织田长次　织田信好　织田胜长　织田秀胜　女
养女　养女　养女
苗木勘太郎女　赤松某氏　斋藤道三女　北条氏直许嫁　公信　孝房　鹫之方　报恩院殿　前田利长　前田利政　秀行　左京亮　远山氏养子　羽柴秀吉养子
信胜　光重　永·玉泉院殿

▲ 织田家系图

250

看起来，织田信长与"残酷无情"扯不开关系，但其实这魔王还有纤细的心思、渴求新知识的好奇心，以及强烈的荣誉感。或许就是这种复杂的性格，加上突然的死亡令后人对他有着浓厚的兴趣。那么，这样一个拥有不同侧面、矛盾集合体一般的织田信长是怎样炼成的呢？他是如何从一个尾张国内外都取笑的"尾张大傻瓜"，成为万人惧怕的"第六天魔王"的呢？

1534 年，织田信长诞生在尾张国（今爱知县西部）中岛郡胜幡城，幼名吉法师，成年后改小字"三郎"，名"信长"。信长生父为胜幡城城主织田弹正忠信秀，信长是嫡长子，他的前面还有两位庶兄。

信长出身的家族"织田弹正忠家"是当时尾张国下四郡守护代①清须织田氏（即大和守系织田氏）的三奉行（即行政官）之一。当时尾张国的守护是斯波氏。斯波氏是室町幕府将军足利氏的庶族，也是当时最强的大名，最盛时期曾兼任尾张、越前（今福井县）、远江（今静冈县西部）三国的守护，在幕府内外都具有不可轻视的影响力。然而，在经历应仁元年至文明九年（1467—1477 年）的应仁之乱后，斯波氏急速衰退，先后失去了远江、越前两国守护之职，最后只能回到尾张国，保住仅余的力量。

织田信长所处的时代，被后世称为"战国时代"。就字义而言，乃是战争不断的时代，但其实当时的情况远非"战国"二字所能概括。简而言之，当时的日本受到千年一遇的气候灾害影响，各地都出现大大小小的饥荒。加上旱灾、水灾、风灾，以及各地的"一揆"（民变）、争夺资源的小战争，日本人的生命时常处于朝不保夕的状态。然而，当时的日本亦同时处于经济向上发展的状态。从现存的考古遗迹可见，京畿以外地区的经济并没有因为兵乱灾害而受到打击，反而因为应仁之乱后，长驻在京的大名、公卿等达官贵人离京避难，逃往各地，将财富、技术人才也一并带去了地方，恰恰为正在缓慢发展的地方经济、流通及贸易提供

---

① 守护是幕府统治制度中一国（地方最高行政单位）的首长，负责执行幕府的军事命令，以及统治管国内的武士家族，但无权管理国内武士家族所拥有的土地村落事宜。室町时代，除了偏远地区的守护外，一般守护会住在京都或镰仓，管理国内事宜则交由次官，也就是"守护代"处理，如守护代也驻京，那么会交由驻地的"小守护代"处理。

了重大的助力。

当时的日本有三大统治阶层，首先是以天皇、贵族为代表的公家；其次就是以将军为代表的武家；还有一个就是那些寺庙跟神社，也就是宗教团体，称为寺家。三个阶层是掌权者和既得利益者。他们联手的目的就是去压榨、管制那些平民，然后从平民身上拿到粮食、金钱来维持他们的统治。

因此，当时的日本并没有所谓政府的观念。掌权者不需要去管好他们的人民，他们也不去想其统治是不是有利于人民。平民饿死了或是有什么问题，掌权者都觉得是麻烦事，而不会去解决。除非问题已经影响到自身利益，掌权者才会去干涉，而干涉也不过就是跟村落的长老们进行交涉，他们并不会直接管治一般百姓。战国时代本质上就是这样一个时代，没有统一的司法制度，也没有绝对、完整的法律。

在这样的时代里，扎根于各地的实力者自然顺应时势，抢占各种资源来确保利益，并且开始出现能够纠合各个松散力量的权力者，利用各种手段将上至地方豪族、寺社，下至村落都纳入自己的影响下。但要让这些势力、村落愿意服从，权力者必须同时成为一个有力的保护者，平衡、维护各方的利益，缓和矛盾及抵御外来入侵。同样，各方势力也需要一个有足够实力的权力者保护自己的权益。在这种互利互惠之上，各地开始孕育出新的割据势力，即所谓的"战国大名"。

战国大名虽然是顺应当时的社会情况，而出现的新型权力体，但他们没有正当名分，所以仍需利用传统的权威，也就是将军、天皇、寺社为自己正名。因此，战国大名虽然慢慢地取代了从前的守护，但是仍然存在一定的旧体制色彩。信长出生的年代正处于战国大名陆续登场的时期。

在战国时代这个弱肉强食、兵不厌诈的环境下，既有反常天气，又要面对各自为政的乱世，上至天皇贵族、诸国大名，下至平民百姓，无不为自己的生存而奋斗。所以"战国"这个词并不单单指各封建主之间的战乱，更指当时的全社会大乱斗。

总之，应仁之乱爆发后，全日本的大半守护大名、国人分成东西两方而战，让室町幕府政权摇摇欲坠，也令各地势力纷纷崛起，民众也为了自己的生存而开始团结起来。就这样，历时约百年，全日本乱战的战国时代就此开始。大约过了三十年后，战国日本慢慢进入第一次安定期。各地方的有力大名开始统一周边地区，积累实力，向更远的他国扩张。如越后长尾氏、越前朝仓氏、尾张织田氏、甲斐武田氏、骏河今川氏、防长大内氏、出云尼子氏、丰后大友氏等。随着领地扩大，与邻近的有力大名之间出现敌对关系也是情理之中。生存在"今日不知明日事"的乱世，和平共处可谓笑话。不过，当时仍有东国今川氏、北条氏、武田氏、上杉（长尾）氏等大名为了利益和消除后顾之忧，进行多次合纵连横或结盟。

可能会出乎读者的意料，"结盟"在中世纪的日本是一个很新颖的用词。从平安时代到室町时代，"结盟""同盟"都不常出现于日本史籍上，仿佛当时的日本人对"盟"这个行为没有概念似的。其实战国时代以前的日本，几乎没有任何的政治、军事行动能称得上"结盟"。

这是因为中世纪日本社会强调阶级的绝对性，两个同等地位的人要共同参与政治或军事行动的话，其中一方必先向另一方臣服，即向其低头才可谈"合作"。源平合战时的源（木曾）义仲及源赖朝的对立，正反映了这个原则。南北朝初期的足利尊氏及佐佐木道誉同为镰仓御家人，但尊氏因受天皇重视而成为首魁。换言之，如果"结盟"的前提是各方平等的话，到室町时代初期为止，日本武士社会即使有共同理念及目标，也没有平等的"同盟"概念。打破这个旧有常规的，便是室町中期出现的"国人一揆"。

这里要解释一个词，"一揆"。"一揆"出自《孟子·离娄下》中"先圣后圣，其揆一也"一句。"揆"的意思主要有两个，一是从上述语源派生出来的，与"轨"同义，为量度、规则、方法之意；二是中国古代宰相的指称，比如把国家首相称为首揆。室町日本的"一揆"，明显取第一个意思。故此，"一揆"原意是把方法、规则统一，后转化成不同的团体或人以同一个目标或理念集结统合起来。这种行为如果落实到平民百姓身上就往往是反抗统治者的暴动，如果落实到地方上有势力者——"国人"身上，就是"结盟""同盟"的雏形。

室町前中期出现"国人一揆"的背景众说纷纭，但可以肯定，其中一个主因是各国人家族领地的发展时常与其他家族扯上利害关系，甚至出现纠纷。所谓的利害关系，指诸如农地、山泽资源的权利争执，防止领民逃跑的对策等。这些纠纷如果都用武力来解决，损耗往往过大，因此必须以一个中立的立场去解决这些问题，于是便出现各家以"商议"取代武力去平衡利害关系的方法，即是"一揆"，并以相互提交"一揆契约"而结束。换言之，一揆与结盟的基本精神是相同的。

除了内政，邻近国人在政治及军事上的任何举动，大大小小都对他方造成影响，正所谓唇亡齿寒。加上当时的日本一直处于各自为政的状态，各地方的司法权、武力行使等虽名义上得到天皇、将军等公权力的承认及保证，实际上由国人、寺院等

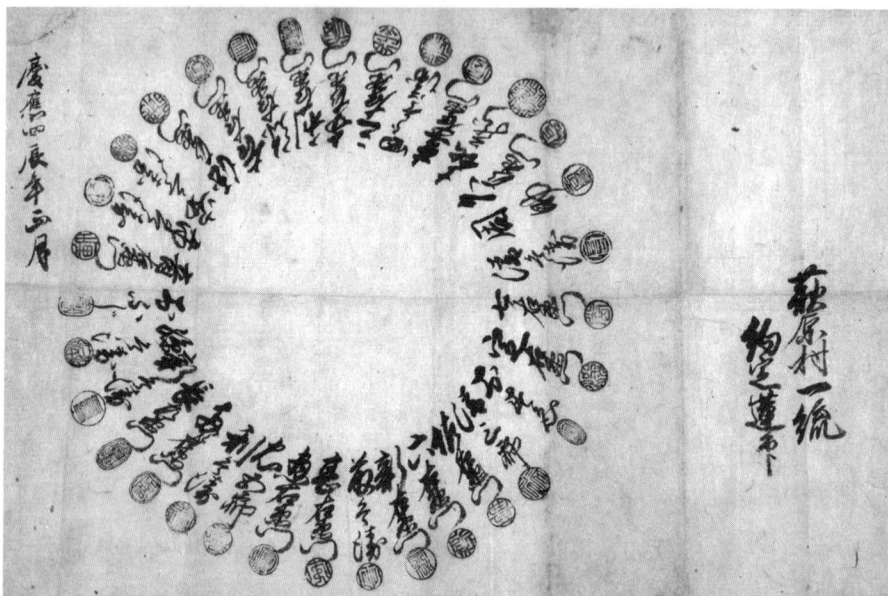

▲ 一揆誓书

▼ 战国时代的日本

1 相模
2 尾张
3 若狭
4 山城
5 伊贺
6 丹波
7 摄津
8 河内
9 和泉
10 但马

自行裁夺。因此，各方的行动既是应付幕府、朝廷，也是以自身的利益为出发点。当还未出现雄霸一方的战国大名时，各方势力为了防止危害己方利益的人出现，在相关政治问题上，希望各方能够步伐一致的要求也应运而生。换言之，就是为了保障互不侵犯。

总之，在"一揆契约"的内容中，如"大事小事合力互助""相谈"等词句往往都是必有的。可是，"国人一揆"只是以缔结契约的形式来应对共同的利益问题，其具体诉求与后来战国时代出现的大名之间的同盟可谓大相径庭。

前者的内容是只围绕一揆成员之间的共同利害问题，以及作为一个共同体对共同体以外事宜务求行动一致，以保障己方利益。战国时代的同盟，并不存在缔结共同体的意识，而是纯粹地为解决关系各方的纠纷，或为了暂时停止两方（或多方）的敌对，又或者为了共同利害而做的权宜之计。

另外，"国人一揆"以同地域的同族或非同族邻近领主群为基本，以同郡或邻近数郡构成联合体，所以共同体意识浓厚。相反战国时代的同盟大抵是拥有一国或以上的大名，故其参与人数比"一揆"的少，对待联盟成员，也是以对"邻国"的外交意识为前提。

织田信长家族的崛起

在那个兵不厌诈、"人间失格"的时代，信长突出的个性、目空一切的作风让他独具魅力。虽然一些说法中，信长的一切都是与生俱来，与别人无关，但是，信长的行动方式其实与其父祖有着类似的部分。

上面提到信长出身的弹正忠家原是尾张国守护代织田大和守家的三奉行之一，论地位也不过是一介地方势力，利用职权得到一定的权力及土地。弹正忠家的来历至今依然存在诸多不明的地方，一般认为弹正忠家是大和守家的庶族，在战国初期以尾张国西部中岛郡胜幡为主城。中岛郡本为尾张上四郡守护代织田伊势守家所辖之地，后来不知为何，也不知何时被敌对的弹正忠家夺取。这里左接大河木曾川，邻接伊势国，是重要的交通枢纽，当时西部的人沿东海道前往东日本，或东部的人上京必须经此中转。弹正忠家崛起的契机就是由此开始。

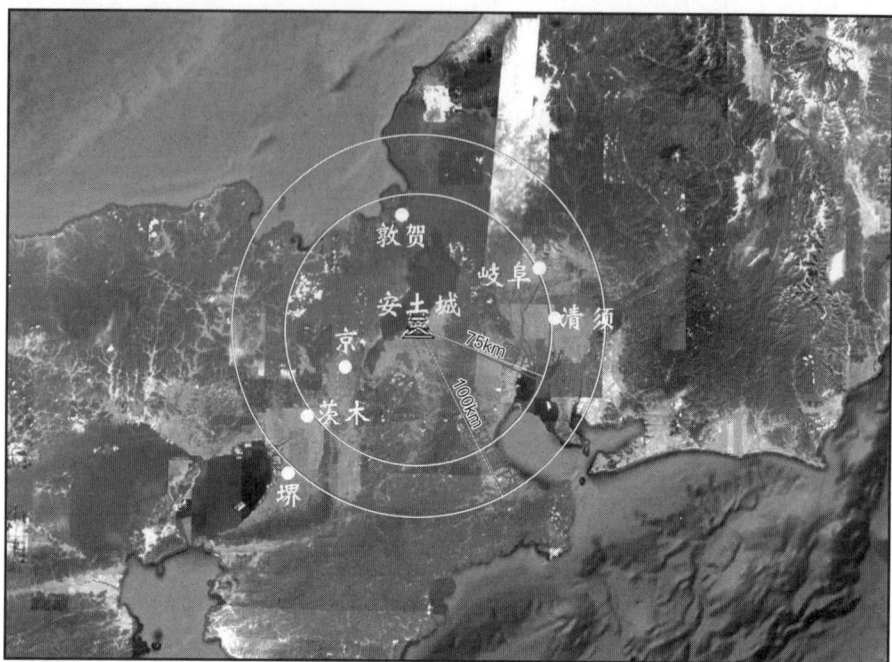

▲ 天正七年（1579年）信长势力范围示意图

　　弹正忠家的主城胜幡城倚三宅川而建。历史上，有关胜幡城的记载并不多，江户时代的尾张国地志《张州府志》中对胜幡城的记载才寥寥十多字，只说它是织田信长之父织田信秀之城。然而，综合目前留下的绘图及其他地志来看，胜幡城虽然建在平地上，但其规模比当时有名的朝仓氏一乘谷城更大，当然这是信长曾祖父、祖父和信长父亲三代人经营的结果，绝非从一开始就拥有如此规模。

　　弹正忠家族开始有可信记录是信长的祖父织田信贞。在1524年前后，他出兵攻占了胜幡城南面的港口——津岛。津岛町众虽然抵抗，但最终被迫与信贞方和解，逐渐接受信贞的支配。

　　津岛位于尾张国西南端，是由天王川口发展出来的三角洲地带，古来是尾张与邻国伊势国境间的小渡口。津岛牛头天王神社是尾张国除热田神宫之外较有影响力的宗教中心，加上位处东海道来往东国及近畿要道之间，与伊势的桑名及三河湾形成一个贸易圈。到了战国初期，根据《宗长日记》记载，1520—1527年间

256

的津岛，以牛头天王神社为中心，慢慢从一个边境渡口发展成为米、布等重要物资转运，及人流交通和船只熙来攘往的中心地。

在这种经济实力下，津岛发展出由町众共同管理的自治组织。在现存的记载上，直至信贞出现为止，津岛并没有完全受制于当地权力的明显记录。鉴于胜幡距津岛只有不到5公里之遥，信贞将眼光瞄向津岛也是很自然的事。

其实弹正忠家"巧取豪夺"已有前科，中岛郡的妙兴寺就记载织田弹正忠家自良信（信贞之父）开始，到信贞、信秀三代都在不断蚕食寺领。这或许跟弹正忠家从伊势守家夺取中岛郡后，在守护代大和守家的默许下，急速发展其势力有关。

织田信贞拿下津岛，等于握住了打开金库的钥匙。利用津岛连接木曾川、长岛及伊势国的地利之便，弹正忠家财力倍增，这对日后弹正忠家的快速崛起有着非常重要的意义。不过信贞强行夺取津岛，不单单是为了夺取资源及钱财，还有很多政治上的目的。

在战国时代初期，大名这类强豪与商人、町众之间并非纯粹的支配与被支配的关系，往往是维持互惠互利。弹正忠家在掌控津岛后，与在当地具有重大影响力的津岛神社神主家，以及其同族堀田、冰室诸氏保持着良好的关系。后来信长在正德寺会见岳父斋藤道三时也是堀田氏从中协调，信贞更将自己的女儿许配给

▲ 织田氏家纹

▲ 信长的旗印

津岛的有力家族大桥氏为妻。

因此，弹正忠家完全支配津岛，代表弹正忠家向自立称强走出了第一步。夺取津岛的这种强制手段与后来信长的所作所为有共同之处，甚至可以说是信长行为的参考榜样。日后信长一连串的军事行动，其重点也并非只求武力控制一切，而是更看重与经济财源有关的因素，可谓深得家传。信长的"永乐通宝"马印①，也反映出他承继了父祖重视财源、贸易的战略眼光。

在弹正忠家得到津岛后不久的1526年，连歌师岛田宗长，也就是前

▲ 信长的印章——"天下布武"印

面提到的《宗长日记》的作者，在前往骏河（现在的静冈县东部）途中在津岛停留，并与当时的"津岛领主"织田霜台（"弹正忠"的别称）的儿子"三郎"见面。"织田霜台"便是弹正忠信贞，而这个"三郎"便是信长之父织田信秀。

关于信秀的前半生，由于存世的史料不多，所知不详。有关织田信秀的生年一般都提到他死时才四十二岁。依据当时的史料，可大抵确定信秀死于1551年。这样推算的话，信秀应生于1509年。

从历史上来看，织田氏能在战国日本叱咤风云，与信长的"天下布武"有很大的关系。而信长能一跃成为"天下人"的根基，则是织田信秀打下的。明治时期的日本史学大家田中义成总结织田信秀的一生时说："日后信长雄飞海内，固然是因其雄略而起，然而也是有信秀打下基础所致。因此要研究信长的事业，不可忽略信秀的事迹"。

---

① 马印就是战国武士打仗、出行时用来表示自己的位置所用的标志，如果是旗帜状的则称"旗指物"，信长的是一把大金伞，所以是马印，不是旗指物。

信秀再一次出现在历史记载中是1533年7月,当时京都名门贵族山科言继及当代连歌大师飞鸟井雅纲一同来到胜幡,为穷困潦倒的朝廷凑集生活费而向信秀求救。两人经津岛前往胜幡城时,胜幡城内正在扩建,工程之浩大让两位公卿咋舌,也侧面反映出信秀财力之雄厚。

其实,信秀在之前曾派信长的师傅平手政秀上京面见天皇,并捐出巨额贡款以解天皇的贫困,当时的信秀才二十五岁。而信秀的实力来源当然与其父夺取津岛有关。

承继及发展家族的织田信秀在这种有力的支持下,开始着手扩大势力。这也是信秀名扬天下的契机,甚至可以说是决定了其子信长及织田弹正忠家成为"天下人"命运的开始。

记载织田信长一生事迹的《信长公记》中提及,信长出身的弹正忠家为"武篇之家"。古日语的"武篇"为武勇、善战之意。结合控制津岛的手段我们可以发现,弹正忠家是以武力为辅,以经济效益为中心使自家富强起来的。因此,这里的"武篇"并非穷兵黩武之意。

究竟信秀是什么时候继承当主之位的呢?现在并没有明确的史料记载,但一般相信信秀应在1526—1533年之间继承当主之位。而继承当主之位后,他干的第一件大事就是在1532年与主君织田大和守达胜对立。到了1533年,也就是山科言继及飞鸟井雅纲来到尾张的时候,信秀借助迎接公卿的机会,与达胜会面并达成和解。

这次对立事件的原因及过程已不可考,但从信秀没有在和解后立即拜见主君来看,显然他对主家的态度出现了变化。不过,这次对立并不代表信秀已走上以下犯上、自立为战国大名之路。这次对立后,直至达胜从历史上销声匿迹为止,双方都基本保持和平的关系。

1533年与主君织田达胜和解后,信秀除了继续统治领下的胜幡及津岛外,还有所动作。在1537年前后,织田信秀夺取了爱知郡的那古野城。我们没法得知为什么信秀会突然夺取那古野城,不过这件事让织田信秀正式走上历史舞台。

那古野城位于尾张中南部的爱知郡,即今天的名古屋市,而当时它是那古野今川氏的主城。有关那古野今川氏的史料极少,据说是室町幕府奉公众之一、骏

▲ 从清洲公园看清洲城

河今川氏的分家，后因京都大乱而没有上京侍奉将军，留在尾张国落地生根。

当时的那古野城城主叫今川氏丰，据传是"海道一弓取"（意即"东海道第一武士"）今川义元之么弟。传说义元之父今川氏亲于大永二年（1522 年）将么子氏丰过继到那古野今川氏，后氏丰成为城主。那古野城被信秀夺取后，据说氏丰逃到京都，也有说他逃回骏河，也有说他下落不明。

不管如何，攻下那古野城后，信秀在两年里接连向西三河进军，攻下了安祥城。如果我们将这个举动与之前夺取那古野城一起考虑的话，不难看出信秀的目的就是要将今川氏的势力赶出尾张国，同时也是先发制人，反击入侵尾张的骏河今川氏。

不过，信秀的行动并非完全是擅作主张，信秀的行动仍然是以保护名义上的主子大和守家及斯波氏的利益为前提的，所以信秀在 16 世纪 40 年代初以前都并未遇到国内势力的重大反抗，足见当时的其他势力并不觉得信秀的行动是假公济私。

当然，说完全没有私心是不可能的。对于信秀来说，将外来势力排除出尾张国，增加了自己的声名是事实，但更重要的实利则是夺下那古野城，并且控制了附近的商业重镇——热田。这是令弹正忠家的实力进一步增强的一个重要成果。

"天下人"之路的开端

同一时间段，在邻国三河，同样是年轻有为的武士松平清康于1535年被家臣暗杀。他的儿子松平广忠（德川家康之父）继承当家之位后，原本气势如虹的松平家开始衰落。

面对信秀的进逼，松平广忠于1540年打算先发制人，意图攻下尾张与三河边界处的鸣海城。然而，这个绝地反击最终以失败告终。信秀见此立刻进行了反击。同年夏天，信秀攻下了松平广忠的主城——安祥城，史称"安祥城之战"。

此战后，信秀成功将势力圈扩大至西三河，同时意味着他已成功将尾张内的外敌完全赶走，信秀的名声也因此与日俱增。然而，此举却进一步刺激了控制远江、骏河的今川氏。织田氏对今川氏的战事已是时间问题。

另一边，安祥城之战后，广忠被迫退到冈崎，松平家的情势已是岌岌可危，因为安祥城与冈崎城相距不足6公里。在这个时候，松平家中各族出现不稳，亲信秀的同族樱井信定意图赶走广忠，进而控制冈崎城，此举无疑将扩大信秀的优势。于是在安祥城被夺及家中反叛的情况下，四面楚歌的广忠求救于今川义元。

今川义元乃骏河今川氏第九代当家。今川义元与庶兄玄广惠探争夺当家之位，爆发了有名的"花仓之乱"，最终义元成功继承当家之位。当时的他内政上要收拾内乱后的局势，外交上选择与宿敌甲斐武田氏修好，并迎娶武田信虎的长女为妻。此举等于与友好的小田原北条氏翻脸，东海地区的局势也因此走向不明朗。今川、武田、北条之间的关系改变，其实也影响到尾张及三河方面的形势发展。

松平广忠出使骏河求救时，义元才即位三年。对于义元来说，这无疑是收复三河的绝好机会。然而，义元当时实力不足，只能运用影响力让广忠在一年后（1541年）回到冈崎城，至于出兵则要等到七年后才能成事。因为东面的北条氏纲一直在进行

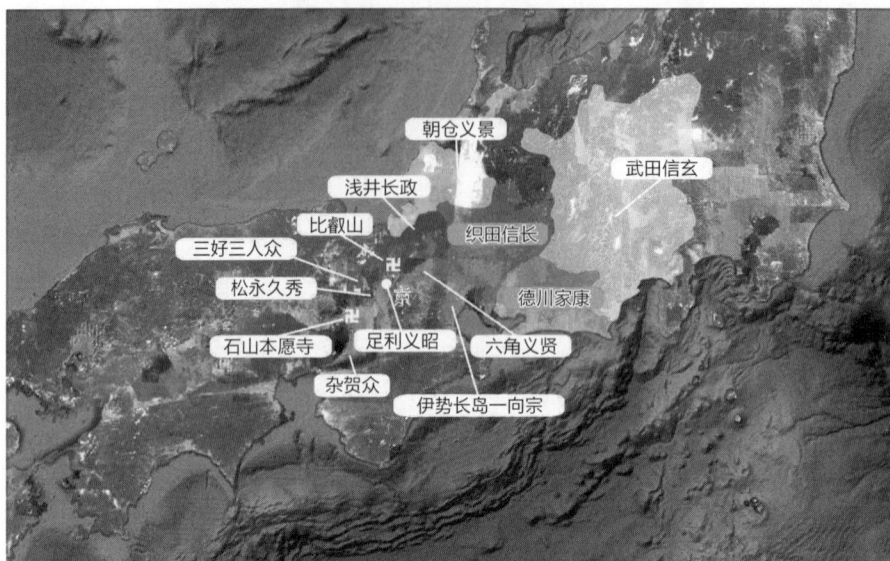

▲ 1540年前后的关系示意图

外交及谋略工作，意图牵制今川义元。后来两家在1545年爆发了著名的"河东之乱"。

即便信秀借机继续占领西三河，但却又卷入另一事件之中。这件事是信秀的人生由盛转衰的转折点。

1544年，尾张北面的美浓国发生内乱，守护土岐赖艺被权臣斋藤道三赶出美浓。被赶走的赖艺逃到尾张国后，通过兄长赖纯联络越前国朝仓氏，并成功请来了名将朝仓宗滴的援军。与此同时，赖艺也向织田信秀请求出兵进行南北夹攻，试图一举夺回美浓国。

然而局势一直处于胶着状态，信秀在三年后的1547年终于纠合尾张国内的势力出兵斋藤道三的主城稻叶山城（今岐阜市）。这里要注意的是，攻围稻叶山城的信秀除了出动自己的军队外，还利用支持土岐氏的大义名分，号召起整个尾张国内的各家势力一同出兵。因此，如能一举成功，信秀自己及弹正忠家的影响力将扩大至尾张国内外。

然而，信秀的这个如意算盘没有打响。斋藤道三面对大军压境采取坚守不出

262

的策略，信秀带领的尾张军只好围城半月后退兵。就在这个时候，道三突然出兵追击，使尾张军阵脚大乱。《信长公记》记载，这次追击战中尾张军死伤逾5000人，信秀也只能勉强突围而出，免于战死。

这次大败虽然没有使信秀的实力受到太大的打击，但使其多年来取得的声望及荣光蒙上污点。稻叶山城之战后，尾张北部的伊势守家及其支族转而与信秀敌对。同时，一直默认信秀行动的守护代织田达胜病死，信秀丧失了靠山，一时陷入进退两难的局面。屋漏偏逢连夜雨，就在这个关键时刻，东面的今川义元也赶来往信秀的伤口上撒盐。

义元在前一阵子刚通过与武田、北条达成三家同盟，将军力集中在三河、尾张的战线上。就在信秀大败于稻叶山城的前一年，今川义元的军师太原崇孚已经率兵攻下东三河的今桥城及田原城，进一步向西三河推进。

义元利用这次机会向松平广忠要求交出嫡子竹千代（家康）作人质，作为今川氏提供支援的条件。广忠答应后便将竹千代送往骏府（今静冈市），但竹千代在途中被忠于织田方的户田尧光劫走，这件事进一步加快了今川家向西三河甚至尾张进兵的步伐。

后来在1548年，今川军在小豆坂之战中打败了信秀，翌年再攻下信秀控制数年的安祥城，更俘虏了信秀的庶长子信广（信长庶兄）。于是今川与织田达成了交换人质的协议，被劫走的竹千代被送还给今川方，信广也被送回尾张。

面对义元步步进逼，信秀不可能坐以待毙。早在三家同盟前信秀便与北条氏康互通，一直关注三家的情况。然而，1548年的小豆坂之战及1549年的安祥城之战后，信秀辛苦经营的西三河战线便迅速瓦解，加上稻叶山城之战大败，信秀被迫同时面对东、北两方的压力。鉴于同时应付两个强大的对手绝非良策，信秀选择与斋藤道三缔盟，由重臣平手政秀向道三提亲，将其女嫁与信秀嫡子信长为妻，借此化解两家的对立局面。

其实信秀原本与道三无私怨，只因土岐赖艺的邀请才出兵。加上信秀的势力位于尾张南部及西三河，北尾张与美浓南部本来就不是信秀的势力范围，两者之间还夹着与美浓关系密切的织田伊势守家。若坚持与道三对立，势必引起北尾张的连带反抗，对于想保住西三河的信秀而言无疑将陷入腹背受敌的局面。因此，

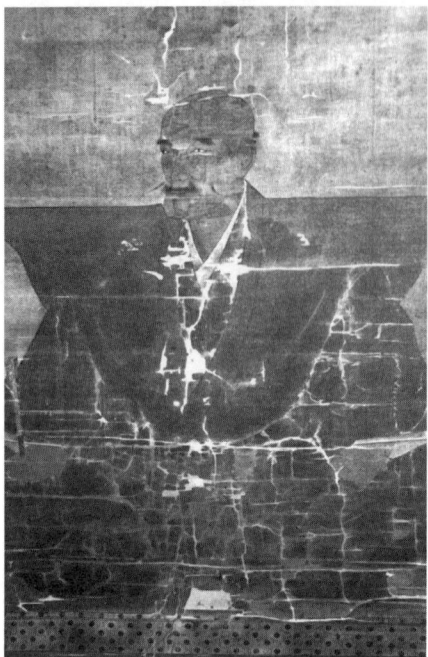
▲ 信长的岳父斋藤道三

▼ 信长的第一个强敌今川义元

与道三和解可说是稳住后方的良策。

反观斋藤道三，虽然在稻叶山城之战中成功挡了信秀率领的尾张军，但这并不代表他自己在美浓国的支配变得顺利。事实上，越前朝仓氏及邻国的南近江六角氏仍然是威胁。与信秀一样，道三对尾张并没有并吞的意向。熬过信秀的攻势后，道三便着手巩固国内的势力，根本无余力打击信秀，很自然地选择与信秀和解。

世人称今川、武田、北条的三家同盟是互利共赢的外交胜利。但其实织田、斋藤两家结盟带来的影响更大，远超信秀及道三两位当事人的想象。

与道三结成同盟后，信秀本应全力专注于对今川的战争，但就在这个时候信秀感染疫病而长期卧床，外交及内政分别交给了重臣及嫡子信长处理。信秀最终在两年后的1551年3月撒手人寰。

《信长公记》是这样评价信秀的："极具大器，与各家的有能者关系良好，于是各家都愿附随。"信秀并非以"下克上"的方式成为新兴势力，反而是利用残存的守护、守护代的传统权威扩大了自己的势力，再利用自身的实力将声望及影响力推向高峰。然而，随着织田达胜死亡，情况又再次变化。终信秀一生，他的位置只停留在大和守家的重臣之位，并未能像斋藤道三那样再向前踏一步。

死对头今川义元当然没有放过信秀死亡的这个机会。当时松平广忠已经死去，他利用救助之便接收了无主的冈崎城，一举将势力圈扩展至三河与尾张国境。织田、今川之间的三河攻防战也迎来了新阶段。历史的责任和两家的多年恩怨将由信秀之子信长来一并解决。

上洛与天皇

信长在织田信秀死后继位，虽然他被谑称为"尾张大傻瓜"，但在即位后十年间大抵平定尾张，更在 1560 年 5 月的桶狭间之战中袭杀入侵的老对手今川义元。此战两年后，他与松平元康（德川家康）定下著名的"清须之盟"。1566 年，信长得到朝廷赐封"尾张守"的官职，正式确立了他统治尾张国的合法地位及名分。这期间，信长把矛头直指北方宿敌斋藤氏，同年 8 月，信长在稻叶山城之战中打败斋藤龙兴，并把美浓国收为领国。朝廷得知这个消息之后，在 11 月就令劝修寺晴丰写信，再由立入宗继作为敕使，把信交给信长，信中提及："今次诸国服于汝下，实武勇之高誉，天道之感应，古今无双之名将也。乘胜追击亦当然不过之事。就此，请提交两国（尾张、美浓）的御料所（皇室食邑）及其目录（内容账簿），若能妥善处理此事，实乃妙绝也。"

这封含有"旨意"的书信，可称得上是信长与朝廷的第一次接触。从字面上看，朝廷给予信长极大的赞称，这或许与信秀勤王有关，朝廷把新希望寄托在信长身上。而且，浓、尾两国的米产之丰，绝对是朝廷求之不得的财源。信长读完此信，在 12 月回信给朝廷："纶旨、女房奉书①及所赐红衫已恭敬地收下了，实在感激不尽。另外上次所提之事②亦恭敬从命。"

1568 年，织田信长以"天下布武"的名义，成功护送第十五代将军足利义昭

---

① 天皇身边女官代天皇写的私人信件，与纶旨不同。
② 有关两国御料所及账簿上交，其实就是答应给钱的意思。

上京即位，更将京都和天皇、朝廷揽入了自己的控制。因此有种说法，正是此次上洛，大权在握的织田信长让天皇感到了害怕，为本能寺之变埋下了伏笔。

其实关于明智光秀的反叛理由，已经有过不少说法及推论，后人几乎想象出了一切的可能及假设。其中较为有名的说法有以下几个：

第一，野心说，即自己想当老大。但那时候明智光秀相对其他势力并没有绝对优势，打倒信长又不代表能赢得天下。

第二，怨恨说，即以前跟信长有过节而报复。但其实这些所谓过节都是子虚乌有居多。

第三，黑幕说，即受人指使，如丰臣秀吉和朝廷。但这明显是说明智光秀是傀儡，又没有真凭实据，纯属阴谋论。

第四，政策对立说。信长平定四国，但明智的家臣中有些就来自四国，利益冲突，于是动杀机。此说算相对合理，但现在学界还在讨论。

第五，复合动机，即不一定只有一个动机，可能是几个原因混在一起。

简而言之，目前的说法可归纳为明智光秀单独行事或合谋行事。各种黑幕说中传得最厉害的就是"天皇才是幕后黑手"。

不过，要知道这说法的准确性，必先考证日本中世至战国时代，即室町幕府成立后的天皇，以及朝廷权力。以下将扼要地说明其来龙去脉。

1333年，后醍醐天皇打倒了镰仓幕府，重建了以天皇亲政为象征的"建武政权"，可称得上是中世纪日本的特例，也是近代明治天皇重掌大政前，唯一一次天皇亲政。三年后的1336年，这个扬言革新、创造"未来之先例"的建武政权就被足利尊氏的室町幕府所推翻。最后后醍醐天皇被迫逃到吉野，自立新朝廷，史称"南朝"。成功夺取天下的足利尊氏则立天皇家另一支系的光明天皇为新帝，号称正统，史称"北朝"。这就是日本的南北朝时代。

在被称为"一天两帝南北京"的南北朝时代，朝廷以及天皇的权力不论南朝或北朝，都已无力阻止武士专权。换句话说，天皇家的分裂令朝廷弱化，同时多年的南北朝内战也令平安时代以来的公卿领地被武士霸占、夺取，经济实力大不如前。除了政权的象征及原有的崇高地位外，天皇及公家已渐渐沦落为依附、寄生于武家政权的政治集团。

在这个情况下，京都北朝由足利将军把持。天皇、公家只是听从将军的指示行事、下旨，对不利于足利将军的敌人给予"朝敌"等讨伐大义。显然，室町南北朝时代的皇权及朝廷威信已每况愈下。

到了足利义满继位为第三代将军后，朝廷及天皇的权力也被室町将军进一步蚕食。除了一部分属于天皇、上皇、高级贵族及大寺院的庄园领地不受半济令①的影响外，其他中低级贵族都大受其害，他们的庄园领地大多被庄园所在地的武士团抢夺。因此，义满在位的四十年间（1368—1408年）可说是天皇及朝廷权力最萎靡不振的时代。后来，义满促成南北朝统一，史称"南北合体，一天平安"；又先后压制土岐、山名、大内等威胁幕府的强大守护大名，成为平定战乱的日本最高统治者。

当时为了恢复与明朝的勘合贸易，与南朝残党对抗和强调幕府政权是正统，义满背着朝廷请求明朝册封自己为"日本国王"。已经位极人臣的义满此举成功让自己成为国际政治舞台上的正式"日本国王"，相较数百年后的江户幕府慎重地处理外交称呼问题，义满的野心已昭然若揭。

不仅在外交上，义满在日本国内也表现出成为最高统治者的意向。例如义满曾被传与天皇的宠妃有染，还被传将放逐天皇，这些传言令天皇一度声言要自杀。朝幕双方几经劝说及义满亲自解释、请罪后，天皇才打消念头。另外，天皇因不满义满专权而拒绝执行一般事务时，义满主动代为处理。后来义满征讨叛逆时，已经可自行决定，不需要天皇亲自下旨了，此举无疑等同无视天皇的存在。

后来，义满趁天皇年幼丧亲，便提出以自己的继室日野康子为天皇的"准母"（继母），尊称为"北山院"，而他自己则因此顺理成章地成为天皇的"准父"。

义满除了把自己升格外，还要求朝廷让自己溺爱的小儿子——义嗣以准亲王的规格行成人礼。这样一来，晋身为天皇"准父"的义满将自己的住所"北山第"模仿仙洞御所（太上皇住所）的格局改建。直到死前，义满已与"日本国王"无异。

---

① 半济令是14世纪室町幕府为了调集军粮而对贵族庄园下达的临时命令，即从庄园领主所得的收入（年贡）中征收一半作为军粮，后来久渐成风，幕府干脆将半济令永久推行。

当然在国内，他自称天皇是绝不可行的，所以义满才在野心与现实之间做出如此曲折的选择。然而，义满死后，他的儿子足利义持及幕府的高层干部们喊停了义满的路线，更回绝了朝廷追封义满为"太上法皇"的提议，以平息朝野内外长期以来的不满。无论如何，说义满时代的朝廷与天皇是义满的宠物也不为过。

足利义持时的室町幕府虽然推翻义满近似篡位之举，但却延续义满的"将军优越于朝廷"的公武合体构思。换言之，幕府与朝廷乃互惠互利的关系，幕府不可缺少天皇及朝廷的权威，朝廷也不能失去幕府的保护及资助。

上述部分虽略嫌远离主题，但由建武政权的失败到室町幕府的创设，已经表明天皇建立集权统治的希望及想法完全幻灭；同时，武家政权的再建立也证明了平安时代的贵族政权时代已经一去不复返。被喻为天皇家"最后希望"的建武中兴也以不幸收场。朝廷与武家的政治角力在明治、大正时代就被形容为朝廷、武家的政治对立，亦即是"公武对立"论，这当然也与明治政府打倒江户幕府的政治宣传有关。

然而如上述所示，进入室町时代，天皇及朝廷已与室町幕府融合为一，应仁之乱前夕的天皇与朝廷仍然在幕府的保护下存续，当时朝廷也丝毫没有对抗幕府的想法。

穷困的天皇

应仁之乱时，室町幕府的权威一下崩盘，幕府本身自顾不暇，更无法保护朝廷。上面提到，乱事过后的幕府面临瓦解的危机，日本各地的大名纷纷趁机割据一方，各地的农民都不堪压迫而发动"一揆"。在这个情况下，公家、寺院更是众矢之的，仓库被破坏，庄园被霸占，寺院、公家及皇室的收入大受打击。原本已经需要幕府长期补贴的朝廷更是走上困境，连例行的仪式也难以进行。

最深刻的例子当数那时候几代天皇的大丧及即位礼的问题。1500年9月，后土御门天皇驾崩，但因为幕府经费不足，天皇的葬礼无法举行。天皇的遗体停放在宫内四十三日之后才得以火葬。继位的后柏原天皇亦因幕府没钱，无法举行继位大典。二十一年后的1521年3月，当时已五十八岁的后柏原天皇才正式举行即位大典，但即位大典后的大尝会（庆祝大会）却无法举办。老迈的天皇在五年后的 1526 年 4 月驾崩，可悲的是，这位不幸的天皇同样因为葬仪经费不足，一个月后才简单下葬，但时值暑天，天皇的遗体已发胀，勉强才能放入棺材内。之后的后奈良天皇在 1556 年驾崩，当时的将军足利义辉不在京，京都内群龙无首，朝廷别无他法，被迫又把遗体停放宫内两个多月，在京都征收临时税后才补办完成。

天皇家如此潦倒不堪，身边的公家贵族也好不到哪里去，他们纷纷离开京都，到有交情或有实力的大名处寄居，也有极少数的贵族跑到自己在京外的领地处定居，进而成为当地的割据势力之一。

▲ 繁华的京都

困在京都的天皇孤苦伶仃，面对如此绝境，当然不能坐以待毙。适逢当时将军家又因继位斗争而战乱频生，将军经常不在京，已无法统制诸大名。幸运的是，借势而起的战国大名为求得合法的统治权，正苦恼着寻求权威的保证及承认。故此，早已名存实亡的朝廷官位就成为最合适的工具，朝廷也正好配合这个需求得到新的自救出路。当然，足利幕府的影响力仍然残存，只是在将军归京前，朝廷便成为各大名索求名分的理想对象。

原来朝廷任官需要根据提出人的家族品位高低来决定，再由幕府奏请进行审批。基本上幕府同意的话，朝廷方也会如实照办。但到了朝廷潦倒不堪、将军又不在京的时候，也就无法死守旧制，求变自救更加迫在眉睫。

于是，请官的只要给天皇及朝廷权贵相应的贡钱，而且不是一些有特别意义的官位的话，朝廷大多有求必应。当然要求的官位越高，所需的报酬也相应提高，朝廷有时候甚至会讨价还价，故意高卖，这与卖官鬻爵其实已无分别。

对于战国大名来说，除了一部分大名本来就是幕府任命的地方守护外，不少是以"下克上"或自己崛起而得到一方统治权的。正因如此，一般的战国大名都乐意向朝廷买官，更有战国大名因为得到朝廷的赐官而感恩不尽。

前文曾提及的信长之父信秀崛起后就跟天皇打好了关系。包括1541年独力负担了伊势神宫外宫新殿的建筑费，因此受朝廷赐封。两年后，京内的皇宫日久失修，朝廷无钱修补，于是各地大名也纷纷上贡援助，其中信秀的贡钱达四千贯，乃诸大名之冠。朝廷为感谢信秀之慷慨、忠心，便拜托连歌师宗牧到那古野城致谢。这几次的交往使朝廷对信秀有了深刻的印象。信秀在稻叶山之战中大败于斋藤道三及朝仓教景后逃回尾张，当时连歌师宗牧正好奉天皇之命，带着同天皇亲写的女房奉书及天皇赠送的《古今和歌集》抄写本来到尾张。看到这些，信秀说："今次得以身免，乃因天皇的御墨宝所赐也，对织田家来说已无其他能与此相比的了。"

当然，其他的战国大名也有襄助朝廷之举。像1558年，正亲町天皇继位时，安艺国大名毛利元就便上贡石见银山城的银子作为继位大典的费用。

可以看出，天皇在战国时代已经成为各大名的最高精神领袖。然而，天皇的权力并没有因此而上升，官位的赐予只不过是朝廷开源的手段，目的只在解决生活及事务上的所需。除此之外，未见天皇如何运用大权去指挥诸大名为自己或朝廷进行政治工作。因此，在信长上洛以前，真正上升的不是天皇的权力，而只是天皇的形象罢了，但换来的却是官位滥发、公家地位下降、家格混乱深化等后遗症。最终要到丰臣秀吉打造出公家、武家二元官位制，才把官位混乱的情况整顿起来。

以上解释了由室町时代至信长上洛前的二百多年间，天皇的权力不断萎缩，并被室町幕府吸收而成为新的公武合一政权的过程。一些日本史家认为战国时代的天皇王权上升，但是经过以上说明，读者们应该明白了天皇及朝廷早已不是一个能独立生存的政治集团，与室町幕府更谈不上是敌对关系。

到了之后的应仁之乱，朝廷因失去幕府的支援而不得不另寻活路。因此就顺应战国时代的诞生而亲自授予官位给一众战国大名，以换取贡钱自救。这期间的皇权亦不见有什么改变。即使后来天皇卖官鬻爵，也不代表换来了战国大名勤王复权。大名所求的只是政治上的现实利益，而这些利益都集中在自身领土内外。例如上杉谦信得到天皇的讨伐纶旨以征伐武田信玄，其出发点也只是要请出比幕府权威更有说服力的象征来制衡强敌。因此，大名的希望不是成为天皇及朝廷的重臣，更遑论帮助朝廷复权。对诸大名来说，天皇及朝廷只是幕府将军以外的替代品而已。

有趣的是，当时大名们得到的官位其实并不职名相符。身处在西国的人，其官位可以是东国的"国守"，像上面提到的毛利元就的官名乃是东北地区的"陆奥守"。但到了天文年间，即战国时代开始进入稳定发展期的时候，各国的第一实力者都先后要求得到自己领地的"国守"之职，这与前文所指无名无分的战国大名极需要正名的动机有关。信秀得到的"三河守"也当然不是朝廷随意选的，而是信秀借机要求或暗示的。

▲ 信长的主子正亲町天皇

另外再说说毛利元就的例子。那时

271

▼毛利元就

毛利元就公像

毛利家刚灭亡防长大内氏，并准备攻击出云尼子氏及丰后大友氏。由于是灭亡了幕府任命的守护，以及出师的大义名分不足，所以在大内氏灭亡之后，为免受两方正面夹击，采取了亲朝廷政策，也避免幕府及周边守护大名的刁难。

再来说说信长。他领着将军义昭进京成功后，婉拒义昭任命自己为高官的好意。朝廷那时也没有介入，但后来也劝信长接受，然而信长还是婉拒了。于是朝廷主动提议授予信长官位，这可表示朝廷了解到信长的身份与幕府并无关系，甚至可以说朝廷明白了信长才是义昭政权的关键人物。即便如此，信长又一次拒绝了。

信长这两个举动明显是想与朝廷及幕府划清界限，也就是不想受朝廷及幕府牵制。一旦接受了幕府的要求，那么信长就沦为义昭的一个下属，幕府将军下面的"副将军""管领"。这样的话，信长等于自己毁了"天下布武"大计。

至于朝廷方面，信长之所以不愿再接受官位，也是因为义昭的存在。对强调"名义上的君臣关系"的信长来说，官位大于义昭自是不可，但低于义昭也毫无意思。可见信长在当时的想法是，把自己置于幕府及朝廷牵制之外，以第三者的身份辅助、保护之余，也可自由行事。

事后得知信长意向的贵族竹内季治便向足利义昭批评信长："不过如熟透了的无花果般，早晚会从树上掉落地上！"得知此事后的信长立即下令把竹内季治斩首。

这件事进一步表明了信长的立场乃不容任何人否决。竹内被斩首后，朝廷也再没有强硬地坚持己见。被信长斩首的竹内季治之子更奇妙地成为侍奉在信长身边的公家众之一。与信长关系良好的正亲町天皇除了趁中央地区权力真空之机，与反天主教贵族、寺院势力一同禁教外，基本上没有实际的牵制或干预信长的政权运作，反而面对信长的强硬立场显得被动无奈。

后来放逐义昭后，信长的地位变得更高，这明显是信长为了弥补在地位上与义昭的差距而要求朝廷所做的政治动作。不过，到了1578年4月初，信长突然把朝廷赐予的右大臣及右近卫大将的官职退回。信长究竟葫芦里卖的什么药？

1573年，义昭带着"征夷大将军"的名衔逃到鞆浦（今广岛县福山市）。信长要是想成为将军的话，应该要求朝廷把义昭的名位给废除，但信长却没有这样做。那时候，朝廷上下都在讨论信长的身份问题。当时的公卿及寺院期待信长能在乱世中保护自己的权益，故此，对信长的强大即使会有部分人感到不满，但大多数人还是从现实角度出发的。公家大赞信长治下的朝廷使"鸟羽上皇以来数代之御遗憾，此时一改天运了。"

随着信长节节取胜，天下统一也近在眼前。朝廷在信长灭了武田胜赖后，便称之为"天下御静谧（太平）"，可见朝廷坚信信长是结束朝廷衰落的保护者，而不是对抗者。

以上回顾了南北朝到天正十年本能寺之变的公武关系，可见朝廷黑幕论及有关天皇欲复权之说其实都缺乏有力的证据。天皇在整个室町至战国时代都没有做出积极的政治干预，一直主张跟武士共存共荣的现实路线。到室町幕府衰败后，天皇及朝廷也没有积极争取任何政治利益及权力，反而只靠买官鬻爵来维持朝廷的开支。战国大名抬头时，天皇及朝廷也没有利用各地争战的契机，主动调解争端；对信长更是一边倒地依靠。

反过来说，信长真的要表示自己高于天皇的话，以信长的作风，理应十分高调地做一些事情。这里有学者认为，近年发现的安土城御幸之间虽为迎接天

▲ 将军足利义昭

▲信长最后的居城安土城的模型

皇来安土而设，但其却在安土城天守阁之下，这是表示信长把自己置于天皇之上。可是，这样说十分牵强，城的天守阁高高在上是十分正常的事，难道要违反建筑法则，把御幸之间置顶吗？其实要是信长真是想宣示自己高于天皇，大可在京都皇宫旁建一座巨大的城池。

当然，希望信长死的人多如星数。即使是与信长保持良好关系的朝廷、公家当中，亦有不少是面从腹背，敢怒而不敢言。可是，朝廷中人为了个人的仇恨而动辄杀害信长的话，到底是一种猜测而已。要是公家等集团都存在如此大的勇气去实施，天皇及朝廷不会如此潦倒数百年，织田信长的"天下布武"也应不会如此顺利。

本能寺之变的细节

本能寺之变，或者说"明智光秀之乱"，其细节是怎么样的呢？

1582 年 6 月 21 日早上 6 时，明智军约一万三千人突袭信长的宿所——本能寺及信长长子信忠所在的妙觉寺①。当时信长原本打算在寺内留宿一晚后，就应羽柴秀吉之请，出发前往备中。

明智军杀至本能寺、妙觉寺的经过，《信长公记》如此记载：信长公的宿所本能寺被明智军包围，明智军从四方冲进。信长公初以为是小姓众（侍从）吵架争执，但后来听到声音越来越大，又听到有火枪射击御殿②，于是信长问道："是谋反吗？是谁的阴谋？"森兰③回报说："看到是明智军。"信长听到后便说："是非に及ばず。"走进御殿内。

这段的情节是《信长公记》的作者太田牛一在事变后从侥幸逃生的信长侍女那得知的，故可信度较高。不过算得是信长遗言的"是非に及ばず"，究竟应如何理解其意呢？

首先从句子的字面解释来说，"是非に及ばず"或者后来有人写的"是非もなし"，两句的意思其实可说是一样

▲ 本能寺

---

① 位于本能寺东北面约六百米处，后来信忠退到二条新御所。
② 本能寺内信长所在之处。
③ 信长侍从之一，后世多称"森兰丸"。

的，都是指"别无他法"或者"迫不得已""这不是论是与非的问题"。衍生出来的意思，就是"唯有行动，已无他法"，也有说法指是"无奈至极""无可奈何"的意思。放进本能寺之变这个情境中，信长想表达的究竟又是什么呢？根据以上的语意解释及当时的情景判断，不少史家及小说家都认为信长看到了被聚集到本能寺的明智军包围，而且是被自己信任的能将——明智光秀反叛，生存已没有希望，故"是非に及ばず"应是偏向消极的意思，即"无奈至极"之类的。最后信长在身边仅有的侍从、士兵力战而亡后也葬身火海，用上这个消极的意思也十分合适。

但这个说法稍有偏于浪漫主义的味道，同时这样的表达也不太像信长的处事风格。如我们所知，织田信长从踏进战国争乱的第一刻起，在军事上就以大胆、喜欢险中求胜著称。例如，1560 年迎击今川义元的桶狭间之战采用正面奇袭；1575 年在小谷城外追击撤退中的朝仓义景时，扬言必胜的信长在命令将领追赶之前，自己已率轻兵狂追，这些手法充分显示出信长的思考敏捷。还有在迎击义元前，他跳起敦盛之舞："人间五十年，岂有不灭之者耶？"就能看得出来信长无惧于死亡的胆识。现在受到多次包围打击，信长依然是以大胆快速、各个打击的方式来突破困境，而且取得了最后胜利。

所以遭亲将背叛，信长的一句"是非に及ばず"与其说是指"无奈至极"，不如说是指"既然已遭背叛，就不是再考虑的时候，跟他拼了！"这样的解读既不离语意，也符合信长的行为模式。再者，若不论先后的情节差异，所有记载信长之死的可信史料中，大多说他力战到底，最后在燃烧中的寺内切腹自杀。因此，这个说法也更合乎逻辑。

除了"是非に及ばず"外，有其他文献记载了另一个版本的"遗言"。德川家康的部将大久保忠教所著的《三河物语》就有这样的记载："时明智日向守受信长重用，并赐予丹波，可是他突然谋反，从丹波发动夜袭，并攻向本能寺。时信长说道：'是信忠谋反吗？'其侍森兰回应道：'是明智日向守谋反'，信长听到后平静地说：'嗯……是明智造反吗？'"

此记载中信长怀疑信忠叛变的说法，其实也可以理解。当时的武士阶级里，父子突然不和绝对不是稀奇事。不论大久保忠教从何处听到这个说法，以及这个说法是否真实存在，身处"下克上"时代的人对叛逆是十分敏感的，而最信不过的，可能就是自己最亲近的人。

还有一个说法，来自当时身在京都附近的西班牙商人艾维拉·希朗所著的《日本王国记》。该书提及本能寺之变时写道："信长知道自己被明智包围后，根据谣言所说，当时他手掩其口，然后说：'我亲手招来自己的死啊！'"希朗也承认，当时不在本能寺附近的他只是根据那时的传言记下这一节，是真是假难以知晓。不过，若真的出自信长的口，那么这句充满懊悔的话将可能是另一个关乎本能寺之变成因的线索。

信长享年四十八岁，这刚好与他在二十二年前所舞的"敦盛"的首句"人生五十年"十分吻合，或许当时信长的心中，也感到十分巧合吧。一般来说，后世的小说、文章描述信长的死都是参考太田牛一所著《信长公记》中的说法：信长力战到最后，无力回天，于是在御殿放火，然后便在熊熊大火中切腹自杀。由于牛一当时不在本能寺，信长得知明智光秀谋反至死去的经过，都是根据成功逃离现场的侍女忆述而成。所以，太田牛一写的内容很有可信度。但是，有一点必须考虑，纵使变乱之前的内容的确十分可信，然而到了明智军杀入本能寺后的情况，则未必是事实的全部。当时理应是兵荒马乱，这个侍女所看到的究竟又有多少？同时牛一听到之后，又如何理解及反映出来？所以对于书中所记录的战斗内容必须多加思考，不宜尽信。

在同时代，除了《信长公记》外，也有其他人记载这事，例如当时在日的传教士佛洛依斯曾记载了信长的事迹，并且辑录入《日本史》，不过本能寺之变发生时他不在京都，而在九州岛。他后来得到另一位传教士卡瑞安的报告后补写的，他写道："（明智军的）兵士进入（本能寺）内部，见到刚洗完脸、正在用手巾擦干的信长，于是立即抽出弓箭，射中信长背脊。中箭的信长把箭矢拔出，然后拿出镰刀形状的长枪，即称为长刀[①]的武器作战。但一轮战斗后，信长被火枪弹丸射伤，于是他走入自己的房间，紧闭窗门，自言要切腹自尽。之后其他人（信长的侍从）便在户间周围放火，据说他被活生生烧死了。后来赶到的明智军把守在

---

① 即僧兵、女将常用的"薙刀"。

房间前面的护卫给杀了。以我们所知，不只其声，就连他的名字也令万人惊恐的那个人（信长），他的毛发、骨头，无不变成灰烬。他的一切，什么都没有残存在这个世上。"

这佛洛依斯的记载，与太田牛一所说的版本，有类似的地方。例如两者都记载信长及侍从们奋力战斗，然后本能寺起火，信长切腹自杀。不过，不同处亦甚多。两个都是依据打听得来的消息而写，哪个更接近事实，实在难说。当然，牛一的《信长公记》有关本能寺的部分是根据曾在现场的人证所言而写。但另一方面，当时在日传教士的情报能力不能低估，亦不能立即予以否定。只能说，当时京洛一带的情报、消息实在乱不堪言，难以把握。

太田代表的织田方与传教士代表的旁观者（第三者）的记载都已看过，那么谋反的明智方又如何记述此事呢？

在以前，明智方有关本能寺之变的记载，通常就只有江户时代的军记物《明智军记》可参考。该书以野心说的立场展开整个事件的经过。当时明智军渡过桂川后，对兵士宣布："从今日起，主公（光秀）就一跃而得天下，因此不论天下贵贱都应感到喜悦。如今武士们正在敌方两所（本能寺、妙觉寺）作战，立功成名，只在今天。有兄弟子孙的当然可让他们继承家业，没有的也可让朋友亲戚来继承，所以不用担心，全部奖赏都只以各人的忠节功勋来计算的。"

可是，这本书的可信度一直被人怀疑。从以上文字可得知，宣告的对象（下级的兵士们）只知他们作战是为了军队的最上级，即明智光秀而已，对于自己正在攻打信长，实在是一无所知。不过一名叫作本城总右卫门的武士写下的回忆录提供了另外的线索。

本城总右卫门本是隶属于明智光秀丹波众的下级武士，他在江户时代的宽永十七年（1640年）写下这个作战回忆，并留给其子孙。当中就有描述当时他杀进本能寺的情况。不过，本城总右卫门所记述的"战况"并不如太田牛一所描写的那样悲壮动人，于是也没引起太多人的注意。

然而，近年本能寺之变的研究引起史学界及战国史爱好者的注意后，《本城总右卫门自笔觉书》成为很受关注的新史料。研究者更认为该史料的内容能够揭露本能寺之变的"真实一面"。现将一部分相关内容引译如下："明智（光秀）

谋反，令信长大人切腹时，若说有人比我们更快杀入本能寺的话，这完全是说谎。因为当时我们做梦也没有想过要令信长公切腹而死。那个时候太合殿下（秀吉）正于备中（备中高松城）与（毛利）辉元大人交战，故（信长）命我们明智军到那里助战。前进到山崎附近后，出乎意料地我们收到要改向京都的指令。我们那时就想，家康公当时正在京内，所以我们只以为将要攻击家康而已。我们当时就连哪里是本能寺都不知道。"

这部分内容，可能令不少第一次见到的人十分震惊。若确实像本城总右卫门所说，当时明智军内的下级兵士除了听命行事之外，就不知其他的事，就连要攻击何人、去什么地方攻击也是一无所知，那么，可以说这是明智军高层有效的情报管制的效果。至于攻击家康一事，也只停留于他们私下的臆测而已，一般兵士所知道的而又有史实根据的，就只有前往备中协助秀吉对战毛利辉元一事而已。

本城总右卫门关于明智军攻击本能寺的情况有这样的记载："之后，我们冲至（本能寺）时，门正开着，那里就连老鼠也钻不进似的，于是我就带着早前斩获的首级一同冲了进去。从北门进来的弥平次大人（明智秀满）与一名母衣众对我们说：'把首级扔下！'所以我就在堂下放下首级，走进了本堂。可是本堂内一个人也没有，只有吊挂在里面的蚊帐，谁都不在里面。走至仓库时，有一个穿着白色衣服的长发侍女，虽然把她捉住了，但那里一个武士也没有。那个侍女说：'主公是穿着白色衣服的。'……在那里（本堂），我又取得一个首级，那个（被斩去首级的）人，独自在房内，连衣带也没有系上，只拿着刀，穿着薄衣走出来而已。那个时候，已经有很多我军的人攻进来，见到这个情况，敌人都溃散了。"

在这一部分中，当时在场的本城总右卫门所见到的本能寺其实并没有什么人在守备，也没有看到信长及他的侍从们在力战。同时，上述提及，佛洛依斯所听到的"（明智军的）兵士进入（本能寺）内部，见到刚洗完脸，正在用手巾抹干身体的信"，虽然看来有点不太可能，但综合《本城总右卫门自笔觉书》的记载推测，织田信长方面几乎是来不及做出防守就被明智军攻进去了。最后总右卫门在没有看到信长之前，守卫的人已溃不成军。换言之，若我们肯定这个回忆录所说的是真实的，那么太田牛一《信长公记》中的激战场面就值得我们重新认识。不过，在此也不能把本城总右卫门个人所看到的情景当作当时的全面情况，故此，在没有更详细的史料被发现之前，《信长公记》的内容仍然有它的可信性。这个回忆录中的记载，也进一步肯定了明智方极强的情报封锁能力及行军隐秘性，这是信长、信忠父子败死的主要原因。明智军在攻进本能寺后不久，身处妙觉寺的信忠及村井贞胜才知道事变，然而也不得不逃到二条御所，当时正亲町天皇的长皇子——诚仁亲王亦在御所内，因此信忠送走亲王后再与明智军力战，最后不敌自杀。

▲ 明智光秀，本德寺藏

▼ 另一个战场——二条城

不论是什么原因让明智光秀叛逆，对他来说，最讽刺的，莫过于事后找不到信长、信忠父子的尸首。有人说信长在大火中自杀，尸体被烧焦而无法辨认，另外也有人说信长并没有死。根据事后负责埋葬、供奉本能寺及二条御所战死者的净土真宗阿弥陀寺的开基住持（即与信长有交情的清玉上人）的记录，当时他得知本能寺之变发生后，就立即赶到寺内，找到信长的遗体，然后安葬（《信长公阿弥陀寺由绪之记录》）。但是，清玉上人怎么在"老鼠都钻不进"的本能寺来去自如是一个很大的疑问。同时根据史家的研究，阿弥陀寺记录的死伤者中，包括六月十三日山崎合战的死者，以及信长的四子秀胜（秀吉养子）。问题在于秀胜死时，上人也已死去三个多月，究竟这是否为上人亲自记载也是一个问题。至于信忠，其侍从镰田新介听从他的命令斩下他的头颅后，将其尸首隐藏，最后与二条御所一同化为灰烬。

眼见本能寺、二条御所化为灰烬，明智光秀当时心里在想什么，又究竟是怎样的心情……这恐怕比本能寺之变更难得到答案。我们唯一知道的是，他的这次谋反只成功了一半。十日后的山崎之战中，明智光秀被自备中赶回来的羽柴秀吉所败。按照传说，他最后在逃亡途中被土民伏击而死，也将本能寺之变的诸多秘密带入了另一个世界……

参考文献

[1] 历史群像シリーズ战国セレクション・激震 织田信长 , 学习研究社 ,2001.

[2] 历史群像シリーズ战国セレクション・俊英 明智光秀 , 学习研究社 ,2002.

[3] 战史ドキュメント 本能寺の变 , 高柳光寿 著 , 学习研究社 ,2000.

[4] 真说 本能寺 . 桐野作人 著 , 学习研究社 ,2001.

[5] 战争の日本史 (十三). 信长の天下布武への道 , 谷口克広 著 , 吉川弘文馆 ,2006.

[6] 信长军の司令官 , 谷口克広 著 , 中央公论新社 ,2005.

[7] 织田信长合战全录 , 谷口克広 著 , 中央公论新社 ,2002.

[8] 完译フロイス日本史 (3) 织田信长篇Ⅲ , 松田毅一 川崎桃太 译 , 中央公论新社 ,2000.

[9] 日本の历史 (十二). 天下一统 , 林屋辰三郎 著 , 中央公论新社 ,2005.

[10] 谜とき本能寺の变 , 藤田达生 著 , 讲谈社 ,2003.

[11] 信长と天皇 , 今谷明 著 , 讲谈社 ,1992.

[12] 战国大名と天皇 , 今谷明 著 , 讲谈社 ,2001.

[13] 明智光秀 . つくられた谋反人 , 小和田哲男 著 ,PHP 研究所 ,1998.

[14] 原本现代译・信长公记 (上下), 太田牛一 原著 , 榊山润 译 , 教育社 (ニュートンフレス),1989.

[15] 原本现代译・三河物語 (上下), 久保忠教 原著 , 小林賢章 译 , 教育社 (ニュートンフレス),1980.

战国裂变

本能寺之变与战国众生实像

作者 / 不懂战国

天正十年（1582 年），织田信长发起了声势浩大的"甲州征伐"，织田军一路势如破竹。信浓方面，由木曾义昌带路，攻下了由武田信玄第五子，也就是武田胜赖的弟弟仁科盛信把守的高远城；紧接着，武田家另一个一门众穴山信君来投，在穴山信君的带领下，由骏河向甲斐发起进攻。穷途末路的武田胜赖，不得不听从家臣小山田信茂的建议，将新修的城池新府城烧毁，逃往小山田信茂的居城岩殿城。然而，不幸的是，武田胜赖在前往岩殿城的途中又遭到小山田信茂的背叛，在前往天目山的途中被泷川一益军追赶，最终与嫡子武田信胜于田野之战中自杀，曾经虎踞东国，连织田信长也忌惮三分的甲斐武田家就此灭亡。

　　成功消灭宿敌武田家后，织田信长在安土城大摆庆功宴，封赏群臣。随后，织田信长准备以三子神户信孝、丹羽长秀为主帅，统领一支军团前往讨伐四国的长宗我部元亲；又派遣柴田胜家自北陆越中国，森长可自东山道的北信浓，泷川一益自关东的上野国，兵分多路朝着另外一家宿敌——越后上杉家发起总攻，上杉家的当主上杉景胜一时间被逼入绝境；山阳山阴方面，织田信长派遣的羽柴秀吉军团与毛利氏的战事也是十分顺利，得到秀吉的求援信息后，织田信长派明智光秀前去支援羽柴秀吉。毛利氏也如风中残烛一般，他的灭亡只是时间问题。

　　然而，天正十年六月二日，就在形势一片大好时，原本是要前往山阳山阴支援羽柴秀吉的明智光秀军突然出现在织田信长留宿的本能寺附近，对军队发布了向本能寺进攻的命令。江户时代的史料《织田信长谱》和《续本朝通鉴》甚至编造了"敌在本能寺"这句名传千古的命令，来体现明智光秀攻击本能寺的决心。

　　在日本历史上，本能寺之变被称为最不可解的悬疑事件，以及改变日本历史走向的事件。即将统一天下的霸者织田信长因重臣明智光秀的谋反而自杀，庞大的织田领国瞬间崩塌，与织田氏敌对的毛利、上杉、长宗我部等大名捡回一条命，但织田政权内部的重臣羽柴秀吉、明智光秀、柴田胜家等互相攻伐。最终，羽柴秀吉击败对手，逐步掌握天下。

　　本能寺之变，本身就是一个被谜团重重包围的事件。关于谋反的原因，有野心说、怨恨说、黑幕说等，时下，四国说占据主导地位。但在决定性的一次史料出现前，上述种种说法都只能说是猜测，最多只能说哪种可能性大、哪种可能性小，或者哪种说法与史料更符合而已。所以，一直以来，本能寺之变是个为人所津津乐道的话题。

目前，关于本能寺之变的原因及其爆发时织田氏周边大名的状况，国内日本战国史圈子对该事件的认识还停留在日本方面几十年前的认知。随着日本史学界对该问题不断地深入研究，有新说露出水面。为此，笔者特遴选一些有代表性的与各位朋友共享。

政变之前——织田信长其人

一说起织田信长与本能寺之变，大家最关心的想必是，若本能寺之变未发生，以织田家的扩张速度，织田信长在有生之年能否成为天下人？

从武田氏灭亡到本能寺之变前这不到三个月的时间里，柴田胜家想要拿下上杉氏在越中的重要防线鱼津城只是时间问题而已。[①]森长可、团忠正等人已在信浓做好了准备随时北进，越后的新发田重家从东侧威胁上杉景胜，上杉景胜可谓四面楚歌，已抱有玉碎的决心；关东的北条氏已向信长表示臣从，想当信长在关东的总代理；而以伊达辉宗为首的奥羽诸势力早与信长互通来往，随时表示臣从。因此，东国方面似乎不出一两年便可均纳入信长领，不管是直接还是间接，反正从属问题不大。

四国方面，除了织田信孝的军团马上就出兵四国外，从近期出版的林原美术馆中的《石谷家文书》来看，长宗我部元亲基本已同意信长让他放弃阿波多座城池的提议，表示臣从。只不过，这个文书发现较晚，而且因信长死亡便不了了之，如果信长不死，四国当也是信长的囊中之物，因为信长在给信孝的书状中，已经确认将赞岐给信孝、阿波给三好康长，至于土佐和伊予如何处置，等他想想再说，可见信长对短期内拿下四国信心满满。

至于山阳山阴方面的毛利氏，备中高松城一带失手后，羽柴秀吉即可继续向西推进，而信长也表达了将亲自支援秀吉的意思，所以，毛利可以说是苟延残喘。

---

① 事实上，在本能寺之变时，鱼津城正好被织田军攻陷。

九州方面呢？北九州的霸主大友氏，与织田信长一直都有互通书信，关系还算不错，南九州的岛津家则无法预料。

无论如何，在统一日本的道路上，织田信长明显在西国遇到的阻碍应比在东国遇到的要大得多，但其以滚雪球似的方式，三五年内统一日本应该问题不大。当然，也不是那种消灭所有大名的统一，而是像羽柴秀吉那种接受臣从的统一，这也是统一日本最快的办法，即便到了江户时代，江户幕府照样有许多外样大名的存在。

除了织田信长能否成为天下人的疑问外，最受大家关注的就是网上的通说：织田信长是一个时代的革新者，他不想拥护室町幕府，甚至不想成为挂靠在天皇朝廷下的一个政权领导者；他想要的，是一个与之前上千年来完全不同的日本。似乎织田信长接下去的动作就是统一日本，然后建立日本人民共和国，成为一个新的"日本"的建立者。然而，事实真的是这样吗？

其实，织田信长一直都不是一个旧体制的破坏者与时代的革新者。首先，他实施的"乐市乐座""兵农分离"根本就不是织田家的原创，武田家也有过类似的政策。武田信玄治下的百姓，也有分为需要服兵役的"军役众"以及不需要服兵役的"总百姓"；"乐市乐座"则更是在近江国的霸主六角氏就施行过了。与其说织田信长革新制定了这些政策，不如说是这些政策在织田信长的手下得到了良好的推广与有效的实施。从织田信长对旧有的宗教势力的清洗，就可以看出来。

平安时代的枭雄白河法皇曾经说过，普天之下只有三件事情不如自己的意愿：1.鸭川的水灾，2.赌博的双六游戏，3.纵横畿内的"山法师"（僧兵）。许多人都以织田信长火烧比叡山延历寺以及以强硬血腥的手段镇压一向一揆，来说明织田信长其实是个利益至上的无神论者，这恐怕也是小说家等艺术工作者给大众树立的织田信长的形象。在桶狭间合战时，太田牛一的《信长公记》便有织田信长在奇袭今川义元本阵前前往热田神宫参拜，祈祷战争胜利的记载，而且，他还曾在尾张的津岛修筑了牛头天王的神社。种种迹象表明，织田信长其实也是一个信仰神明，有血有肉的人。其实，织田信长对寺社采取的血腥政策，与其说是他不信佛，倒不如说是对织田家"乐市乐座"政策的一种强硬施行方式。古时候，随着佛教传入日本的有很多来自文明高度发达的中原大陆的技术，如油与纸的制造方式。

这些技术传入日本后，成为寺社势力的垄断商品，朝廷、幕府均管不到，只有寺社认可后，商人才能够贩售这些东西。商人垄断某种商品后赚到的巨额利润要上缴给寺社，作为分红，否则便不再被允许贩售这些商品，这些垄断商品贸易的团体，被称为"座"。织田信长积极推动自由市场贸易的"乐市乐座"政策，自然与这些旧有的寺社势力相冲突，最终导致了火烧比叡山延历寺的血腥事件。

除了与寺社的矛盾外，织田信长与当时的室町幕府的关系又如何呢？一开始，织田信长并没有想消灭室町幕府的意思。提出著名"二重政权论"的日本学者久野雅司认为，在织田信长拥护足利义昭上洛后，因"永禄之变"①中将军足利义辉的意外死亡而丧失了运作能力的室町幕府，又得以恢复正常运转。例如各种纷争的裁决和安堵，财政权、守护补任权、军事动员权的使用等都走上了正轨，并且借助信长的军事实力不断完善和加强自身权力，所以，室町幕府当时仍然拥有对畿内进行直接支配的"最大的政治权力"。

此说法直接否认了足利义昭只是信长手中的傀儡这一通说，具有划时代的意义。而山田康弘则认为不该把足利义昭时期的幕府形态当作十分特异的存在来看待，足利义昭之前的将军及有力大名之间也出现过类似情况，如细川高国、大内义兴拥立将军时期，要是没有将军及有力大名之间这种相辅相成的关系，在当时便不是十分完整的权力政治体，所以，足利义昭和织田信长之间的"二重政治"只是前代政治形态的延续。

虽然织田信长后来驱逐了室町幕府的末代将军足利义昭，但也是因为足利义昭私下里对浅井长政、朝仓义景、武田信玄等地方有力大名发去了"讨伐织田家"的命令，背叛了扶持自己登上将军之位的织田信长。流放了将军后，朝廷也仍然没有将他解职。尽管室町幕府灭亡了，足利义昭仍然是幕府将军。织田信长还曾向足利义昭表示，可以让他返回京都，但足利义昭却对织田信长提出要交出人质的要求，对自己此时的地位没有正确定义的足利义昭就这样错过了返回京都的机会。

那么，织田信长与朝廷的关系如何呢？与大家的认知不同，织田信长与朝廷

---

① 幕府将军足利义辉在此政变中遭到三好三人众以及松永久通的杀害。

的关系一直都很不错，要是以织田信长想让正亲町天皇退位，就揣测他有不臣之心的话，那只能说是对日本历史极大不了解。早在平安时代就已经有天皇不掌权的习惯了，但凡天皇想要掌控权力，几乎都是退位之后成为上皇，开设院厅实施院厅政治，这在之后的镰仓、室町时代也很流行。因此，让正亲町天皇退位并不一定就是织田信长逼宫，很可能是天皇自己的意愿。所以说，织田信长想要篡夺天皇皇位，是一种缺乏证据以及常理的说法，不足为信。

除了让天皇退位以外，织田信长的官途也是大家感到疑惑的。天正六年（1578年），织田信长突然辞去了右大臣和右近卫大将的官位，但没有辞去正二位的位阶，为日后复官留下了余地。《兼见卿记》《总见寺文书》记载，织田信长表达了想将官位让给嫡子织田信忠的意愿，但朝廷没有这个意思，反而一直想以给织田信长加官晋爵来拉拢他。

天正九年（1581年）二三月间，信长在京都举行了盛大的马揃仪式，引人侧目。之后，朝廷向信长派遣了使者，想推举其为左大臣。信长借机提出条件，请正亲町天皇让位给其子诚仁亲王。朝廷对此事感到为难，因此信长任官一事也就不了了之。关于朝廷试图推举信长任左大臣一事，历来的看法是，朝廷想将信长纳入传统的官位体系。不过，在织田信长辞官时，曾想让朝廷同时给予信忠显职，但朝廷并未响应，所以此时朝廷想要求信长复官，织田信长不接受也不奇怪。

至天正十年五月，织田信长已经攻灭宿敌武田氏，朝廷再次向已经回到了安土的信长派出了敕使①，传达朝廷关于"三职推任"的意思。诚仁亲王的书信中甚至提到，织田信长想要任何官位都可以。不过，此"三职推任"究竟是朝廷的意思，还是信长的强迫，抑或是京都所司代村井贞胜的独断决策，目前尚未有明确的定论。

信长到底是想就任征夷大将军后再开设"织田幕府"，还是像平清盛、足利义满那样就任太政大臣，抑或是想就任没有武家先例的关白，或者不任官，因本能寺之变和信长的死亡而留下了悬念，即便到了现在，史学界仍是众说纷纭，成了一桩无头案。本能寺之变后，羽柴秀吉曾致信毛利辉元，信中称信长为大相国，

---

① 出自《晴丰日记》。

即在非官方的舆论中，信长似乎要就任太政大臣；但在《晴丰日记》中又有就任将军的可能性的记载；此前信长曾自己提到过待天下平定后再行任官，此时毛利、上杉等敌对势力尚存，所以信长可能还没有任官之意。因此，三职推任在没有令人信服的一次史料出现前，仍将是个能引起争论的话题。

不被神爱的男人——明智光秀与本能寺之变

许多人都认为本能寺之变的原因是，明智光秀使用臭鱼招待德川家康，惹得织田信长大怒而殴打明智光秀、没收明智光秀领地，改封仍处于毛利家控制下的出云国、石见国以及不顾明智光秀老母亲的安危，处死波多野兄弟导致光秀老母亲被杀等事。因此认为信长对光秀极其暴虐，是导致本能寺之变发生的原因。

本能寺之变的怨恨说及野心说分别是桑田忠亲和高柳光寿两位战国史研究的著名学者所主张的，占据了主流相当长的时间。但随着对本能寺之变的深入考证，这两种说法逐渐站不住脚了。

怨恨说中的怨恨，主要是如下几件事。一是光秀在众人前被打头，出自《祖父物语》；二是光秀在招待家康时上了臭鱼，出自《川角太阁记》；三是旧领丹波被没收，领地改为出云、石见两国，出自《明智军记》；四是老母被波多野兄弟所杀一事，出自《常山纪谈》；五是稻叶一铁与斋藤利三之间的瓜葛，出自《川角太阁记》。从以上来看，这几件大家耳熟能详的事情没有一件出自一次史料，都是出自不能完全信任的军记物语，特别是《明智军记》《常山纪谈》等的史料价值较低。《川角太阁记》记载，光秀在给小早川隆景的一份书信中提到了近年对于信长的怨恨——怨恨说的重要依据，但对这份书信的真实性尚存争论。

《弗洛伊斯日本史》有载，光秀因用臭鱼招待家康一事被信长叫进密室训示，光秀有所顶撞，惹得信长大怒并用脚踹光秀的头，这也是用臭鱼招待家康引发信长殴打光秀的出处。此时，当为天正十年五月中旬。

而在《稻叶家谱》中，原稻叶家臣那波直治转投明智家，稻叶一铁向信长申诉，信长命光秀退回直治。或许信长认为光秀这种行为违反了家中的一些规范，因此怒火中烧，用手击打光秀。织田家曾有家臣之间闹纷争，信长亲自裁决之案例，而且《越前国掟》也记载有如遇无法裁断的纷争，呈报信长进行裁断的条款。传闻光秀是秃子，或有戴假发的习惯。光秀的假发被打掉，使他颜面尽失。此说法在可信度不高的《明智军记》中也有描述。从当年五月二十七日的堀秀政的文书中可知，后来那波直治还是回到了稻叶家。而且，堀秀治的文书还提到了那波直治的回归是符合道理的。似乎可以说，光秀对那波直治不合常理的拉拢，接纳直治的行为，导致了稻叶、明智两家的纠纷，也就是说，信长认为光秀的行为违反了常规，所以才打了他。

《弗洛伊斯日本史》和《稻叶家谱》成书于不同时代、不同立场的人之手，可谓无交集的两份史料，虽然都称不上一次史料且细节有不小出入，但都有光秀被殴打的场面，如果此事属实，那么光秀除了在织田家中的政治地位下降外，其身心也受到了织田信长的严重打击。但实际上，在本能寺之变前半个月，信长任命光秀主持接待家康，丝毫看不出信长对光秀有何不好。至于本能寺之变是否由此而起，又是一个老生常谈的话题。至少可以认为，本能寺之变是多种因素混合引起的事件。所以这些年，怨恨说、野望说、黑幕说等已过时，时下较获认可的是，织田信长对四国岛政策的改变（安抚改为武力征服）与织田政权中明智光秀、羽柴秀吉等人之间的互相倾轧成了本能寺之变的导火索，但里面一些细节还是有争议。目前看来，本能寺之变的原因还没有一个完美合理的解释。从织田信长后来对明智光秀的态度来看，笔者觉得没有什么非常特异的存在。

至于当下国内很流行的"德川家康宠信的和尚南光坊天海和明智光秀是同一人"的事情，完全是野史之言。目前，流传较广的通说当是出自日本明治至大正时期的小说家须藤南翠创作的，而后又被自称是明智光秀后代的明智泷朗写进了《明智行状记》，从此很多人开始接受这个说法。

和非主流的历史学家八切止夫抛出上杉谦信是女人的观点一样，认定光秀和天海是同一人只是通过一些实际上经不起推敲的只言片语来推测的。其中比较有名的例子是，南光坊天海的墓地在日光明智平；以及明智光秀死后比叡山仍然还有以光秀之名寄进的石碑，德川家康的东照宫有很多地方使用了明智光秀的家纹桔梗纹进行装饰；明智光秀和天海的前半生经历都没有详细记载，无法考证出身，等等。尽管有很多例子，但实际上没有任何可以服众的史料来支持此说法，所以当下日本的历史学界的学者基本上都无视这种说法。

令人叹惋的"天下人"——本能寺之变与织田信忠的抉择

织田信长的长子信忠生于弘治三年（1557年），其母是信长的马回众生驹家长的妹妹生驹氏（即传说中的吉乃）。因信长的正室浓姬无子，便将其作为嫡子抚养，也有说浓姬收信忠为养子。织田信忠的幼名是奇妙丸，长大后通称勘九郎。

织田信长在天正十年六月二日清晨发生的本能寺之变中被袭杀后，织田信忠在后人本以为能逃脱的情况下却未逃走，而是选择在二条新御所笼城，与明智军死磕到底，最终战死，让人扼腕叹息。因此总有人说，如果织田信忠不死，天下就不会有羽柴秀吉、德川家康什么事了。当时究竟是什么情况呢？不妨看一下织田信忠的动向。

在攻灭武田氏后的天正十年五月十四日，织田信忠凯旋回到安土城。次日，受封武田氏旧领骏河的德川家康以及降将穴山信君也来到安土城，受到织田信长的款待，由织田信忠作陪。五月二十一日，织田信忠与德川家康等人前往京都，计划陪同德川家康一行到堺去游览。但由于接到织田信长也要来京的消息，织田信忠便改变了计划，德川家康一行前往堺，自己则在京都等待信长来。也正是因为这一变动，改变了织田信忠的命运。五月二十九日，织田信长到达京都并下榻于本能寺。六月一日，织田信忠前往本能寺，一直与信长聊天，气氛十分欢愉，直至当夜才返回自己的居所妙觉寺。六月二日凌晨，明智光秀率军来攻，本能寺之变爆发。

织田信忠获悉明智光秀率军袭击本能寺的消息后，打算直接前去救援父亲，但从京都所司代村井贞胜那里得知本能寺已被明智军拿下，于是他便前往不远处的二条新御所笼城，抗击明智军。

关于二条之战的一次史料，在公家的日记中多有描述，例如吉田神社神主吉田兼见的《兼见卿记》、公家山科言经的《言经卿记》、劝修寺晴丰的《晴丰记》等，此外还有记主不在京都但也可称一次史料的《多闻院日记》《莲成院记录》《宇野主水日记》《家忠日记》等。虽然这些史料算是时人记录时事，却无人身在"案发"的第一现场，所以不少记录都是"三位中将杀害""三位中将离开妙觉寺前往二条笼城，光秀军袭来不久后战死"等不大详细的描述，没有双方激战的具体过程。因此，织田信忠奋战的记录，只能从一些军记物语中找寻。

可信度相对较高的史料有太田牛一的《信长公记》、丰臣秀吉的御伽众大村由己受秀吉之命创作的《惟任退治记》，以及身在京都的西方传教士的一些记录等。综合归纳的话，其过程大致如下：六月二日凌晨，明智光秀率领一万余大军从丹波国的龟山城进京，突袭了织田信长在京都的住宿地本能寺。

织田信长经过一番奋战后终因寡不敌众，在本能寺熊熊的大火中自杀身亡。身在距离本能寺并不远处的京都所司代村井贞胜感觉气氛不对，初时还以为发生了一般性的哗变，但在前往本能寺一带查看的路途上获悉了明智光秀谋反的消息，便立即赶往妙觉寺报知织田信忠。织田信忠本来要前往本能寺殉节，但被村井贞胜劝阻后便询问贞胜哪里还能与明智军对抗。得到的回复是二条新御所具备一定的防御力，只有到那里才有希望。另外也有说法是，织田信忠发现本能寺的异变后立即前往二条新御所，途中遇到获得消息的村井贞胜。不管是哪种情况，二人率众一同前往二条新御所笼城是事实。

此二条新御所本是前关白二条晴良的宅邸，天正四年（1576年）进行改造，次年完工，还移筑了松永久秀的多闻山城主殿。天正七年（1579年）十一月，织田信长将此城让渡正亲町天皇的皇太子诚仁亲王一家。传教士的记录中形容此城乃是"仅次于安土山（安土城）的华丽的存在"。诚仁亲王虽为正亲町天皇的第一皇子，但也起到了作为朝廷与织田信长之间的交涉者的作用。

在本能寺之变爆发时，诚仁亲王一家正在二条新御所。根据传教士的记录，他接到明智光秀谋反的消息后仿佛晴天霹雳，不知如何是好，便派遣使者询问光秀："打算如何处置我？是想我切腹么？"明智光秀回复："在下并不会把亲王怎样，但为了不让织田信忠趁机逃脱，希望亲王不要骑马或者坐轿，请立即步行退出宅邸。"同时，也有说法诚仁亲王乘荷舆或辇离开，如《别本兼见卿记》《信长终焉记》。不管如何，诚仁亲王一家安全离开战场，在公家劝修寺晴丰的日记《晴丰记》中描述道："在这种情况下，一般不可能安全离开，这次真是老天保佑。"

再来看织田信忠一方，因明智光秀的第一目标是袭杀身在本能寺的织田信长，所以给了信忠一点前往二条新御所并组织防御的时间。在理论上及在后人的想象中，信忠是有可能逃脱的，因为织田信长的弟弟织田长益就成功逃脱了明智光秀的追杀，离开了战场。根据可信度相对较高的史料《当代记》的记载，织田信忠"自作聪明"地认为，明智光秀既然敢于谋反，必然是在各个可能的撤退路线上安插了伏兵，如果死于这些杂兵之手便太不名誉了，所以拒绝近侍们关于先退回安土城整顿势力再讨伐明智光秀的建议。毛利良胜、福富秀胜、菅屋长赖等人也同意他在二条新御所笼城的决定。在后来人看来，明智光秀的谋反实际上极其仓促，也没有关于他提前安排伏兵的任何记录，所以，前往二条新御所这个决定成了织田信忠的一个污点，更让他付出了性命。

在织田信长消逝在本能寺的熊熊大火后，明智光秀立即率领大军移动，包围了二条新御所。此时，织田信忠的手下仅有侧近及马回众五六百人以及一些宿于本能寺外的织田信长的马回众。相比全副武装的明智军，织田信忠一方绝大部分人只有适合近战的刀具，且没有甲胄着身。在人数和装备的对比都极其悬殊的情况下，双方开始在二条新御所展开激战。

织田信忠曾拜在剑圣上泉信纲的高足疋田丰五郎景兼门下学习新阴流剑术，得到景兼的倾囊传授，获得了新阴流的"免许皆传"[1]。此外，在天正九年的马揃时，织田信忠也展示了马术、剑术、枪术等武技，震惊众人，可见织田信忠不是泛泛之辈，当是具备武勇之武士。

回到正题，明智军袭来后，织田信忠率领诸侧近积极凭城组织防御，人人都拼死向前，侧近赤座永兼还击伤了明智军的一番乘山崎长德。但当明智军攀上与二条新御所相邻的近卫前久宅邸的屋顶后，居高临下地向织田方射击铁炮和弓箭，给织田方造成重大伤亡，织田方的可战之士越来越少。织田信忠身上多处受伤，但仍顽强击溃了敌军的三波攻击[2]。在击毙了明智孙十郎、加成清次、杉生三右卫门等明智方将领后，他在御殿的大火中以十文字方式切腹。切腹时，他命介错镰田新介在他死后将他的遗骸藏在御殿地板下。最终，织田信忠和父亲一样，在熊熊大火中消逝。

在本能寺之变中，逃出生天的人有好几个，如织田长益、稻叶贞通、水野忠

---

① 即师傅将武技全部传给徒弟。
② 出自《莲成院记录》。

重等，甚至有传言说织田信忠的介错镰田新介也成功逃出。虽说明智光秀狙杀的目标主要是织田信长父子二人，其他人并非目标，但如果信忠在获悉信长遇袭的消息后率领众侧近逃亡的话，并不是不能成功。我们从目前流传下来的史料上得知，信忠不逃亡的原因是怕明智光秀部署了伏兵，而且逃亡是不光彩之事。后人嘲笑织田信忠不懂"留得青山在，不怕没柴烧"的道理，但年仅二十六岁的信忠当时究竟是怎么想的，就没人知道了。

要是织田信忠不死，织田家会怎样，一直是不少朋友想知道的。虽然这只是个假设，无法实际预测，但我们可以分析一下本能寺之前织田信忠的履历。

织田信忠死前，在军事方面已有了不少实战经验，而且攻灭松永久秀后，畿内的军事行动他也多有参与。再来看政治方面，元龟四年（天正元年，1573年）七月，织田信忠便对尾张野田社家百姓发布了制札，逐渐行使一些权力。对美浓则更早，在元龟二年（1571年）就对美浓崇福寺发布了免除诸役的判物。从天正三年（此为织田信忠的第一个重要时点）家督交接后，信长对浓尾下达的文书逐渐减少，信忠下达的显著增多，可见信忠对浓尾开始了实质性的支配，织田信长的支配力度减小。从一份天正七年十一月十六日关于西美浓道路整备的判物来看，织田信忠的支配力已经渗透至原信长直接支配的西浓（原美浓三人众领）。次年安藤守就被流放后，织田信忠安堵了原守就手下的从属高木氏的知行。此外，织田在浓尾下发的文书中，制札、宛行安堵状、掟书、诸役免除等应有尽有。可见织田信忠的权限随着时间的推移已进一步扩大，在本能寺之变爆发时就已算是较为成熟的浓尾大名了。同在天正三年，织田信忠任官秋田城介，虽然其任此官途（官位或官职）的目的有待深入考证。但基本上可认为，就任二百多年无人担任的官途是一个引人注目，能提升织田信忠声望的举措。

攻灭松永久秀后，织田信忠又升为从三位左近卫中将，兼秋田城介，地位继续提升。再之后就是，织田信长辞任右大臣的同时，向朝廷申请授予织田信忠显职一事。学者堀新认为，此举乃是确立织田信忠为织田家后继者地位的重要环节。但实际上，织田信忠此后再也没有升官。有人认为，虽然朝廷认可织田信忠的织田家后继者地位，但其官位授予目标仍是织田信长。此时，织田信长父子忙于畿内事务及攻灭武田，便暂时没强行要求朝廷继续给织田信忠升官。

天正十年的武田征伐后（织田信忠第二个重要时点），织田信长许诺"天下之仪御与夺"，这显然赋予了织田信忠更大的权力，织田信忠作为天下人织田信长后继的下一期天下人，已经放眼"天下"了。"天下之仪御与夺"究竟会有什么效果，随着本能寺之变，永远成谜。

织田信忠没能像他叔父织田长益那样逃跑以期卷土重来，选择与明智军交战，最终因战死导致织田政权崩溃，这也是他长期以来受人诟病的焦点。信忠死时年仅二十六岁，从他死前的一系列表现来看，他在军政两方面都还算中规中矩，似乎算合格的继承人，但却在最后时刻判断失误，造成织田家分裂，成就了后来的丰臣秀吉，让不少人扼腕叹息。虽然我们现在认为织田信忠的选择实在是愚蠢，那当时情况是怎样的呢？

第一，从相对被认为史料价值还算可以的《当代记》内容来看，在得知明智光秀谋反的消息后，织田信忠侧近曾劝说他退往安土城以便卷土重来讨伐明智光秀，但他却认为明智光秀既然谋反，必然在撤退路上有所布置，因此决定退往二条决一死战。此选择获得了毛利良胜、福富秀胜、菅屋长赖等人的支持。但从事后来看，明智光秀似乎并没有在从京都退走至安土的路线上布置伏兵。抑或有所布置，但因织田信长父子都死而没有发挥作用。

第二，从织田信忠奋战的情况来看，他很可能在不知明智军人数的具体情况下，做出了仍有一战之力的判断。织田信忠从上泉信纲弟子疋田景兼学艺，并得其倾囊传授新阴流的剑术①。而且织田信忠侧近赤座永兼和山口十二兵卫等人还枪挑明智方的近士贞连等将，可见信忠方还是有一定战力的，再现当年本圀寺之战以寡敌众的景象似乎也不是没有可能。而后，明智军爬上了旁边近卫前久府邸的屋顶居高临下射击，这对短兵相接的信忠方就比较被动了。虽然实力悬殊，织田信忠也在战斗中多处受伤，但他还是打退了敌方的三波进攻②。

第三，天正五年，织田信长新营造二条新御所，当是具备一定防御力，因此

---

① 出自《细川家文书》。
② 出自《莲成院记录》。

村井贞胜建议移至二条城组织防御。但寡不敌众且被明智军占据了地利，胜机渺茫。

由此，织田信忠之死似乎可以归结为：在局面极其混乱的情况下误判形势，因此没能创造出奇迹。

蝮蛇之女——浓姬是否在本能寺之变中身亡

关于浓姬的履历，一次史料中的记载极其有限，即便在《信长公记》中也只简单提到平手政秀奔走，通过政略结婚的手段来达成织田、斋藤两家的和睦，毕竟当时两家都有难题，因此政治结姻符合两家利益。在推定为江户时代中前期成书的《美浓国诸旧记》中有如下描述：

小见方①嫁给斋藤秀龙（即斋藤道三）后，于天文四乙未年诞下一女，天文十八年二月二十四日嫁给尾州古渡城城主织田上总介信长，名归蝶，又称鹭山殿。

后世关于浓姬的介绍基本依照于此。但实际上，浓姬的称呼见于《绘本太阁记》等军记物语中，或可认为是"美濃の姬樣"的简称。

在斋藤道三死后，织田信长与斋藤道三之子斋藤义龙敌对，且浓姬无子，因此失去了其既定作用，之后的经历不详。关于她，后世的学者们有三种说法，即在本能寺之变中死亡、被遣送回美浓及生存说。在本能寺之变中与织田信长一同死亡的说法没有任何史料依据，只是来源于一个流传在美浓的传说，但后世的文学作品中经常见到这种说法，且信长野望游戏剧情中也采用了这种说法。而且，织田信长入本能寺并遣明智光秀出阵的目的应是西进增援羽柴秀吉，信长身边只带了少量士兵，如果还带着年近五十的浓姬，很有违和感。

如果织田信长将归蝶遣送回了美浓国，那么此事一定发生在他拿下美浓国的永禄十年以前。此举相当于掐断了织田家与美浓国的联系。虽然破盟后将结婚对象送回本国的事情不罕见②，但信长手头留有浓姬这张牌和斋藤道三的美浓委让状

---

①斋藤道三正室，《明智军记》中将她记为明智光纲之妹，也就是明智光秀的姑姑。
②比如甲相骏破盟时，北条氏将北条氏政正室武田信玄之女黄梅院送回武田家。

的话，将有资格夺取美浓的大义名分。按照可信度也不太高的《势州军记》的描述，浓姬收织田信忠为养子，若真如此，那么浓姬便没有被送回美浓。

关于生存说，最有力的说法是天正十五年《织田信雄分限帐》中提到的被称为安土殿的女人，此女地位较高且被冠以安土之称，可能指的是浓姬？此外，根据《织田信长综合辞典》的著者冈田正人的指摘，据安土城总见寺流传下的《泰严相公缘会名簿》中的记载，鹭山殿法名养华院要津妙玄大姊，织田信长公御台卒于庆长十七年（1612年）七月五日。结合《美浓国诸旧记》中浓姬被称为鹭山殿的记录，此大姊就是浓姬，但仍需进一步考证。

东国剧变——本能寺之变时的泷川一益

关于泷川一益，此人其实与明智光秀、羽柴秀吉一样，并非织田家的谱代家臣，只能从零星的资料里推测泷川一益乃近江国甲贺郡出身的国人众。因为在《名将言行录》中有关于泷川一益刺杀他人的记载，因此便有人推测泷川一益有可能是甲贺忍者出身，但是这个并没有确凿的证据。

泷川一益开始为织田信长效力的时间并不明确，但因其出色的能力被织田信长不拘一格提拔成了织田家"伊势侵攻"的调略负责人，在织田军进攻伊势国时立下了不少战功，可以说他确实是个人才。在这之后，泷川一益一直活跃在织田家各处的战场上，从柴田胜家的加贺侵攻、羽柴秀吉的播磨侵攻，甚至明智光秀的丹波侵攻中，都有泷川一益的身影。从这些来看，说他是深受织田信长信赖的武将不足为过。

天正十年的甲州征伐，正是泷川一益率军将武田胜赖围困在天目山。在田野之战中，武田胜赖战败，与嫡子武田信胜自杀身亡。泷川一益获得了灭亡武田家的首功，因为要是武田胜赖不死，逃往他国避难的话，兴许武田家还有卷土重来的机会。因此，在武田家灭亡后两日的三月二十三日，泷川一益获封上野一国及信浓的佐久、小县二郡。在《信长公记》中将其记为"关东八州之御警固"，《伊达家治家记录》则称之为"东国奉行"，而在后世的《甫庵太阁记》《武家事纪》等史料中则被讹误为"关东管领"。主要承担着对关东、奥羽诸大名的外交和取次职责，与以上地域的很多势力多有交涉，切实发挥着"东国奉行"的作用。

天正十年六月九日，泷川一益接到七天前信长已经横死的消息后，立即要求上野诸国众宣誓忠心。织田信长的死讯传到上野后，各方势力有的谋求扩张，有的谋求自保，乱局下发生各种情况都不奇怪。在外部，北条氏政一边写信与泷川一益保持关系，一边暗中在领内动员计划随时出兵，做好了两手准备。在内部，上野国众们疑神疑鬼，但也都想趁机占便宜，比如原沼田城城代藤田信吉逼迫沼田城城代泷川一益的家臣泷川仪大夫，打算趁机夺回被曾被真田昌幸占据的沼田城，但泷川仪大夫认为沼田城乃是真田昌幸进献给织田信长的，即便返还也应该交予真田昌幸。图谋失败的藤田信吉逃出城去，纠集兵力攻击沼田城，但遭到泷川军的反击，最终失败并逃往越后。而北条氏政确定织田信长去世后，于六月十六日出兵上野，六月十八日，泷川一益击败已经有所行动的北条氏邦军，但在次日的神流川之战中面对北条氏直的大军时，因织田信长之死，以上野众为主的泷川军士气低落，大败于北条军。泷川一益逃往信浓，并在德川家康的援护下回到佐久郡的春日城，后又在依田信蕃和真田昌幸的帮助下逃离信浓，辗转回到了本领伊势长岛。可见在织田信长死讯传到上野后，原本臣从于信织田长的内外部势力重新骚动起来，泷川一益之前以织田信长权力为后盾支配关东，但毕竟时日尚浅，何况面对的是一直觊觎上野的北条氏及本就不好管理的上野国众，被赶跑也不奇怪。泷川一益狼狈逃回本领伊势长岛，未能参与讨伐明智光秀的山崎合战，更没有参加决定下一步织田家发展方向的清州会议，自此失去了原有的发言力。

山阴山阳大回返——创造奇迹的羽柴秀吉

天正十年五月二十九日，织田信长来到京都，这是他这年第一次上洛，也是他一生中的最后一次。他的目的是前往西国，与多年的宿敌毛利氏"会猎"。

在本能寺之变前，多年来与织田信长敌对的诸势力中，甲斐武田氏已被剿灭，越后上杉氏尚未完全从御馆之乱的余波中喘息过来，石山本愿寺也已开城了两年多。除了岌岌可危的上杉氏外，只有西国的毛利氏尚在苦苦支撑织田军的攻势，而毛利氏当时直面的对手，就是未来的天下人羽柴秀吉。先回溯一下织田氏西国攻略的简要过程。

天正五年（1577 年），羽柴秀吉被织田信长任命为西国攻略的负责人而出阵播磨，目标就是西国的霸主毛利氏。时任毛利氏家督的是毛利辉元，由著名的"两川"叔父吉川元春和小早川隆景辅佐。羽柴秀吉在黑田孝高等人的支持下入主姬路城。虽然天正六年（1578 年）初播磨最大的国众别所长治反叛，但在经历了近两年的围城即著名的"三木干杀"后，别所氏的反叛被平定。羽柴秀吉任命老臣杉原家次为三木城城代，巩固了后方后，便将目光再次对准了毛利氏。

在三木城落城前的几个月，有一则对羽柴秀吉的利好消息传来：之前站在毛利方的备前大名宇喜多直家从毛利方离反，转投至织田方。对毛利氏来讲，宇喜多氏是与织田军对决的缓冲区，宇喜多直家是一个极其重要的存在。因此，秀吉冒着并未向信长禀报的风险，擅自许可宇喜多直家来投，可见掌握着万余兵力的宇喜多氏的价值非同一般。

天正九年十月，羽柴秀吉拔掉了毛利氏在山阴最重要据点之一的因幡鸟取城，使毛利氏在山阴地区的势力范围大幅削减。进入天正十年，秀吉又着手攻略山阳地区的重要据点备中高松城，成就了著名的"水淹高松"。为了救援高松城，毛利方丝毫不敢怠慢，毛利辉元亲自挂帅，吉川元春和小早川隆景也随同出阵。羽柴秀吉得到消息后立即报告织田信长，信长决定亲自出阵，于五月二十九日离开安土城，同日进入京都，住宿于本能寺。

以当时的情势，如果织田信长不亲自出马，羽柴秀吉就无法获胜？按照一般的通说，善于人际的羽柴秀吉担忧立下大功引起猜疑，请主君出马督战的话可将功劳让与信长。但实际上，同年五月十九日秀吉在给沟江长逸的书信中相当自信地提到，十五日内高松城就会陷落。因此，在水攻策略已经成功的情况下，落城确实只是时间问题。但信长如果亲自出马，对毛利方的威慑效果自然不可同日而语，或许会有比取得局部战役胜利更大的收获。

再来看毛利一方。本为安芸一介国人领主的毛利氏在英主毛利元就时期领国急速扩大。他在元龟二年死后，嫡孙毛利辉元在两位叔父的辅佐下主持工作，起初在处理与织田氏的关系时还比较慎重，与之保持着不错的关系。但天正四年，被织田信长流放三年的将军足利义昭来到毛利氏领内的备后鞆浦，毛利辉元决定拥立义昭，加入了信长包围网，与织田氏决裂。随着信长包围网的各势力不断被击破或降服，羽柴秀吉也持续向西推进，至天正十年，毛利氏所面对的形势就已经较为不利了。

首先，从地理上来看，毛利氏陷入了孤立无援的境地。当时组成信长包围网的武田氏已灭亡，本愿寺降服，织田氏领内反叛的别所长治、荒木村重等也被平定，本作为毛利、织田双方缓冲区的备前宇喜多氏离反至织田方。在织田氏领国大后方与织田氏敌对的只有越后的上杉氏了，但上杉景胜自顾不暇，越中的重要据点鱼津城就要被柴田胜家攻落，根本对织田氏起不到什么牵制作用，所以信长可以安然西顾。毛利氏则没有可以联合的强大势力。

其次，一直以来，毛利氏与九州的大友氏长期以来都是对立关系。因此，大友氏采用远交近攻之策，与信长通好。天正七年十一月，大友义统在信长的推举下叙任从五位下左兵卫督之官位，同时支配周防、长门两国。当时，这两国均是毛利氏的领国，信长的意思明显就是希望大友氏出兵，共同夹击毛利氏，瓜分其领国。虽说大友氏那时经过耳川一役也是元气大伤，且被岛津氏压得喘不过气，但毛利方不得不分兵以防大友氏。

最后，作为安芸一介小国人的毛利氏的谱代家臣规模不大，在发迹过程中不得不大量吸收大内氏、尼子氏的旧臣以及在地国众（当地势力），虽然数量不少，但对他的忠心可不能抱太大希望。要是局面有利，这类势力倒是能发挥不小的作用；但要是局面不利，为保存领地、家名，他们的行动就不那么好判断了，离反至别家一点也不奇怪，何况他们面对的是以调略而闻名的羽柴秀吉。例如天正十年三月，羽柴秀吉曾写信劝诱毛利水军的主将、毛利氏几十年的老臣乃美宗胜（《乃美文书》）。虽然此举没能成功，但在同月，毛利水军支柱之一的来岛通总接受秀吉的劝诱，投靠到织田氏麾下。如果任由事态发展，不去救援被水围困的高松城和苦苦支撑的清水宗治，毛利辉元或许会重蹈高天神之战中武田胜赖未能救援的覆辙，失信于家臣，后果不堪设想。

所以，毛利辉元虽然面对上述种种不利的情况，也必须硬撑着派出援军，更何况织田信长有可能亲自前来。

就在这决定毛利氏生死存亡的节骨眼上，本能寺之变爆发，织田信长亲自出阵西国的事情并未出现。普遍的说法是，羽柴秀吉军抓获了明智光秀给毛利方送信的使者，获知了本能寺之变的消息。六月三日，秀吉重臣蜂须贺正胜和杉原家次连署文书，要求清水宗治自杀以换取高松城将兵的性命，毛利方答允；六月四日，秀吉与毛利辉元、吉川元春和小早川隆景互换起请文并约定，秀吉出面在信长那里力保毛利氏，绝不置毛利辉元等人于不顾，且决不食言。

清水宗治的自杀及高松城开城，在战术层面上标志着毛利军败北，虽然毛利辉元率军前来救援，但并未能达到救援的目的，也使毛利氏失了面子。而且，从起请文中第一条秀吉会在信长那里力保毛利氏来看，或许暗示毛利氏已经有向信长服软的意向。所以说，即便信长不亲自出阵西国，羽柴秀吉也能独自拿下高松城，并给予毛利方重大打击。在此士气低落的情况下，毛利军有多大把握成功追击并消灭撤退的羽柴军？ [①]

虽然双方暂时停战，羽柴秀吉得以成功返回京都讨伐明智光秀，毛利辉元也借此机会在与织田信长的多年抗争中喘一口气，但这并不代表羽柴、毛利两家之间迎来了和平。实际上，双方还是互有摩擦，主要因为五国割让事宜怎么也无法落实。毛利方本来以为信长要亲自出阵，所以仓促间只能答应羽柴秀吉的要求，没想到信长横死，加上秀吉封锁了消息，毛利氏的家臣们认为，这种行为不诚实，在这种情况下，割让五国的协定应该是无效的。只有安国寺惠琼为双方往来奔走，一边劝解毛利家臣，一边与羽柴方的黑田孝高、蜂须贺正胜积极交涉，推进此事的发展。终于在天正十二年（1584 年）初落实，同年底，羽柴秀吉的养子羽柴秀胜娶了毛利辉元的养女，两家缔结了姻亲，隔阂日渐消除。

此后，毛利辉元采用与秀吉合作的方略，在天正十三年（1585 年）的四国征伐，天正十五年（1587 年）的九州征伐中均有出兵。特别是在天正十四年（1586 年）七月，毛利辉元率众上洛，受秀吉推举叙任从四位下参议的官位，吉川广家和小早川隆景也叙任从四位下侍从的官位，明确了主家和分家的地位，也确立了吉川、小早川两家成为独立大名的存在。

因为坚持走亲秀吉的路线，毛利氏在丰臣政权内的地位逐渐稳定，毛利辉元

---

① 据推定，永禄元年，毛利元就在给儿子毛利隆元的信中曾表示，如果对备后（指备后国）的稳定支配产生动摇，可牺牲备中（指备中国）以确保备后。因此，对毛利氏来讲，通过失去高松城暂阻止羽柴秀吉的西进，不仅符合毛利元就之前划定的底线（保留备后国），还能在此基础上保留备中国西部的领地。

后也成为五大老之一，但由于在关原合战中站在了石田三成一方，因此战后被削封至周防、长门两国三十万石，最终作为江户幕府内的外样大名存续至幕末。

无鸟岛之蝙蝠——本能寺之变长宗我部元亲阴谋说

关于本能寺之变的原因历来是众说纷纭，本能寺之变与长宗我部氏相关的说法自江户时代就产生了。随着近年新整理完成的史料《石谷家文书》反映的内容，本能寺之变与长宗我部氏有关的这一说法更加流行了，即著名的"四国政策说"。

天正十年六月二日，离统一全日本并不很遥远的织田信长死在重臣明智光秀的手上。这不仅是信长一人的死亡，更是织田政权崩溃、丰臣政权兴起的契机性事件，也可以说是影响日本历史发展的重要事件。

关于明智光秀谋反的原因，至今也没有定论。明智光秀在给亲家细川藤孝的信中曾表示，是因为女婿细川忠兴和儿子明智光庆才决定铤而走险，但实际上这不过是光秀在谋反后求得细川藤孝协助的说辞，任谁都难以相信。十几天后，明智光秀在山崎之战中败亡，发动本能寺之变的动机也就随之埋入地下。与明智光秀生前十分要好的吉田兼见，也并未在其日记《兼见卿记》中提及原因。因此，后世衍生出了各种说法，包括对天下的野心、对信长的怨恨、对未来的不安以及朝廷、将军、本愿寺等黑幕说。但近些年最受学界瞩目的还是"四国政策说"，也称"长宗我部关于说"。

按照江户时代初期成书的关于长宗我部元亲的军记物语《元亲记》中的说法，织田信长本来向长宗我部元亲下发了可凭自身实力攻取四国的朱印状，但因有人提示信长需提防元亲坐大，所以信长对朱印状中承诺的内容有所反悔，要求元亲交出伊予和赞岐两国，只允许他领有本国土佐和阿波国的南半部分。听闻此事后元亲大怒，认为四国各分国是他凭借自身实力取得的，并非是信长的赏赐。明智光秀则派遣与长宗我部元亲有亲缘关系的重臣斋藤利三之兄石谷赖辰[①]去游说元亲

[①] 其实没有亲缘关系，后文将说清楚。

答应信长的要求，但遭到元亲拒绝。最终，信长决定以三子织田信孝为总大将，攻取四国。但在织田信孝率军出发前，明智光秀谋反，杀死了织田信长。根据前述内容，便产生了"长宗我部救援说"。

虽说《元亲记》中的说法不无道理，但《元亲记》作为史料，记录多有错讹，可信度成问题，而且也缺乏其他佐证，所以一直以来并不作为研究本能寺之变原因的重要史料而受到重视。

长宗我部氏不过是土佐长冈郡的一介国人，继位后奋斗十余年终于统一土佐。之后，他又向四国的其他几国出击，并与日渐强大的织田信长有了接触。天正六年十月①，织田信长致信长宗我部元亲之子弥三郎信亲，大致内容是："已收悉惟任日向守（明智光秀）的书信，出阵阿波乃重要之事，尽忠也是首要任务。所以下赐你'信'字，取名信亲如何？有事可与光秀相商。"②可见长宗我部元亲与信长之间的沟通是通过明智光秀为中间人（即取次役），弥三郎获得信长的赐字取名信亲，且长宗我部氏出兵阿波也得到了信长的认可。一般来说，赐字都是从上位者那里获得一字，例如武田晴信（武田信玄）、伊达晴宗的"晴"字取自将军足利义晴；上杉辉虎（上杉谦信）、伊达辉宗的"辉"字取自将军足利义辉等。所以，从长宗我部信亲接受信长一字，且阿波出兵也要报知信长来看，或可认为，长宗我部元亲认可织田政权作为长宗我部氏的上级，他以织田政权为后盾，在四国扩张势力。

此外，明智光秀是织田政权内对长宗我部氏的取次。有此因缘，还要从光秀手下的重臣斋藤利三及其兄长石谷赖辰说起。石谷赖辰的亲生父亲本是美浓斋藤氏家臣斋藤利贤，而斋藤利三正是斋藤利贤的次子、石谷赖辰的弟弟。之后，由于其母改嫁幕臣石谷光政，赖辰便娶光政之女为妻，并成为其养子继承石谷家。由于长宗我部元亲的正室是石谷光政的另一女儿，所以，长宗我部元亲与斋藤利三透过石谷家也是亲家关系。因此，织田信长以斋藤利三的主君明智光秀为织田

①《信长公记》的说法是，此事发生在天正三年（1575年），但随着近年的研究，此事被确定发生在天正六年。
② 出自《土佐国蠹简集》。

氏对长宗我部氏的取次再合适不过了。因为取次承担着协调两家关系的重要作用，甚至能够左右外交战略，所以，明智光秀致力于维护织田、长宗我部两家的关系，承担着相当大的责任。

但两家的亲密关系并未持续多久，天正八年（1580年）渐渐发生了变化。首先是这年初，织田信长与本愿寺达成和睦，法主本愿寺显如退出了笼城十年的石山城。而离开城内的浪人们联合纪伊的杂贺众等夺取了阿波胜瑞城，据说这些浪人获得了信长的朱印状，是在信长的首肯下做出此事的。本来，长宗我部元亲获得了信长的认可进攻阿波，现在突然出现一股可能是信长扶植的势力来争抢阿波。元亲虽然一直在确认此事的真伪，但对信长也逐渐萌生了不信任感。其次，长宗我部元亲也四面开花，派兵出击南伊予，在当地保有相当势力的西园寺氏自然成为被攻击的对象。但西园寺公广却表示，已经与织田政权有了联络并获得了信长的认可保护。于是，南伊予的局面就很诡异了，成了织田政权下面的两方势力争夺的舞台。最后，天正九年，织田信长又派遣出身于阿波三好氏的三好康长前往阿波，试图介入阿波的事务，并命元亲配合。试问一直想通过自身实力夺取阿波的元亲如何能够全力配合，甘为别人做嫁衣呢？综合上述种种原因，织田、长宗我部两家终于走向决裂。

至天正十年五月，双方的决裂已经不可挽回，织田信长让三子信孝成为三好康长的养子，做好渡海攻击四国的准备，并承诺将赞岐赐予信孝，阿波赐予康长，伊予、土佐两国则待信长亲自出阵后再做定夺[①]。就在织田信孝渡海的前一天清晨，本能寺之变爆发，织田信长横死。征讨长宗我部氏的四国军团随着信长之死瞬间瓦解，长宗我部元亲逃过一劫。

近些年来，有学者从《元亲记》中记载的明智光秀救援长宗我部元亲一说的不同角度去看待该问题。由于织田、长宗我部两家同盟关系破灭，即将刀兵相见，作为取次的明智光秀的立场就非常难堪了，更在天下失了面子。两年前作为攻击本愿寺的总大将的织田氏老臣佐久间信盛被轻易流放，不知是不是给光秀蒙上造

---

① 出自《信长公记》。

成了阴影。更主要的是，与明智光秀在织田家地位不分伯仲的羽柴秀吉的外甥三好信吉①成为三好康长的养子，所以织田家中围绕四国问题，暗中形成了支持长宗我部元亲的明智光秀派与支持三好康长的羽柴秀吉派。织田信长决定讨伐长宗我部元亲，代表光秀在派系斗争中败北。所以，鉴于以上情况，不少学者都认为此事是明智光秀谋反的重要原因。

前文提到，《元亲记》中虽然提到明智光秀的谋反或与织田信长的四国政策的转变有关，但其所持的"长宗我部救援说"并未受到广泛关注。直到与石谷光政、赖辰父子有关的《石谷家文书》正式面世，学者才开始重新审视这个问题。

在《石谷家文书》中，战国时期的相关文书有四十七份。其中天正十年正月十一日的斋藤利三书状和同年五月二十一日的长宗我部元亲书状备受瞩目。斋藤利三书状是写给身在长宗我部元亲那里的石谷光政的，大意是"派遣石谷赖辰持有信长大人下发的朱印状前往土佐，希望元亲大人接受这份朱印状上的要求，光秀大人也不希望事态继续恶化，所以还请稳妥地帮助协调此事"。可见明智光秀和斋藤利三已料到元亲不可能会顺利接受信长的要求，所以叮嘱务必妥善处理此事。直至四个多月后的五月二十一日，长宗我部元亲方面才给回音。元亲在给斋藤利三的回信中表示："利三殿下在此过程中给予我们的关照我永世难忘，这次时隔那么久才给回信并无他意。我方会按照信长大人朱印状上的要求，放弃阿波一宫城等。但海部城和大西城希望本家可以保留，这并不代表我方还觊觎阿波，只不过是为了作为防卫本国土佐的屏障。"从这封书状反映的重要信息来看，至迟在五月中下旬，长宗我部元亲已经答应了信长朱印状中的要求，决定吐出阿波的多座城郭。而书状中提到的信长的朱印状，自然指的是一月斋藤利三书状中说的石谷赖辰拿着去见元亲的那份朱印状了，也证明《元亲记》中信长迫使元亲交出阿波的所领一说并非空穴来风。

但遗憾的是，此书状写于五月二十一日，以当时使者的行动速度，从土佐到京都一带恐怕是在本能寺之变以后了。也就是说，这份书状大概并未送达织田信

长、明智光秀或者斋藤利三手中。所以，不管当时长宗我部元亲的真实心境如何，但至少在表面上同意了信长的要求。信长在尚不知情的情况下仍命织田信孝准备出征，明智光秀也在不知情的情况下，发动了本能寺之变。此份具有非凡意义但并未送达的书状，则被石谷家留存了下来。

除了前述的两份书状外，《石谷家文书》中还有一些其他比较重要的书状。例如有一份二月二十三日（年份不详）随同足利义昭前往备后鞆浦的幕臣真木岛昭光给身在长宗我部元亲处的石谷光政的书状，上面提到："毛利辉元大人希望伊予的河野通直和土佐的长宗我部元亲达成和睦，足利义昭大人也下发了御内书表达此意，所以还请尽快和睦，助将军大人早日归京。"因此，一直持将军黑幕说以及四国问题说的学者藤田达生认为，此书状应成于天正十年，且足利义昭希望毛利辉元和长宗我部元亲能够合力对抗信长。同时，藤田达生还认为，同年五月十一日，真木岛昭光又致信身在明智光秀处的石谷赖辰，称长宗我部元亲已接到足利义昭的御内书并遣使答礼，了解东濑户内一带的形势后，义昭回京的日子可能就不远了。所以，足利义昭、长宗我部元亲和明智光秀可能共谋谋杀信长。但这只是藤田达生的一家之言。

综上所述，《石谷家文书》中所收录的几份书状，对证明织田氏对四国政策的转变导致明智光秀发动本能寺之变的说法提供了重要依据，但目前仍无法认定这个转变，以及明智光秀在与羽柴秀吉的家中内部派系斗争中失败是本能寺之变的决定性原因。所以，明智光秀谋反的真正动因，估计在相当长的一段时期内仍是个不可解之谜。

参考文献

[1] 洋泉社编集部 . ここまでわかった 本能寺の変と明智光秀 . 洋泉社 ,2016.

[2] 谷口克広 . 検証 本能寺の変 . 吉川弘文馆 ,2007.

[3] 池上裕子 . 织田信長 . 吉川弘文馆 ,2012.

[4] 藤田达生 . 謎とき本能寺の変 . 講談社 ,2003.

[5] 藤田达生 , 福島克彦 . 明智光秀 – 史料で読む戦国史 . 八木書店古书出版部 ,2015.

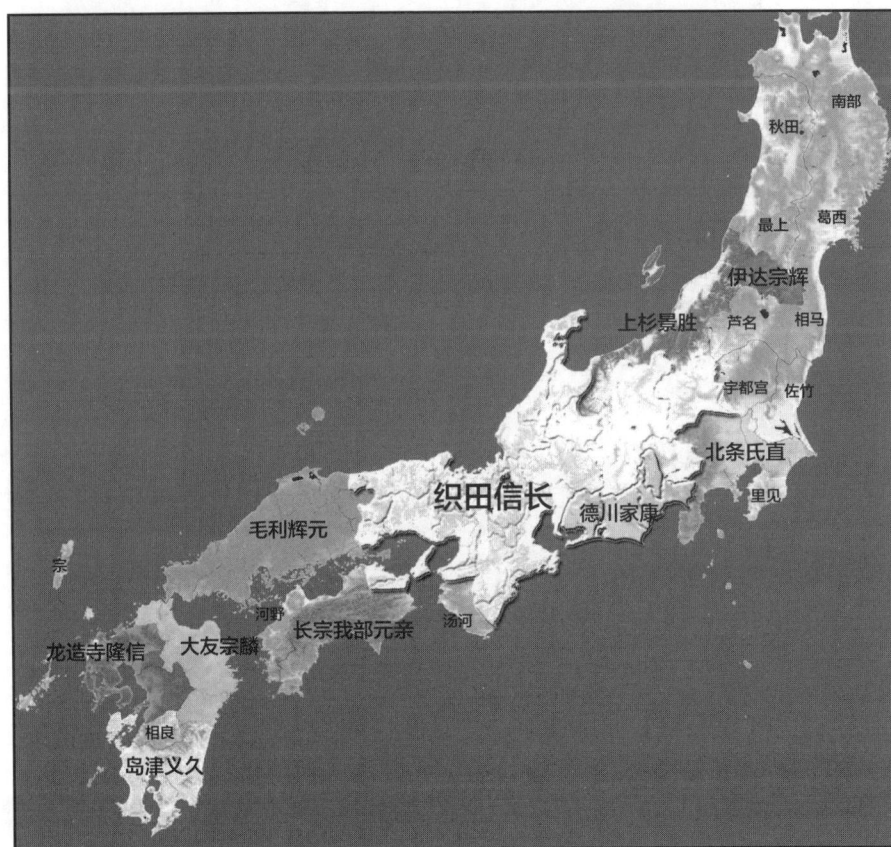

▲ 织田信长最强大时的势力范围示意图

▲ 织田氏军团配置图

▼ 比叡山

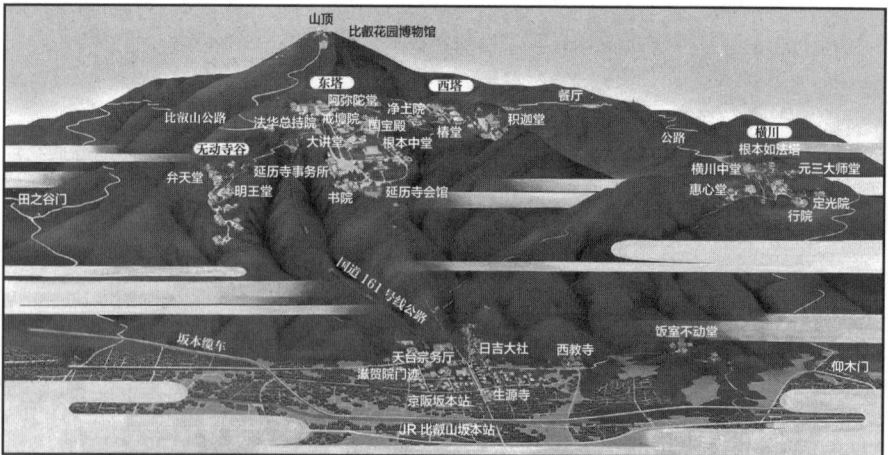

▲ 现在的本能寺本堂

▼ 现在的二条城御殿

▲ 天目山胜赖讨死图

▲ 本能寺烧讨图

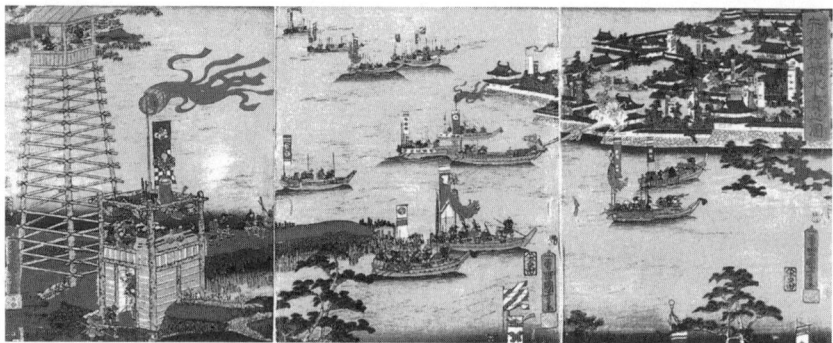

▲ 水淹高松城

▲ 织田信忠

▲ 明智光秀

▲ 足利义昭

▲ 泷川一益

▲ 毛利辉元

▲ 长宗我部元亲

"表里比兴"的智与勇

从天正壬午之乱到第一次上田城合战

作者 / 翁浩骞

天正十年（1582年）三月十一日，绝境中的武田氏第二十代家督胜赖及其眷属、家臣在天目山向织田军发起了最后的进攻。尽管历史记录下了武田家臣们背水一战的英姿，但四百年前这一战的悲壮结局是无法掩饰的：武田胜赖、信胜父子，家老土屋昌恒、长坂光坚、迹部胜资、小宫山友晴、小原继忠、秋山纪伊守等人，或死于乱军之中，或挥刃自尽。一度雄霸日本中部的战国大名、清和源氏新罗三郎义光嫡传的名门甲斐武田氏终于走到了尽头……

天正壬午之乱

武田家覆亡后的三月二十九日，织田信长开始论功行赏，分封诸将：泷川一益除了受封上野一国及信浓佐久、小县两郡之外，还成了织田政权的"关东御取次役"，开始介入关东的局势；河尻秀隆受封除去穴山氏河内领的甲斐一国，以及信浓诹访郡；森长可受封北信浓川中岛更级、埴科、水内、高井四郡；毛利秀赖获封信浓伊那郡；帮助信长打开进攻武田氏局面的木曾义昌颇得恩宠，不仅本领木曾保持不变，还获得了筑摩和安昙郡。反观德川家康，虽获骏河一国，但穴山信君的江尻领与曾根昌世的兴国寺领保持不变，并不由家康管辖。

▲ 武田胜赖之死，歌川国纲绘

有人欢喜有人忧。北条氏政虽然也派出了援军，但不仅没得到好处，还被迫让出了西上野一部以及骏河国骏东郡、富士郡。小笠原贞庆虽然在信浓煽动其旧臣起事，协助织田军进攻，但事后不仅没被织田信长接见，领地还被全数赐予木曾义昌。

赏罚既定，织田信长便开始了残酷的追剿——"武田狩"。织田方为搜索武田残党的行踪，传令每个村，只要能够抓到武田残党，便大大有赏。于是，武田一族中，信玄次子海野龙宝、第五子葛山信贞、弟武田逍遥轩信廉、一条信龙父子、胜沼信友父子等人皆遭处斩。就连武田家的远亲今井信仲和岩手信景都难逃一死。唯有信玄六子安田信清和海野龙宝之子显了道快，以及信玄之侄河洼信俊等少数几人勉强保住小命。接着，武田旧臣和有力国众①们也在劫难逃。武田谱代家臣山县、马场、曾根、长坂、秋山、迹部、市川诸氏几乎被屠戮一空。另外，信浓、上野、骏河的外样国众②亦遭杀戮，其中被杀的主要有信浓的诹访越中守和伊豆守兄弟、诹访刑部、诹访采女、清野美作守、骏河的朝比奈信置和信良父子。

▲ 织田信长像，神户市立博物馆藏

经过此番迅猛的"清洗"，织田信长彻底摧毁了武田氏本国甲斐的有力者，为之后建立新的支配体制扫平了障碍。值得注意的是，"武田狩"的主要对象是甲斐境内的武田残党，对信浓、上野、骏河的武田残党，织田信长则显得更为宽宏。这一举措对日后天正壬午之乱的战局产生了重要影响。

与血腥清洗相对的是在关东、陆奥推行的和平统制政策——"东国御仕置"。考虑到作为首要负责人的泷川一

---

① 国众指地方势力，有力国众指有一定实力的地方势力。后文出现的国人众、国人意思与此类似。
② 指信玄、胜赖时代新收服的国众。

▲ 浮世绘中的本能寺之变，渡边延一绘

益初入上野，根基尚浅，信长令其"大事应与（德川）家康卿相谈"。之后，泷川一益便遣使至关东诸大名处，要求他们从属于织田政权，并要求从属于织田政权的诸大名到其居城箕轮城出仕，以及提交人质。截至天正十年五月底，向织田政权行臣从之仪的势力有：信浓的真田昌幸，上野的箕轮城城主内藤昌月、国峰城城主小幡信贞、新田金山城城主由良国繁、和田城城主和田信业、安中城城主安中七郎三郎、高山城城主高山定重、仓贺野城城主仓贺野家吉，下野的足利领主长尾显长，武藏的忍城城主成田氏长、松山城城主上田朝直、深谷城城主上杉氏盛等。

尤其需要注意的是，这份名单中不乏像成田氏长、上田朝直、上杉氏盛等原附属于北条氏的国人领主。其实不唯他们三人，很多其他势力也脱离北条阵营附属了织田氏。在奥羽，伊达辉宗已经数次遣使到安土城向信长赠礼示好；出羽的小野寺辉道亲赴安土；南陆奥会津的芦名盛隆则通过重臣金上盛备向信长致信，表明芦名氏对信长"效忠无贰"，并将支援上杉景胜之敌新发田重家。另外，信长开始针对后北条氏施压。曾被北条逐出居城祇园城的下野小山氏当主小山秀纲，在泷川一益的裁定下，从后北条氏处收回了祇园领。后北条氏的宿敌，武藏岩付

316

▲ 泷川一益

城城主太田资正、梶原政景父子也向泷川一益提出了成为信长直臣的请求。面对织田政权一步步施压,后北条氏不断地失去先前取得的领地,但却毫无反抗之力,只得忍气吞声。

与此同时,织田政权对东国的支配正有条不紊、紧锣密鼓地展开。只需完成对日薄西山的上杉、毛利、长宗我部三家的讨伐,信长仿佛就能实现"天下布武"的宏愿。无奈天不遂人愿,日本战国历史上最戏剧性的一幕出现了。

天正十年六月二日，织田家重臣明智光秀对织田信长、织田信忠发动突袭，父子两人俱死于非命。织田政权新安排在甲斐、信浓、上野的重臣们本就根基不稳，信长一死，他们便完全失去了依靠。毛利秀赖和森长可二人在先后知道信长的死讯后，纷纷撤离领地，逃回织田政权的大本营尾张、美浓。泷川一益得知信长的死讯后，也匆忙打消了进攻越后上杉景胜的计划，并唤来家臣津田次右卫门、筱冈平右卫门尉、侄儿泷川仪太夫等人，就是否向要关东国众们告知信长横死一事召开会议。仪太夫表示应该隐瞒消息，加固防备，而一益觉得纸包不住火，此事难以隐瞒。一益遂将国人众们召至己处，开诚布公地告知了信长已死，不少国人众感其一片真心，决定留下相助。

之前被织田政权压得敢怒不敢言的北条氏政在得到信长横死的情报后，先去信稳住泷川一益，表明"目前您应该专心坚守上野，完全不必怀疑我北条氏，无论有什么都可以来跟我们谈"，暗地里则动员兵力，邀请盟友里见义赖出兵。到六月十六日，后北条氏再也按捺不住，宣布对泷川一益开战。泷川一益当时仍是织田政权的一分子，北条此举无异于对织田政权的背叛，为其日后覆亡埋下了伏笔。随后，北条氏邦率钵形、上野众进军仓贺野。泷川一益引上野国众，以下野佐野宗纲为援，共率二千八百余骑应战。两军在金洼原交锋，后北条氏被斩六百余人，大败而归。次日，北条氏直本队赶到，与败走的北条军合流，人数达到数万之众。当日，后北条氏以成田氏长为右前锋，家老松田宪秀为左前锋，向着泷川一益所部两千八百人发起进攻。上野诸国人众见北条势大，俱不敢前，导致泷川一益只能带着自己的嫡系人马旗本众与北条氏直的旗本众展开殊死肉搏战。由于兵力的差距极大，泷川军全军崩溃，泷川宿老筱冈平右卫门尉等人为了让泷川一益、一忠父子脱身，拼死殿后，最终战死。此战便是神流川合战。北条军一路追击，甚至杀到厩桥、箕轮城下。无力抵抗的泷川一益在箕轮收拾残部，逃向信浓佐久郡。直到得到德川氏依田信蕃、信浓国人木曾义昌等人的帮助，泷川一益才在七月一日回到伊势长岛城。可是决定信长父子死后新体制的"清洲会议"已于六月二十七日结束，堂堂织田宿老泷川一益在这一重大事件中完全扮演了一个"打酱油"的角色。此后，他的威势更是一落千丈，最终迎来了潦倒的结局。

本能寺之变发生时，德川家康一行人尚在近畿观光旅游。当堺港豪商茶屋四郎次郎紧急赶来报信时，本多忠胜闻讯大吃一惊。在饭盛山，忠胜遇见了德川家康和穴山信君，一五一十地向他们说明了情况。德川家康一时间万念俱灰，甚至一度打算上京到知恩院切腹殉死。在家臣们苦苦阻拦下他才打消念头，决定先回到三河老家。不知是打着小算盘想早日回去复兴武田，还是担心被德川家康趁机暗算，当时穴山信君选择了另走他路。一些阴谋论认为德川家康企图于此时趁机谋杀穴山信君，这说法看似有理，实则漏洞百出。当时家康身边一共也就几十人，包括本多忠胜这种重臣中的重臣，以及皆川广照、水谷蟠龙斋这些与德川家交好的盟友。如果家康在这生死存亡的节点和穴山信君火并，一来折损有生力量，二来大伤自己的外交信用，岂不是愚不可及？

　　总之不管如何，分道扬镳的德川家康、穴山信君两人，一人走向了生，一人走向了死。德川家康尽可能多地准备了财物并召集了护卫，或靠威胁，或靠利诱，甚至用上当年保护被信长追杀的伊贺众所积累下的人情，来应对沿途的危险。最终，他在折损两百余人的情况下，从九死一生的危险中逃出。穴山信君则在草内之渡附近遭到一揆袭击，就此殒命，年四十二。穴山武田氏本就是织田信长分配给德川家康的部属，信君死时，其幼子穴山胜千代年仅十岁，根本无力应付乱局。这样一来，穴山家只得依附德川家来延续家名，其统领的甲州河内领和骏河江尻领，等于成了家康的囊中之物。

　　六月三日，脱离了危险的家康令酒井忠次先行回到三河冈崎城，进行军事动员，做好西征明智光秀的准备。四日，家康回到冈崎城，此时他一边准备西进作战，一边把目光置于甲信的经略上。五日，家康发布出阵通知，又让本多忠胜拉拢美浓今尾城城主高木贞利，要求贞利在德川军通过时提供住宿，贞利同意了。六日，家康下令东三河众武装完毕之后在冈崎城集结。但之后出阵的计划时间被一再拖延，先从九日拖到了第二天，又从十日拖到了十二日，到十一日时，又定为十四日。十四日，家康终于从冈崎出阵，当天就到达了尾张鸣海城。十六日，家康把前锋酒井忠次、松平家忠改派到尾张津岛。

　　总之，德川方面一来屡次拖延行动时间，二来所率军队未包含骏河国众。同时，家康还积极对旧武田领搞起了地下工作，探听情报、调略国众，大有进取之意。很显然，家康并非是真想要上洛同明智光秀打一场。

▲ 德川家康画像，狩野探幽绘，大阪城天守阁藏

　　那么为何德川家康不去上洛讨伐明智光秀？当时由于织田父子的横死，旧武田领国的形势变得非常不安定，受够织田信长压迫的北条氏政、氏直父子怎么会舍得放弃这个一口气扩大地盘的绝好机会？越后的上杉景胜之前在越中、信浓、上野的织田势力，以及扬北众巨头新发田重家的夹杀下，几乎已经看见死神的微笑，本能寺之变的发生对于景胜而言可谓一大奇迹，景胜又怎会坐失良机？因此，家康若是劳师远征，不仅后方将受到北条、上杉两家的巨大威胁，而且还未必一定能击溃明智光秀，这样岂不是落了个两头空？加之除了家康之外，唯一一个做出讨伐明智光秀、为信长报仇姿态的人便是羽柴秀吉。家康一生谨慎，既然西进的政治秀已经捞到了政治资本，接下来就应该专心瞄准甲信了。

▲ 河尻秀隆之墓，山梨县甲府市

在甲斐，当时的甲斐国主河尻秀隆陷入了巨大的危机之中。当初信长派去旧武田领的四位干将泷川一益、河尻秀隆、森长可、毛利秀赖已经走了仨，现在仅仅留下秀隆一人，武田遗臣借机作乱，后北条氏也开始拉拢甲斐的国人众们。而对这种情况，家康自然不能让这块肥肉被轻易叼走。但是当时甲斐在名义上仍然是盟友织田氏的地盘，贸然进攻河尻秀隆不仅会使家康之前的政治秀白做，从而失信于天下，更会让家康陷入东西两侧面临威胁的不利之境。因此，家康要夺下甲斐，必须确保这一过程的"程序正义"。

因此，德川家康做好了两手准备：其一是令原武田重臣曾根昌世[1]与骏河有力国众冈部正纲二人暗地里拉拢武田遗臣；其二是派遣本多信俊作为使者，至甲斐河尻秀隆处，调解甲斐一揆势力与河尻秀隆的矛盾。信俊本是秀隆的好友，家康此举不外乎给秀隆一个台阶，让其乖乖离开。然而秀隆却认为家康企图谋害自己，竟然杀死了本多信俊。这一杀形势急转，本多信俊的遗臣们纷纷开始煽动甲斐武士。之前秀隆在甲斐的恐怖统治就令大量武田遗臣敢怒不敢言，此次有了德川家在背后撑腰，武田遗臣们在六月十八日便攻克了甲府以及河尻秀隆的居城岩洼馆。秀隆自己被山县昌景旧部三井弥一郎杀死，尸体被倒挂示众。河尻秀隆的死标志着织田政权在旧武田领国的支配彻底崩溃。之后，德川家康继续进行对甲斐武田旧臣的安抚工作。他令下属重新修建了被织田军烧毁的武田信玄菩提寺——惠林寺，又宣布将为武田胜赖新修一座菩提寺。此举令不少武田遗臣大为感动，之后便投向了德川家。另外，家康还令武田旧臣依田信蕃回到本领起兵，以图取得信浓佐久郡。不过家康的本队却迟迟不入甲斐，原因不外乎是甲斐名义上仍是织田方的

---

① 此人与真田昌幸被武田信玄称作"我之双眼"，在武田旧臣中颇有影响力。

地盘，没有织田方的许可，家康无法轻易出兵。终于到了七月七日，家康收到了羽柴秀吉的书信，大意如下：

此次因信长遭遇不测之事，先前置于甲斐、信浓、上野三国之臣皆已返回。然而有关此两三国之事，决不能让给敌方（后北条氏），鄙人认为还是您出兵拿下为好。

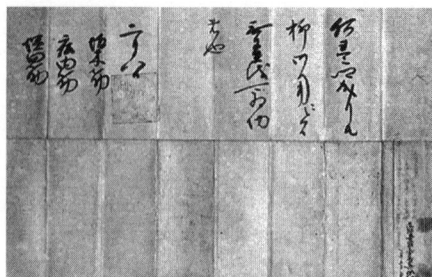

▲真田昌幸朱印状

既然已经得到织田政权的许可，家康便占据了大义名分。七月九日，家康本队到达甲府城。但是一心想吞并武田旧领的后北条氏怎么可能把甲信拱手让人？于是家康才到甲府没多久，就遭到部分亲后北条氏武田遗臣的暗杀。家康折损了几名侍卫后才击退了刺客。可以说，家康的甲信攻略从一开始便道路曲折。那么未来，后北条氏又将为德川家康布置怎样的危机和挑战呢？

神流川之战后，后北条氏一路乘胜追击，攻入了上野中部，降服了东上野国人由良氏和馆林长尾氏。到六月中旬，包含西上野真田岩柜领以南、北上野白井领的地域基本被纳入了后北条氏的势力范围。小幡氏、高田氏、一宫氏、安中氏、后贤氏、高山氏、和田氏、仓贺野氏、内藤氏等国人众皆对后北条氏称臣。不仅仅是上野，包括信浓的诸多国人，如小县郡的室贺正武，佐久郡的伴野信番、大井氏，以及诹访郡的诹访氏亦已表示投靠后北条氏。这样一来，在信浓、上野两国都颇有影响力的国众真田昌幸的立场就十分重要了。

这个人就是目前热播的大河剧《真田丸》的主角真田幸繁（幸村）的父亲，也是该剧的一个重要角色。以"表里比兴"①而闻名的真田昌幸表面上臣服于上杉景胜，暗地里也在打着小算盘。六月二十一日，昌幸令家臣汤本三郎右卫门尉进入岩柜城防守，意图自行确保沼田领、吾妻领。不过，眼见后北条氏势大，昌幸

---

① 羽柴秀吉（丰臣秀吉）对真田昌幸的评语，意为表里不一、卑鄙无耻至极。日语中"比兴"即"卑怯"，意为卑鄙无耻。

决定转投到后北条氏一方。七月九日，昌幸派遣使者日置五左卫门尉至北条氏直处，表明归顺之意。七月十二日，北条氏直亲率大军两万余人翻越碓冰峠，攻入信浓佐久郡。七月十三日，香坂氏、盐田氏等信浓佐久郡、小县郡国人正式向后北条氏出仕。同日，木曾领的木曾义昌也表达了对后北条氏的臣从之意。之后氏直率军攻打德川氏的依田信蕃，后者抵挡不了，只能在本领春日城坚守。后北条军一时难以克城，氏直便留下重臣大道寺政繁屯军于佐久郡重镇小诸城，继续与依田信蕃对峙，自已则亲率大军杀向川中岛。

这时，昌幸已经开始发放朱印状。朱印状是一种以朱印代替花押的公文。先前真田昌幸以武田家臣身份发号施令时，从未使用朱印状而是单纯使用花押。真田昌幸使用朱印一事暗示了他想成为独立大名的决心，这为他日后成为独立大名迈出了坚实的一步。

当时，川中岛重镇海津城正由上杉景胜亲自把守。此前的天正十年初，上杉景胜的越中防线被织田家的柴田胜家、佐佐成政等人逐渐撕裂；森长可更是一路北进，逼近春日山城；加之泷川一益也开始进行出兵准备；更有扬北众巨头新发田重家在越后威胁：当时，上杉氏的命运已经如风中残烛。上杉景胜在五月一日写给佐竹义重的书信中，也已有了拼死一战、壮烈成仁的觉悟。也许是景胜的气概让他得到了命运女神的垂青，就在上杉氏将要灭亡之时，发生了本能寺之变，给上杉景胜送来了一根救命稻草。六月六日，景胜展开拉拢北信浓的武田旧臣的工作。六月十四日起，景胜开始规划和布置从属上杉氏的城主们的领地。六月二十日，海津城城代臣服于上杉景胜，自此川中岛四郡基本被纳入了上杉氏的版图。六月二十二日，景胜到达越后、信浓国境线上的关山。六月二十四日，景胜进入信浓长沼城，最终抵达海津城。当时，景胜不仅仅摆脱了国破家亡的困境，还掌握了其养父上杉谦信都未能取得的川中岛四郡。之后，上杉景胜还企图把木曾义昌的领地安昙郡、筑摩郡，泷川一益的领地小县郡及北上野全都拿下。不过，当时北条氏直的大军已经杀来，这才是上杉景胜需要克服的首个难关。

北条氏直既然敢亲自攻来，自然有其打算。原来氏直早已通过真田昌幸，说通了海津城城代春日信达叛变到后北条氏的旗下。信达承诺北条军来攻之时，自已将与之里应外合，帮助北条氏直一同歼灭上杉军。然而双方的密谋却败露了，得知此事的上杉景胜立刻诛杀了春日信达满门，将春日信达一家三口的首级悬于两军阵前。眼见妙计被破，北条氏直也无心再长期鏖战下去，于七月十九日撤营。

虽然上杉景胜熬过了后北条氏的北信浓攻略，却仍然疲于应付佐佐成政和新发田重家两人，无力扩张，故开始探索与德川家康和好、共拒北条氏直的方略。可以说，上杉景胜是先一步退出了三家的角逐。虽说与景胜交锋最终没能占着便宜，不过氏直可没想着就这么乖乖回相模老窝。他认为德川家康根本不足为惧，加之自己乃是武田信玄的亲外孙①，这甲信之主只有自己当得。恰逢信浓诹访郡的诹访赖忠遭到德川军的进攻，向后北条氏求援，氏直大喜，遂挥师南下。

七月十九日，北条氏直从与上杉军对阵的前线撤离后，便和先前留在小诸城的大道寺政繁合流，监视诹访、木曾等国人众的动向。七月二十九日，北条氏直正式出兵，目标是身在甲斐的德川家康。八月一日，后北条军杀向诹访城。眼见敌方大军来到，德川先锋军也不敢托大，撤回甲斐。后北条军虽然未能给撤退的德川先锋军造成损伤，却也一路追击，越过了甲信边境，并在甲斐的若神子设下了本阵。德川家康见势也从甲府城出发，在新府城和先锋军合流，与北条氏直对峙。

对德川家康而言，此战敌我实力悬殊。《三河物语》中记载德川军八千，后北条则有四万三千余。《松平家忠日记》则记载后北条拥军两万余，而德川军仅两千余。后北条阵营的下总小金城城主高城胤辰则提到"德川家康在阵本府中（甲府），新府城中亦有二三千布阵"。无论采信哪种说法，德川军的军力都处于绝对劣势。这种情况下还选择在野战中硬拼，无异于自杀，因此家康把通往甲府的要道尽皆封锁，做好了打持久战的准备。北条氏直见家康严阵以待，预料正面突破的难度较大，遂决定攻击家康的侧翼，使其疲于应付，达到一举击溃家康的目的。

后北条氏的别动队一共有三支。

第一支别动队活跃于甲斐国都留郡。他们受氏直之命，袭击德川军的后背，并配合若神子处的北条氏直本队展开夹击。然而在德川氏松平清宗、内藤信成以及武田旧臣三枝虎吉、御手洗直重等人的奋战下，这支别动队被击退了。

---

① 北条氏直的母亲黄梅院是武田信玄的女儿。

见自家人多势众，却迟迟未取得战绩，老家主北条氏政坐不住了，他令弟弟北条氏忠为大将，带领小机城城主北条氏光、玉绳城城主北条氏胜共计一万大军，组成第二支别动队，从相模国杀向甲斐国都留郡，以图包围歼灭德川家康。可是这支部队大意轻敌，在黑驹反遭德川军的鸟居元忠、水野胜成等人突袭，落个了被斩首五百余级的惨败。

除了从都留郡包抄家康的后路外，氏政还令弟弟北条氏规在伊豆三岛布阵，作为第三支别动队，企图通过攻击骏河来威胁家康的侧翼。德川氏的松井忠次、向井正纲等人见状主动杀出，一度还攻克了足城。见战事不利，氏政又派出增援，成功制压了御厨地区，但之后未能扩大战果，陷入了胶着状态。

后北条与德川两家的对峙从天正十年八月开始。虽说信浓的小县郡、诹访郡、佐久郡、北伊那郡、木曾领，甲斐的东郡、郡内，骏河的御厨皆属于后北条一方，并且在若神子对阵的后北条军在兵力上也对德川军拥有压倒性的优势，可令人意外的是，德川军接二连三地挫败了北条氏政、氏直父子的谋略，在几个局部战争中取得了优势。德川家康固然会为几场胜仗感到喜悦，但是家康也非常清楚这些胜利远远不能让敌人伤筋动骨。《孙子兵法》有云："上兵伐谋，其次伐交，其次伐兵，其下攻城。"既然军事上家康难以取得决定性的战果，那就通过谋略战和外交战来打开局面，寻找胜机。

外交上，德川家康的第一招是通过依田信蕃和上杉氏家臣屋代秀正交涉，谋求德川、上杉两家的和睦关系。上杉景胜本就忙于应付各路战事，家康愿意

▲ 丰臣秀吉像，狩野光信绘

和谈，对景胜而言也是喜闻乐见之事。于是在天正十年九月十九日，德川、上杉两家确立了和睦关系。第二招则是向盟友织田家请求支援。收到家康求援的织田信孝、织田信雄兄弟纷纷返信报知家康，己方将会派出援军讨伐后北条氏。对于家康而言，他们的表态不仅给够了自己大义名分，而且从实际角度而言，也唯有织田政权强势介入战争，才能从根本上解决若神子的北条氏直军。除此之外，家康还积极拉拢关东的反北条势力，做了大量的宣传工作，是为第三招。九月十三日，家康去信宇都宫国纲，大肆宣传羽柴秀吉、丹羽长秀、柴田胜家等一干织田重臣不日就将到达甲斐，讨伐敌军。十月，佐竹义重、宇都宫国纲出兵进攻馆林城、金山城，呼应家康。北条氏政眼见着自家被德川家、上杉氏、反北条国众们包围，却一时也想不出好法子来应对。

为了改变敌强我弱的局面，家康对从属于后北条氏国众的拉拢也从未停止过。在八月底，家康通过织田信孝，以安堵①筑摩郡、安昙郡为条件，说服木曾义昌臣服于己。但真正打破僵局的一招，是家康于九月二十八日，以"除本领安堵之外，上野箕轮领、甲斐两千贯文、信浓诹访郡皆赐予你"的优渥条件，换取了真田昌幸的倒戈。本来后北条氏的补给线就只有经过佐久郡的一条，昌幸倒戈后立刻开始进攻从属于后北条氏的国人众们，又封锁了补给要道碓冰峠。得不到后勤保障的后北条军很快阵脚大乱，加之劳师远征已经有近三个月的时间，军中弥漫着厌战情绪。对家康而言，虽然自己的军力不够消灭后北条氏的数万大军，但被卡死在若神子的北条氏直部队也已经是强弩之末。倘若家康的盟友织田氏前来相助，取胜就毫无悬念了。

可是命运跟家康开了一个不小的玩笑，由于清洲会议后织田政权内部的派系斗争，织田氏的援军最终没能到来。见形势如此，织田信孝、信雄兄弟俩便劝告家康，此时同后北条氏议和方为上策。对于北条氏政父子而言，也乐得从劣势中抽身，继续攻击关东的反北条势力。十月二十四日，德川家康修书一封寄予北条氏规，双方开始和谈。到十月二十九日，双方正式议和，条款如下：

---

① 指领地保持不变。

后北条氏将占领的甲斐国都留郡和信浓国佐久郡让渡给德川氏；

德川氏承认后北条氏领有上野，真田昌幸将上野国沼田领让渡给后北条氏；

北条氏当主北条氏直迎娶德川家康的次女督姬，两家结秦晋之好。

两家的议和，标志着围绕武田旧领甲斐、信浓、上野三国所展开的、持续四个多月的激烈斗争缓缓落下帷幕，这场斗争史称"天正壬午之乱"。虽然德川、北条两家已经议和，但信浓和上野的国众势力却未有多大改变。真田昌幸是否会乖乖地把自己打下的吾妻领和沼田领让给后北条氏，更成为一个重大悬案。加之在织田信长死后，其政权内的羽柴、柴田两家的对立已浮出水面，整个日本距离和平似乎还很远很远。而在东国，新的战火已经点燃……

东国的纷争与织田政权的内讧

虽说佐久郡在名义上已经是德川领，然而事实却非如此。从属于后北条氏的当地势力，如大井大炊助、相木常林、岩尾次郎等，仍然在反抗着德川氏，更有北条氏重臣大道寺政繁据守佐久郡的要塞小诸城不肯松手。若德川家康以武力强行收回佐久，处理不当就会造成两家关系破裂。话虽如此，德川氏的依田信蕃还是以解决"家内之事"为由，踏上了扫荡佐久郡的征途。天正十年十一月，依田信蕃与真田昌幸一同攻陷佐久郡的岩村田城，大井氏降服，基本稳定了佐久郡的局势。十七日，依田信蕃又与芝田康忠击破前山城城主伴野全真、野泽城城主伴野信番等人。二十五日，为使后北条氏如约让渡信浓国佐久郡，德川家康派重臣大久保忠世支援依田信蕃，为经略佐久布局。同年末，佐久郡的后北条氏各城均开城投降德川军，负隅顽抗的只剩下小诸城城代大道寺政繁、岩尾城城主岩尾次郎、田口城的相木常林等人了。天正十一年（1583 年）二月，依田信蕃攻破田口城，追击相木常林至上野。可出乎意料的是，当月二十二日，依田信蕃在攻击岩尾城时，遭到铁炮齐射而不幸战死，依田军的将士化悲痛为力量攻陷了岩尾城。依田信蕃这位在天正壬午之乱中凭借自己的智勇，救德川家康于绝境之中的良将却以此等悲惨的结局结束了短暂的一生令人叹息。信蕃的战死令家康大为痛心，他令之前作为人质被送往德川家的信蕃长子、十四岁的竹福丸继承家督之位，并赐予松平姓和偏讳，取名松平源十郎康国。又因松平康国年幼，德川家康令重臣大久保忠世为其后见役。当时在佐久郡内，由于岩尾城的陷落，小诸城的大道寺政繁成了光杆司令，不久后只得灰溜溜地弃城而走。不过需要注意，此时小诸城尚未让渡到德川氏手里。就这样，德川家以折损依田信蕃为代价，成功占有了佐久郡。

天正十一年一月，"河南地域"①的当地势力掀起了反德川、反真田的动乱。根据日本学者平山优的考证，这些势力难以容忍真田氏一步步坐大，遂以上杉景胜为后台，对真田氏发起了军事行动。得知此事后，昌幸急忙通过弟弟加津野昌春把情况汇报给德川家康，希望家康能够派遣援军。为表示诚意，昌幸还将自己的母亲河原氏送往德川氏做人质。感受到昌幸诚意的德川家康一时大喜，在回信中表示，自己已知晓"竹石、丸子、和田、内村、大门、长洼等氏怀有逆心"，并表明"将在雪融后立刻出兵讨伐暴徒，你可放心"。另一方面，上杉景胜对这种情况必然感到非常难受——德川、北条议和后，信浓原从属于后北条氏的当地势力开始逐渐倒向上杉氏，他们此次受到极大的军事压力而正处于生死存亡的时刻，当然要向"带头大哥"上杉景胜求救。虽然早在天正壬午之乱时，德川、上杉两家曾经在依田信蕃和屋代秀正的努力下，为共拒北条而缔结了友好关系，然而大名之间没有永恒的朋友，只有永恒的利益。此时上杉景胜同时受到越后新发田重家和越中佐佐成政的两路威胁，对信浓川中岛四郡的支配也不够稳定，对家康而言，借此良机一鼓作气吞并信浓全域，岂不美哉？即便天正十一年二月，上杉景胜在羽柴秀吉的主导下和织田政权缔结了友好关系，使得德川、上杉两家尽量回避和对方的正面冲突，但是事情发展到这个地步，又有谁能说德川、上杉两家仍然把对方当作友邦呢？

言归正传。由于真田和德川的交涉，昌幸成功获得了讨伐河南众的大义名分。天正十一年闰一月，真田军杀到小县郡丸子城下，前武田氏重臣马场信春的女婿丸子三左卫门据城抵抗，其余河南众如竹石、大门、内村、长洼诸氏也加入丸子氏一方共拒真田昌幸。然而，丸子城最终陷落，城里的河南众不是灭亡就是投降。

---

① 指日本依田川以南的地区。

据城抵抗的丸子氏也投降了真田氏，成为其家臣。至此，真田昌幸把除室贺领外的小县郡掌握到手中。不过，昌幸的扩张也引起了上杉氏的不安。上杉景胜担心真田的势力延伸到自己旗下的北信浓，遂命牧之岛城城主芋川亲正监视真田昌幸的动作。

对于德川家康来说，对佐久郡的支配尚未稳定，小县郡又爆发叛乱，平定两郡可谓当务之急。但仅仅平定两郡远远不能满足家康的野心，他派出重臣芝田康忠进入诹访高岛城，任命其为诹访郡主，迫使诹访氏臣服，并归属到芝田康忠的指挥下。除此之外，家康还拉拢上杉氏的北信浓众屋代秀正。早在天正壬午之乱时，秀正就已与家康交好，并促成了德川、上杉两氏的议和；兼之秀正是守卫着川中岛地域之关口——荒砥城、屋代城的有力国众，更是川中岛众的最重要成员之一；同时，秀正还作为海津城的副将，负责海津城外廓的防卫。家康为拉拢秀正，亲笔修书一封，表示只要他此次跟随家康，便将更级郡赏赐给他。当然，上杉景胜也同样重视屋代秀正，不仅增加了他的俸禄，还将村上义清的旧臣大须贺小次郎、麻绩的土豪洼村左卫门尉等人作为同心众交给他，以牵制真田氏和小笠原氏；同时又命他拉拢小县、佐久两郡内从属于后北条氏与德川氏的在地领主等等。尽管受到景胜重用，可屋代秀正最终还是决定投靠家康一方。不过当时的秀正并未立刻倒戈，而是"身在上杉，心在德川"，干起了为德川氏搜集上杉氏情报的卧底工作。

德川氏咄咄逼人的态势不断刺激着上杉氏敏感的神经。在佐久、小县郡的反德川氏势力基本遭到扫平后，景胜怀疑德川军真正的目标其实是上杉、德川两家领地交界处的虚空藏山城。虚空藏山是埴科、小县两郡交界处的界山，也是德川家和上杉氏的国界。为了消除上杉氏的这种疑虑，德川氏的加津野昌春于天正十一年三月十五日致信上杉氏的长沼城城代岛津忠直申辩，表明"越后和远江之间不会有战事"。然而到了当月二十一日，加津野昌春及其兄长真田昌幸对虚空藏山城发起突袭。虽然上杉氏损失巨大，驹泽主税助于此役战死，却也击退了敌军，保住了城池。在当年四月，家康将信浓国人小笠原贞庆、真田昌幸、诹访赖忠、保科正直等人召至新府，接受他们的臣从之礼，并商讨日后对付上杉氏的策略。至此，信浓十郡中的伊那、筑摩、安昙、小县、佐久、诹访六郡大体落入了家康手中。

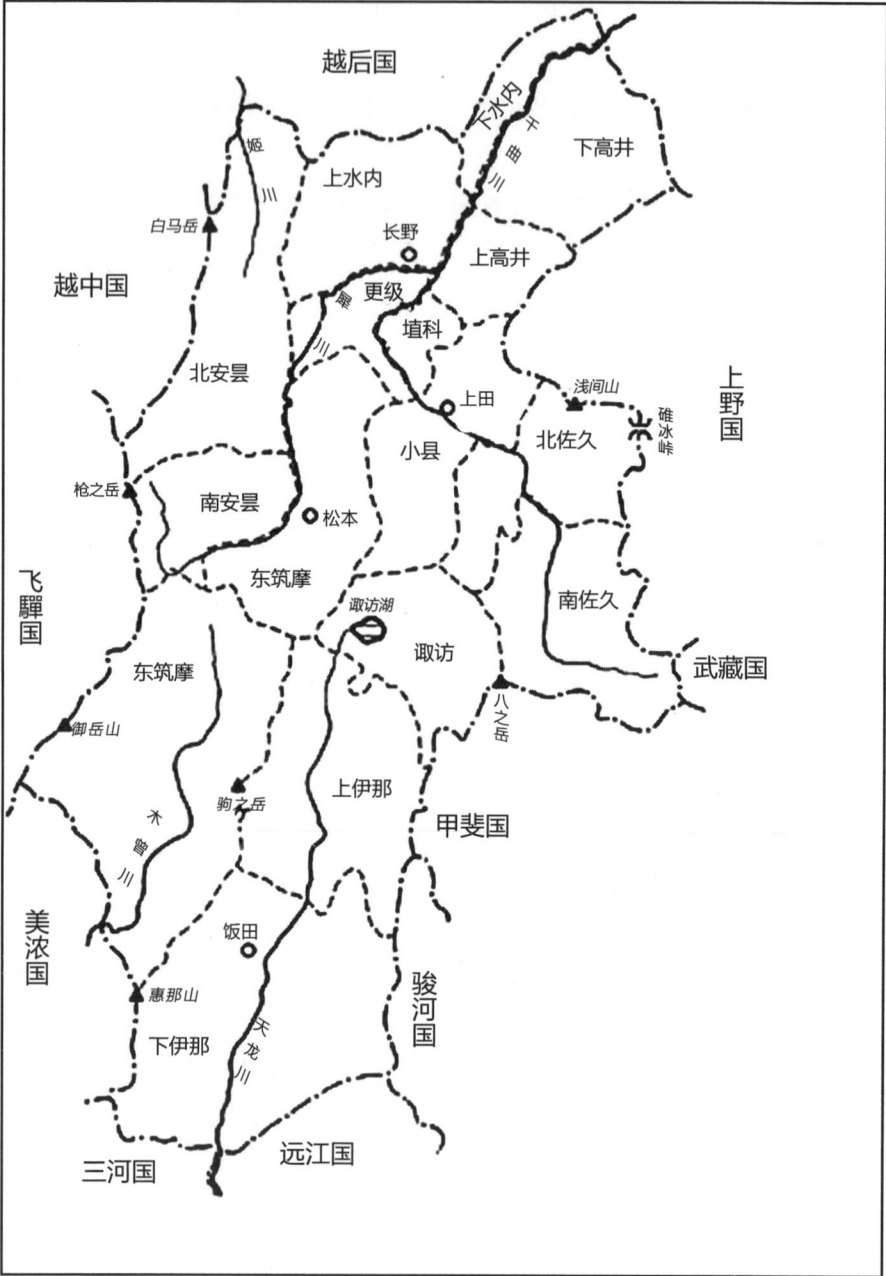

越后国

越中国

白马岳

姬川

上水内

下水内

千曲川

下高井

长野

更级

上高井

埴科

上田

浅间山

碓冰峠

上野国

北安昙

犀川

小县

北佐久

枪之岳

南安昙

松本

东筑摩

南佐久

武藏国

飞驒国

东筑摩

诹访湖

诹访

八之岳

御岳山

驹之岳

上伊那

甲斐国

美浓国

木曾川

饭田

惠那山

下伊那

天龙川

骏河国

三河国

远江国

▲ 信浓国

四月十二日，上杉景胜基本确定了德川家康出兵的真实意图就是进攻虚空藏山城，遂命饭山城城代岩井信能派兵支援，并告知自己将于近期亲自率军出兵信浓。可此时越中的佐佐成政再度和景胜对立，迫使景胜取消了亲征信浓的计划。一波未平一波又起，在四月十三日，更为可怕的消息从海津城传到景胜的耳中，德川氏的真田昌幸正在海士渊筑城。海士渊是扼守北国通衢的要冲，距虚空藏山城仅一步之遥。一旦筑城成功，让德川军在此集结的话，莫说虚空藏山城不保，整个北信浓的上杉领都将暴露在德川军的兵锋下。为此，上杉景胜立即调集北信浓四郡的上杉军集中于虚空藏山城内，下令一定要击破真田昌幸，粉碎德川家康染指北信浓的野心。就在真田氏筑城的同时，从属于德川氏的小笠原贞庆也发起了针对青柳城、麻绩城的进攻。据《岩冈家记》《笠系大成》等史料所载，在出征前，小笠原贞庆的家臣们以敌强我弱、情况危险为由劝阻贞庆，然而贞庆心意已决，率部浩浩荡荡地开向上杉氏的麻绩城。麻绩城距离虚空藏山不过十二三公里，对上杉氏来说，其重要性可以想见。闻知贞庆来犯的岛津泰忠急忙带领虚空藏山之兵驰援麻绩城。这支上杉氏大军集结了川中岛四郡之兵，除岛津泰忠外，还有室贺满俊、屋代秀正、芋川亲正等上杉氏将领参战，而小笠原贞庆所率的仅仅是一支偏师。双方于四月十九日发生冲突，俗话说双拳难敌四手，贞庆绝未料到会遭遇上杉氏倾四郡之师反扑。由于绝对的实力差，小笠原军立刻陷入总崩的绝境。见此良机，青柳城城主青柳源太左卫门尉也从青柳城杀出，攻击小笠原军的侧翼。在两路夹击下，小笠原军如同案板上的鱼肉一般，任由上杉军宰割。上杉军一路追杀五六里，斩杀小笠原军殿军三沟三右卫门，号称消灭小笠原军两千人。绝望的小笠原贞庆一度打算切腹自尽，在家臣二木六右卫门的阻拦下才回心转意。当小笠原贞庆逃回居城深志城时，身边仅余三十人。另一方面，上杉景胜预计和德川氏的冲突无可避免，而四面楚歌的局势让他的行动力大打折扣，只能提心吊胆地关注着前线的形势。当从麻绩传来岛津泰忠的捷报时，春日山城内洋溢着欢喜的气氛。不过上杉景胜真能放下包袱开心地笑一笑了吗？当然不是。事实上即便麻绩合战取得大捷，上杉军也无力再战，加之德川氏依然在海士渊筑城，新发田重家亦如芒刺在背，局势仍然不容乐观。在接到捷报的次日，即天正十一年四月二十日，景胜便通过岛津忠直传达了"假如得胜，见好就收才是上策"的想法给

▲ 信浓主要城池示意图

▲ 上田城模拟图

前线指挥岛津泰忠。四月二十二日，景胜给室贺满俊、屋代秀正、芋川亲正等信浓众，以及被派遣到信浓前线的家臣坂屋光胤等人送去了感状。四月二十四日，在麻绩合战中取得胜利的上杉军凯旋，继续在虚空藏山城维持着对德川氏的防御态势。

就在上杉和小笠原激战的同时，海士渊的筑城工作也一刻未有停歇。海士渊城本是信浓国人小泉氏的属城，位于上田盆地中央、千曲川畔悬崖，是集地形险要与交通便利为一体的要害之地。武田信玄曾将这片区域赏赐给真田昌幸之父真田幸纲（常被记作真田幸隆）。对昌幸而言，此地简直是在小县郡展开一元支配的绝佳场所。不过，单凭真田氏之力在敌人上杉氏眼皮底下建造一座有重要意义的要塞，实在是过于勉强。因此，如果没有"带头大哥"德川家康的帮助，这个工程可以说根本不可能完成。对于德川氏而言，此城一旦建成，便在两家分界处设立了一座侵略北信浓的桥头堡；家康的另一目的则是通过帮助真田家攻克户石城、松尾城，以及把新建的要塞赐予真田昌幸，来对真田氏卖个好，希望昌幸能够配合自己主动放弃沼田领、吾妻领，成全自己和后北条氏的盟约。为了能在上杉氏的眼皮底下完成这个危险的工程，家康令重臣大久保忠世率领佐久众筑城，并担任本次筑城计划的总负责人。在天正十一年四月十三日及十八日，家康又两次去信给下伊那的有力国人下条赖安，督励其积极参加海士渊的筑城工程，可见家康对此项工程的重视。原定攻击真田、德川氏筑城部队的上杉军在麻绩合战后无力再战，所以真田、德川氏最终有惊无险，成功在此处筑城。这座要塞日后有个更为响亮的名字，那就是上田城。

很可惜，目前尚未找到有关此城最初筑城时的优良绘图，根据后世史料的整理，整座城的情况大致如下：

上田城的西面和北面被矢出泽川包围着，南面是千曲川的绝壁，东面是一块一马平川的平地。整个城的四周分布着大大小小的沼泽地，沼泽地之间的平地上又有着不少集落。在易受攻击的东面，广阔的平地被圈入城内成为外城。上田城的本丸置于南侧，二之丸包围着本丸的西、北、东三方，二之丸和东面的大手门之间为三之丸。在外城中，除了自古存在的常田町以外，还有新招引来的海野、原田二町。此后两町开放了市场，不断招来商人与工匠，进而形成了繁荣的城下町。

随着上田城建设的完成，家康此番出兵的目的也已大致达到，遂于五月班师。在这两个月左右的时间里，德川家康办成了两件大事：一是在这段时间内完成了对甲州诸士及寺社的规划与统治，进一步安定了甲斐；二是大大增强了德川氏在信浓的实力，包括扫平佐久、小县两郡的敌人，修筑上田城，策反了北信浓的有

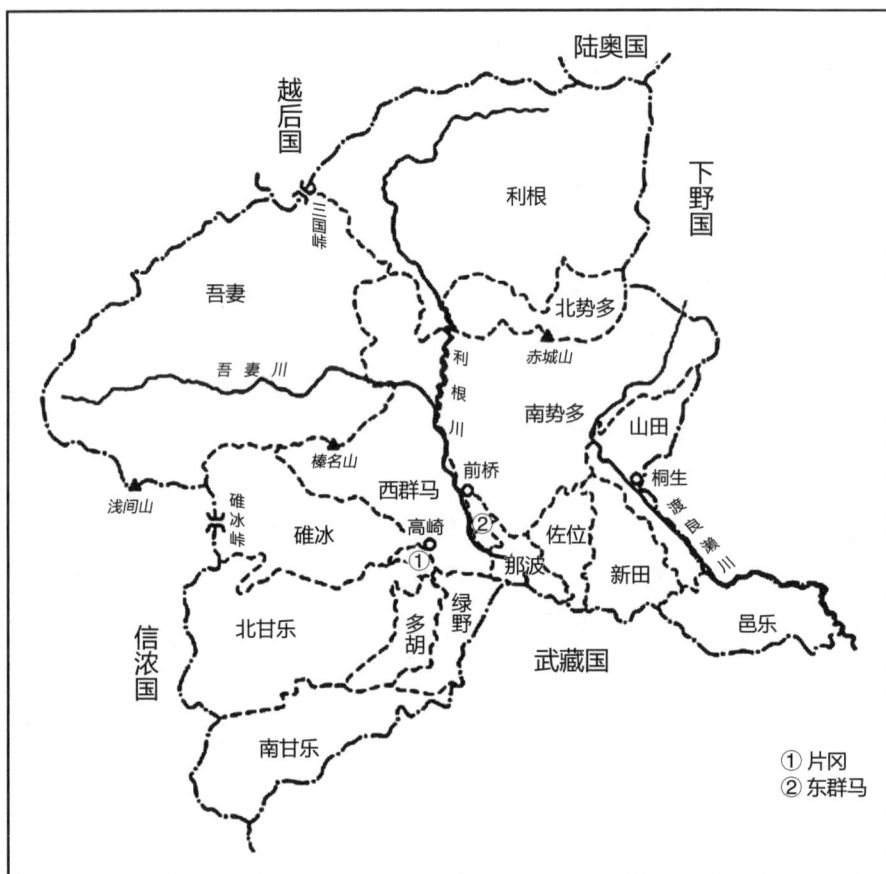

▲ 上野

334

力国人屋代秀正等。虽说麻绩合战中小笠原的败北让其对信浓的经略受了一些挫折，但总体而言，家康的甲信经略已经取得了不错的成绩。

一方面信浓的冲突越来越激烈，另一方面上野的局势也是一团乱麻。因为与德川氏议和，后北条氏的战略重心从夺取甲信转向了夺取上野。先前，后北条氏已经向真田昌幸提出了转让沼田领、吾妻领的要求，结果被昌幸一口回绝了。既然劝告无效，后北条氏遂决定"自己动手丰衣足食"，凭借自己的力量来把名义上属于己方的沼田领、吾妻领夺过来。闰十二月，北条氏直成功策反与喜多条芳林（即北条高广）一族的北条长门入道，令其答应与北条氏直一起攻击真田昌幸。天正十一年一月，北条氏政、氏直父子出兵上野，驻扎于白井城，命白井城城主长尾宪景拉拢真田氏的中山城城主中山氏。拉拢成功后，后北条氏立即对中山城进行了大规模修筑。中山城处于连接岩柜城和沼田城的要道上，重要性不言自明。另外，北条氏政父子再次请求厩桥城的喜多条芳林父子一同出阵攻击真田昌幸，但遭喜多条芳林拒绝，后者更在厩桥城开始做防御准备。于是北条氏政亲自指挥进攻厩桥城，却也无功而返，最终于二月上旬撤退。不甘失败的北条氏政于三月初动员武藏和西上野的北条军，准备再次攻击沼田城。得到消息的喜多条芳林赶紧致信上杉氏重臣上条宜顺，恳请上杉氏迅速出兵增援。但上杉景胜正在应对越中的佐佐成政和反叛的新发田重家，加上四月疲于应付信浓的战事，即便上杉景胜集关东反北条势力之期待于一身，被各处战事搞得焦头烂额的他又哪能有余力去关东对付后北条氏呢？见求援上杉不成，喜多条芳林又转而求助于佐竹义重。可是随着战局的推移，喜多条方的女渊城、五览田城等据点纷纷失陷，据守老窝厩桥城的喜多条芳林也于九月十八日投降。

虽说在此前的五月二十六日，真田昌幸就已派遣家臣汤本三郎右卫门尉到羽尾城加强防备。在六月十七日，昌幸又派遣叔父矢泽赖纲前往沼田城，统率金子美浓守等沼田众与后北条氏对抗，但后北条氏又岂会善罢甘休？除了军事压力外，六月十一日，北条氏政又对德川家康提出了割让吾妻、沼田领的要求。显然，在后北条氏的凌厉攻势下，沼田领已有累卵之危。矢泽赖纲见主家真田家和德川家无法依靠，又不愿投降宿敌北条家，只能选择投降上杉景胜。不过，上杉景胜之前就被真田昌幸背叛了一次，这时对真田氏，自然是信任不到哪去。在七月十五日，上杉方寄给矢泽赖纲的书信中明确地写道："真田安房守去年一度从属于我方，但没多久就怀有二心，其真实想法如何十分可疑。"不过对于局势不乐观的上杉景胜而言，多一个帮手总是坏不到哪去，而矢泽赖纲也很够意思地向上杉氏纳上了一个"投名状"，那便是北条氏邦派来要求转让吾妻、沼田领的使者的脑袋。之前北条和德川两家在和议时，条件之一便是德川家割让上野的吾妻、沼田领，而矢泽赖纲此举很明显就是表明自己不再跟着德川干了。另外值得一提的是，在矢泽氏投靠上杉景胜一方时，真田氏仍然和上杉氏为敌对关系。关于矢泽氏倒戈一事，有的说法认为是昌幸先让矢泽氏投石问路，为自己投向上杉氏做好铺垫；也有说法认为矢泽氏仍然具有相当的独立性，此举可算是与真田氏分道扬镳。无论如何，此举保护了沼田城，使其免于落入后北条氏手里，而最终真田昌幸也未向矢泽赖纲追究此事。至此，北条氏在上野的形势依然十分乐观，因为在上野与北条氏敌对的也只有占有沼田领、吾妻领的真田氏了。

德川、北条两家在不断对外扩张的同时，也没忘记加强彼此之间的友谊。天正十一年六月十一日，北条氏政亲自写信给德川家康，请求德川家履行承诺，割让吾妻领、沼田领。七月五日，德川家康回信给北条氏直，确定了氏直和德川家康之女督姬的婚约。八月十五日，德川督姬到达小田原城，和北条氏直举行了隆重的婚礼。至此，德川、北条议和时的条件已经基本实现，剩下最大的悬案便是吾妻领、沼田领问题了。

陷入战火的不仅仅是东国，织田政权的内讧亦于此时达到白热化。天正十年十二月，织田信孝违背清洲会议的决定，拒绝将织田三法师从岐阜移往安土城，成了织田政权内部以武力解决问题的导火索。闻知此事的羽柴秀吉为取得大义名分，便将织田信雄置于织田政权的顶点，对外宣称织田信孝、柴田胜家等人的所作所为是"针对信雄大人的谋反"。之后秀吉出兵近江，降服了长滨城城主柴田胜丰，再进军美浓围困了信孝的岐阜城，在信孝交出人质后班师。柴田胜家虽然因为种种原因没能派兵支援，为了对抗秀吉，也于天正十一年一月拉拢了泷川一益作为盟友。加入柴田胜家阵营的泷川一益开始着手攻击秀吉阵营的伊势龟山城、峰城等据点，并从南边威胁秀吉阵营。但是在三月三日，在伊势龟山城遭到羽柴秀吉攻击的泷川一益最终降服，感到危机来临的柴田胜家遂率领前田利家等北陆众，挥师前往近江，于贱岳一带布阵。在两军对峙之际的四月，信孝于岐阜举兵，与胜家遥相呼应。秀吉得报后本来决定先破信孝，可是美浓的揖斐川因暴雨而涨水导致秀吉行军受阻，加之羽柴方在贱岳的对阵中陷入不利，秀吉遂决定急速返回北近江。他在四月二十一日击破了柴田军，并一路乘胜追击，于四月二十四日破北庄城。柴田胜家自杀，而织田信孝也于四月二十九日在尾张国野间大御堂寺了结了一生。

这么一来，柴田的阵营就只剩下了越中的佐佐成政。意识到继续力战到底只有死路一条的佐佐成政也只得放弃抵抗，投降了秀吉方。不过秀吉对佐佐成政的处理还算宽大，保持其领地不变，还让其负责对越后上杉氏的外交。

摧毁掉柴田胜家阵营之后的羽柴秀吉，不满足于仅仅担任织田信雄的家老一职，而是有了更大的野心——取信雄而代之，成为织田信长的继承人。天正十一年六月二日，羽柴秀吉以信长的第四子（也是自家养子）羽柴秀胜为丧主，为织田信长治丧。织田信雄虽然受到邀请却因病未前往，威信大失，招致了之后织田家臣纷纷叛离。以此为契机，秀吉让信雄离开安土城回到其领国尾张、伊势、伊贺，随后还让信雄的三位家老冈田重孝、津川义冬、浅井长时向自己提交人质，让信雄的家臣们进入了一个"两属状态"。天正十二年（1584年）二月，羽柴秀吉挥师征伐和泉、纪伊的根来寺与杂贺总国一揆，织田信雄受到邀请并派遣了家臣水野胜成、吉村氏吉等人参战。这一系列事件标志着织田政权正走在名存实亡的路上。

面对秀吉的步步紧逼，信雄当然不会简简单单地任人宰割。于是在天正十二年三月二日，信雄以内通秀吉为由，命三位家老冈田重孝、津川义冬、浅井长时切腹自尽。另一方面，信雄联系了四国的长宗我部元亲和织田家的老朋友德川家康加入己方阵营，一同对抗秀吉，就此拉开了著名的小牧·长久手之战的序幕。由于山崎之战、贱岳之战、信长周年祭等一系列事件的影响，秀吉的威势远胜于信雄。在这个选主重器量的时代中，织田家臣会选择哪一派不言自明。尤其是池田胜入（即池田恒兴）、森长可加盟秀吉一方一事，给予信雄－家康一方沉重打击。就这样，这场波及大半个日本的大战役以秀吉一方占据大优势的状况开局。三月十三日，池田胜入、森长可等人率军杀入尾张重地犬山城。作为应对，织田－德川联军在清洲合流并占据了小牧山城。三月下旬，秀吉亲率十万大军布阵于乐田，

▲ 长久手古战场公园

战局陷入胶着状态。为打破僵局，秀吉特意编制了一支别动队企图攻击家康的老巢三河。一旦计划成功，秀吉就可以将信雄、家康各个击破，取得大胜。于是四月七日，以秀吉的侄子三好秀次为主将，池田胜入、森长可、堀秀政等人为副将，两万军队从乐田偷偷地出发了。然而德川家康早已看穿了一切。得知情报的德川家康从小牧山迅速行军进入小幡城，再一路尾随着毫不知情的三好军。四月九日早晨，三好军在长久手谷地遭到德川氏的反奇袭，被杀得尸横遍野，血流成河，池田恒兴、森长可于此役战死。一败涂地的三好秀次逃回了老窝，整场战役羽柴军被杀死近一万人。长久手之战的落幕，标志着秀吉以闪电战击溃织田－德川联军的计划彻底破产，之后双方又回到了相持中。

在小牧·长久手这场大规模对决中，无论是羽柴秀吉，还是织田信雄、德川家康，无不在绞尽脑汁地思考着打倒对手的策略。这时在敌后开展工作，扰乱敌方的态势便成了重中之重。故而羽柴阵营将上杉景胜、佐竹义重及其他反北条势力拉拢至己方，而织田－德川阵营则是和北条氏政、长宗我部元亲、根来寺众徒及杂贺一揆联盟，共抗秀吉。除此之外，羽柴秀吉和德川家康也都将目光聚焦于信浓国。

对于秀吉而言，从信浓下手去扰乱家康的后方，足以令身处小牧的家康心惊胆寒，甚至灭亡德川家也非不可能之事。对于家康而言，如果信浓的局势有利于己方，则可开辟一条新战线，直指尾张、美浓，形成夹击之势。就此，信浓的大战再度开幕。

秀吉的拉拢很快就有了效果。天正十二年三月下旬，羽柴军和织田－德川军还在前线对阵时，信浓的局势出现重大转变，那便是木曾义昌突然易帜。木曾义昌在天正壬午之乱时，听从了织田信孝与织田信雄的指示，加入德川氏，换取筑摩、安昙两郡的领土不变。然而在天正壬午之乱后，实际占领两郡的却是其宿敌小笠原贞庆。见从德川氏手里拿回两郡无望，义昌遂转投到羽柴阵营，扰乱家康的后方。得知义昌背叛的德川家康火速派出了奥三河山家三方众之一的菅沼定利前往伊那郡，令其筑知久平城，并率领伊那众协助小笠原贞庆进攻木曾义昌。之后，伊那郡国人知久赖氏因被疑里通秀吉，于天正十二年十一月切腹身亡。

天正十二年二月，德川旗下的小笠原贞庆以奇袭攻克了羽柴秀吉的盟友上杉氏的水内郡千见城，后又引军攻打牧之岛城和青柳城。在上杉氏的抗争下，牧之岛城和青柳城皆得以确保，次月上杉氏又夺回了千见城。然而此时最令上杉景胜担心的是，假如真田昌幸呼应小笠原贞庆，攻击虚空藏山城及川中岛地域，那将对上杉领国造成巨大的威胁。为了牵制真田昌幸，上杉景胜令北信浓众须田信正、市川信房支援上野国国人羽尾源六郎重返吾妻郡，夺取了真田氏的丸岩城。羽尾源六郎又出面拉拢岩柜城守将真田氏家臣汤本三郎左卫门尉，但计划最终失败。几乎与此同时，德川氏的小笠原贞庆一边牵制牧之岛城城主芋川亲正，一边遣别动队攻击青柳城，并于三月二十八日攻克了青柳城的二曲轮，迫使上杉氏将注意力主要集中到小笠原贞庆的动向上。四月一日，潜伏许久的屋代秀正举旗响应德川氏的攻势，带领一族自海津城出奔，回到老窝荒砥城、佐野山城备战，其弟室贺满俊亦起兵响应。此事给上杉氏造成了巨大冲击，之前借助上杉军之力夺取上野丸岩城的羽尾源六郎此刻因失去上杉军的后援，陷入了孤立境地。此后，史料上有关他的记载也随之消失了，很可能被真田昌幸所灭。在严峻的局势中，上杉景胜一边不断写信要求信浓国众对自己尽忠，一边派人监视他们的动向，又调派越后的安田能元进行支援。四月五日，上杉景胜无视后方蠢蠢欲动的新发田重家而亲征信浓，可见信浓局势之危。

　　虽然在荒砥城和佐野山城固守的屋代秀正等人也在积极拉拢上杉氏的北信浓国众，但应者寥寥。由于正同羽柴秀吉于前线对阵，德川家康无法派出像样的援军支援屋代秀正。四月八日，面对上杉军的猛攻，屋代秀正难以抵抗，只得选择带着家小细软逃跑，寻求德川家康的庇护。上杉景胜则开始积极收复信浓失地，五月中旬，川中岛在阵的上杉景胜下令调查屋代秀正事件。据调查结果，海津城城代山浦景国（即村上义清之子村上国清）在此事件中严重失职，遭到罢免。从此信浓四大将之一的村上家宣告灭亡，取代山浦景国职务的是景胜的同族上条宜顺。同时为了加强与羽柴秀吉的合作，景胜还收上条宜顺的第三子义真为养子，于六月送往秀吉处为人质。另一方面，在四月四日，小笠原贞庆趁着上杉军全力攻击屋代秀正的空档，几度发起针对青柳城的攻击，最终一雪前耻攻下青柳城与麻绩城。之后，达成目的的小笠原贞庆暂时中止了对上杉氏的进攻，转而响应德川家康的号召，将重点放在讨伐本家之宿敌木曾义昌身上。五月十三日，小笠原贞庆攻向鸟居峠，但遭击退。八月五日，德川家康遣信给高远城城主保科正直，令其服从伊那郡主菅沼定利的指示，攻击木曾义昌。九月，由菅沼定利、保科正直、诹访赖忠等人率领的部队攻击妻笼城，又遭击退。即便木曾军的抵抗十分顽强，

▲ 北条氏直，箱根早云寺所藏

▲ 北条氏政，箱根早云寺所藏

但是在小笠原和菅沼两路夹击下，木曾家的据点连连失守，不过德川氏也因长期进攻显出疲态，最终木曾家从灭亡边缘爬了出来。

就在羽柴秀吉和德川家康在小牧·长久手激斗时，关东的北条氏政、北条氏直父子也于天正十二年五月至七月与佐竹、宇都宫等反北条势力展开了对决。这场被称为沼尻合战的对决不仅仅关乎反北条势力的存亡，也是小牧·长久手之战中的一场重要局部战役。最终，在后北条氏获得优势的情况下，双方达成和议。

在小牧·长久手之战的战场上，因对阵长期持续，双方军中厌战情绪开始高涨。九月，羽柴秀吉向德川家康提出交出次子于义丸（即后来的结城秀康）为人质，两方进行和谈，但遭家康拒绝。十月，羽柴秀吉开始遣兵攻击织田信雄的伊势领地，在取得相当战绩后向信雄提出和谈要求。在秀吉的软硬兼施下，信雄只得割地议和。信雄一议和，可就苦了德川家康。须知家康本就是信雄拉来助拳的援军，这下可不仅仅是战力打折，还损失了大义名分。无奈之下，德川家康只得鸣金收兵，而德川和羽柴在信浓的斗争也就此告一段落。

激斗！上田城！

小牧·长久手之战的爆发使德川、北条无暇东顾，真田昌幸的压力一度得到缓和。但在德川家康心中，小牧·长久手之战绝非尾声，而是与羽柴秀吉长期对抗的起点。对北条氏政、氏直父子而言，天正壬午之乱中遗留的吾妻领、沼田领问题仍是重大隐患。事实上，德川家康一刻也没忘记履行让渡吾妻、沼田领的盟约。此前天正十一年三至五月，德川家帮助真田昌幸扫平小县郡的敌对势力，又修筑上田城赏赐给真田家，是从情感上主动向真田昌幸示好，希望他领情，促成和平让渡。然而家康高估了昌幸在政治斗争中的信用，这位"表里比兴之人"笑着收下了家康的亲善，转眼又对其让渡请求置之不理。怀柔不成，德川家康只好另寻他路了。据《加泽记》记载，天正十二年六月，家康令鸟居元忠传达指令给小县郡国人室贺正武，要求室贺正武执行暗杀真田昌幸的计划。

七月，从畿内来了一位围棋高手至上田城的真田昌幸处，室贺正武也被一并邀请至上田城观摩。正武认为这是个好机会，便以家臣室贺孙右卫门为使者，前

▲ 真田昌幸

往鸟居元忠处报信，约定七月七日时，德川军出兵里应外合擒拿昌幸。不料室贺孙右卫门竟是个叛徒，旋即密告于昌幸。计划当天，蒙在鼓里的室贺正武带着少量随从前往上田城，结果反遭昌幸捕杀，室贺氏就此灭亡。

怀柔与暗杀两计接连落空，家康遂选择军事威压。天正十三年（1585年）四月，家康再度出兵甲斐，驻扎于甲府，威胁真田昌幸。五月，家康派遣使者朝比奈泰胜至北条家，表明了自己一定会让出吾妻、沼田领的态度。之前高估真田昌幸人品的德川家康，此刻又低估了真田昌幸的胆识。对于家康的要求，真田昌幸断然答复道："沼田非是家康所与之处，完全是真田靠自己力量取得的领土。此次家康连自己和本方之间的约定都不能遵守，还要我让渡本家的沼田领给北条氏，此事绝无可能。"

预料到德川、真田两家关系将走到尽头的真田昌幸，一边加强和上杉氏的交涉，一边摸索和德川家断交的时机。当然昌幸也明白单单依靠上杉氏来对抗德川—北条的联盟无异于痴人说梦，他真正企图接近的目标乃是上杉景胜背后的羽柴秀吉。当然对上杉景胜而言，一旦接纳真田昌幸，己方势必和德川家一战，因此必须做出最合理的安排。很快，景胜将海津城城代由上条宜顺换成了长期在越中和织田家对战的须田满亲。天正十三年七月十五日，上杉景胜秘密给真田昌幸送去九条起请文，表示接受昌幸的从属请求。内容大致如下：

此次既然决定从属于上杉氏，今后务必效忠；

倘若敌军来攻，无论是小县领，还是吾妻、沼田领，本家都会派遣援军相助；

以后有任何流言蜚语，要仔细调查，尽量维持两家的关系；

真田家在信浓的俸禄由海津城城代须田满亲授予；

沼田、吾妻、小县、坂木庄内等真田领维持不变；

赐予佐久郡、甲斐一地及上野箕轮领作为新领地；

埴科郡屋代秀正的旧领同上；

祢津昌纲交付于真田昌幸处置；

关于春松大夫，此人乃是来自上方（秀吉）的特使，你要好生安排，绝不能有问题。

此后，德川、真田两家之间的关系彻底破裂，从德川家离叛的真田昌幸也开始着手侵略德川家的祢津领。德川家康为救援祢津领，以及报复真田昌幸的背叛，也迅速安排针对真田家的攻势。天正十三年七月十九日，家康从滨松移驻骏府，宣告要进攻上田城。八月八日，家康命甲斐国中郡主——重臣平岩亲吉动员甲斐的部队，支援小诸城的大久保忠世。八月二十日，家康正式对真田家宣战，并命令参战诸将对真田家"一定要斩尽杀绝"。一系列的行动表明了家康对真田氏背叛的愤怒和不安，希望能速战速决，解决后顾之忧。

参与上田城攻城战的德川家部队，组成大概如下：

三河众：鸟居元忠、平岩亲吉、大久保忠世、芝田康忠；

信浓众：诹访赖忠、保科正直和正光父子、下条牛千代、知久众、远山众、大草众、依田康国、屋代秀正；

甲斐众：三枝昌吉；

骏河众：冈部康纲、冈部长盛。

德川军整支部队人数达到七千余人，而反观真田军，只有马上武者二百余骑和杂兵一千五百余人，加上协防的百姓一共不过两千人。不过需要注意的是，当时鸟居元忠、平岩亲吉、大久保忠世、芝田康忠四位所领皆在甲信，职务为"郡主"，他们动员的部队也都来自甲信地区。换而言之，此次征伐真田的军队基本由甲斐、信浓众构成。考虑到两国是家康新领，各分队间配合不足，故整支部队的战斗力未必是通说所言的"精兵强将"。

德川军来势汹汹，上杉景胜也不得不集中精力应对。但当时他本人正在配合羽柴秀吉攻击越中的佐佐成政，无暇他顾，只好命北信浓众井上、市川、夜交、

---

① 即日后大名鼎鼎的真田幸村，时年十七岁。

西条、寺尾诸氏动员领内十五岁至六十岁的男丁，归属到须田满亲的指挥下。当时，真田昌幸将次子弁丸①及矢泽赖纲之子赖幸送往须田满亲处为人质，满亲随后将他们送往春日山城。接收人质后，须田满亲派遣部分海津众前往曲尾增援。曲尾是由海津前往真田领道路上的一处要地，从此处上杉军可通过地藏峠进入真田领，沿着松代要道支援户石城、矢泽城等地。可是上杉援军兵力并不多，防御户石城一线的矢泽赖纲之子赖幸向须田满亲请求再增派一些援军。虽然此后上杉军又增派了人马，但因路上遭遇洪水，实际并未赶到。

德川军兵临战阵时，真田昌幸亦已完成了布阵：上田城南十公里处的丸子城，由家臣丸子平内把守；在上田城北、神川西岸的要害户石城，则由真田昌幸的长子真田信幸（日后的真田信之）负责防御工作；矢泽赖康驻守于神川东岸的矢泽城；至于真田家的本阵、防卫圈的中心、整场战役中最重要的要塞上田城，毫无疑问由真田昌幸亲自守护。三座卫星城控制了神川两岸，拱卫着真田氏的本城上田城，并确保了对上野北部的控制。

面对真田方的精巧布阵，德川军首先无视丸子城，向着距上田城东七公里半的八重原进军，随后渡过依田川。闰八月二日，德川军到达神川以西、距上田城仅三公里的国分寺，并于此布阵。对于德川家而言，己方去年还在长久手之战中大破羽柴军，此次进攻真田家，己方占有极大优势，若是战败，必将大损武名。对于真田家而言，四十多年前，真田昌幸之父真田幸纲在村上家的进攻下被迫逃离本领，经过一段凄惨的流亡生活后才得以回到故乡。本能寺之变后，真田昌幸更是积极游走于几大势力之间，为真田家的存续费心尽力，但如这般的直接军事危机，昌幸还是初次面对。近四倍于己的敌人已经近在眼前，一旦战败，即便可放弃领地逃往上杉氏寻求庇护，却也将失掉独立领主的颜面。所以，昌幸唯有打出一场漂亮的大胜仗，才有机会拯救真田家于家康的魔爪之中。

决定命运的一战就此开始！

当然，在如此悬殊的兵力差下硬拼无异于螳臂当车。德川军浩浩荡荡地开向上田城，趾高气扬地对真田昌幸下达了勒令投降的最后通牒。对此，昌幸一边回复"容我思考三天"，一边加紧修缮防御工事。除此之外，昌幸还让部下们唱着"高砂"曲，挑衅德川军。果然，德川军遭到挑衅后开始进攻，冲进了上田城的二之丸。当时，

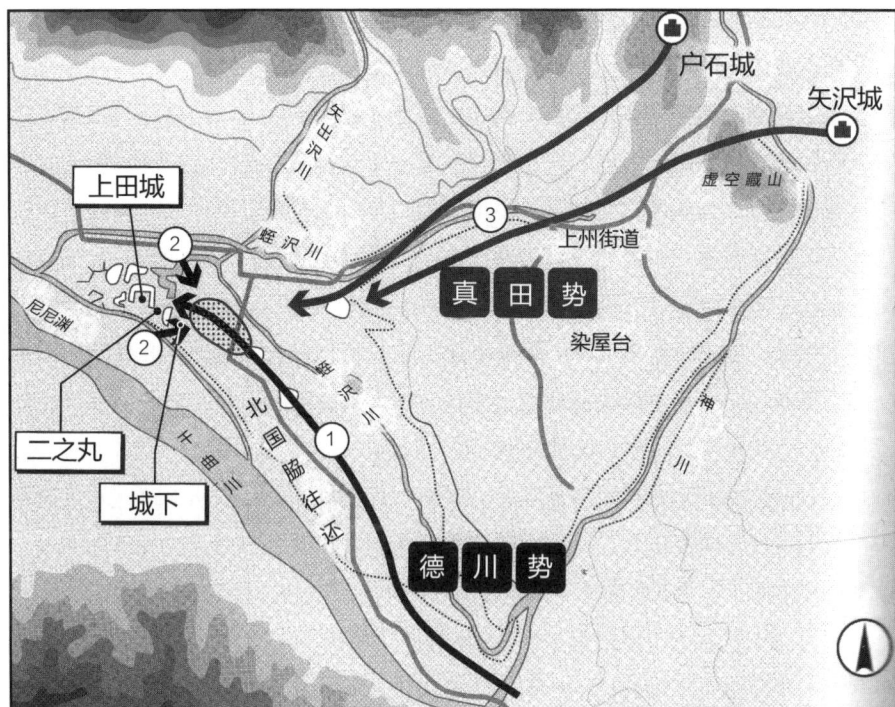
▲ 上田城合战双方进军路线示意图

德川军准备在此放火，却遭到芝田康忠的阻拦。他认为一旦放火，已经攻入二之丸的同伴便无法撤退。可惜芝田康忠毕竟太年轻，缺乏作战经验，放火有利于进一步削弱城池的防御，还能防止城兵的追击，无疑是德川军在此时此地的最好选择。很快，德川军便为这个错误的决策付出了惨重的代价。当时，城内一小支部队杀出，德川军被打了一个措手不及，而事先埋伏好的真田军弓箭、铁炮部队也趁势杀出，将雨点般的弓箭与子弹射向德川军。受到突袭的德川军陷入混乱，开始败退。一部分德川军在败退的途中被真田军事先修筑的千鸟栅切断了退路，只能束手就擒；还有一部分德川军掉入了事先设置的陷阱里，被打得人仰马翻。驻守户石城的真田信幸也没闲着，他带着三百亲兵从北面突袭鸟居元忠的侧翼。虽然鸟居元忠是久经战阵的猛将，但无奈军心不齐，在突遭奇袭时也陷入了混乱。由于先前

345

德川军没有放火行动，撤退时无以掩护，结果被真田军一路从上田城追杀到神川，人马自相践踏，尸横遍野。见已经取得大胜，真田昌幸决定见好就收，鸣金收兵，这便是第一次上田城合战。此役，真田氏仅仅战死四十五人，而根据真田信幸寄给上野国的真田家臣的书信，真田家消灭了一千三百余德川军。当然这数字有夸张炫耀的成分。因为《三河物语》中记载德川氏阵亡三百五十余人，且除了诹访赖忠手下重臣矢岛河内守战死外，并没有其他有名将领阵亡。可即便如此，真田昌幸也已经重挫德川军，打出了一场漂亮的绝地反击战。

上田城合战后，真田昌幸立刻从上田城出兵抵达尾野山城，和此处的德川军交战。昌幸让手下军士以先前战败之事连番嘲笑德川军的无能，借此引战。在几番小规模的战斗后，击败了当地的德川军。

不甘两度失利的德川军转而攻击丸子城，以孤立上田城。德川军在八重原布阵进攻丸子城，而真田军在海野布阵牵制德川军。于丸子河原，双方再度开战。由于连续遭挫，士气低落的德川军再次战败，丸子城的进攻计划亦就此泡汤。

八月二十日，德川家康再令伊那郡国人小笠原、下条、松冈、饭岛等氏出兵小县郡。此后德川军仍驻扎于小诸城，窥伺着再次向真田军发起攻击的良机，但最终还是未果。除此之外，德川家康还邀请北条家进攻吾妻、沼田领，这对于北条家而言自是喜闻乐见。八月二十四日，北条氏邦率上野国众在上野势多郡的津久田合战中击败了真田军，并攻陷森下城。趁此胜势，北条氏邦军于九月初包围了沼田城，并在城周边扫荡。但在矢泽赖纲的防守下，北条军也未占到什么便宜。之后，真田氏因上杉氏的援军已到达小县郡，便在上杉军的帮助下继续增筑上田城。想来上田城本是德川家康为对抗上杉景胜而建设的要塞，现在反而成了上杉景胜防守德川家康的桥头堡。事情发展到这个地步，也不知德川家康、上杉景胜、真田昌幸几人当时心中做何感想。

就此，第一次上田城之战落下帷幕，真田昌幸凭借着自己的智勇粉碎了德川家的进攻，将真田家从生死线上救了回来。然而此战的意义却不仅限于此，取得对德川家胜利的真田昌幸得到了上杉景胜更多的信任和重视，但昌幸也深知光凭上杉氏之力根本无法长期抵抗德川、北条两家的进攻，唯有死死抓住羽柴秀吉这根救命稻草，才是救亡图存的唯一途径。

尾声

天正十三年九月底至十月初，昌幸遣使给秀吉送去了交好的书信，十月十七日，秀吉回信昌幸，表达了收到昌幸书信后的喜悦之情。两天后，即十月十九日，秀吉又去信表明讨伐德川家康的决心。十一月十三日，德川氏重臣冈崎城城代石川数正突然叛变至羽柴秀吉一方。十一月十五日，德川家康向盟友北条氏通报了石川数正出奔的消息，并立即命令驻扎在信浓的德川军迅速撤回浜松。此后，除了冒死留守的大久保忠教外，德川氏留守于甲信地区的只有信浓伊那郡主菅沼定利和甲斐都留郡主鸟居元忠。另一方面，由于木曾、小笠原、真田诸有力国人已投靠羽柴方，一时间德川氏在信浓的势力从极盛时的六郡缩水到诹访、伊那、佐久三郡。

因石川数正的出奔事件，德川家全面进入备战状态。首先，德川家康决定赦免三河的一向宗势力，防止其遭羽柴方利用。其次，大规模改筑冈崎城，并筑西尾城和东部城，抵御来自领国西侧的攻击。再次，由于石川数正掌握着诸多军事机密，为使损失最小化，家康命武田氏的遗臣们提交信玄、胜赖时代武田军的军制文书、记录等，迅速实施仿武田军的军制改革。

十一月二十八日，织田信雄遣使，希望促成德川氏与羽柴氏之间的议和，却遭家康拒绝，德川、羽柴两大势力的决战一触即发。但就在此时突发一场天灾。在家康接见织田信雄使者的次日，日本中部发生了被后世推定为里氏 7.2—8.1 级的大地震，史称天正大地震，其余震一直持续到第二天。这场地震给羽柴秀吉的领国造成了巨大打击，导致秀吉无力在短时间内与家康进行决战，遂转而使用促使家康上洛臣从的怀柔政策。

天正十四年（1586 年）一月，羽柴秀吉再度宣布自己将于二月出兵尾张。这回织田信雄终于坐不住了，他亲自前往冈崎城与家康会面，最终促成了家康同意与秀吉达成和睦一事。二月八日，秀吉下达了停止征伐家康的决定。五月十四日，家康与秀吉之妹旭姬成婚，宣告着羽柴、德川两大巨头的联手。七月十七日，德川家康亲自从骏府出兵，宣布讨伐真田昌幸，而秀吉为博家康之欢心，使其尽快上洛，对家康讨伐真田氏表示了支持之意，并严令禁止上杉景胜支援真田昌幸，更在信中评价真田昌幸是个"表里比兴之人"。不仅如此，秀吉还向家康去信，表达出讨伐真田昌幸，上洛迟些也没有关系的意思。一边是两大巨头的联手讨伐，一边是唯一的依靠上杉景胜也无力相助，自信能依靠外交手腕翻云覆雨，于群雄之间游刃有余的真田昌幸怎么也没想到，自己竟会陷入这样的绝境中。

所幸羽柴秀吉的内心并非任由德川家康讨伐真田昌幸。九月二十五日，秀吉向上杉景胜表明，虽然和家康说好了要讨伐真田昌幸，但这次还是暂且作罢。通过此事，不仅真田昌幸免于灭亡，秀吉与家康之间的信任感也加深了。可家康一方仍未有上洛的意思，秀吉只好亮出底牌。九月，秀吉派遣使者至冈崎城，再次对家康传达了要求其上洛的意思，并表示将把生母大政所送往冈崎。表面上，大政所是去看女儿，但谁都明白秀吉是将老母送到家康那里去做人质。秀吉已经把事情做到这种地步，家康还能找什么理由拒绝呢？九月二十六日，德川家康力排众议，决定上洛。十月，大政所从大阪城前往冈崎城，德川家康一行也于二十四日出发，二十六日到达大阪城，入住羽柴秀长的府邸。次日，羽柴秀吉与德川家康会面，家康宣布臣从于秀吉。家康在受到秀吉的盛情款待后，于十一月十一日回到冈崎，大政所也在井伊直政的护送下回到了大阪。十二月四日，家康将本城迁往骏府。十二月二十五日，羽柴秀吉就任太政大臣，表明了自己要成为"天下人"的决心。

天正十五年（1587 年）一月四日，秀吉致信上杉景胜，正式通告赦免真田昌幸，并要求昌幸尽快上洛。之后，真田昌幸在小笠原贞庆的陪同下上洛谒见秀吉，德川氏重臣酒井忠次也同时在座。秀吉命真田昌幸、小笠原贞庆及木曾义昌重新出仕德川家康。三月十八日，在酒井忠次的陪同下，真田昌幸前往骏府城出仕德川家康，获得领地保持不变的保证，并被认定为家康的有力大名。至此，从天正壬午之乱起，德川、真田两家之间历时三年多的分分合合、明争暗斗暂时画上句号。

参考文献

史料

[1] 大日本史料·第十一编,东京大学史料编纂所 编,东京大学出版会.

[2] 信浓史料·十五卷,坂本太郎 宝月圭吾 监修.

[3] 信浓史料·十六卷,坂本太郎 宝月圭吾 监修.

[4] 德川家康文书的研究·中卷,中村孝也 著,日本学术振兴会刊.

[5] 日本思想大系26·三河物语·叶隐,斋木一马 冈山泰四 相良亨 校注,岩波书店.

[6] 上越市史别编2·上杉氏文书集二.

通史、研究文献

[1] 天正壬午之乱 本能寺之变与东国战国史,平山优,学习研究社.

[2] 围绕武田遗领的动乱与秀吉的野心 从天正壬午之乱到小田原之战,平山优,戎光祥出版.

[3] 真田三代,平山优,PHP 研究所.

[4] 真田昌幸,黑田基树,小学馆.

[5] 战国北条氏五代,黑田基树,戎光祥出版.

[6] 小田原合战与北条氏,黑田基树,吉川弘文馆.

[7] 真田氏三代 真田乃日本一之兵,笹本正治,密涅瓦书房.

[8] 真田昌幸,柴辻俊六,吉川弘文馆.

[9] 信浓真田氏,丸岛和洋 编,岩田书院.

[10] 真田氏一门与家臣,丸岛和洋 编,岩田书院.

[11] 战国织丰期战国大名德川氏的领国支配,柴裕之,岩田书院.

[12] 织丰政权与东国社会,竹井英文,吉川弘文馆.

[13] 小牧·长久手之战的战场构造·上,藤田达生 编,岩田书院.

[14] 长野县史·通史篇·第三卷·中世二,长野县史刊行会.

[15] 上杉氏年表,池享 矢田俊文 编,高志书院.

东国之关原

庆长出羽合战探本

作者 / 万邦咸宁

1600 年，欧洲的艺术家和赞助人已经厌倦了文艺复兴时代那千篇一律的"平衡对称主义"，开始向巴洛克时代大迈步挺进，地理大发现、艺术大发现、科技大发现层出不穷，古老的欧罗巴在黑死病后凤凰涅槃。而同一时刻的东方，一切仿佛和美好的艺术没太大的关系：大明的神宗皇帝，两年前才结束战事，又汇集了大批兵马，投入到对四川播州反叛土司杨应龙的围剿中去（播州之役）；彼岸的日本，此年也没有消停，爆发了号称决定"天下分目"的政权更迭之战，即"关原会战"。

此战后，乱世里崛起的丰臣政权化为泡影，日本进入了统治时间最长也最稳固的武家政权①"德川幕府"的统治时代。

美浓不破郡的关之原，位于京畿道、东海道、北陆道②的交会之处。此处作为决定天下归属的决战地点，是再切当不过的，自然备受历代瞩目。

然而，1600 年时的日本，旧秩序崩解，新秩序尚未形成，诸多地方大名本被丰臣政权强压住的"新仇旧恨"，借着关原之战，一起释放了出来。所以，关原之战时，日本多地先后构兵，它们既与关原之战紧密相连，但又各成一体。了解它们的来龙去脉，会让我们对1600年前后日本地方政治格局的变异，有更深的理解。

一切，还得从两年前，丰臣秀吉之死开始说起。

会津征伐的众生相

庆长三年（1598 年）五月，"日本的拿破仑"、出身寒微却博得"天下人"地位的传奇人物丰臣秀吉急速病倒，病因迄今不明。

就在三月，这位独裁者还斥巨资重修了京都醍醐寺，移种了 700 余株樱树，

---

① 古代日本在"大化革新"后进入了"律令时代""王朝时代"与"武家时代"三个相继的阶段。其中，武家时代绵延了七百年上下，其世俗政权为武士所建立，政治机构叫幕府，统帅叫征夷大将军。严格来说，武家时代有三个幕府：镰仓幕府（1192—1333 年）、室町幕府（1336—1573 年）与江户幕府（1603—1868 年）。这三幕府便是所谓的"武家政权"。

② 日本古代行政区，分为"五畿七道"。"五畿"指的是京畿地区的五国，即摄津、河内、和泉、山城、大和，"七道"指畿外的山阳、山阴、东海、东山、南海、西海、北陆七地区。

携着儿子秀赖、正室北政所、侧室茶茶，与大名、扈从、公卿等，共1300余人，举办了奢华浩大的"醍醐花见"之宴，鉴赏飘洒而下的美丽樱花。没人会想到短短两个月后，他竟会沦为病榻上的待毙之人。

当时，也许只有秀吉明白自己的身体情况。不知他看着以每秒5厘米速度落下的樱花，心中有何感慨。

五月还未完，秀吉的病已恶化到无法医治的地步，这点从他火速发给"五大老"①与"五奉行"②的十一条遗言书便可明了。所有人都感觉"太阁殿下要托付后事"了。

接到遗言书的人士庄重起誓，并纷

▲ 京都醍醐寺的"花见"美景

纷咬破手指写成"血判"，表示要永远忠于丰臣政权，再将遗言书寄还。但秀吉还觉得不放心，于正值酷暑的七月四日，在伏见城里召见了诸多大名，亲口任命"五大老"首席德川家康为丰臣秀赖的"后见人"（辅弼），"五大老"与"五奉行"共同理政。当时的秀吉流着眼泪，拉着仅有6岁的秀赖，挨个给大名作揖，意思很明显：我死后，你们一定要忠于丰臣政权啊。

八月十八日，日本"战国三英杰"之一、战争贩子丰臣秀吉死去。

---

① 丰臣秀次事件后，为政权稳定，秀吉笼络了五名地方上有力大名，采取"连署合议制"运营政治，即"五大老"——德川家康、前田利家、宇喜多秀家、毛利辉元与小早川隆景。小早川隆景死后由上杉景胜接替，前田利家死后由其子利长接替。

② "五大老"制度确定后，秀吉又指派五名"奉行"，同样以"连署"形式，负责政权中枢的具体事务。其中，浅野长政为首领，负责司法；石田三成负责行政；增田长盛负责土木；长束正家负责财政；前田玄以负责宗教。

丰臣秀吉生前就感到了集权的乏力：日本的地方实权，被形形色色的大名①掌控着。故而，为了丰臣江山的稳固，秀吉殚精竭虑，决定由"五奉行"负责政权的运作，由"五大老"辅佐他的幼子丰臣秀赖，严禁大名私自通婚结党，在全国努力扩大丰臣氏直属的"藏入地"②的规模，让西国大名出兵，东国大名出粮，借此来消耗这帮人的实力。

不过，种种努力反倒在秀吉死后起了反作用：掌控赏罚大权的"五奉行"的跋扈，激起了苦战的丰臣武将的不满；西国大名对外出兵多年，精壮死伤严重，日本东西势力严重失衡；"五大老"中囊括关东十国的德川家康的势力又过于庞大，尾大不掉之势业已形成；秀吉死后只留下孤儿寡母，孤儿秀赖十分年幼，无法掌控天下。写在纸上的血书，毕竟抵不过利益和野心的纠葛。

太阁刚死，家康的谋臣本多正信就暗中告喜："殿下的天下人之路，即将步入正轨！"庆长三年底，德川家康便违反了秀吉生前所立规矩，与伊达政宗、福岛正则、黑田长政、蜂须贺至镇等多名大名通婚结亲，交换盟约，全然无视丰臣秀赖的存在，专横之态毕露。此外，他还用丰臣的"藏入地"给在战争中"立功"的各大名增加领地。待到"五大老"之一的前田利家次年去世后，家康更是肆无忌惮。他利用加藤清正、福岛正则、浅野幸长等七名丰臣武将因私怨袭击石田三成的事件，邀买了丰臣体系内部的人心，并成功迫使石田三成下野隐居。排挤了石田后，德川家康以秀赖后见人、朝廷内大臣的名义，大摇大摆入住大阪城，独秉国钧。

就在德川家康春风得意时，庆长四年（1599 年），"五大老"另外一人——上杉景胜突然告别伏见城，以其领国交通崎岖，不便参拜大阪、京都为由，返回了会津。

---

① 古日本把田产所有者，称为"名主"，田产庞大者叫作"大名"，后来将室町幕府时期各地崛起的有力封建军事领主，统称为"大名"。大名垄断了领国的司法、行政、军事和税收，势力极为强大。

② 丰臣秀吉征讨天下时，以各种借口削减、没收了敌对大名的土地，并将那些土地转为丰臣政权直属的田产，还派遣了代官前去治理，课取年贡与徭役，是为"藏入地"（藏，仓库之意）。最盛时期，丰臣政权拥有藏入地 220 万石，占全国土地的九分之一。

▲ "五大老"之一上杉景胜的画像，现藏于上杉神社中　　　　　▲ 上杉氏家纹

上杉景胜离去的时间为当年八月上旬，恰好在石田三成蛰居佐和山城前后，这即引起了德川家康的疑惧。果然，可怕的消息接踵而至：上杉景胜回会津后，先是动员 12 万人整修桥梁、道路，接着又招募了大批浪人参军，囤积粮食、铠甲与武器，而后，景胜又命心腹近臣直江兼续为"总普请奉行"，动员 8 万人在会津盆地中央的神指原修筑了一座崭新且庞大的要塞，取代"狭小不便"的旧居城若松城。

庆长五年（1600 年）二月，越后大名堀秀治、出羽山形大名最上义光，先后递交弹劾状，称上杉景胜随意加强军备，已有谋反之意。德川家康颇为恼怒，派遣伊奈昭纲为使者，前往会津问责。谁知上杉态度激烈，不但不认错，还驱逐了主张与德川妥协的藤田信吉、栗田国时等重臣。至此，德川与上杉的对立姿态越演越烈，战争一触即发。

率先动手的是德川家康，因为他自我感觉已所向无敌——石田三成已失势下野；半年前，他又利用前田利长（加贺国主前田利家之子）刺杀自己失败的案件，压服了原先对立的前田氏（加贺征伐）——试问普天之下，还有何人能和我抗衡？

很快，德川家康宣布会津方为逆贼，迫使年幼的丰臣秀赖下达了对会津的

354

▲ 日本战国中后期，奥羽和关东的大名割据示意图

讨伐令（秀赖还下赐黄金 2 万两、米 2 万石，以慰军容），甚至还让后阳成天皇亲自出马慰劳，下赐白布。一场旨在塑造德川家康为"丰臣忠臣"、上杉为"谋反人"的政治运动运作完成，关原之战的前奏"会津征伐"开始。

六月六日，德川家康与诸将在大阪城西之丸完成军议部署。

六月十六日，德川家康任命家臣天野康景、佐野纲正为西之丸留守，"对主人像狗一般忠诚的三河武者"鸟居元忠为伏见城留守，以福岛正则、加藤嘉明、细川忠兴（皆为丰臣旧臣）为先锋，率大军于大阪城河之桥出阵，"会津征伐"拉开帷幕。整体战略上，德川家康还命前田利长、堀秀治自越后津川口，最上义光自米泽口分路出兵，与自己一起对会津构成向心攻势。其中，德川家康对最上义光尤其重视，特命东北奥羽[①]诸将南部、秋田、户泽等辈，集结于山形城（又名霞城）下，统一接受义光的节制。

六月二十九日，征讨大军抵达镰仓八幡宫，家康在此举行了祈祷胜利的仪式后，于七月二日进入江户城。

与德川军相对，上杉景胜也迅速完成了迎战部署——在出羽、仙道方向增强了防备，本庄繁长守福岛城，大国实赖守南山城，芋川正亲守小峰城，岛津忠直

---

① 奥羽，即奥州和羽州（也叫陆奥和出羽），处在日本本州东北。

守长沼城，须田长义守梁川城，甘粕景继守白石城。一时，各据点厉兵秣马，羽檄如飞，围绕着会津布成圆形防御态势。景胜自己也以"会津中纳言"的身份，亲率八千兵马布阵白河，准备迎击征伐军。

战火，一触即发。

就在两军准备接仗时，家康走后的京畿局势风云突变——七月二日，蛰居佐和山城的石田三成奋起，与大谷吉继合谋，推举毛利辉元为总帅，宇喜多秀家为副帅，朝大阪、伏见滚滚杀来。不久，天野康景放弃了大阪西之丸，逃跑了，鸟居元忠也在伏见被石田、大谷、宇喜多的联军围困。

待到鸟居元忠告急的"飞脚"把消息告诉家康时，距离石田起兵已过去二十余天，征伐军已前进到了毗邻会津的下野国小山！得到急报的家康大为惊骇：若大阪、伏见不保，京畿则不保；若京畿不保，石田三成就会继而在北陆、东海、伊势、中山诸道急剧推进，而后分兵攻入己方老巢关东，情势殆矣！

二十五日，著名的"小山会议"召开，主题便是征讨军的去留问题。其实，家康面临的局面是极为危险的：此刻，若放任京畿局面不管，攻陷大阪与伏见后，石田三成便会四出略地，事实上，石田三成当时已令小野木重胜领15000人，攻击丹后细川幽斋所把守的田边城，确保己方与西国交通的通畅；宇喜多秀家大将领3万兵攻入伊势，秋风扫落叶般依次拔除了伊贺上野城、安浓津城、松坂城等要点，随后，在桑名得到了氏家行广的投效，转弯北上助攻尾张；大谷吉继进入北陆道，协助己方的丹羽长重，逼得前田利长节节后退；石田三成自己则一路向美浓、尾张挺进，甚至还劝诱了织田信长的嫡孙秀信献出了要害岐阜城。

一旦美浓、尾张落入石田三成的手中，半个日本都将与家康为敌；就算家康能暂时保住关东，被逐出丰臣体系的他，又能苟延残喘多久呢？

如果此刻家康放弃会津征伐，回军与石田三成争夺京畿呢？至少当时看来，这个选择也不多么高明——不但随时可能遭到与石田三成交好的上杉景胜、佐竹义宣的追袭，而且回京畿的必经之路东海道，被丰臣系大名中村、堀尾、山内据守着，这一切恰好是丰臣秀吉生前布好的棋局。一旦这三家堵截了回路，假以时日，平定诸道后的石田三成便会联合真田、佐竹、上杉各势力，杀入关东来，那时接受向心攻势的，就不再是会津，而是家康自己了。

所以，"小山会议"开始时，德川家康就决定解散征伐军，各大名去留随意。这时，福岛正则（其母亲是丰臣秀吉的叔母）第一个站起来，慷慨陈词，愿意急行军杀回美浓、尾张，击破石田的迷梦；随后，与石田私仇极深的黑田长政、德永寿昌也站起来，附和福岛的提议；最后，"小山会议"的绝大部分将领联名向德川家康献上誓书，表示愿和内府大人（家康官位内大臣）共同进退。同时，从东海道传来了好消息：山内一丰及时倒戈不说，还说服了其余两家一同来降，并提供了 20 万石军粮给家康。秀吉构筑的壁垒，在人心向背前，轰然坍塌。

　　如是，拥有好运气和出色政治手段的德川家康绝境逢生，兵不血刃，得到了进军的道路以及粮食供应，遂决心回兵京畿与石田三成决战。上杉景胜早前所预想的战争并未发生，"会津征伐"无果而终。

　　但事情远未结束。

　　"是否追击德川家康"的议题，此刻摆在了上杉景胜的面前。

　　据说，围绕这个议题，上杉家还爆发了一场争论。景胜的意见是双方各自罢兵，任由家康离去；重臣直江兼续则请求追击，不能放过千载难逢的机会；上杉家的侍大将水原亲宪，也向景胜进言："若内府回军，石田治部少辅结局必败。若石田落败，将来凭借上杉一己之力，如何再与内府抗衡？"

　　争论归争论，最后上杉还是与德川交换了誓书，暂且罢战。家康领主力急速返回京畿，与石田一决雌雄去了，只留下其子结城秀康、蒲生秀行与关东土著"那须党"等军力，监视牵制会津、常陆。

　　此后，上杉并没有出击关东的行动，而是虚晃一枪，着力攻击山形的最上义光去了，"庆长出羽合战"发生。当时，最上领地不过区区 24 万石（一说 30 万石），就算完全吞并之，也只是块偏远的地盘，其意义难道比追击德川家康还来得重要吗？

　　要弄清楚这个问题，得先从上杉景胜转封会津说起。

风起于青萍

　　上杉景胜进入丰臣体系很早，其家族根据地本在越后，而非会津。最令上杉家族骄傲的事情，是上杉家出了位号称"军神"的上杉谦信，他统一了越后，并频繁对北陆道发起远征。天正六年（1578年）三月，上杉谦信死后，两名养子景胜与景虎，为争夺家督之位爆发了血腥的内讧，即著名的御馆之乱。待到景胜攻灭景虎，大将新发田重家又对恩赏不满，串通织田信长继续作乱。漫长的内乱中，上杉家血气丧尽，好日子似乎也到头了。

天正十年（1582年）三月，织田大将柴田胜家的庞大军团，包围了通往越后的门户要害鱼津城（位于越中国，"国"是古代日本的行政区域，类似于中国古代的州郡）。三个月的血战后，鱼津城上杉守军悉数战死，越后大门洞开，上杉家如风中之烛。

不过，景胜很快就领略了什么叫否极泰来：鱼津城是六月三日陷落的，而就在前一天，已统一京畿的霸主织田信长在本能寺因部下叛乱身死，织田家一下群龙无首，陷入各实力将领争夺首领位置的内争状态。柴田胜家不得不暂时放弃了对越后的攻略，开始与丰臣秀吉（当时还叫羽柴秀吉）对立。本着远交近攻的基本外交常识，上杉景胜与丰臣秀吉交好，不仅九死里博得一生，还取得了日后"鸡犬升天"的政治资本。

待丰臣秀吉先后在山崎合战与贱岳合战击败明智光秀、柴田胜家后，其继承霸业的资格无人敢予以否认，上杉景胜敏锐地抓住机会，在天正十四年（1586年）亲自来京都拜谒秀吉，献上臣从誓书。秀吉则投桃报李，在次年全力协助景胜平定了新发田重家的叛乱，让他重新统一了越后，上杉景胜正式与丰臣家的战车捆绑在了一起。

此后，两方互惠互存：景胜效忠秀吉，秀吉在朝廷里帮景胜升级官位，还让他代替病死的小早川隆景进入"五大老"俱乐部；景胜打下了佐渡岛，秀吉就任命景胜近臣直江兼续为岛上金矿的"代官"，派人传授先进的采金技术，开采出来的金子双方分成；秀吉对外出兵，景胜就不断送粮资助，给他壮胆吆喝——日子过得，那是和和美美。

但文禄四年（1595年），景胜的命运发生了急剧的变化，只因一个人的死。此人便是镇守会津的丰臣大名蒲生氏乡。

事情是这样的，丰臣秀吉当上京畿霸主后，颁布了"总无事令"，也叫"丰臣平和令"，内容是针对那帮大名的——以前你们之间怎么折腾，我管不着，但现在开始，大家都得听我的，禁止一切用武力解决仇怨、扩张地盘的行为，什么事都得交给我来仲裁。其实，"总无事令"就是个借口，上杉景胜就私下征讨了佐渡岛，但因为和丰臣秀吉关系密切，事后没有遭到任何的处分。

"总无事令"被三令五申，但有些偏远地区的大名总以为"山高皇帝远"，或明或暗地干些战争贩子的勾当，秀吉就以他们违反命令为借口，四出征伐，借此统一整个日本。天正十八年（1590年），关东强豪大名北条氏就此被秀吉讨灭（小田原征伐）。战后，秀吉挟着余威，勒令奥羽诸大名前往宇都宫城来觐见他，并按照这些人先前在北条氏战事里的站队表现，或加封，或削减，或安堵他们的地盘，借此将权力伸向遥远的奥羽之地，史称"奥州仕置"。其中很重要的一条，即是对奥州大名伊达政宗的"处罚"。其实，这个"独眼龙"政宗的命也够苦的，刚在前一年拼了命，于摺上原之战里攻灭了芦名氏，吞了会津之地，一跃成为150万石的小霸，却在此刻因违反"总无事令"，被逼生生吐出了会津，真是"苦恨年年压金线，为他人作嫁衣裳"。

从伊达政宗嘴里吐出的会津40多万石的领地，封给了秀吉亲信重臣蒲生氏乡。说白了，蒲生就是来监视奥羽大名的，因为会津此地是"会冲要津"：东是奥羽山脉，西是越后山脉，南是下野山地，北是饭丰山地，勾连奥羽、关东、北陆各地带，是标准的锁钥，蒲生氏乡就是那举足轻重的守门人。

在会津，蒲生氏乡干得很好，但他死时才40岁，儿子秀行太小，压不住手下重臣。秀吉觉得秀行就是个小毛孩，连自个家族都统率不好，怎么替他镇抚奥羽呢？庆长三年二月，秀吉一纸命令，把蒲生秀行一撸到底，从会津92万石的大名（会津经过蒲生氏乡精心治理，此时已达到近百万石的规模），减封为下野宇都宫12万石。是以，蒲生秀行对秀吉恨之入骨，其后毫不犹豫地加入了家康的队列。

代替蒲生家，接管会津领地的，就是上杉景胜。这时，会津有92万石，佐渡、庄内也有近30万石，加一起便有120万石的账面数字，比起越后是大大飞跃了。丰臣秀吉的意思就是："只有你景胜，我才信得过。从此，你好好帮我看住关东与奥羽间的大门。"

太阁之恩感天动地，不过，上杉景胜却很苦恼，原因很简单：120万石，光看数字很唬人，但跑地图上一看，会津、佐渡、庄内三块地皮，居然随着景胜的转封，

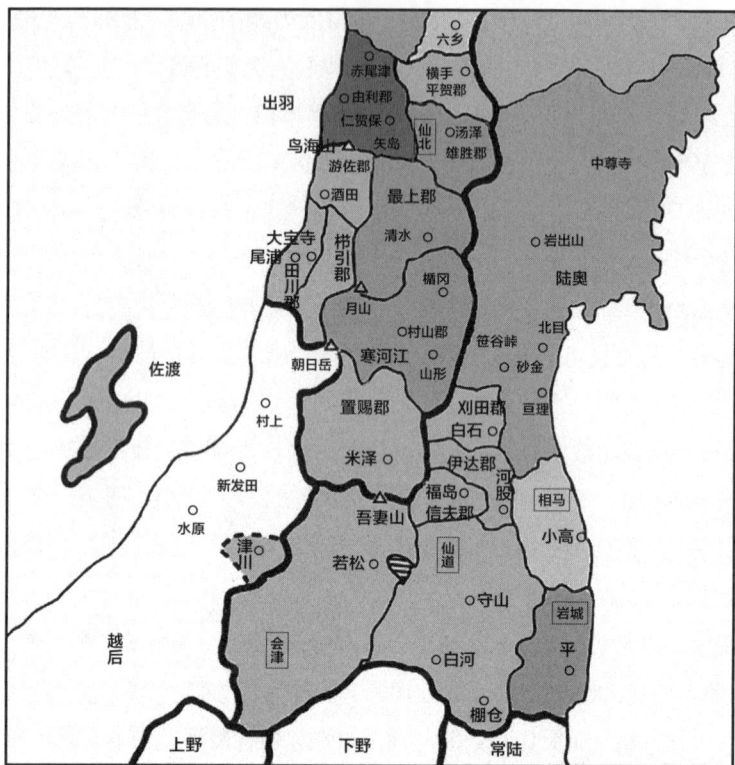

▲ 庆长出羽合战前，上杉、最上等大名的势力分配图，可以明显看到上杉的领地被最上所"隔离"

变得各不相连，成了"飞地"啊！太阁老大人，这个玩笑有些不大不小了。景胜刚准备和秀吉商量这事儿，结果对方却死了，也只能摊手了。

大摇大摆横在会津和庄内之间的，赫然就是最上义光的地皮了——我景胜是想和德川家康一决高下的，但在决高下之前，总得把我的三块地给拼在一起吧！再者，最上义光和我有着"旧恨"，也有着"新仇"，所以，拿他开刀，再合适不过了。

"新仇旧恨"

听说上杉要拿自己开刀，最上义光当即有些小惊慌。

最上义光，最上氏的十一代家督，自懂事起，就知道家族的梦想——脱离奥州小霸伊达的掌控①，实现领国的独立。这位号称"出羽之狐"的大名，继任家督后，不喜欢在战场上拓展势力，而是用收买、毒杀、分化等卑劣的手段，消灭了以天童氏（其实是最上的庶家）为栋梁的国人联盟"最上八楯"②。天正十二年（1584年），他终于统一了最上郡。不过，最上义光是个有野心有梦想的男子，平定了一个最上郡，就渴望平定第二个、第三个，所以其后他一面攻略北方小野寺家的地盘，一面把贪婪的目光锁定在西边名为"庄内"的地区上。

庄内，那可是数得着的好地方，经济好、位置好。这块地盘，夹在朝日山脉与日本海间，是片绵延的平原。最上川由此处入海，每年和积雪一起，给稻田带来滋润，使"庄内平野"成为奥羽头号的粮食基地。该地极其珍贵的良港"酒田凑"，航路四通八达，北可抵达虾夷之地（今北海道），南可抵达下关海峡，每当季风来临时，商人们就会将本地的特产——大米、鳕鱼、清酒等，满满装载上船，扬帆离去，再从京畿、西国换回数不尽的财富。再者，庄内地方还矗立着三座被神格化的大山——月山、羽黑山与汤殿山，山中神社每年吸引了无数参拜者（古日本民众持有浓厚的山岳信仰），香火钱、食宿钱落入柜子时发出悦耳的叮当声，经久不息。

最上义光对这块地皮流口水，也是人之常情。之前，庄内的统治者名为大宝寺义氏（武藤义氏）。这位大宝寺兄的政治敏感度挺一流的，当奥羽还没太多人听说织田信长的名字时，他就不远千里给信长献上了几匹骏马。当时，信长正和

---

① 最上氏本为伊达氏的附庸，后在十代家督义时统治时，利用伊达氏内乱走上了独立发展的道路，两家也由此产生抵牾。

② 国人，指"在国之人"，泛指中世纪日本各国内有实力的中小豪族，他们与大名间，时而合作，时而交恶。这些豪族往往以"骑""楯""枪"等量词为单位，结成联盟（即"一揆"），来保障或争夺权益。"最上八楯"，就是以最上氏庶族天童氏为盟主的八位抗拒义光统一政策的小领主的联盟组织。

◀最上氏家纹

▼ 江户时代极其活跃的"北前船"模型,北前船从北海道直贯通到下关海峡

越后上杉家作战,急需大宝寺兄这样的俊杰在上杉背后捅刀子,一个高兴,就赐给大宝寺义氏"屋形样"[1]的称号,还授命他弟弟担任羽黑山神社的别当(寺社的僧职)。于是乎,借着织田权势扶摇直上的大宝寺兄,有些狐假虎威起来,导致家臣与信徒不满,得了个"恶屋形"的诨号。这还不够,大宝寺义氏还主动去招惹最上义光——时常跑到最上郡搞阅兵仪式。但这会儿已是天正十年了。织田信长在本能寺横死的消息传来后,大宝寺一下失去了靠山,狡诈的义光抓住机会,挑唆庄内的豪族造反,大宝寺义氏忙命家臣东禅寺义长前去平叛,哪知东禅寺早被义光收买了。他刚领着军队出去,就回头把大宝寺义氏围在尾浦城。大宝寺兄脱身无望,只得用刀子拉了肚皮自杀。

大宝寺死后,最上义光一伸手,就能把庄内给抢过来,但这时他对敌人寒河江氏、天童氏的战事也进入白热化境地,实在腾不出手来,结果大宝寺义氏的弟弟义兴接过亡兄的旗帜,和东禅寺打得不亦乐乎,庄内陷入无政府状态。待到天正十五年(1587 年),义光终于搞定了最上、村山两郡,领着几千兵马帮助东禅寺杀掉了大宝寺义兴,庄内这块肥肉就要张嘴吞下,越后上杉突然横枪介入。

因为上杉景胜也认为庄内是个好地方。

为争夺庄内,景胜先让大将本庄繁长的儿子当了大宝寺义兴的养子,是为大

---

[1] 屋形,古代日本对高贵领主的尊称。

宝寺义胜，获得了入侵借口。然后，景胜又趁着最上义光将五千主力兵马送往大崎家充当援兵、抵御伊达政宗入侵（大崎合战）的契机，以本庄繁长为大将，杀入庄内。

得到东禅寺家族求救要求的最上义光，却没有兵马去援助，只能眼睁睁看着东禅寺全族在十五里原合战中，被本庄繁长轻松攻灭，东禅寺义长兄弟双双战死。长驱直入的上杉军一直冲到最上郡的大门口朝日山才停下了马蹄，螳螂捕蝉黄雀在后，庄内肥美之地，全部纳入了上杉的腰包。

最上义光恨得牙痒痒，去京畿找人诉冤，说景胜违反了"总无事令"。但谁叫上杉家和丰臣秀吉关系好呢，特别是景胜的心腹直江兼续，和秀吉的心腹石田三成，铁到恨不得穿同一条裤子。最上义光最终得到的裁决是这样的：庄内，是上杉家的领土。这裁决一下来，义光立刻就风中凌乱了，至此，他深深明白了一个道理："上面没人，鬼都不理。"

痛定思痛，虽然只有两郡的土地，十五里原合战后，最上义光也开始巴结京畿政权了。小田原征伐时，他审时度势，带着夫人去宇都宫城，及时拜谒丰臣秀吉，得到领地安堵的待遇。其后，奥羽地区连续发生反抗丰臣的一揆暴动，最上义光也在蒲生氏乡的带领下，积极平叛。

不过，别以为最上义光把鸡蛋全扔一个篮子里。其实，他搞的是"分散投资"，很早就察觉到德川家康的潜力，文禄三年（1594年），就把13岁大的次子家亲送去德川家当近侍了。

最上义光对丰臣家的最著名的"投资"，就是将女儿伊万嫁给秀吉养子羽柴秀次[1]。天正十九年（1591年），羽柴秀次参加对奥羽一揆暴动的镇压，驻马在山形城中，被当时年仅10岁的"东国第一美女"伊万的容貌所打动，惊为天人，当即就要拜最上义光为岳父。但伊万从来都是义光夫妇的掌上明珠，加上年龄尚幼，所以义光当时答应秀次，待到伊万15岁及笄后，再把女儿送往京都，与秀次完婚（实

---

[1] 丰臣秀次是秀吉姐姐日秀的儿子，小名孙七郎，成年后继承了四国岛名门三好家，又称三好秀次。最上义光女儿伊万，又叫驹姬。

▲ 丰臣秀次画像

际是秀次的侧室）。

想必，婚约确定的那一刻，最上义光是激动不已的，因为丰臣秀吉无后，早已将秀次立为继承人。奥羽一揆平定后，回京的秀次，先被封为丰臣家族的"氏长者"（即家族栋梁），赐予丰臣之姓，然后接过了养父摄政关白的位子，开始主持大权，而养父则全身心地投入到对外战事中去了。

义光注定命运多舛，他用爱女做的投资，最后却以一场惨剧收场。秀次当关白刚两年，丰臣秀吉居然与侧室茶茶捣鼓出个儿子来，这个儿子便是后来的丰臣秀赖。这会儿，秀吉想叫秀次把关白的位子让出来，显然是不可能的了。但这位独裁者又不愿百年后亲生子地位无着落，便对养子秀次痛下杀手——文禄四年（1595 年）七月八日，秀吉以"莫须有"的罪名，说秀次"企图谋反"，令奉行石田三成、前田玄以、增田长盛等人，将秀次从"聚乐第"逼出，把他送去高野山出家，从关白降为"丰禅阁"[①]。一星期后，秀吉又勒令秀次在高野山切腹谢罪，首级暴晒在京都三条河原，秀次的亲属、家室、好友，也遭到残酷的肃清。

义光那苦命而美丽的女儿，这时刚满 15 岁，长途跋涉来到京都的最上屋敷，准备舒散疲惫后就和秀次完婚，也遭牵连，以秀次侧室的身份（可怜伊万连秀次最后一面都没见过），在八月二日和秀次妻室、遗腹子、侍女共 39 人，在三条河原被处刑。

更让义光痛苦的是，伊万的尸首和其他死难者混在一起掩埋，上面立的石碑写着"畜生冢"。

女儿死后，最上义光号啕大哭，大崎夫人更在数日后悲恸而亡。自此，这位"出

----

① 丰意思是姓为丰臣，禅意思是出家，太阁是对退休关白的尊称，这个称呼等于罢黜了秀次关白的职位。

▲ 丰臣秀次在高野山自裁，其死亡是丰臣政权分崩离析的开端（此画作者：月冈芳年）

羽的狐狸"的心中深深种下了仇恨的种子，他恨上杉景胜，他恨丰臣秀吉，他也恨一出生就给伊万带来厄运的丰臣秀赖。

所以，最上义光与上杉景胜这样地缘矛盾与政治仇怨交织在一起的大名，一旦秩序失衡，借机刀兵相见，迸发战火，怕是最自然而然的结果了。

会津征伐时，最上义光毫不犹豫地站在了德川一方，统率奥羽的大名小名，摩拳擦掌，准备自米泽口杀入会津，把上杉千刀万剐。可哪知，德川家康在小山开个会议后，说走就走，把自个扔在刀尖前。原先集结在山形城下的秋田、户泽等，全是"雪中不送炭，锦上乱添花"的角色，一看情势不妙，纷纷脚底抹油，溜之大吉，只留下最上义光孤零

零地首当其冲，挡在上杉家怒涛的攻势前。除了感慨命运不好，还能说什么呢？

九月三日，完成攻势准备的上杉景胜，让米泽城主直江兼续派使者来到山形城，要义光只身来米泽"谢罪"，最后期限是九月七日。

上杉方的条件也够侮辱人的，向家督景胜谢罪也就算了，现在居然要义光跑去对方臣子的城堡里乞活。但就算是面对如此挑衅，最上义光短暂慌乱后，及时回归冷静，采取了缓兵之计，对上杉使者卑躬屈膝，还拉了伊达家当中介，问景胜能不能平心静气，好好坐下来谈谈，暗中却调兵遣将，加固防线。

九月九日，失去耐心的上杉方开始行动。米泽城中，最上征伐的总大将直江兼续，带上了著名的"爱"字前立兜（兜即头盔），领色部光长、水原亲宪、春日元忠、前田利太等大将和 25000 名士卒，自荻野中山口滚滚攻入最上领地。途中，直江兼续又命部下木村亲盛、横田旨俊、筱井康信分出 4000 兵马，充当别动军，

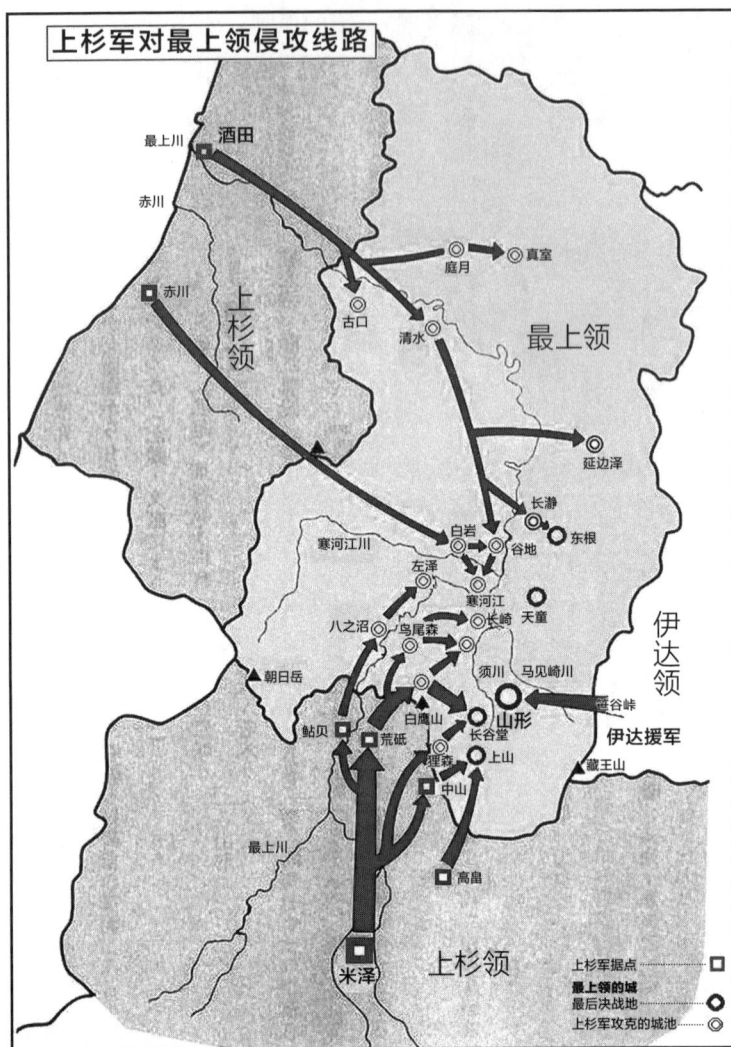

上杉军对最上领侵攻线路

最上川
酒田
赤川
上杉领
赤川
庭月 → 真室
古口
清水
最上领
延边泽
长泷
白岩 谷地 东根
寒河江川
左泽
寒河江
八之沼 鸟尾森 长崎 天童
朝日岳
须川 马见崎川
白鹰山 山形
鲇贝 荒砥 长谷堂
狸森 上山
中山
最上川
高畠
米泽 上杉领

伊达领
笹谷峠
伊达援军
藏王山

上杉军据点 ┄┄ □
最上领的城 ◇
最后决战地 ┄┄ ◇
上杉军攻克的城池 ┄┄ ◎

▲ 庆长出羽合战，上杉军对最上领地的入侵路线示意图

取道挂入石口，钳击最上领侧翼。庄内方面，酒田凑代官志驮义秀领3000人出阵，走六十里越街道，沿路扫荡忠于最上方的领主，会合尾浦城主下吉忠，逼近山形城北方的寒河江。此外，直江兼续还邀请了横手城主小野寺义道助拳，从北方攻击义光的领地。

最后，为防止越后堀秀治的袭扰，直江兼续谋先一步，鼓动越后境内忠于上杉氏的豪族发动一揆（越后一揆），一时让堀秀治疲于奔命，无法支援最上义光。

如是，最上义光陷入了三面受敌的窘境，此刻他能调动的兵马，不过7000至10000人而已（此时，最上义光的总领不会超过30万石，而上杉方光是直江兼续就领有米泽城30万石）。

生存还是毁灭，成了最上义光的大难题。

悲凄的前哨战

九月十二日，直江兼续军马已经穿过长井街道，在片仓山扎下大营。与之遥遥相望的，是位于白鹰山上的最上家的畑谷城。

畑谷城是座不起眼的小城堡，坐落在高近千米的白鹰山的"腹部"，距山形城仅12公里，四面皆是密林险峰，易守难攻，守兵共有500人，大将名为江口光清。一旦攻取畑谷城，即可保障己方粮道的安全。于是，直江兼续派使者入城，让江口光清尽早认清大局，放下武器投降。

巧的是，同日，最上义光的使者也来到畑谷城，命令江口光清赶快丢弃城堡跑路。这命令不单是针对畑谷城的，最上义光对分散在各地据点的将领，都下了类似指令。义光的战略意图很明确：像畑谷城这样只有几百乃至几十人的小据点，星散各处，难以互相支撑，根本无法对庞大的上杉军起到有效的迟滞作用，不如大踏步后撤，集中军力到山形城周围，再利用有利地形抵御。

不过义光的一番苦心，却没有被以"死硬果敢"著称的江口光清接受。

江口光清，56岁，最上家亲族，出身京畿摄津国，18岁就到山形城侍奉义光，文武双全，为人正直，深得信任。最上义光去京都觐见公卿时，害怕东北口音被嘲笑，就让京都话字正腔圆的光清前去交涉。谁知这个时刻，义光却没能与光清交涉好，江口光清一口回绝了撤军弃城的命令，对使者慷慨陈言："光清本为此城之主，若弃城而走，主君有何领地再下赐给我？再者，今日不战而退，他日必沦为笑柄，愿以一身之命，坚守城池，若城陷，便如樱花般战死！"送走使者后，江口自然也回绝了直江兼续的投降要求，将城中的老弱妇孺送往若木、高根，自己则和嫡子小吉、外甥松田时久以及所有城兵，抱定了与城共存亡的信念。

山形城中，得知光清决心的最上义光又痛又急，痛是因为顾念光清的勇壮，急是因为光清不了解自己的苦心。不管如何，义光还是派出了谷柏直家、饭田播磨守、富并忠左卫门，领了100名马回（大名身边的亲兵），驰援畑谷城。

就在谷柏直家整装待发时，九月十二日晌午，18000名上杉军，分为两队人马，对畑谷城发起了总攻。直江兼续率领第一队人马，决定沿鹈川游走，掘开畑谷盆地的湖水，以水代兵，随后正攻畑谷城的大门；前田利太领第二队，走马引原，迂回通过一本木岭，绕到白鹰山侧边的筑泽高地，配合完成对畑谷城的包围。

战斗打响后，直江本队人马成功地掘开了湖堤。顿时，畑谷城下满是深水，就在上杉军欢呼一片、准备乘竹筏逼近城塞时，山水却来也匆匆去也匆匆，马上退去了。畑谷城下只剩泥泞，直江队寸步难行。江口光清趁机率城兵登上城橹，居高临下，用铁炮（日本把火铳称呼为铁炮）与弓箭猛射行动艰难的上杉士卒。直江队死伤惨重，不得不鸣金退兵。

战果却在第二队出现了。前田利太领着这帮人，一路爬山，没遇到什么抵抗就杀入了筑泽到处放火。本来此地也有个小据点（筑泽楯），但守将寒河江外记却事先听了最上义光的命令，丢弃据点撤走了，故而前田利太畅通无阻，占领了筑泽。此地标高比畑谷城本丸①还高，俯身望去，城内情形一览无余。随后，前田利太下令集中铁炮队，往下可劲儿轰。山谷内烟火弥漫，声如阵雷。

筑泽失守后，江口光清明白成仁的时刻即将来临。

次日，土地重新干硬，直江兼续催动主力兵马，与前田利太一起，再次对畑谷城发起总攻。上杉军将领春日元忠、色部光长死命冲锋，越过了壕沟，控制住了畑谷城正南门下的一处斜坡，随后，300名铁炮手赶来，轮番对畑谷城射击。江口光清领着所有城兵，不守反攻，大开城门，冒着弹雨呼号杀出，双方的尸体血肉瞬间堆满了斜坡与壕沟。两个小时后，一部上杉军迂回到城堡西边，翻过栅栏，

---

① 日本古代城堡防御是分层式的，外围的叫二丸、三丸，最核心的防御位置即为本丸，一般是城主居住的区域。

爬上15米高的城堡本丸，以此为标志宣告了畑谷城的陷落。江口光清与儿子、外甥血战到最后一刻，退到城墙一角集体切腹。500名城兵大多死难。

攻城战中，上杉军亦死伤惨重，金田平次、滨田卯右卫门、上泉右次郎、小林右近等知名勇士殒命，全军死伤不下千人，战景之残酷，连直江兼续也不免心惊。小小的畑谷城因江口光清的死战名扬日本，江户幕府建立后，历代将军正式就职前，都要巡游此地，接受打江山不易的"教育"[①]。

江口光清死后，谷柏直家的援军已经抵达距离城堡仅20町（1町合110米）处。见到畑谷城黑烟升起，逃难的平民满山满谷，谷柏直家心知大局已定，与饭田播磨守商定：饭田领一部人马，杀入追击而来的上杉军中，谷柏则领着其余兵马，帮助难民尽快转移。

饭田播磨守挺着长枪，奋勇突入上杉军中，使得对方一片混乱。他趁机直入上杉阵中三百多米，最后遭围攻战死。得知饭田阵亡后，谷柏直家心中有愧，送走难民后，便和同族部众返身突入上杉军中，最后，不但全身离去，还抢回了饭田的首级。

回山形城后，援军中的另外一位将领富并忠左卫门，认为自己是"军奉行"（即军营负责人），要为救援畑谷城失败负责，便在主君义光不知的情况下，悄悄地切腹自杀了。

畑谷城攻防战的同时，山形城周边的鸟屋森城、山野边城、左沢城、八之沼城、寒河江城、谷地城等也在上杉军支队的兵锋前依次陷落。但在最上义光的指示下，这些城堡的驻军大多选择了避战方阵，及时退走，往山形城下集合——除畑谷城外，唯一的战斗发生在八之沼城，城主和田正盛领主力撤走后，留下守备的望月隼人不肯离去，与赶来的上杉军激战后自刃（望月隼人的守备队人数不详，但不会很多，应在10人左右）。

两天战斗过去了，最上义光虽保存了主力，但也丢失了大批外围据点，对其获得外援产生了极为不利的影响。事实上，就连直江兼续本人也认为攻灭最上指日可待了。他在给同僚秋山定纲的书信里，不无得意地说道："昨十三日畑谷城崩溃，我军斩获城主江口光清以下五百余首级，闻我得胜，山形周边五六据点之敌，悉于天色未明之刻放火逃窜，拒防之敌不过剩两三据点耳……"

后来到畑谷城观光的将军们，最多也就是忆苦思甜下，而此时得知畑谷城陷落的最上义光却陷入了窘境。最上义光的这种窘境，从加藤清次的战死便可看出。加藤清次本为恶户楯的楯主，后来当了嫁往伊达家的义光之妹保春院（义姬，伊达政宗生母）的警卫员。上杉数万大军攻入最上领后，保春院多次请求伊达政宗出兵援救山形城，但政宗的态度极其暧昧。加藤清次对伊达家的立场激愤不已，加上他和江口光清一向亲厚，便离开伊达家，单枪匹马去援救畑谷城，结果在十四日傍晚时分遭遇大批上杉军，力战身亡。

加藤的死，代表了唯一可能成为义光朋友的伊达的援助，也变得模糊不定起来。

自最上家脱离伊达保护伞后，两家关系持续恶化。伊达政宗之所以如此态度，除了上面的历史因素外，更多的是慑于上杉攻势的强大犀利，畏惧出兵不但会救不了最上，还会折损自身力量。

可以得出这样的结论，若最上义光还想翻盘，就必须打几场漂亮的防御战，让外甥对战事刮目相看。外援是别人给的，也是靠自己挣的。

深谙此理的最上义光，继续丢弃不重要的据点。他全面加强的防御要点，只有三处：一处是北部雄胜郡的汤泽城，由大将楯冈满茂把守，将数千小野寺军钉在城下，不让其进入最上领与上杉会合；一处是义光的根据地山形城，义光将从四面八方撤来的生力军（大约 4000 人左右），与自己的马回合编，分成几股，当成救火队，随时支援前线；最后一处，是事关整场战事成败的重地，距山形城仅 8 公里的锁钥之地，重臣志村高治以下一千兵马把守的长谷堂城。

九月十四日，也就是畑谷城陷落的次日，最上义光打着旗帜，来到长谷堂城侧的菅泽山泉泽寺布阵，给守军鼓舞

▲ 加藤清次的墓地

打气，同时还让重臣坂光秀、氏家光氏、小国重基领各自部众，进入长谷堂城，加强志村高治的防御力量。

同日，最上义光再次向伊达政宗发出求救书信，里面写满了唇亡齿寒的道理。

命运之地——长谷堂

九月十五日，直江兼续领 2 万余大军继续前进，目标自然也是长谷堂城。得知直江逼近的情报后，泉泽寺的最上义光麻溜地回到坚固的山形城去了——下面的战事，就拜托长谷堂的众位忠勇将士了！

这下，所有的焦点，都聚集在了长谷堂城。

长谷堂城位于山形盆地西南方，坐落在须川支流本泽川西边的"城山"之上，海拔 224 米，扼守狐越街道，是攻取山形城的必经之地（若直江兼续置其不顾，直接渡河攻打山形，将被前后夹击）。最上氏自 1514 年得到该城后，曾多次加固翻修，不但拥有密集的曲轮①、极深的水壕，下面还有一片开阔的沼泽与水田，故而得了个别称"龟之崎城"，意为如龟甲般坚固，攻坚的难度可想而知。

直江兼续明白，只要攻下此地，山形城便形同裸体，东国武家名门最上氏就会在自己的手中变为历史名词。这种荣耀让他认为，无论花多大的代价，拿下长谷堂都是值得的。深秋时分，登上菅泽山云泽院布下阵幕的他，看着沿大森山麓一路排开、旌旗如云的己方大军，心中万丈豪情飞腾："谁是真正的勇者，就在这处名为长谷堂的城堡下，来证明自己吧！"

同样的想法在志村高治心中也涌了起来。兵法云"十则围之"，而今围城之敌近 20 倍于我，正是"黑云压城城欲摧，甲光向日金鳞开"。长谷堂，定要成为"天下强兵"上杉军的绞肉机。

双方还不知道的是，同一天，在美浓国不破郡，号称日本有史以来最大规模合战的关原之战也爆发了。

---

① 日本城堡里，被墙壁和壕沟划分出的独立屯兵守备点。

当日，900名上杉军在号角声里轮番前进，于侧翼铁炮队掩护下，杀入了长谷堂西大门八幡崎口。志村高治命铁炮队登上城橹，与八幡崎的上杉军来往铳击，铅弹如风，带着轰鸣与嘶叫，划破长空，击穿了甲胄和血肉。随后，城中士卒涌出，与上杉军在城下泥田中列成枪阵，对撼交战。在付出新关清房战死的代价后，最上军最终逼退了敌人，确保了西大门的安全。

另一面，上杉军将领仓贺野元纲领着900名兵，沿着山麓穿过小泷岭，前去拔除对菅泽山、大森山构成威胁的狸森楯。楯主坂重内属下仅80余人，但凭借对地理的熟悉，他们如鬼魅穿梭在密林之中，到处袭击蠢笨移动的上杉大队。无奈的仓贺野部只能步步为营，最后的战果是攻占了空无一人的狸森楯——坂重内已带着所有人，到菅泽山后方去了，直到庆长出羽合战结束，依然在此地活跃着，不断袭击上杉军辎重队。

一天的战斗结束后，上杉军可以说毫无进展，最上方则士气高扬。该日入夜后，义光之弟楯冈光直、三子清水义亲，领着一支生力军，自山形城而出，乘着夜幕徒涉须川，准备对宿营的上杉军发起夜袭。不想上杉老将水原亲宪早有准备，他命部下沿着河岸竖起木栅，

▲ 直江兼续的铠甲，金小札浅葱糸威二枚胴具足

372

随后布置了300名铁炮手"迎接"楯冈、清水。铁炮口射出的火光，照亮了须川水面。半渡的最上军猝不及防，一气扔下了300多具尸体，全线溃散。

次日，打破夜袭的上杉军，在直江兼续的指挥下，稳扎稳打，夺取了长谷堂北面的要地柏仓八幡宫，完成了对长谷堂的铁壁合围。得知八幡宫失守，志村高治大怒，厉声问部下何人敢夜袭柏仓，试图一雪白日之耻。属下勇士大风右兵卫、横尾勘解由慨然而出，领着200名敢死兵，轻车熟路，在夜幕降临时，杀入柏仓八幡宫。在此驻防的直江兼续亲信春日元忠，本是著名文官，搞治政有一套，但缺乏军事经验，对志村的夜袭毫无准备，阵营顿时一片混乱，许多兵士在敌我不分的情况下自相残杀，伤亡甚重。

夜袭队胜利归来后，最上义光派来的勇将鲑延秀纲，领着100名精锐马回、200名铁炮足轻（大名征发而来的农兵）进入了长谷堂，更给城中平添了一股勇气。

十七日，眼看长谷堂城岿然不倒的直江兼续，开始焦躁起来。他集中手头的铁炮足轻，排成阵势，举着木盾与竹排，抵近长谷堂城下，对着城橹猛烈射击。结果，他们在泥泞的水田中施展不开，而长谷堂又是高达200多米的山城，难以攻入。志村高治严令部下不得出城肉搏，让铁炮手依托城壁与曲轮，冷静还击。结果，上杉军多次攻击被挫败，死伤累累。

十八日，直江兼续又对长谷堂组织了一次强攻，之前在柏仓八幡宫夜袭战中蒙受耻辱的春日元忠主动请缨，要求打先锋。直江应许，春日元忠率部奋勇冲锋，一度越过了外壕，但在城角下遭到交叉射击，硬撑了一会儿后，还是收兵退走了。

春日元忠抱憾退回菅泽山时，一个更大的噩耗传来：先前去挂入石口的4000名别动军，在上山城下遭到毁灭性打击！

原本，攻陷最上领边境上的中山城后，直江兼续就命木村亲盛、筱井泰信、横田旨俊领4000名兵，去挂入石口保障己方的侧翼，并争取夺取长谷堂旁边的上山城，这样既能侧击长谷堂，也可迂回直接威胁山形城。

这一路别动军，在越过挂入石口后，分成两拨：一拨由内藤左卫门、若杉织部统领，大概300人，沿着物见山、川口，抵达上山城正前方的石曾根一带纵火射击，吸引最上军的注意，充当疑兵的角色；主将木村亲盛领着主力，从物见山南坡登上山路，顺着忠川沼泽南方前行，准备抵达天神山后，沿着赤坂、藤吾疾驱至上山城的背后奇袭。

但是，人生地不熟的上杉军，其行踪和意图很快被上山城守将里见民部发现了。

里见民部本是"最上八楯"之一的上山满兼的亲族重臣，骁勇善战，野心勃勃，天正八年（1580年）接受了义光诱降，杀害上山满兼后献出了城堡。最上义光随后便将上山城交给里见民部，当作封赏，自此里见成为拱卫山形城的"最上四十八楯"①之一。里见民部在上山城的部众只有500人，在探知上杉别动军意图后，自忖众寡不敌的他立即向义光请求援军——最上义光也深知上山城易手与否事关整个战局，于是，立刻派近臣草刈志摩守领1000名精壮前往支援。

手里兵力膨胀到1500人后，里见民部的胆气立刻壮了。他决心不死守城池，而是主动出击，给上杉别动军点颜色瞧瞧。

十七日，木村亲盛的军马已经到了赤坂前沿，木村本人甚至能看到三吉山西边上山城的轮廓了，还能听到石曾根方向内藤左卫门和上山城守军互相铳击的轰鸣声。"我军刚刚通过了键取山与天神山间最危险的山鞍部，没遭遇一个最上士兵，看来上山城是完全被蒙在鼓里了！只要突破此地，上山城便唾手可得了！"沉醉在"兵者诡道"光环里的木村亲盛踌躇满志，回头大喝一句："上山城，距此不过一里了！"说完，夹紧马腹，往前冲去。

还没等上杉士卒高声欢呼，后方的山麓里突然铁炮齐鸣。震天动地中，不知多少最上军背着旗帜自密林里杀出，分成小股，如履平地，如把把钢刀，将一字长蛇的上杉军切成数段，整个山麓陷入激烈的白刃战。木村亲盛见势不妙，拨马往后疾走。见大将脱离战线，别动军士气跌到了极低点，他们也随着大将一起溃退。整个山路拥堵不堪，木村一直跑到忠川沼边，马失前蹄，陷入水田的烂泥里，脑袋被草刈志摩守割下。另一边，石曾根方向的上杉疑兵，也被里见民部的弟弟里见扫部击溃，主将内藤左卫门战死，残余人马退往川口以西。

接下来，得胜而进的最上士兵甚至追击到了上杉别动军的出发点——挂入石

---

① 最上义光统一最上郡后，任命亲信与臣子前往山形城周边筑起了四十八座小城堡拱卫山形（支城网），是为"最上四十八楯"。

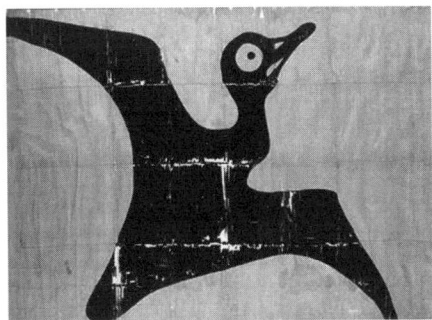
▲ 上山口之战里，最上军缴获的战利品——上杉别动军的军旗

▼ 现代画师笔下的"独眼龙"伊达政宗

口，但在河原遭到站稳脚跟的上杉铁炮队的奋勇阻击，刚刚立下功勋的草刈志摩守身死，最上军只得退回上山城。

虽然草刈战死，也没能夺回挂入石口（若夺回此地，直江兼续2万人马的后路可能就被截断了），但里见民部还是取得了巨大的胜利。此战上杉军木村亲盛、内藤左卫门、发知丰前守、北条上野介战死，骑马武者死50余人，足轻死数百人，败下阵来的别动军余部莫不胆落。光是战后里见民部送往山形城给义光过目的上杉军首级，就有400颗之多。

就笔者的观点，上山城之战可谓上杉、最上庆长出羽之战的转折点。从数字上看，上杉别动军战死几百人，算不上致命的损失。可从战略层面上看，直江兼续永远失去了迂回包抄长谷堂城的机会，只能继续对志村高治采取呆板的笼城策略。而最上义光却稳定了长谷堂、上山，即山形城西南的防线，也就是说保障了山形城到长谷堂间的防御空间，只要他愿意，就能不断地派遣预备兵力支援长谷堂。换言之，最上义光掌握了战争的主动权，而直江兼续则被动了。

更重要的是，因上山城之战的影响，伊达政宗终于决定出兵援助舅舅。

九月二十一日，上山城之战后第四天，伊达家的大将留守政景（实为伊达政宗的叔叔），领着1500人左右的兵力（包括100多名骑马武者、500名铁炮足轻）

越过笹谷岭，进入最上领，号为援助最上义光。同日，伊达政宗又派亲信屋代景赖前往山形城拜谒义光，商讨携手对抗上杉军的事宜。二十四日，伊达的援军缓慢抵达了沼木，和志村高治的长谷堂遥相呼应。

即使这些援兵并不能对长谷堂战事产生实质影响，伊达政宗的举动也依然耐人寻味。这位以构筑奥州霸权为目标的年轻大名，虽与亲舅舅关系向来恶劣，然和上杉景胜亦有拔刀相向的理由——天正十七年（1589 年），他伊达政宗在会津摺上原经过一番血战，消灭了原先盘踞此地的芦名氏，但他的努力却在丰臣秀吉的手腕下沦为牺牲品，数十万石的新占土地被逼拱手让出，而接手此处的，先是蒲生氏乡，后是上杉景胜。会津，就此成为伊达与上杉矛盾的根源所在。

伊达政宗见义光"节节败退"，即便母亲多次恳求，也是副作壁上观的模样，但最上军在长谷堂抵御住了直江兼续的兵锋，又在上山城击溃直江的别动军后，政宗立场便陡然转变，爽快地和最上联军"抗敌"——他的如意算盘是，即便他出工不出力，也会因"坚定"的站队，在战后得到德川家康的优厚赏封（前提是关原之战德川方获胜）。以微不足道的付出就能重新得到会津，对政宗来说，绝非遥不可及。

对奥羽的大名而言，他们的兴衰不光在于自身的拼搏努力，更取决于对京畿核心政权交替时刻的"投资方向"，这样的道理，最上义光和伊达政宗都有刻骨感受。也正是在这种感受和利益的驱使下，两家就此拉起手来。这种行为，即使只是个"表象"，但对作战双方态势的转化，却是石破天惊的。

下面，是直江兼续的苦痛期。

鲑延秀纲的奋战

直江兼续的整个战略，虽因上山城之战遭到挫折，但争夺长谷堂，徒劳而激烈的小规模冲突，在九月十八日后依旧持续着。这时，守军已膨胀到了 5000 人，志村高治见笼城战让对手手足无措，就严令部下以栅栏与鹿砦为界限，不得私自出战，要让 2 万上杉军委顿城下，等待时机尽情反攻。

传说，直江兼续苦闷之下，登上了海拔更高的富神山。在山的顶峰，他能清楚地看到，在美丽云霞下，依然伫立的山形城仿佛唾手可得，但横在山下仅一公里的长谷堂城，又让他如芒在背。

尚在九月十九日，直江兼续就考虑绕过长谷堂，直接对山形城发起攻势，他指令一部军马继续包围长谷堂，水原亲宪则领着主力在须川河岸游走，一副渡河直攻山形的模样，希望能调动志村高治出城野战，重新获得局面的掌控权。这种攻敌必救，调动敌人脱离既设阵地后加以歼灭的计策，正是中国古代兵法大师孙膑的得意本领。

但是有了孙膑，却无庞涓配——无论是长谷堂的守军还是山形城的守军，看到上杉军的行踪，都是副"任你泰山压顶，我自岿然不动"的模样，害得水原亲宪部众沿着须川来回武装游行，又累又饿，连个喝倒彩的观众都没有。

此策失败后，战事又重新回到长谷堂，直江兼续命令 8000 名足轻跑到城下的田地里，挥舞镰刀，大摇大摆地割麦子，引诱志村高治出战。这种"蝗虫"行为激起了守军的怒气。他们纷纷聚集到志村高治面前，说上杉欺人太甚，我等应出城与之死战。志村厉声喝止也无济于事，特别是勇将鲑延秀纲意气尤盛，志村高治感其气概，让他领着数十人骑马出城突击城下的"蝗虫队"。

长谷堂城门忽然大开，鲑延秀纲以下几十名骑马武者，穿着华丽的铠甲，迅猛而果决地喊杀冲出，如团团旋风将 8000 名足轻冲得七零八落。

《永庆军记》是这样记载鲑延秀纲的勇姿的：

鲑延越前守（秀纲）一马当先，处于四五十骑最上武者"鼻尖"位置，如快刀般纵横驰骋，冲入会津军之阵，敌阵如云，越前守却毫无畏惧，其部下前赴后继，来回冲撞，会津军第一阵、第二阵连遭败北，最后连山城守（兼续）的旗本（大将本营）都暴露在兵锋之下。鲑延同族一名叫左卫门尉的，只有十五六岁大，豪气干云，大吼道："敌军大将就在面前，随我一起上，夺了直江兼续的军旗！"说完，与数名同伴突入山城守的旗本中，奋战之姿让人想起"恶源太"（古日本著名勇士源义平）故事，连斩三人后，身中六伤，与新田十助等五名战友，一齐阵亡。越前守则单手持三尺五寸的太刀，头盔被敌人斩裂，笼手（保护手腕的甲片）、胫当（保护小腿的护甲）、草摺（大腿部类似草裙一样的甲片）也被砍落，依然苦战不休……

在此危急时分，志村高治命 300 名铁炮手出城，不间断射击上杉军，给鲑延秀纲脱身提供掩护。最终，扬威后的鲑延秀纲安然归城。城中兵士高呼万岁，而为他殿后的指锅村领主鸟海勘兵卫却不幸战死了。

鸟海勘兵卫，最上家中数得着的勇士，在文禄四年（1594 年）追随楯冈满茂攻打小野寺家汤泽城时，冒着矢石，第一个爬上城头斩下了城主小野寺孙七郎的首级，深得义光欢心，成为"最上四十八楯"之一。四年后，鸟海护卫义光夫人（义光的继室清水姬）前往山寺参拜时，遇到了名为花轮的侍婢，两人一见倾心，燃起了爱火，暗中互递情书，吐露真心，结果一不小心，情书落入了义光手中。大怒不已的义光觉得他俩晦了门楣，要把鸟海与花轮全都处死，幸亏鲑延秀纲为两人苦苦求情，这对乱世鸳鸯才得到谅解，并在庆长五年（1600 年）春修成正果，结为夫妻，享受了七个月的恩爱生活。

刚到秋天，鸟海勘兵卫就上了战场，战死于长谷堂。得到噩耗的花轮，为夫君做了十七天的法事后自杀殉情，死时刚满 18 岁。

乱世的爱情，正因易于破碎，所以弥足珍贵。

至于月老鲑延秀纲，出身于近江（今滋贺县）名门佐佐木氏，后来到出羽地方，成为小野寺家一名客将，因军功受封鲑延庄，得了此苗字①，慢慢演变为奥羽的土著小领主。因为鲑延庄处在庄内大宝寺、仙北小野寺、山形最上三强豪的交界地带，所以经常成为强权争斗的牺牲品。永禄六年（1563 年），鲑延氏的岩花城被大宝寺军攻陷，当时尚在襁褓里的秀纲也作为战利品被送往庄内，后经小野寺家斡旋，才被救回。

天正九年（1581 年），以氏家守栋为将的最上军又将鲑延庄包围。最后，粮绝的鲑延秀纲只得走到最上义光的军门前降伏，自此半独立的国人鲑延氏消失，秀纲与其族人全部变为义光的勇猛战士，并在长谷堂之战里大放异彩。

战后，鲑延秀纲获得真室乡 11500 石的封邑。像他这样追随最上义光、在庆

---

① "苗"字类似我国古代的"氏名"，一般以武士的受封庄园而得名，作为家族尊卑分脉的标志。比如上杉氏，他出身于藤原北家，因其始祖受封在丹波国何鹿郡上杉庄，故而取了"上杉"为苗字。

妹川中务
直江山城守兼续
川隅赞岐守
杨松权太夫
山边右卫门大鋪光戒
最上义光公(大将)
氏家尾张守守栋
横田式部
东根常陆介赖景
绸岛胜左卫门
小仓将监
今判官筑紫喜叶斋
最上义安(康)公
林崎右近
金原七藏(15岁)
行泽刑部
野边泽又五郎光信
林六郎左卫门尉
杂贺小平次
齐藤千右卫门
南条八郎
野边泽能登守延景
坂上纪伊守
本多造酒丞
冲野造酒丞
熊泽主膳助

▲ 《长谷堂合战图》屏风左半部，描绘的是长谷堂追击战。右边正在追击撤退中的上杉军的是最上军，中间的是挥动着有名的铁制指挥棒的大将最上义光，左边的是在铁炮队掩护下进攻的大将直江兼续

长出羽合战里力战出头的土著领主，是很多的。原本，最上义光统一领地的时间并不是很久，其大名权力和国人领主的权力，尚有许多抵触冲突之处。换言之，最上义光的统治谈不上很牢固，像里见民部、鲑延秀纲这类将领，投降义光的时间不长，君臣间的关系尚未深化。直江兼续可以在战前做好针对最上家臣的分化瓦解工作，就像攻略庄内那样，但上杉方过分迷信武力，以强横的征服者姿态出现在出羽国，反倒让这片土地中善战的小领主团结在最上义光身边（整个庆长出羽合战，没一个最上领的国人叛离到上杉方），给己方带来极大的麻烦，不得不说这是上杉战略的重大失误。

在鲑延秀纲战功的激励下，二十五日，最上义光再度从山形城出阵，停留在稻荷冢附近，和前一天驻屯沼木的伊达援军呼应。最上氏各城主亦打着旗帜，率领部下趋从其后，给长谷堂战线打气加油。另一边，刚刚受挫的直江兼续，则很谨慎地避开了联军的锋芒，将战线往后拉了不少。

二十六日，直江给会津的主君手书一封，希望主君调500名铁炮卫队到长谷堂前线。上杉景胜即刻批复：500人太多，先派300人去。

二十九日，景胜派来的300名铁炮手到了营中。得到生力军后，直江兼续就像弓背蓄力的豹子，猛然对长谷堂城重新扑来。

▲《长谷堂合战图》屏风的右半部，描绘的是长谷堂城攻防战。右边描绘的是长谷堂城主志村高治出阵时的样子，左边描绘的是直江兼续统率的上杉军的精锐部队，右上方的建筑物是长谷堂城

　　此战，直江兼续亲率铁炮队与弓队，登上八幡崎口的一处高地，对着城中猛发铅弹、火箭与投石，火力不绝如雨，城中"有如千雷落顶"。随后，直江兼续又命 3000 名足轻堵住长谷堂的城口，四处纵火，企图对守城方造成不间断压迫，再以后续梯队压制上去，一口气取下城池。

　　谁知经过数日的休战，志村高治部众也蓄足了精力，面对上杉方的火力压制，志村命部下不要困守城寨，将城门打开，对城下的上杉足轻展开猛烈突击。一时间，城门地带两军狂呼酣战，志村高治的长谷堂众①、小国大膳的小国众、坂光秀的成泽众、鲑延秀纲的鲑延众、后藤将监的山野边众，还有最上义光亲自派来的马回众，共 800 名"兜武者"（穿戴头盔的精锐武士），蜂拥杀出，以必死的冲锋，瞬间撕裂了上杉军的包围线。八幡崎口的中津川秀国、仓贺野元纲等上杉将领，失去了对部队的掌控，数千兵士全线败退。随后，志村高治将攻势一转，驱逐了上杉足轻后，顺手把高地上打枪射箭的直江兼续队给包围了起来。

---

　　① 大名的军事体制，称为"寄亲寄子"，大名派出亲信重臣，担任某一区域的"城代""郡代"，与当地豪族结成主从关系，战时统率他们服役——前者叫作"寄亲"，后者叫作"寄子"，由"寄亲寄子"组成的某一地区的军团，叫作"某地众"。

一时间，直江兼续陷入了困境。

眼见主帅陷入重围，本来在菅泽山担任警戒任务的侍大将上泉泰纲，挥舞"大身枪"单骑出阵，想把直江兼续给救出来，其属下武士大高七左卫门拉住缰绳，苦求道："殿下身为领军大将，怎可轻易孤身出战？"上泉泰纲充耳不闻，驱马直往八幡崎口而去。

上泉泰纲是古日本"剑圣"上泉信纲的嫡孙，上泉信纲本为上野国大名长野氏的家臣，后来迫于相模国大名后北条氏的压力，将嫡子秀胤（也就是泰纲的生父）送往彼家当人质。长野氏灭亡后，无家可归的秀胤便出仕了后北条，在永禄七年（1564 年）于第二次国府台合战中战死，其子秀纲接过家督位子，精研祖先传下来的"新阴流"剑术，号称靠一把太刀能力敌百人。小田原征伐后，泰纲又失去了主家，只能四处流浪，恰好庆长五年上杉景胜为和德川家康对抗，在领国内招募浪人，泰纲由此出仕在直江兼续的帐下，所以，此时为了知遇之恩，不顾一切地朝着八幡崎口冲去。

最后，在距离八幡崎口 200 米的木村屋敷（应该是名叫木村的土著武士的住宅地）边，上泉泰纲遇到了负担遮断任务的 200 名最上兵士，刀剑和弓矢像伸向美食的众多筷子，纷纷冲着他的躯体而来。泰纲舞刀来迎，可说实话，真正力敌

▲ 自菅泽山上的战场鸟瞰图，"主水冢"即上泉泰纲战死处

百人的剑术，怎么可能在这世界存在呢？

一番短促的乱斗后，上泉泰纲当场战死据一名叫吉田藤右卫门的最上士兵日记所言："九月廿九日，长谷堂城下之战，上泉主水（泰纲官名主水佑）挺枪杀入我方阵中，被当地武士斋藤五郎、斋藤九郎、石井新兵卫刺落坠马，首级遭金原加兵卫斩下。"当时，最上方士卒还不知道这名蛮勇武士的身份，后来金原加兵卫观验了头盔，背部赫然刻着"上泉主水"的字样，才算是明确了对方的来头。

战后，最上方表达了对剑圣之孙的尊敬，在他战死的地方竖起了"主水冢"以供凭吊。讽刺的是，主水冢旁边就是加藤清次的墓地，两位敌人，死后却做了永久的邻居。不晓得他俩在阴间，会不会继续争斗。

傍晚时刻，在前田利太等将领的救助下，直江兼续总算脱险回到了云泽院。就在他为上泉泰纲之死唏嘘时，部下集体建议："屯兵于一城之下，并非良策，望殿下考虑。"直江兼续明白了，攻坚长谷堂整整半个月后，他引以为傲的名将、强兵、士气和斗志都在这坚固的城堡下，走向了崩解。

可这距他信心满满地给秋山定纲写信才仅仅十五天啊！

云霞里的山形城，距离如此之近，但又如此遥远。

部将们是集体提出这项建议的，直江兼续必须尊重，最后，他痛苦地决定：明日，烧毁菅泽山周围的村落，全军移营，前往长谷堂的正北方，准备和庄内方向的军队会合，再做下一步打算。

绚烂的晚霞下，直江兼续在几名侍从的伴随下，登上了柏仓八幡宫的北山坡。然后，他松开了一匹骏马的缰绳，让其自由地往北处驰骋，最终停下脚步的地方，就是新的立营地点。

"会津的急使到了！"这句话打断了直江兼续的沉思，他接过来使的书信，打开一观，原来主君告诉他，两周前也就是他刚刚攻打长谷堂时，在美浓的关原，石田三成已经战败，数万西军短短一天内就彻底崩溃了。上杉景胜命令：即日起彻底放弃对最上领的侵攻，全体撤军，巩固国境防御，应付马上就要来到的第二次"会津征伐"（德川家康绝不是个善罢甘休的人）。

阵前撤军？直江兼续拿着主君的书信，觉得无比沉重。

关原之战胜负的消息，既然已经传到了他的耳朵里，最上义光和伊达政宗获取这个信息没理由会滞后太久。那么，冒失撤退必然会遭到对方追击，如果组织不力，这2万多人的军队很快就会土崩瓦解，那样如何对得起主君的重托？

撤退战，必须得打好！

退路之战

直江兼续猜得没错，几乎同时，关原之战的结局传到了义光耳朵里，"出羽之狐"即刻下令全军做好追击的准备。

十月一日，直江兼续急速撤兵，这距离他接到上杉景胜书信，只有两天时间而已，可谓走得仓促。

后撤部署：水原亲宪负责在菅泽山第一线殿后和指挥铁炮部队阻击最上追兵；大将直江兼续亲率卫队，在富神山指挥全线人马后撤。

得知上杉军动向的最上义光，全身披挂齐整，来到队伍的前头，亲自引领全军展开追击。义光的"御伽众"（大名的近身随从，多为连歌师、僧侣或参谋）筑紫喜晖谏言："主君千金之躯，斩敌蹈阵之事，应由偏将去做，望主君自重。"

筑紫喜晖，原名堀喜叶斋，并非出羽人士，而是来自九州筑紫地区，精通连歌、兵法，为了修行和周游列国，后入义光帷幄，受封千石之禄，引为心腹。他的此番谏言，自然是出于对战场情势考虑。俗话说穷寇莫追，更何况对手是一向以精悍著称的上杉军。

最上义光则一反常态，痛斥筑紫喜晖为"臆病者"（胆小鬼之意），随后挥舞手中的纯铁指挥棒，向全军发出出击讯号——近万名最上－伊达联军山呼海啸似的，对菅泽山方向发起了怒涛般的冲锋！

若说筑紫喜晖考虑的单单是长谷堂的战事，他的主君最上义光考虑的却是整个家族的利益。关原之战已尘埃落定，死敌上杉氏的"投资"血本无归，局势已转入我的手里，所以一定要趁此时机向日本新霸主德川家康展示我军奋战的英姿，这样便可在新秩序确定前，将最上的版图最大化！

于是，在十月一日这天，长谷堂周围的柏仓、门传、村木泽等地，都爆发了殊死的战斗。据上杉方史料所称，直江兼续一日"鏖战二十八回合"，足见战事激烈程度。上杉军的殿后部队作战极为凶悍。冲到菅泽山脚下的最上义光的大队人马，突然被炽烈的射击打乱了阵脚。火力来自菅泽山山腰，负责此地防务的水原亲宪将 200 名兵士分为 4 组，操作 4 门"种子岛中筒"，对追击的最上军轮番轰击。

当时日本的铁炮按规制分为小筒、中筒和大筒。小筒就是普通足轻所持的"火绳枪"（也叫火铳、鸟铳），发射 2.5 匁（匁，重量单位，约 3.75 克）的弹丸；大筒则类似小型火炮，发射 20 匁的弹丸，一般安装在城堡或战船上；至于中筒，弹丸重量在 6 至 10 匁间，为霰弹发射方式，装填和操纵极为复杂，但威力极大。

水原亲宪麾下的 4 门中筒激射出的弹丸，形成一道道"死亡雨雾"，将最上士兵的躯体撕裂。装填间隙，水原又让手持小筒的士兵上前掩护射击，打得最上义光无法抬头，蒙受了极其惨重的损失——战前劝谏无果的筑紫喜哞，在山下大呼着："鄙人身为大将的近侍，是否胆小，就在此战中，让大将亲眼判断吧！"说完，驱马前冲了 2 町（合 220 米），随即，一颗铅丸从左肩入，右胸出，当即落马阵亡，死在了义光的面前。义光还没来得及悲哀，菅泽山一阵弹丸又狂风般刮来。重臣志村藤右卫门因上前替主君吃了弹丸而死，义光所戴的"三十八间总覆轮筋兜"上的"筱垂"（头盔下面悬挂的甲片）也被铁炮打断——在水原亲宪殿后铁炮队的打击下，追击部队狼狈不堪，陷入了大混乱。

借此，稍微谈谈日本中世战争里"铁炮"的地位。其实，日本这个岛国古时一向封闭，缺乏与外界的军事交流（当然，古代的军事交流大多是通过战争来实现的），接触火器是比较晚的，直到"文永弘安之战"时，武士在日本福冈海滩上被抛掷的"震天雷"炸得七荤八素后，才明白火器的威力。但此后，日本的战争依然以骑马武士小规模战斗为主，使用太刀和藤弓即可满足需要，火器生产依旧滞后。

▲ "种子岛中筒"（仿制品）

15 世纪末，日本进入封建领主割据混战时期，即"战国时期"，步兵（足轻）集团取代武士成为战术主流，对长枪和火器的需求开始迫切起来。1541 年，岛国的工匠在机缘巧合下，成功仿制了

▲ 反映长筱合战（1575年）的屏风画，织田信长的铁炮队依托拦马栅，击破了武田氏的骑马队

葡萄牙海员的火绳枪，而后这种名为"铁炮"的新式杀人利器，迅速在全国普及，并因其易于训练、威力强大的特点，在战场上日渐发挥越来越重要的作用。

到庆长出羽之战时，一切都离不开火器了。畑谷城和长谷堂攻防战里，双方大量使用铁炮对射；须川夜袭里，上杉军以埋伏射击的方式，击溃了前来找麻烦的最上军；上山城之败，上杉军也是靠着铁炮射击，打死了草刈志摩守，才阻遏了最上军进一步的攻势；伊达政宗的援军中，铁炮手有 454 人，而弓手不过 238 人，可见，铁炮的地位已和老牌武器弓不相上下了；长谷堂陷入僵局，直江兼续要主君派援军，要了 300 名铁炮手，而最上义光往各地派预备队，铁炮手也是不可或缺的战力；最后，在撤退战里，水原亲宪的铁炮队再度发挥了千钧之力。[①]

在水原亲宪逞威之时，上杉军另外一位大将、浪人出身的前田利太见时机大好，下跨骏马"松风"，手持 2 间（1 间约 1.8 米）长的大身朱枪（用朱漆刷过的长矛），带着水野藤兵卫、韭冢理右卫门、宇佐美弥五、藤田森右卫门

[①] 最上义光在统一最上郡时，就花费了大量财力，自庄内酒田港，从畿内作坊购入大量的铁炮，装备自己的军队，目光可谓敏锐。

4 名百战勇士，呼啸着冲入了追击队伍，来回纵横，杀得最上 - 伊达军丢盔弃甲，他们一度冲到了最上义光身边，多亏义光嫡子最上义康领着千余精锐越山来救，山形城主才算脱离了险境。

十月四日，直江兼续在忠勇部下的掩护下，保全了征讨军的主力，返回了米泽城。这场波及须川、菅泽山、富神山的大撤退战，总算落下了帷幕。

《最上义光记》称："直江山城守在少数近侍护卫下，沿着河岸奔逃，我军在追击中，队形也被拉乱，左冲右突，讨取敌军首级累累，上杉全军辟易，山城守只身脱出虎口，集结败军，静心归阵。"但也有史料载，最上义光称赞直江兼续："虽知前队战败，但毫无失措，静心徐徐撤军，败而不乱……大有谦信公武勇之遗风，观之倾心不已。"

▲ 最上义光的头盔，三十八间总覆轮筋兜

此役，双方的伤亡历来争论不休，最上方称己方战死 623 人，讨取上杉方1580 人；但上杉方却称光是在撤退战里，就讨取敌人 2100 人。考虑到上杉方是败退一方，根本没有战场清扫权，故其数字较之最上方，水分更大，若硬要取一个合理的数字，似应以最上方为准。

至此，可以说庆长出羽合战的主体战役——长谷堂之战，硝烟散去了。

事后诸葛亮

整个长谷堂的战事，可以说除打酱油的伊达军外，最上与上杉的将士都表现出了足够的英勇和无畏。不过笔者已说过，战前最上义光的领地不过 30 万石，仅和上杉家臣直江兼续的封邑相当。此战上杉军动员了 25000 人，加上庄内方面3000 人，小野寺盟友数千人，总人数不下 3 万；而义光方即便加上政宗那可有可

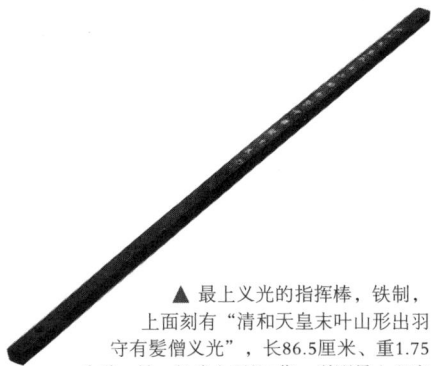

▲ 最上义光的指挥棒，铁制，上面刻有"清和天皇末叶山形出羽守有髪僧义光"，长86.5厘米、重1.75公斤，是一般武士刀的2倍，说明最上义光腕力不错。（最上义光自认是清和天皇的子孙之清和源氏，任山形出羽守，虽然没有剃发但侍奉于佛陀，因为带发修行杀人无罪）此铁棒现存于最上义光历史馆

无的援军，也绝不会超过15000人，战场态势可以说是2比1乃至3比1。但最后败退的一方，居然是占尽优势的上杉军，看来上杉一方需痛下决心，做番检讨了。

首先要明确的是，在庆长出羽合战中，上杉军只具备数量上的优势，和对方相比，没有任何质量上的优势。之前的上杉军士，可是被织田信长称为"天下无双强兵"的，其和武田军在信浓川中岛的数次鏖战，更为后代津津乐道。

不过军队的战斗力是会随着环境变迁而起伏的。上杉谦信在位期间，越后上中下部豪族林立。这些大大小小的豪族，长期来为了赋税、水利、田产等原因争斗不已，积累了丰富的械斗经验。上杉谦信崛起后，降伏了这些家族，把他们的名字登记在《上杉军役帐》上，每逢战事起，这些人必须按照规定好的数额，提供军役（士兵、马匹、武器、粮秣），跟随谦信征战四方。

按照《上杉军役帐》的统计，越后国服从上杉谦信的豪族人马，大约有8000人，这也是谦信赖以成名的"麾下八千"。这批勇猛的战士便是"天下无双强兵"的骨干。但上杉谦信膝下无子，在他死后，来自后北条家的养子上杉景虎，与来自上田分家①的养子上杉景胜，各自得到一批豪族的支持，展开了惨烈的混战。御馆之乱刚熄，景胜的屁股还没坐热，有力豪族新发田氏又因不满起来作乱。历尽动荡后，谦信"麾下八千"或战死，或遭清洗，精英力量元气大伤。稳定家督位子的上杉景胜，虽通过重用直江兼续等"母家众"（直江氏，原姓桶口，一直是上田分家的家臣）

---

① 上杉谦信本名长尾景虎，是越后旧守护大名上杉的守护代（代理守护治理领地的家臣），后其家族袭取了守护权力，在获得朝廷与幕府认可后，继承了越后上杉的苗字。而原本越后国的长尾氏分为三家，上杉谦信这一家叫"府中长尾"，还有"古志长尾"和"上田长尾"，三家虽有血脉关系，也经常为了利益发生冲突，景胜即出身"上田长尾"，后为了政治利益，被送到谦信处，当了谦信的养子。

巩固了大名权力，但军队的战斗力却因骨干的流失和断代，江河日下了。

到转封会津时，那帮善战的老骨头，硕果仅存的也只有水原亲宪、色部光长、本庄繁长等寥寥数人了。直江兼续为了拼凑征讨最上的兵马，大量招募浪人入军，如上泉泰纲、前田利太等辈。这些浪人虽然也有善战的勇名，但入伍时间短，对上杉军作战特色也不甚了解，到了实战场上，反倒因协调性和服从性差等因素，对整体战斗力起掣肘的反作用。如上泉泰纲在八幡崎口时，居然还迷信个人武勇，深陷重围斗死，不但没能扭转局势，还给全军士气带来了不可小觑的负面作用。反观最上军，除江口光清外，其余大部分领主都唯义光马首是瞻，能忠实执行正确的防御策略，一线作战时积极性甚高（如狸森楯的八十多名武士，一直在上杉军后方坚持打游击），人数虽少，但战力不俗，至少让直江兼续无可奈何。

即便上杉军战斗力下滑是事实，最高指挥官直江兼续也难辞其咎。众多军记物语里，直江兼续似乎都和"名将"挂着钩。他表面上看军事能力相当不俗，但此战里他的表现实在让人有点匪夷所思。

作为入侵最上领的积极主导者，直江兼续战前根本没有展开任何针对敌方的情报工作，军事行动则准时准点，按部就班，完全将"出其不意"的兵法精髓抛诸脑后，让最上义光有充裕时间做好防御部署；实际作战里，他的应变能力也堪称僵化，在长谷堂城下本来安排了"刘田"战术，想引诱志村高治出城，但当鲑延秀纲迎战后，却连对方数十骑兵马都围歼不了，足见其指挥力的平庸。另外，上泉泰纲的战亡，也和这位统帅轻易脱离指挥位置，带着一部人马孤立突出于八幡崎口的行为脱不了干系。

那么，直江兼续的名与实，到底如何？

带着这些困惑，笔者详细翻了此君的履历，发现所谓的名将直江兼续，说直接点，就是"盛名之下其实难副"。本名桶口兼续的他，出道时就担任了景胜的"小姓"①，御馆之乱后入赘绝嗣的越后名门直江氏，担任了景胜的"奏者"（替大名

---

① 日本武将身边的年幼小童，兼任武将的秘书、佣人和卫士，许多小姓还和主人有着同性爱的密切关系。

▲ 直江兼续画像

掌管印章的人员），与狩野秀治共同处理政务。可以说，直江兼续就是秘书出身，军事经验欠缺得很。

天正十二年（1584年），狩野秀治病死后，直江兼续独揽大权，在家中权势如日中天。当时，家臣称呼景胜"御屋形"，称呼兼续则为"旦那"（主人之意），私下都说上杉家是"二头共管"。得到主君莫大信任的兼续，自然也开始插手军务（因为景胜对那帮老军头很不放心）。直江兼续最早统领的是景胜的马回众，结果在平定新发田之乱时，景胜先后在放生桥之战和八幡表之战里两次被新发田骑兵围困。尤其在八幡表，驻守本阵前的直江兼续部被新发田军打得死伤星散，景胜差点性命不保。

这场仗后，直江兼续灰头土脸，痛定思痛，认为上杉军惨遭失利的原因是新发田城下老是下大雨，军队在湿地行动困难，遂决心发挥身为文官的特长，动员了大批人力财力，在中之口川又是开支流、修水坝，又是平整土地，如火如荼。好不容易削平了地皮，却发现此举的最大功用是让新发田重家的兵士出击更顺畅了……

最后，还是藤田信吉(就是那位在会津征伐前，被直江兼续迫害走的)使用谋略，策反了新潟城和沼垂城，掐断了新发田军水运补给线，上杉景胜才获得平叛战的胜利。

不过现在生活在新潟县的百姓，还是得感激直江山城守殿下，毕竟是他开辟了"新潟平野"农作物生产基地。

让我们继续来翻直江兼续下面的履历：小田原征伐时，和主君指挥一路人马，受降了几座后北条方的城堡；对外作战时，帮丰臣秀吉盖了座城堡；夺取庄内后，改修了大宝寺城；在越后指导农民开垦新田，推广经济作物青苎、木棉的种植，并垄断了青苎贸易，替主家赚了不少钱；受丰臣秀吉委托，主持开采佐渡岛的金矿；景胜转封会津后，担任米泽城主，负责修筑联络各飞地的朝日山军道；再往后就是担任庆长出羽合战的总大将。

这一看，结论就出来了——直江兼续任何工作做得都很好，除了打仗。但就是这样一个文官色彩极浓的角色，景胜居然让他统率全部精华出去打仗。除了用一副"领导说你行你就行不行也行，领导说你不行就不行行也不行"的对联来表达"不服不行"的心情，还能说什么呢？

反观最上义光，这位擅长谋略弱于战阵的大名，除了在胜局已定的追击战里，为鼓舞士气而亲自冲在前面外，其他绝大部分时间都很明智地待在山形城里，没有对前线指挥官如志村高治、里见民部、楯冈满茂等指手画脚，保证了这些优秀指挥官的一线能动性，而且在以弱对强的劣势下，不计较一城一地的得失，放弃大部分意义不大的据点，保存了宝贵的兵力，以主力对主力，集中重兵扼守要地长谷堂，把上杉的优势化为无形，终于坚守到了关原战争胜利的时刻。这种不拘泥于预设防线，依托坚固支点决死抵抗的战法，可以说颇得"弹性防御"的三昧。

客观比较之后，不得不佩服最上义光的决断力和手腕，正是他的正确指导，外加出羽小豪族（代表者鲑延秀纲）的顽强作战，原本偏居一隅的最上氏迎来了历史上最辉煌的顶点。

下面的战局，最上、伊达开始转守为攻。

续战——松川交兵

关原之战，德川家康虽在十月一日处决了被俘的石田三成、安国寺惠琼、小西行长等首谋者，但处罚敌对方的大名，如拥有数十万石乃至百多万石领地的强豪毛利、岛津、佐竹、上杉等辈，单纯凭借武力灭绝之，似不可行，若想对方屈服，必然会伴随烦琐的交涉、恫吓和争辩，要耗费很长的时间和很大的精力。事实上，直到次年七月，德川家康才正式开始对东国大名的"仕置"，且花了近两年的时光，方把格局稳定下来。

由于这个时间差，对上杉、最上和伊达三家来说，"庆长出羽合战"并未随着直江兼续的撤离而完全结束，余下的战斗仍然激烈。

直江兼续退回米泽后，最上军以志村高治为"案内役"（原意向导，在此代指总指挥），立刻对尚不知情屯兵于寒河江的庄内上杉军发起猛烈的反扑。十月一日，最先得到退兵情报的嫡系志驮义秀火速退去，避免了巨大损失，但非嫡系的庄内豪族则遭了难，他们在完全不知情下，成为上杉方的弃子——土桥惟贞部在白岩楯下全军被灭，而原本攻取了谷地城的下吉忠部，反被包围在城中，经过十天的抵抗，最后全员投降。随后，志村高治挥军杀入了庄内。13年后，最上的战旗又飘扬在了这片沃土上。不过，入冬后降下大雪，最上军行动困难，暂时撤离了此处。

仙北方向，最上义光命三子清水义亲为大将，会合驻防汤泽城的楯冈满茂，以事先德川家康授予的"统制出羽"名义，重新联合一帮"墙头草"领主秋田、由利等，三面围攻长谷堂战时助拳上杉的小野寺氏，双方围绕横手、大森、吉田等据点，展开了旷日持久的乱斗。德川家康的裁决下达后，战火方才平息。

既然最上方针对"旧恨"之地庄内、仙北，打得是有声有色，伊达政宗自然不甘寂寞，也想趁着新秩序来临前的真空期，痛殴上杉这条"落水犬"，恢复朝思暮想的会津之地的管辖权。

果然，十月六日，原先在舅舅有难时只能派出1500名援兵的伊达政宗，火速动员了2万大军，自边境的国见山攻入了上杉方的福岛城、梁川城，企图制压信夫、伊达两郡。考虑到两地正是伊达氏源起处[1]，所以，此战更有光复祖先之地的神圣意义。

与伊达政宗对阵的上杉将领是福岛的本庄繁长、梁川的须田长义。二将历仕谦信、景胜两代，是无数实战锤炼出来的悍将，特别是本庄繁长，出身越后著名的武士集团"扬北众"，智勇双全，先前在庄内十五里原把最上方打得惨败的就是这位，诨名"扬北之狼""武人八幡"，实乃政宗劲敌。

---

[1] 伊达本出身古日本贵族藤原北家，后随镰仓幕府初代征夷大将军源赖朝征讨奥州有功，受封伊达一郡，才在东北立下脚跟，荣华起来。

▲ 本庄繁长浮世绘画像

得知关原之战结果的伊达军，士气高昂，很快穿过桑折、宫代、镰田等地，并且在松川北岸的五十边击溃了上杉的伏兵，讨取了福岛方的指挥官安田勘介、桑折图书（图书是此武士的受领官职名）等五名将领及士兵三百多人，上杉败兵沿着信夫山和腰之滨满世界逃窜。初战告捷的伊达军紧追不舍，一直杀到了福岛城的大手门。这时，有情报传来：上杉景胜动员了会津全部精兵，要奔赴福岛城，和政宗决一死战！

精于将道的伊达政宗，才不会和景胜硬碰硬呢，再说，已经傍晚了，将士们还要吃饭呢，于是，他很快将兵马撤回白石城。

次日，政宗又换道长井郡侵入会津，结果被上杉将领甘粕清长逼退。这下真的轮到政宗纳闷了：上杉军在长谷堂败后落胆了啊，此时我对会津的收复战，应该如劈大竹、如水泻地般顺利才对，怎么抵抗会这么激烈呢？

天气没给伊达政宗太多的纳闷时间，奥羽满地都下了雪，没办法，只能静待来年再出兵了。

庆长六年（1601 年），雪一消融，最上义光就以先前投降的下吉忠为先锋，突入庄内领地。伊达政宗也不甘示弱，在二月七日再度出兵，但在宫代遭遇了本庄繁长部的拼死抵抗，无果退兵。

这下政宗不但纳闷，还有些着急了，他听闻上杉家内主张和德川家康谈和的一派已占据上风，再夺不下会津，以后怕是再也没机会了。他的这种心境，在给叔叔留守政景的书信里一览无余："闻会津一心欲与内府大人谈和，除去笼城外已无战意，我方可从仙道口讨入，此机会切不可失也……"

三月二十四日，伊达政宗再次出兵，这次主攻方向变为了梁川城。须田长义临时颁布知行宛行状①，动员四周的豪族、农兵，在二十九日伏兵城下，结果被伊达军看破了，伏兵反被冲击，战死了300多人。须田领残部笼城，政宗本想攻城，但因事先安插在城中的内应败露，只能暂时放弃计划。

---

① 知行，即是为领主所有，可以世袭的土地；宛行，即是领主拥有经营权，但没有世袭权的土地。知行宛行状，是上级领主下赐下级田产的花押文书，具备律法效力。

四月十七日，伊达政宗下了最后的大气力，动员了 25000 人，抵达白石城，并于二十六日再度出阵松川流域，剑指福岛城。面对来势汹汹的伊达军，本庄繁长等将兵力加在一起也只有 6000 人，且分散在数座城堡之中，但极有勇气的"扬北之狼"依然在城外的长仓荒野上布阵，凛然迎战奥州小霸独眼龙。

　　当日清晨，伊达军在一片大雾中精华尽出，以片仓景纲为先手、屋代景赖为次手、伊达政宗躜后，鼓噪着自濑上杀出，与长仓的上杉军厮杀在一起。混战里，福岛城武士冈定俊还和伊达政宗发生了"一骑讨"①。

　　冈定俊本是蒲生家臣，后被直江兼续以 4200 石的高禄揽来。此战，他穿着基督徒好友赠送的"南蛮甲"（日本称呼西欧人为南蛮），《武边咄闻书》描绘其盔甲"螺纹""鸠胸""鸥口"银光闪闪。他奔袭到伊达政宗前，八面威风着实吓傻了伊达军不少的"土老帽"。

　　冈定俊见对方胯下一匹鹿毛马，金轮覆马鞍，头顶熊毛兜，身着猩猩红阵羽织（日本武士披在铠甲外的类似马甲的衣物，用于防寒），心想可抓到了条大鱼了，二话不说，对着政宗连砍了两刀，一刀斩到了金马鞍，另外一刀砍进了政宗的"袖"

◀ 日本武士爱用的"千鸟十文字枪"，既可直刺，也可劈砍，是对抗骑兵的利器

---

　　① "一骑讨"，指武士按照中古习俗，面对面骑马决战的战斗模式。"讨"，指杀死敌人。

（肩膀上的护甲）。大惊失色的政宗回砍了一刀，伤了冈定俊的右膝。膝盖上中了一刀的冈定俊刚准备对政宗补刀时，冈的战友斋野道二也从斜刺里冲出，抢着追了政宗一刀，把猩猩红阵羽织砍裂了。

关键时刻，还得算政宗的爱马有灵性，驮着主人，四蹄翻飞，如滔滔松川里的一条水龙劈开波浪，往回疯逃，才使政宗捡回了性命。事后，冈定俊知道他的对手居然就是奥州独眼龙时，"追悔莫及"。

虽然总大将险象环生，但伊达军还是顺利击溃了长仓的上杉军。喘过气来的政宗，将指挥棒往前一指，万千伊达勇士成席卷之势追击，本庄繁长等人则像雪崩般往福岛城里逃。跟着领导一起跑的冈定俊和斋野道二，看到己方永井善左卫门与青木新五兵卫两人（这两位穷，没马可骑）穿着黑色阵羽织，手持十字文枪，傻乎乎地还在往前线跑。擦肩而过时，道二回头指了下伊达军中穿戴显眼的政宗，对永井和青木说："彼人恐是敌人总帅。"这两个愣头青二话不说，趁乱冲上去，用十字文枪对着政宗一顿乱刺。结果，政宗的兜被刺落，脑袋差点多了几个透明窟窿。

一战下来，伊达政宗的马鞍、铠甲、兜、阵羽织无一完好，不但险象环生，且丢尽了脸面。

永井和青木不要命的奋战，为本庄繁长脱身赢得了时间，并使他能重新组织败兵依托福岛城外的"曲轮"继续抵抗。接下来担任攻城任务的，是伊达先锋片仓景纲。在铁炮和火箭的射击下，整座福岛城都在颤抖，一会儿后，外曲轮被片仓军攻陷，此间的大部分上杉兵士不是被杀就是被捕——已感到绝望的本庄繁长命部众顺着西门往外突。

伊达另外一名家臣金砂实常，领着数十人马，在西门外的羽黑山南麓山坡上，用铁炮朝下射击，后来因弹药短缺，射击频率低了下来。上杉军抓住机会急忙朝外突。金砂当机立断，让部下扔掉铁炮，猛扑下来，短兵接战，硬是把上杉军堵了回去。

如此看来，福岛城气数快要尽了。

这时，惊魂未定的伊达政宗也来到羽黑山，传唤了在城下指挥的片仓景纲，询问福岛城何时可拿下。片仓回答："外曲轮已在我方掌握中，但士卒伤亡亦重，不如暂时休整后，再一鼓作气拿下。"政宗颔首，而后领着亲随朝本阵所在的国见山归去。

就在政宗回国见山的路上，战场变数出现了——梁川城须田长义的部将车斯忠，在福岛城即将陷落之时，主动出击，带着马上武者百骑、小手（骑马的土豪）63骑，外加足轻100多人，渡过大隈川，对停留在藤田与桑折间的伊达军辎重队发动了猛袭。顿时，辎重队的足轻和民夫被杀得七零八落，"小荷驮奉行"（小荷驮即辎重）宫崎内藏助阵亡，辎重物资、阵幕，包括政宗的私人物品《法华经》，皆遭掳掠焚毁。

后方遭到奇袭的伊达军，阵脚混乱起来，本庄繁长也把握住时机，打开城门勇猛突袭。两相夹攻下，伊达政宗前功尽弃，饮恨放弃了对福岛城的攻击——次日，伊达政宗留下津田景康驻防国见山，阻击上杉可能的追击，自己则领军狼狈退回白石城，松川合战结束。

后来，上杉方的军记物语称，此战讨取伊达军首级1290颗。不过，还原整个作战流程后，此数字无论如何都是极度夸大了的。

此后，伊达和上杉争夺会津的大规模作战结束，取而代之的是小规模的边境冲突。就在伊达政宗再度给德川家康写信，请求再次出征会津讨伐上杉景胜，并让家康许诺，战后加封15万至20万石，作为对己方武功的表彰时，上杉景胜与直江兼续一起去了京都，拜谒完丰臣秀赖后，前往伏见城向家康谢罪，请求处分。

八月十六日，对上杉氏的处分正式下达：削减景胜75%的领地，只保留米泽30万石。

据说，上杉景胜当时如五雷轰顶，自言"惊愕莫名，武运自此凋零矣"。

另一边，一心要取得会津的伊达政宗，失去了出兵理由，光复祖先之地的宏愿破灭了。非但如此，德川家康还抓住了伊达的"小辫子"——煽动"岩崎一揆"，私下拓展地盘①，痛痛快快地把政宗的功过"相抵"了。最后论功行赏，伊达政宗

---

① 关原之战时，伊达政宗企图向陆奥北部扩张势力，于是煽动对该地大名南部氏统治不满的国人和贺忠亲，起兵袭取南部属下诸城，准备趁乱吞并陆奥北部，史称"和贺一揆"或"岩崎一揆"（主要战斗发生在岩崎城）。一揆遭南部军镇压后，政宗的阴谋也随之败露，因南部氏属德川，故而伊达遭到了幕府的斥责。

只得到了近江和常陆的几块零碎"飞地",总领从战前的 60 万石,"膨胀"到战后的 62 万石,白忙一场。

笑得最开心的,还是之前三方势力里最弱的最上义光,他在庆长六年对庄内的攻击异常顺利。景胜投降后,酒田城城代志驮义秀依旧顽抗,但这种顽抗恰好给了义光继续打下去的借口。至年底,庄内全境落入最上手中,并得到了德川家康的认可(因为义光在长谷堂之战的突出战功)。

接着,原来在关东常陆的佐竹氏,因关原之战时的暧昧态度,被家康清算,减死罪一等,由原先的 54 万石领地的大名,转封到了出羽久保田(20 万石),而原先在此的大名秋田实季,也因为在关原时有私通上杉景胜的嫌疑,被转封去了常陆穴户——两家恰好对调了一下。在换邻居的过程中,最上义光又用平鹿郡与雄胜郡,从佐竹那儿换来了由利郡。

这样最上义光的领地,除了现在的山形县外,还有庄内和由利郡,总计 57 万石,整整翻了一番。最上义光开心得不得了。

故事或戏剧都有大结局,而历史和政治却永远没有。

终结

庆长出羽合战前,上杉家足有 3 万名家臣,现在,领地掉到了 30 万石,但人还要大名养着,唯一途径就是节衣缩食。因此,很多重臣的俸禄跟着大缩水,比如先前和直江兼续书信往来的秋山定纲,本来封邑 2000 石,转封后只剩下 320 石,上杉家臣境遇之凄惨,可见一斑。

肚子吃不饱,就会骂人。在当时很多人的眼里,上杉就不该和德川翻脸,打了场没光彩的长谷堂之战不说,还丢了 75% 的领土。是谁当初一心要和德川开火的? 没错,是直江兼续。他仗着在家中权大撺掇主君开战的。于是,直江接下来

---

① 内高与表高相对,表高指幕府测量的领地数据,是幕府向大名征收年贡与军役的标准;而内高,是大名领国的实际生产力。常理来说,自然是表高低,内高高,对大名更为有利,所以江户时代后,大名都以开发新田等方式,增加内高的石数。

在米泽藩（江户时代，大名领国称呼统一为藩）里的风评，就是"奸臣"，没商量。但上杉景胜依然信任他，直江也顶着骂名，继续默默主持事务：治理水利、开发新田、挖掘矿山，渐渐地把米泽藩拓展到了内高[①] 51 万石的水准，君臣二人始终无嫌隙，直到兼续于元和五年（1619 年）去世。米泽藩也波澜不惊地在江户时代存续下去，到九代藩主

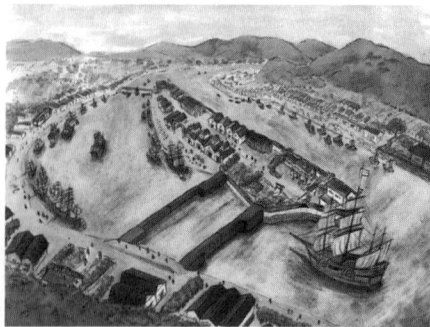

▲ 仙台藩石卷港绘图

上杉鹰山时，为了革新弊政，他开始有意识地扭转直江兼续在家中的评价，兼续形象又开始伟光正起来。几番墨改后，那个忠诚但贪权、文武不双全、时不时会在大事上意气用事的山城守，好像离我们更加遥远了。

伊达政宗也很忙，这位之前始终东征西讨的独眼龙，现在反倒静下心来处理领国各种杂务：开新田，派遣使节团远航欧洲，还在仙台城下营建了绚烂"桃山风"的寺庙与宅邸。石卷港中一艘艘满载着雪白大米的船只驶往江户，引得《烟霞绮谈》里惊叹："今日江户城中三分之一的大米，都来自奥州。"

总之，仙台初代藩主伊达政宗，在"元和偃武"后的和平年代，依然活得十分精彩。

政宗的舅舅最上义光就更忙碌了，因为领地扩张到原来的两倍，需要制订《最上家臣分限帐》来论功行赏，需要整备山形城至庄内酒田港的街道，需要扩建山形的城下町，需要免除领国农民、工匠的各种杂役……各种勤政爱民。当时的山形藩百姓都唱着"为最上源五郎服役，苦也是甜"的歌谣。但美丽"霞城"的上空，阴云很快出现了。

先是义光嫡子最上义康遭到家臣暗杀。义康曾在菅泽山之战时亲自突阵救过父亲的命，俗话说"打铁亲兄弟，上阵父子兵"，但关原之战后，父子俩却疏远起来，十分诡异。

庆长七年（1602 年），最上义康在去庄内的山路上突遭家臣土肥半左卫门等二十多人的袭击，腹部中弹后引刀自刃。血淋淋的尸体被抬到义光面前，衣物里

▲ "霞城"公园里最上义光跃马持棒的铜雕

只有份祈祷父亲武运长久的请文。义光当即老泪纵横，对近侍斋藤光则说："我儿子死了，我很悲痛，这件事情就交给你了。"

在斋藤的穷查下，在长谷堂之战立下功勋的上山城主里见民部屁股坐不稳了，因为先前他说义康的坏话太多，成为被怀疑对象，不久逃亡加贺，后在引渡回来的路上被斋藤杀死。

接下来，义光将继承人定为打小就被送去侍奉德川家的次子最上家亲。

到此，大伙儿也就明白义康事件的真面目了。没错，像最上、上杉和伊达这样的边远大名，他们在中央权力真空期时，可以擅自使用武力解决各自的新仇旧恨，但一旦权力归属尘埃落定，他们的荣华富贵就不得不仰人鼻息了。

最上家亲一直待在德川家里，颇得家康与秀忠的欢心。他利用幕府权威把东北第二大藩国山形纳入自己手中的野心肯定是无法遏制的。当最上家亲的这种愿望传到义光的耳朵里后，义光必然会感到彷徨与痛苦——他舍不得长子，但更不愿意因此得罪了德川家，最终，成为牺牲品的只有义康。说到这里，义康之死背后的责任人，到底是不是义光，相信读者心里已有答案。

最上义光死后，山形二代藩主家亲，继续奉行巴结德川幕府的政策，为此，他杀害了弟弟清水义亲，理由不过是义亲原先与丰臣政权关系甚好。再考虑到义亲被诛杀在"大阪冬之阵"（1614年冬，德川家康灭绝丰臣政权之战）前，内中的缘由就不言而喻了。

这时的最上内部已经暗流涌动了，原本只是国人联合体的最上家，领地突然膨胀，必然会有"消化不良"的症状。各家臣在嫡子争夺战里站队、互相仇视，阴谋不断泛起，在抵御上杉入侵时抱成一团的战友，如今却拔刀相向——待到元和三年（1617年），二代最上家亲在观赏"猿乐"时急死（一般被认为是中毒身亡）后，他年纪尚小的儿子义俊，再也压制不住家臣的内讧了——派家臣拥戴义俊，

399

一派则拥戴最上义光的四子山野边义忠，事情越闹越大，直闹到幕府里去了。

幕府以"渔翁"的面目介入了"最上骚动"，极其严厉地制裁了最上家，勒令其改易，领地从 57 万石，一下沦落到近江大森 1 万石（义俊死后，更是降为 5000 石的旗本）。家臣也树倒猢狲散，各奔前程去了。真是云泥之别一瞬间，偌大的山形藩，荣华只持续了短短三代就如烟霞消散了。

随后，幕府将山形藩拆为山形、鹤冈、新庄、上山四藩，分别由鸟居氏、酒井氏、户泽氏和松平氏转封入主，其中鸟居和酒井是幕府的谱代大名①，松平是幕府亲族，而户泽是幕府在东北有意扶持的小大名，户泽和鸟居随后又结成了亲家。

这样一看，幕府肢解最上的深层意图就很简单了，那就是以"掺沙子"的方法，把上杉、伊达和佐竹这些外样大名②给牢牢监控起来。可怜的最上，不过是棋子罢了。相似的还有会津藩，在幕府相继以类似最上的罪名改易了蒲生（蒲生家在关原之战后，一度回归会津）、加藤这些旧丰臣出身的大名后，最终入主其间的，是德川同族保科正之（后改苗字为松平，松平会津藩的始祖）。东北的大门被结结实实地锁上了，幕府自可高枕无忧。

"战争是流血的政治，政治是不流血的战争"，果然至理名言。

奥羽的雪原，淡去了鼓角争鸣，就此沉寂，等待着二百六十年后又一轮惨烈的岁月。恰如松尾芭蕉的俳句："夏日青草婆娑起舞，那是在时间长河里沉淀下来的，武士的梦。"

---

① 谱代大名，狭义上指世代效忠、在幕府建立后被封为大名的德川家臣，他们长期占据幕府中枢，权势极大，极受信任；广义上也可指在关原之战时臣从德川家康的大名，这些人也获得了"准谱代"的资格，如户泽、相马等。

② 外样大名，可指在关原之战前纳入德川体系或与德川交好的地方大名，如池田、黑田、细川、伊达等，也可指关原之战后才屈服德川的势力，如毛利、上杉、岛津等。江户的体系中，外样大名虽领国广大，但备受幕府的监视与猜忌。

关原败者组的决策

作者 / 潘越

丰臣秀吉的身后事

太阁丰臣秀吉统治极盛之时，某日在大阪城内发生了一件看似不起眼的小事：佐佐成政向丰臣秀吉的正室夫人北政所（即宁宁）赠送了一朵相当罕见的黑百合花。佐佐成政是跟随织田信长起兵的老将，与北政所早就相识，送一朵花似乎很平常，可这朵黑百合背后蕴藏了一个故事。

据说佐佐成政早年有一位侧室夫人，名为早百合，佐佐成政娶了她之后非常宠爱，不久便有了身孕。但此时有人出于嫉妒心理开始散布谣言，说有时候佐佐成政不在家时（这个家指的是佐佐成政打败神保长住之后所占据的富山城），早百合就会与其他男人私通，所以其腹中儿必定不是佐佐成政的骨肉。佐佐成政回家听说之后顿时怒火中烧，不由分说便将早百合拉到神通川的河岸边，抓住她的头发将她整个人拎起在半空然后杀死了，之后又将早百合一家老小18人全部斩首。

▲ 位于富山县富山市（古时越中国）矶部町的"矶部一本榉"遗迹，传说就是在此树下佐佐成政残忍杀死了早百合

▲ 佐佐成政

早百合在临死前诅咒道："立山上有黑百合花盛开时，佐佐家便会灭亡。"从此以后，神通川河边在风雨之夜便可见女鬼之首与鬼火一起飞舞。总而言之，佐佐成政因为嫉妒心杀了小妾连同其一家人，这是有可能的事，但将佐佐成政最后被丰臣秀吉勒令切腹（1588年）之结局与这个故事通过诅咒联系在一起，实属荒诞无稽。或许这个故事根本没有发生过，只不过佐佐成政喜欢百合花，所以将珍稀的黑百合进献于北政所。不料惹出另一件麻烦事，因此世人总爱把佐佐成政的命运同这一朵黑百合花联系在一起。

北政所得到这枝黑百合花之后非常喜爱，于是专门举办茶会，邀请丰臣秀吉的妾室都来欣赏这朵黑百合，邀请者中包括此时丰臣秀吉最宠爱的淀夫人，北政所此举自然也有些炫耀的意思。过了3日，北政所突然收到淀夫人的茶会邀请，等到会一看，只见其屋内到处都散乱着黑百合花枝，数不胜数。淀夫人为了从气势上压倒北政所，竟命人花了两天时间不惜代价将所有能够弄到手的黑百合都弄过来了，一时气焰嚣张。

淀夫人茶茶，是浅井长政与织田信长之妹阿市的女儿，7岁时其母与继父柴田胜家一同自尽，从此受杀母仇人丰臣秀吉的保护。就在佐佐成政被勒令切腹的同一年（1588年），淀夫人为丰臣秀吉生下一个儿子阿弃（鹤松），当时丰臣秀吉已经52岁，自然是欣喜若狂。虽然3年之后鹤松因病早夭，但淀夫人证明了她是有能力与已步入老年的丰臣秀吉之间产生"爱的结晶"的。其实丰臣秀吉曾经在做长滨城主的时候，便与侧室南夫人生下过一儿一女，男孩小名石松丸（初代秀胜），不过未及成年便夭折了。南夫人后来的境遇想必很糟糕，因为史书上再也找不到有关南夫人和她与丰臣秀吉的女儿的相关记载。为了不重蹈南夫人的覆辙，淀夫人必须得再产子，于1593年又生下一个儿子阿拾，即丰臣秀吉的接班人丰臣秀赖。不过，坊间关于丰臣秀赖身世的传说也不绝于耳。大都认为肥胖的丰臣秀赖与瘦小的丰臣秀吉不太相像，纷纷质疑其父另有他人。但依着丰臣秀吉的本性，淀夫人是不敢冒险做出有辱家门的事情的。因此，这些流言皆不可信。

对于丰臣秀吉来说，喜得爱子的时间实在是太晚了，现如今已是风烛残年；这一点任何处于丰臣政权高层的人都看得出来，于是争夺丰臣秀吉死后权力的战争便如火如荼地开始了。北政所是与丰臣秀吉共同度过几十年风雨的老夫老妻，直到晚年，丰臣秀吉写给她的信仍然充满着浓情蜜意。而淀夫人虽然不是正室，但继承人独由己出，因此获赠一座淀城也算风光无限，丰臣秀吉写给她的信中曾出现"今晚请同睡"等亲密语句，可见宠爱其至深。两个年龄差距较大（年龄相

▲淀夫人，原名浅井茶茶，通过画像也可看出风姿绰约

差 19 岁）的女人之间是否存在争风吃醋的行为也不得而知，虽前有斗黑百合事件，但其真实性还有待考证。

如果站在丰臣秀吉本人的立场上看，身边两个女人争风吃醋并不算什么大事。早年因为无子而收养子，结果老来却得到亲生子，因此关于养子的处理才是比较棘手的问题。在丰臣秀赖出生之前，丰臣秀吉一共收养了 6 名养子：第一位是织田信长的第四子御次秀胜（羽柴秀胜），不过未满 20 岁便病死了（1586 年）；第二位即后来的"杀生关白"丰臣秀次；第三位是秀次的弟弟小吉秀胜，1592 年战死；第四位是宇喜多秀家，不过从一开始丰臣秀吉收养他便是以继承宇喜多家为目的的；第五位是德川家康的次男结城秀康，在鹤松出生之后便送去结城家做养子；第六位是北政所的哥哥木下家定的第五子秀俊，在鹤松出生之后也被送去小早川家了，并改名小早川秀秋。丰臣秀吉似乎还曾想要模仿织田信长，将后阳成天皇的弟弟八条宫智仁亲王收为养子，从而成为皇室外戚，但这件事没有成功。

从鹤松出生后，秀康、秀俊便连忙被送出去来看，丰臣秀吉对于排除亲生儿子的竞争者是毫不犹豫的。结果，鹤松不幸夭折之后便只剩秀次可以继承其位，而秀次在之后确实得到了关白之位，丰臣秀吉此举等于是向天下宣告继承人就是秀次。然而淀夫人又生下了丰臣秀赖，此时丰臣秀吉已经 57 岁了，这个时机略显尴尬。壮年时代都没能多生子孙，现在临到老来连续发生两次"奇迹"，但不可能再有第三次了，这个纪录最终由德川家康打破——1600 年，德川家康以 59 岁高龄生下第九子义直，1602 年生赖宣，最后于 1603 年生赖房，此时已达 62 岁高龄。

而丰臣家此时的状况再度陷入窘境，秀次不单单被宣布为继承人，而且已经担当关白，此时的秀次身居高位，虽不及太阁丰臣秀吉，但也不是随便冠以借口就可以让其卸任的。这是太阁和关白之间的斗争，虽然以二人的情谊来看，或许都不愿以彼此为敌，但两位位高权重的人之间的斗争在所难免，且必定损伤极大，因此快速解决才是上策。当然，以两人实际的权势以及能力而言，秀次的败北是毫无悬念的，这与他是"杀生关白"还是"善人关白"并没有什么关系。1595 年 7 月，关白秀次切腹自尽。作为继承人竞争者的秀次消失，两岁多的阿拾（丰臣秀赖）正在茁壮成长，且没有夭折的迹象，其教育职责被委托给丰臣秀吉最信任的前田利家。丰臣家的这次内部危机历时短暂，可日军在对外作战的泥潭里却越陷越深。

丰臣秀吉为何如此愚钝？数百年来，世人皆钦佩丰臣秀吉从信长手下一个伺候穿鞋的小厮成长为关白，太阁，天下人，而忽视丰臣秀吉这一生挫折太少。他是个非常努力的人，但当时全日本成年累月厮杀的武士都在努力，流血流汗到最后仍家破身亡者不计其数，而丰臣秀吉的每一次努力却都幸运地得到了超乎寻常的回报，以至于令他产生了天下事无不可为的错觉。然而事实上，丰臣秀吉并不是真正的战略谋划者。他在织田信长手下便一直服从于信长的战略布局，信长死后不过数日便打败了明智光秀，一举成为信长身后诸将中实力最强者，并借此实力一步步夺下"天下人"之位。相比而言，织田信长和德川家康都是从地方小大名慢慢成长起来的，挫折教育是足够的。德川家康甚至曾被武田信玄打得大败亏输，仅以身免（三方原之战），在织田信长被刺杀后长途亡命，任何有过如此经历的人，在做任何重大决定前必将三思而后行。这一点较之相对人生平坦的丰臣秀吉是没办法达到的。

　　移封关东的德川家康是丰臣政权中的五大老笔头之首，石高 250 万左右，对

▲《太平记英勇传》中落合芳几所画的丰臣秀次人物像

▲ 江户城，即今日东京最早的奠基者太田道灌的画像

这个具体数字虽然有各种说法，但德川家是领地最广大的大大名是毫无疑问的。第二位的毛利辉元只有 120 万石。以 1000 石动员 25 名士兵计算，德川家的军队数可达 63750 人。对于德川家康来说比较危险的在于其移住的江户城（今东京都千代田区）不过是一座小城，与当年太田道灌刚修筑时（1457 年）也没有太大的变化。根据《落穗集》的记载，关原大战前的江户城下町仍然是用粗陋的木板搭建起来的一片临时房屋，几乎没有防御设施，只有一条护城河但狭窄到成年人可以轻松跳过去。这座城的防御能力比当年的小田原城都要低很多，更不用说与战国时代城池之首丰臣秀吉的大阪城相比了。

如果 1595 年之后的一段时期内，丰臣秀吉能够将眼光放在日本国内，注意到德川家康对于丰臣政权的潜在威胁性并出手打击，那么"关原合战"很可能会以一种完全不同的面貌出现。这场大战的发生地点很可能是在关东平原的某处，也可能就是在江户城下。丰臣军团最可能采取的战略便如同当年进攻小田原后北条家一般，动员起数量极其庞大的军队分成多路攻击，对于德川军来说这必定是极难应对的局面。

德川家康曾在小牧·长久手之战中证明过自己高于丰臣秀吉的战场指挥能力，但最终迫于某些不得已的原因臣服于丰臣秀吉，并接受转封关东。当年丰臣秀吉需要让德川家康臣服以便尽快成为天下共主。如果将发动的对外战争作为丰臣家实施国家总动员体制的一次预演（虽然消耗成本很高昂），然后利用此动员消灭德川家及其他带有威胁性的家族，那么便有可能建立起与日后德川幕府类似的体制——以亲藩大名占据日本中部的较为优越的广大地带，而有威胁性的外样大名转封至偏远地区并削弱其实力至不能反抗的地步，从而稳固全国形势。然而丰臣秀吉的战略决策完全相反。

德川家康坐拥关东八州，兵多将广，但对于丰臣秀吉对外出兵采取完全不配合的态度。据说德川家康身边的老谋士本多正信曾在丰臣秀吉催促德川家康出兵的使者到来之后，向德川家康进言道："主公应该出兵。"连说了三次，德川家康才懒洋洋地回答："要是出兵，箱根由谁守卫？"德川家康显然认为如果渡海出兵，作为关东门户的箱根就有被进攻的危险。被谁进攻？只能是丰臣秀吉的军队！也就是说在德川家康看来，丰臣秀吉催促他出兵的目的无非就是要趁机夺取其关东封地。

　　丰臣秀吉于是修筑了九州名护屋城作为对外侵略的基地，并发出要亲自渡海出兵的宣言。见此情况，德川家康不得不也率领军队来到名护屋城，但他联合了前田利家，一同劝谏丰臣秀吉不要渡海。由于没有充足的信心保证只要亲自出兵就能打开局面，丰臣秀吉不得不接受劝谏。如此一来，德川军渡海之事也就随之作罢。

▲ 有关丰臣军对外作战的画作

日本很快受到重创，丰臣秀吉得知己军受挫、军中粮饷不足且疾病流行，便假意议和，诱使敌人撤兵。谈判一直持续到1596年9月，最终因日本的无理要求导致和议破裂。而丰臣秀吉认为此时日军早已有能力再战，遂调集14万日军发动第二次战役。日军一度取得战场优势，但很快损失惨重。日军方面最不利的因素是：两个方面军的主要将领小西行长和加藤清正互相视为仇敌，小西行长认为这场仗没有办法进行下去了，而加藤清正则仍豪言要进军。结果，加藤清正遭到围攻，几乎全军覆没。

1598年，由于战局实在不利，宇喜多秀家、毛利秀元、蜂须贺家政数日之后联名写信向石田三成等四奉行表示即将放弃，向其他防御城池移动。对于这个直接违反军令的行动，丰臣秀吉不得不在"强化防御体系"的名义下部分予以接受。

直到此时，丰臣秀吉在对外战争决策问题上的一错再错，都还保留有部分挽回的余地，不至于对其死后的丰臣政权体制造成无法弥合的伤害。战争末期，日军处于被动挨打的境地，海上交通线也面临着巨大威胁，然而重病缠身的丰臣秀吉对这一切现实均看不清楚。福原长尧、垣见一直、熊谷直盛等人被任命为新"目付"（监督汇报者），经过考察后将诸位将领并没有严格遵照丰臣秀吉指示行事——这些指示已经脱离军事指挥的现实范围——原原本本进行了汇报。于是丰臣秀吉彻底愤怒了，给予蜂须贺家政、黑田长政、藤堂高虎、加藤清正，以及先前担当目付职责的早川长政、竹中重隆、毛利高政以警告处分。

这些受丰臣秀吉恩顾的武将虽然遭到处分，但毕竟是丰臣秀吉一手栽培起来的，也未多加责罚，只好把余下的怒火发到打小报告的奉行身上。于是，丰臣政权中诸将的矛盾被大大激化。后世一般将丰臣政权此时形成的两大对抗阵营如此区分：

北政所派——武将派：前田利家，浅野长政、幸长父子，黑田如水、长政父子，加藤清正，福岛正则，加藤嘉明，池田辉政。

淀夫人派——文官派：石田三成，增田长政，大谷吉继，小西行长，宇喜多秀家，毛利辉元，上杉景胜，长束正家，岛津义弘。

所谓武将派、文官派的划分，仅仅是因为前一个阵营前往对外作战者更多一些，后一个阵营留在日本处理政务者更多一些（例如石田三成、长束正家等人负责实施的"太阁检地"），然而后一个阵营中也有小西行长、宇喜多秀家、岛津义弘等。丰臣秀吉在3月实施的武将警告处分名单与武官派颇有联系。最严重的是黑田长政，不但被丰臣秀吉大骂了一通，而且他与蜂须贺家政的一部分领地被没收，成为丰臣秀吉的直属地，目付福原长尧则得到了加封。当然，这次处分只能作为丰臣政权裂痕的一个象征性事件，并不是决定性的。其中加藤嘉明没有在诸将写给四奉行的信上署名，因此从丰臣秀吉直属地中得到37000石高的奖赏，一举成为超过10万石的大名，然而他日后却与加藤清正等站在一起成为武将派一员，其原因是与小西行长之间的矛盾。

丰臣秀吉在3月怒火攻心地做出这次处分，此后便基本处于病重弥留状态，直到8月逝世。接着，以德川家康、前田利家为首的五大老出面主持大局，他们先隐瞒丰臣秀吉死讯，随即组织诸将撤兵，诸将在博多登陆之后才得知丰臣秀吉已死，不禁哑然。此时距离关原之战爆发已不足两年。关原之战，最大的失败者不是石田三成、淀夫人等，而是在临死前数年时间内埋头于对外侵略，生命最后时刻还为自己的政权留下隐患的丰臣秀吉。

虽然互相比较可能会有些荒谬，不过笔者觉得在日本战国之前接近2000年前、西方的亚历山大大帝突然死亡一事也值得一提。马其顿国王亚历山大从公元前330年进军波斯，至327年便建立起西起马其顿、东至印度的大帝国，325年从印度返回后健康状况便有些恶化，323年初夏病倒，接近昏迷10天之后，6月10日在其33岁生日之前去世。临死之前麾下的众将军们环绕着他询问：帝国由谁继承？亚历山大的回答是："交给克拉提斯托（kratisto）。"克拉提斯托的意思是"最强者"。

亚历山大大帝在弥留之际心里是很明白的，从他嘴里说出任何一个继承人的名字，无论是这些将军中某人、他自己的某个亲戚，或者是正妻罗克珊娜肚子里的胎儿——出生后称亚历山大四世，13岁时被杀死——都是没什么用的。仅用十余年东征西战便建立起来的庞大帝国还没来得及建立稳定的秩序，必将在其死后分崩离析，陷入空前的战乱（后世称"继业者战争"）。如果能有一个人将帝国碎片重新聚拢起来，那么他必将是"最强者"，然这一切只能交给铁与血去决定了。

▲ 日本京都丰国神社的拜殿。大阪冬、夏之战消灭丰臣家后，德川家康将此神社拆毁。直到明治时代，当年黑田如水、长政的子孙黑田长成带头出资，将丰国神社重建

丰臣秀吉死前如何呢？他抱着年幼的丰臣秀赖，无力地乞求五大老承担起托孤之责，而五大老包括作为笔头的德川家康，当然也郑重承诺绝不辜负太阁所托。然而，丰臣秀吉当真看不出来丰臣秀赖成年之前天下大乱、丰臣政权垮台的可能性有多高吗？

2016 年大河剧《真田丸》中，丰臣秀吉临死之前死死抱住石田三成，在其耳旁偷偷下令道："杀掉家康！"很多史籍上记载石田三成在丰臣秀吉死后不久便策划刺杀德川家康，《真田丸》中对此事也有所表现（不过这部剧比较戏剧的是石田三成居然去拜托纯粹是外人的真田昌幸去刺杀）。无论如何，即使丰臣秀吉在临死前确曾下过刺杀德川家康的密令，如此密令也只能说明他对于自身决策彻底失败所造成的严重后果绝望透顶。

丰臣秀吉是作为一个失败者死去的。失败的高潮便是关原合战。

挑拨离间与明争暗斗

丰臣秀吉撒手人寰没过几天，世间便到处有流言说有人想要刺杀德川家康。

1599 年 1 月初，根据丰臣秀吉的遗言，其后事的总负责人前田利家护送丰臣秀赖进入大阪城，以德川家康为首的诸将作为警卫随行，一路上各大名交替负责护卫巡逻事宜。因为德川家康在大阪附近并没有修建宅邸，因此借片桐贞隆的宅邸居住，此人是片桐且元的弟弟。据说，德川家康就在这个宅邸中得到情报，有人要暗杀他，而这个人很可能是石田三成。此时正是石田三成与德川家康之间就德川家康擅自与其他大名结亲而针锋相对的时期，这个暗杀流言让德川家康很惊恐，其最信任的大将井伊直政急忙派船将德川家康接出来，送回位于伏见的宅邸。

在大名结亲问题闹得沸沸扬扬之时，1 月 19 日有马则赖在位于伏见的自家宅邸中举办宴会，邀请远近诸将参加，德川家康自然也在其中。但是在宴会进行到中途时，井伊直政上前与德川家康耳语，只见德川家康顿时脸上变色，起身便打道回府了。回到府邸中，藤堂高虎已在等候，说是听闻石田三成等人的刺杀阴谋。德川家康立即布置许多侍卫，将宅邸里三层外三层给围了起来。那么井伊直政给德川家康耳语了什么呢？据说是："有可靠线报，三成和（前田）利家等人正在策划要逼迫主公切腹！"这个流言颇为逼真，倘若只有石田三成一人，则或许会是暗中行刺，但是名列五大老之一、丰臣秀赖最贴身保护着的前田利家也参与其中的话，依照前田利家的秉性，他不喜欢鬼鬼祟祟、暗中害人，若真要加害德川家康，那便一定会找一个堂堂正正的理由。听闻涉及重要的人物，德川家康自然是高度紧张。

前田利家和德川家康并没有真正动起手来，一方面双方都觉得先动手者理亏，另一方面细川忠兴在两个阵营之间积极奔走，游说和解。2 月 29 日，终于被德川忠兴说动的前田利家亲自前往伏见（由德川忠兴、浅野幸长、加藤清正等人护卫），此时利家已经是重病缠身，命不久矣。德川家康前来迎接，双方和颜悦色，宣告和解。仅仅数日之后的 3 月 3 日，前田利家去世，临死前将儿子利长唤到床边，嘱咐他今后要保住前田家，不但不能与德川家康对抗，而且要臣服于德川家康之下，忍辱负重，苟且偷生，让家族得以存续。62 岁的前田利家，经历从织田家臣到丰臣家臣的转变，将家族事业经营得越来越兴旺，并且也目睹了同样资格很老的织田家老臣如佐佐成政等人的悲惨结局，确信自己死后天下将属于德川家康，遂不用做无谓的抵抗了。

就这样，淀夫人——文官派寄予厚望的对抗德川家康之主力的前田家，完全改变了阵营。前田利长一字不落地遵照其父的遗嘱执行。1599 年继承家主之位时，他已经 39 岁。过去丰臣秀吉还活着的时候便称赞过前田利长："果然是筑前守（前田利家）之子，鹰不生鸠也。"即虎父无犬子的意思。前田利长年少从军，自早期的志津岳等战役开始至九州、关东之战，未尝一败，在同辈将领中绝对算得上佼佼者。5 月 29 日，前田家正式举行前田利长继位仪式，当晚举行宴会，邀请德川家康出席，然而德川家康并没有出席宴会。《瑞龙公世家》记载，此前增田长盛跑去向家康密告，称前田家有意摆鸿门宴，想趁机杀死家康，家康惊惧，故称病不至。从年初以来，片桐家宅邸、有马家宅邸中分别传出过谋杀德川家康的流言，前田家这已经是第三次了。俗话说事不过三，德川家康恐也不堪继续忍受，欲讨伐前田家，两大阵营的全面冲突一触即发。第四次流言传出的地点则直接在大阪城内。9 月 7 日，为了参加两天后的大阪城重阳节仪式，德川家康从伏见出发，

▲ 位于名古屋的前田利家青年时代骑马英姿雕塑。年轻时前田利家号称"枪之又左卫门"，担当织田信长身边最精锐的赤母衣众笔头

中途在大阪城附近的石田三成旧宅邸歇宿。增田长盛再一次登门密告，称已经返回加贺国的前田利长在背后操纵，浅野长吉、大野治长、土方雄久 3 人目前正在具体策划针对德川家康的暗杀方案。浅野长吉之子浅野幸长曾经与前田利家的第五个女儿结过婚（此女后来病死），土方雄久是前田利长之母的外甥，这些人都与前田家关系匪浅。一切似乎言之凿凿。德川家康不得不采取举措，遂立刻从伏见召集护卫军团到大阪，9 月 9 日当他完成入大阪城向丰臣秀赖表示祝贺的仪式，其军团公然在大阪城外

虎视眈眈，摆出一副一有异动便要大开杀戒的模样。次日德川家康便派遣结城秀康前往石田三成之兄石田正澄的宅邸，"监视其动向"，同时与北政所进行协商。北政所早在年初便被淀夫人从大阪城本丸赶出来，住在西之丸。9月29日，北政所出走京都，德川家康进入西之丸开始执行"五大老笔头"的权柄。

10月13日，德川家康任命小松城主丹羽长重为先锋，做出将立即发动对前田家征讨的姿态。不过姿态只是充当样子，除了前锋以外，德川家康并没有对征讨大军做进一步安排，见状前田利长赶忙派遣家老横山长知去拜见德川家康，陈明前田家绝无异心，并且送上前田利长亲笔书写的效忠"誓书"；同时还将横山等几位家老，连同母亲松夫人（芳春院）作为人质送往江户。当年丰臣秀吉也曾经将自己的母亲（大政所阿仲）送往德川家康处作为人质，但那不是为了向德川家康表示臣服，恰恰相反，那是作为德川家康向丰臣秀吉表示臣服的交换条件。前田利长将亲属送往江户城作为人质以表示臣服，是后来德川幕府时代各地大名向江户送入人质的开端，也在一定程度上间接促成江户城两百年的繁华。

曾经接受过丰臣秀吉母亲的德川家康，当然明白前田利长送上母亲作人质的意图。有趣的是，后来关原之战时，丹羽长重投靠了西军，前田利长于是出兵攻克了小松城，作为投名状献给了德川家康。但是当德川家康派遣使者前来询问前田利长的弟弟前田利政的情况时，前田利长一时语塞。前田利政掌握能登国（位于现石川县）21万石，却与石田三成沆瀣一气。待前田利长稳定情绪后便将这一切如实相告，并趁机表示衷心：只要大御所下令，一定亲手消灭这个敢于反叛的弟弟。德川家康见前田利长如此诚心，便许诺将孙女珠姬（德川家康的三儿子德川秀忠之女）嫁给他的儿子前田利常（前田利长养子实际是他的弟弟），两家结百年之好。果然，前田利政虽然一度与兄长共同作为东军向关原战场开进，然而中途返回金泽城后便称病不再出阵。战后，前田利政领地全部被转换到前田利长手中，再加上其他加封，前田家领地一举达到1192000石，成为德川幕府开创后天下大大名之冠。

而成为"天下第一大名"的前田家如何保住这令人艳羡，但也很容易成为幕府眼中钉的广大领地呢？首先自然是继续效力于德川家。1611年前田利长去世，遗言唯有"谨守幕府之令"。前田利常随后继承了家主之位，大阪冬、夏之役前

▲ 位于富山县高岗市的前田利长雕像

田利常都曾立下赫赫战功。进入和平时代后，这位在各种史籍里风度翩翩、武勇仁智的大名，却开始装疯卖傻。其中有两个比较有名的故事，第一个故事是说前田利常进入中年以后便开始不修边幅，最让人难以忍受的是他根本不修剪鼻毛，结果导致鼻毛露出很长。最后他的属下实在难忍，于是献上一套剪鼻毛的工具，暗示他该修剪鼻毛了。然而前田利常却告知其下属说：我就是要表现得像个傻瓜，如果不这样，怎么维持"天下第一大名"？属下这才明白其良苦用心。另一个故事是，有一次前田利常因染病没有入江户城议事，隔天入城之后，酒井忠胜就问："您前阶段怎么没来啊？"前田利常回答："哎呀我是得了疝气啊，走路都不行，要不您看？"疝气是发生在大小肠和生殖器上的病症，这种事本不宜说，但不料前田利常居然当着满堂众人的面，脱下裤子就给大家看个通透，引得哄堂大笑。

　　以上便是前田利家、前田利长、前田利常三代是如何处心积虑，战战兢兢寻求在德川家庇护下最大程度保护自家利益的过程。这个过程贯穿幕府前期数十年，历经了各种艰辛，当我们再回首 1599 春夏之交，以石田三成为首的大阪城奉行们拼了命想鼓动前田家去对抗德川家康，如此可笑！他们只看到了前田家有能力对抗德川家康，但却没有思考问题的本质，即前田家是否有意愿做这种火中取栗的事。事实上，虽然德川家康和前田利家、前田利长之间一度到了即将兵刃相见的地步，但是石田三成与前田利长的关系也是很差的。当德川家康接受了前田家人质的那一刻，阴谋挑动者们被迫自己跳向前台，而这样做的后果就是自取灭亡。

　　然而，以上这一连串的阴谋事件还有另一种传言，即所谓阴谋都是德川家康自己在幕后编造的。确实，德川家康在别人的宅邸里吃喝玩乐着，突然手下就闯进来密告，接着德川家康便神色匆忙地离开，然后有人刺杀德川家康的流言便四处蔓延……一切都显得太过于戏剧化，德川家康自导自演也不是没有可能性，但终归没有确凿的证据。这历次相似的阴谋中，最像是德川家康自导自演的，还数发生在 1600 年 6 月的那一次。

　　当时德川家康已经决定讨伐会津上杉家，并向江户出发去集结麾下所有军队。6 月 18 日，抵达近江国的石部，此处临近水口城（今滋贺县甲贺市），城主是长束正家。德川家康到时，长束正家亲自出城前来迎接，赠送铁炮 200 挺，并邀请德川家康道："明日请一定到我城中，招待一顿早餐不成敬意。"德川家康应允。不过到了半夜的时候，就传来流言道石田三成的家臣将要对德川家康队伍发动袭击，而长束正家将为袭击提供便利。仅仅几个小时之后，德川家康队伍便飞速从水口城下离开，然后让一名使者返回水口城，逼迫长束正家做出解释，并且谢罪。长束正家听闻之后大吃一惊，急忙亲自带着几个随从追上去，一直追到一个叫土山的地方，才遇见德川家康一行，正家立马向德川家康拜伏道："说我要袭击内府殿，这是绝对不会发生的事，我向神明发誓！"

对于长束正家此时的反应，后世解释历来也是莫衷一是。有人认为长束正家作为多次在大阪城内煽风点火、策动阴谋者，这一次也必定不是无辜的，但是袭击还未发动就被德川家康给识破了，惶恐之余便做出了背叛石田三成的行为，跑去向德川家康表忠心了；另一种解释则是认为长束正家本来就是两面派，八面玲珑，处事圆滑，但这种人的胆量一向是不可恭维的，因此亲自刺杀德川家康这种大事是决计不会做的，而日后的关原之战中他的军事表现也确实印证了他无能的一面。受此冤枉，他自然得拼命辩白，以求不会真的惹恼德川家康。

在丰臣政权五奉行中，长束正家和前田玄以的个人领地都是最少的，仅有5万石，与同为22万石的浅野长政、增田长盛相差甚远，但长束正家的职务重要性却仅次于石田三成，石田三成是行政主管，而长束正家是财政主管。兵马未动粮草先行，以石田三成为首的诸奉行想要打倒德川家康，一定需要长束正家的支持，因此大多数史学家认为长束正家与石田家毫无瓜葛是不太可能的。此外我们还需要注意一下这件事发生的地点：水口城，今日本滋贺县甲贺市。提起此处令人不禁想起甲贺忍者。

当年本能寺之变，德川家康从界市出发，半道听闻织田信长的死讯，遂改道伊贺。当晚接受近江信乐小川的豪族多罗尾光俊的款待，3日后在多罗尾光俊的陪同下取道伊贺越加太，最后平安回到冈崎。这一次德川家康突然在夜间得到将有袭击的消息，据说也是甲贺忍者通风报信。当然这些背后的故事仅凭后人想象了。我们只需要知道德川家康最后的决定：对于长束正家的辩白表示接受，然后赠送给正家一把名为"来国光"的胁差（长刀）。长束正家恭恭敬敬接过胁差，随后走在队伍前面做向导，直到将德川家康礼送出境——实际就等于是当了几个小时的人质，直到德川家康确认周边已彻底安全才让正家离开。总之，不管这次提前暴露的袭击是真是假，德川家康仍表现得游刃有余。

有一点很容易被忽略，关原之战前并非只有属于淀夫人——文官派系的几个奉行在实施阴谋诡计，其实德川家康暗地里也用了不少计谋。前述1599年3月3日前田利家去世，第二天即3月4日，前田家臣——有5000石领地的德山则秀便出走，投奔了德川家。德山则秀早年曾经是柴田胜家的家臣，算是个老资格武将了，

▲ 位于滋贺县甲贺市的水口城建筑。当然，这是现代重建的，古代的水口城在明治初年完全被废弃了

在柴田胜家被丰臣秀吉消灭以后由丹羽长秀推荐给了前田利家。实际上早在前田利家病重期间，德山则秀就曾经将利家与自己秘密谈话的内容透露给德川家康。为了向德川家康表示今后必投奔于他的决心，德山则秀又秘密将自己的女儿作为人质送去了德川家。但是这件事情终是败露了，病床上的前田利家将德山则秀召去责问。当时前田利家已经病到不能说话的程度，德山则秀在隔壁房间向神谷守孝等人进行了辩白，随后再由他们传达给利家，但利家并不相信其辩白，却也还没来得及下达制裁措施，便撒手人寰了。

德山则秀待前田利家刚去世，趁着大家还沉浸于悲痛之时，趁机溜去了德川家。这一家臣叛变的行为，引发了前田家内部的恐慌，生怕内部仍有德川家康安插的眼线，遂在内部掀起了一场肃清运动。仅仅6天后，前田家重臣——领地达到1万石的片山延高在大阪被杀。片山延高被杀的理由听来是很荒诞的，说是前田利家在病床上的时候，曾经因为奉行们的挑拨，向片山延高下达了暗杀德川家康的命令，但后来又反悔了。因为他意识到："行暗杀之事对秀赖公不利，与德川家康诚恳相待能保前田家安泰。"最后在前田利家的遗书当中，对于片山延高的评价是：如果有地位在前田利长之上者（以全国大名而言就只有德川家康了）加以招募的话，此人很容易就会转去投奔，若前田家濒临危机之时此人恐怕有背叛的可能。继位的前田利长马上根据这份遗书，并且以片山延高知晓前田家刺杀德川家康阴谋的事实为理由，将其杀死。

　　显然片山延高之死存在很多蹊跷。前田利家躺在病床上还找片山延高商量刺杀德川家康，转过身来却在遗书中评价此人不可靠，很容易被德川家康招募过去，那么为什么前田利家会选择此人商量呢？这一说法显然不合常理。笔者认为此事真相最大的可能性是片山延高与德山则秀一样，早就已经被德川家康暗中笼络过去，将前田家的内幕一五一十都泄露出去了。前田利家被挑拨充满愤恨的那一阶段，确实叫嚷着要杀掉德川家康，这件事多处记录可以证明。前田利家临死之时已经决策要继位的前田利长从今往后顺从德川家康，并且不能留着片山延高这个家中祸害继续存在。于是前田利长明面上对德川家康的说辞是：故主前田利家曾急火攻心说要杀你，后来他回心转意了，为了证明这点给你看，我把当初故主指派去杀你的片山延高杀了。这一席话背后的潜台词是：德川家康老狸猫啊！我知道片山延高和德山则秀一样是你的"卧底"，我现在把他杀了，德山则秀就归你了，以后我们就既往不咎，和睦相处吧。德川家康自然是不会在乎这些"卧底"的性命，只求得和谐相处。

　　总之，前田利家的逝世给德川、前田两家关系带来了转折，同时也使得此前一系列阴谋的策划者石田三成再也不能躲藏在暗处，由此引发了"石田三成逃亡"。原来，前田利家生前不但是石田三成指望用来讨伐德川家康的长矛，同时也是保护石田三成不被武将派的加藤清正、福岛正则、黑田长政等加害的盾牌，前田利家死去即意味着石田三成性命危矣。世间传说，最后走投无路的石田三成只好接受佐竹义宣的劝告，躲藏在佐竹家的女眷抬轿中，逃出大阪城，蹿入伏见的德川家宅邸，恳请德川家康庇护。德川家康于是将石田三成保护起来，随后派结成秀康将石田三成护送到其领地佐和山城，以放弃家主之位（传给年仅13岁的儿子重家）为交换条件让加藤清正等人罢手了。德川家康此举表面上是堂堂正正履行大

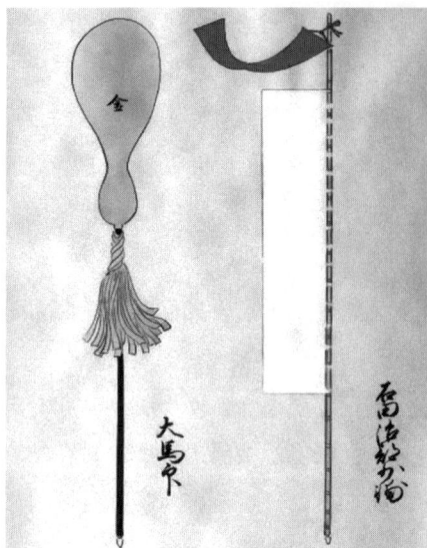

▲ 石田三成麾下军队的马印与旗印。虽然后人将三成视为彻头彻尾的文官，但战国时代高级武士首先需要有自己的领地，并且从这块领地上招募军队，然后才谈得上进入更高层的政治体系中成为偏文或偏武的官员

老笔头的职责，维护丰臣政权的安定，实则是将石田三成的政治活动空间彻底封死，但同时保留了他的性命，给予他日后武装起事的机会。因为德川家康深知一旦石田三成起事，与石田三成矛盾已经如此之深的武将们必将投奔自己麾下，这一场大战后丰臣政权必将伤筋动骨，此后德川家取得天下便是水到渠成。

不过关于"石田三成逃亡"这件事，还可以再进行进一步的查证。京都神龙院住持梵舜所著的《舜旧记》记载：石田治部少辅因与七大名存有纠纷，由内府家康插手和好无事，治部前往江州佐和山城隐居。这里并没有提到石田三成逃往伏见德川家康宅邸内寻求庇护，其他可信史料中，也没有提到这一点。

江户中期的宝永年间（1704—1711年）著名兵学家大道寺友山所著的《落穗集》中对这起事件经过的描写是这样的：

石田三成由佐竹义宣陪着当夜到达伏见住所。佐竹义宣径直造访了家康宅邸，对家康陈述了大阪丰臣七将骚动的经过，表明石田三成在自己的陪同下已经抵达伏见。家康回答，对于这次的骚动深表痛心，佐竹义宣能够保护石田三成从大阪逃至伏见值得赞赏；石田三成可以先住在伏见，等待问题处置的结果。

到底事实的真相如何，恐难以明了。

投奔怒海的会津龙

关原之战的起因表面上是上杉景胜的头号家臣直江兼续写信反驳德川家康对上杉景胜的指控，并痛骂了德川家康，德川家康阅信后大怒，随后就返回江户组织大军讨伐上杉，石田三成趁机组织各路武装占据近畿，德川家康随即率军返回与石田三成大战于关原，一日而克。当初上杉景胜臣服于丰臣秀吉，从越后祖传之地被转封会津，关原之战后又不得不臣服于德川家康，以求避免被灭家。因此上杉景胜再次被减封米泽。德川家康在转战关原之前就曾下令最上义光侵入会津，双方经过几日的较量之后，最上义光处于孤立无援的境况，遂以长子义康为质，向伊达政宗请求救援，政宗随即派其叔父政景前往救援。最终在最上、伊达联军的合力打击下，上杉景胜的"关原"就此拉上了帷幕。

战争的硝烟日渐平息，但坊间关于上杉重臣直江兼续与石田三成秘密约定的流言却从未停息，究竟事实的真相如何呢？

直江兼续与石田三成是同龄人，都是永禄三年（1560年）出生，这一年27岁的织田信长在桶狭间打败了今川义元，18岁的松平元康（德川家康）由此独立，24岁的木下藤吉郎（丰臣秀吉）还在寻求获得第一次战功的机会。四十壮年，两人在太阁丰臣秀吉去世之后，都认为当今天下轮到自己来纵横驰骋了，石田三成要支撑丰臣政权，直江兼续则要支撑上杉家；石田三成是由丰臣秀吉亲自挑选并培养为自己执政的左膀右臂，直江兼续与上杉景胜的关系也与此类似。丰臣秀吉也一样欣赏直江兼续，他曾经提出让直江兼续转投到自己帐下，被拒绝之后，要求上杉家将自己拥有的120万石高划分四分之一即30万给直江兼续，甚至赞言："天下可托付重任者唯有小早川隆景与直江兼续。"小早川隆景在其父毛利元就去世后成为毛利家的领导者，也是争霸天下的强有力候选人之一，然而在丰臣秀吉去世之前隆景便于1597年已经去世了（上杉景胜成为五大老之一就是补隆景的缺），由丰臣秀吉送来的养子羽柴秀俊继位大名，改名小早川秀秋。

在丰臣政权五大老中，德川家石高255万余遥遥领先，而毛利家石高1255000位居第二，上杉家的石高仅仅比毛利家少了5000石，位居第三。不过，上杉家在丰臣政权内的发言权，连宇喜多家都比不上，更别说与德川、毛利、前田家相比。原因不难猜想，曾经在"越后之龙"上杉谦信率领下所向披靡、威震天下的上杉军团早已风光不再，上杉景胜赢得继承战争之后，既难以管理越后之地，也难以阻挡织田军入侵，因此当丰臣秀吉大军到来时便轻易臣服，移封会津。对于丰臣秀吉来说，将上杉家安置在连接关东平原与东北陆奥的咽喉之地会津，可以从后方牵制德川家康的关东八州。为了让上杉景胜能够更尽责地驻守此地，丰臣秀吉便让他加入了五大老的行列。对于上杉景胜来说，上杉家在丰臣政权旗下的待遇并不算坏，维护这个政权的稳定也是理所应当的。让日本的政治中心继续在遥远的大阪维系下去，而不是转移到与会津并不遥远的江户，也可以给予上杉家相对的行动自由，这种自由可能会给未来上杉家重新夺取越后，甚至取代德川家康称霸关东提供契机。总之，当德川家康开始表现出欲号令天下的意图时，上杉景胜、直江兼续是肯定会站在他的对立面的，那么石田三成欲与其缔结密约也就是情理之中的了。

当然，订立密约一般不会留下证据。我们也只能推测：这份密约大概订立于1599年8月至9月间。上杉景胜8月3日从伏见出发，22日回到会津，中途很可能路过佐和山城，与石田三成有过交谈并确定密约的大致条款。9月1日，直江兼续又从大阪出发，《会津阵物语》《近世军记》等史料明确记载直江兼续两天以后便去了佐和山城，很有可能是去完善这份密约的细节问题。至于直江兼续并不是陪同上杉景胜一道回会津而是分先后出发，官方的解释是直江兼续当时身体有恙，因此延后数日出发。不过这也可能是个障眼法，避免两人一同进入佐和山城引人注目。

上杉景胜、直江兼续与石田三成之间密谋了些什么？达成了什么样的协议？我们不得而知，但恐怕也很难会有联合发动天下大战，消灭德川家康的内容。为什么呢？如前所述，9月7日重阳节之前再一次传出暗杀德川家康计划正在策动中的流言，这一次流言骚动比以往任何一次都严重。结果导致9月29日北政所出走京都，德川家康进入西之丸开始执行"五大老笔头"的权柄，其他大老与奉行基本失去了参政权（除了丰臣秀吉死后很快投靠德川家康的浅野长政）。10月2日，卷入这次阴谋的浅野长吉、大野治长、土方雄久被流放，10月13日，德川家康任命小松城主丹羽长重为先锋准备讨伐前田家，随后峰回路转，前田利长送上母亲和家臣为人质表示臣服。所有这一切惊险的剧情发生之前，石田三成已经和上杉景胜或者直江兼续商谈过，但那时的石田三成应该仍然指望前田利长与德川家康对抗，自己并未下定决心与德川家康对抗，那么自然也就不存在向上杉景胜、直江兼续一切和盘托出，请求其做军事准备，夹击德川家的想法。但是，可以预想三人之间已经达成日后加强合作，互利共赢的协议。

日本史学界在研究石田三成方面硕果累累的白川亨先生，在其著作中曾提出一个值得重视的细节：关原之战后，石田三成的次子重成（石田家的"漏网之鱼"）去投奔姐姐辰子所在的津轻家（辰子以丰臣家养女的名义嫁给了津轻信枚，从此改名为杉山源吾）。杉山源吾编纂的《杉山系图》在津轻藩内流传下来，由此可知上杉家有一个家臣叫冈左内定俊，其子半兵卫重政娶了石田三成的次女（一说养女）。大名间禁止私自结亲，这是关白秀次切腹（1595年8月）之后五大老共同签名向丰臣秀吉提交的效忠《誓书》第一条明令规定的，也是丰臣秀吉死后德川家康与四大老、五奉行关系恶化的主要原因。然而根据这份《杉山系图》的记录，石田三成自己就打破了这项规定，将自己的女儿嫁到了上杉家。这位冈左内定俊曾经是祖居会津的蒲生家臣，上杉家转封过来以后他继续留在会津效忠于上杉景胜，关原之战后他还是留在会津又一次效忠蒲生家。因此，冈左内定俊对于上杉景胜来说只是熟悉会津地方事务的边缘家臣而已，而丰臣五奉行之首、佐和山城主石田三成居然会看中这个小角色，甚至打破太阁遗命，将自己女儿（很可能是养女）嫁给他儿子，实在是毫无道理。那么就只能考虑另外的因素，即这门亲事其实就是石田三成送了一个人质给上杉家。石田三成之女是何时与半兵卫重政结婚的并没有记录，因此还有一种可能性是，当初石田三成就是纯粹将她作为人质送往上杉家的，这样也就不违反禁止私自结亲的规定。关原之战后上杉家被转封至更为偏僻，财政上更紧张的米泽，因此带走的人数越少越好，重政与其父冈左内定俊都留在会津，那么石田三成之女也留在会津，并且直接嫁给重政，以便消去上杉家曾经与石田三成订立密约的线索。确实，德川家没有人想到去津轻家追查石田重成，这条线索也就此作罢。

总之，有上杉景胜、直江兼续在回国途中与石田三成商谈的迹象，有石田三成将人质送往上杉家的记录，基本可以确定双方达成了一定共识，今后将共同采取行动了。于是上杉家开始招兵买马。在各种小说、漫画、影视作品中活跃的战国大名人"前田庆次郎"（花之庆次），本名前田利益，就是在这个时期作为浪人被直江兼续招募进入上杉家，成为组外众笔头，领受1000石俸禄。除了这位大名人，还有车丹波守斯忠、山上道及、上泉泰纲等。这位上泉泰纲又名主水，一般认为他是剑圣上泉信纲的孙子，曾效忠于后北条家，小田原征伐后成为浪人，也被直江兼续所招募，据说他开创了会津一刀流，后来与最上军作战时战死，其子孙世代为米泽藩士。

1600 年 2 月，上杉景胜、直江兼续指示上杉领地内诸城都展开修复工作。3月，又以若松城狭窄为名，下令在会津盆地接近正中央的位置修筑一座新城，名为神指城。动员越后、仙道、米泽、会津四郡的人夫 12 万人，本丸的石墙从 3 月18 日修筑至 6 月 1 日，二之丸从 5 月 10 日开始修筑。需要注意的是：上杉家直到此时，仍然没有推行兵农分离制度，也就是说上杉家动员大量农民从事建筑工程，没有余力发动由农民兵组成的军队出兵打仗。进入 6 月之后神指城工程就停工了，原因是酷暑难当。接下来就面临德川家康发动的会津征伐，随之而来的是关原之战的东北战线——庆长出羽合战，结果上杉军被打败了。上杉家只有在修筑完成神指城，并且将其他防御城池整修完毕之后，才能指望用少量兵力确保根据地的安全，从而将主力部队投入对德川家关东八州的进攻作战，但以上杉军对阵最上、伊达联军的实际情况来看，上杉景胜、直江兼续难有兵力来执行如此积极的战略。

如果备战工程能够瞒过德川家康的耳目倒也罢了，但实际上工程如此声势浩

▲ 据说是关原之战时"花之庆次"前田利益所使用的武士甲胄，现藏于米泽市博物馆

▲ 今日福岛县会津若松市的若松城天守阁，雪中美景，见证数百年来日本东北部的风云变幻

大，要隐瞒过去是很难的，况且上杉家这个时候又出现一名"出奔者"，让消息泄露的时间点比石田三成、上杉景胜预想的更早，此人名叫藤田信吉，也算是个"多姓家奴"的人物。藤田信吉出生于1559年（即比石田三成、直江兼续大一岁），早年效忠于后北条家，受真田昌幸的策反，将沼田城交给武田家（此城扼守越后进入上野的咽喉要道），后由武田胜赖赐予5700贯领地（并由此改名为藤田信吉）。不久之后武田家灭亡，藤田信吉先投靠泷川一益，本能寺之变后又连忙投靠上杉家，结果遭到泷川军围攻，只得逃往越后，上杉景胜后来将长岛城赐予了他。藤田信吉在上杉家中取得不少战功，如讨伐新发田重家时通过策反活动夺取新潟城、沼垂城，救援赤谷城时击败了芦名军。小田原征伐时藤田信吉已然成为上杉家的先锋大将，将后北条家（也就是其旧主家）位于上野、武藏的多座城池攻克，因此当上杉家移封到会津时，藤田信吉成为津川城城代，石高15000。不过此人"脑后有反骨"，1600年初作为上杉景胜的代表前往德川家祝贺新年，德川家康便向其赠送了不少钱财和名刀。因此，当上杉景胜、直江兼续的反德川家立场越来越明显时，藤田信吉成为上杉家中"避战派"的代表，最终藤田信吉直接出奔，跑去向德川秀忠告知了一切。大吃一惊的德川秀忠立即赶往大阪城去通知德川家康。事实上，在藤田信吉叛逃之前仅仅两天，德川秀忠还向上杉景胜写了一封信，认同其正在实施的防御修筑工程对德川家并没有敌意，请其安心即可。现在上杉家中的重要人物前来透露上杉景胜、直江兼续确有反意，事态便突然严重起来。五大老之一要造反，非同小可，德川家康立即向另外两位大老毛利辉元、宇喜多秀家提出讨伐会津，但毛利辉元、宇喜多秀家联合增田长盛、大谷吉继等提出反对，认为现在出兵为时尚早，应该先派人去质问上杉景胜。1600年4月13日，德川家康派遣的使者到达若松城，向直江兼续交出质问状，其内容大意是：你上杉景胜自太阁去世以来干的那些事，我德川家康都是知道的，很多人都状告你（有叛乱意图），如前田利长那样曾有异心但终究臣服于我，你也应该学那样。请你（上杉景胜）赶快上洛来道歉，否则就会有战事。另外还要商量一下高丽国是否投降，如果不投降便出兵讨伐之事。总之，这份质问状很不客气，充满挑衅意味。

当上杉景胜、直江兼续接到这份质问状时，便能明白德川家康无论如何都会发动讨伐战争了。既然已无回转余地，直江兼续写了一份更加不客气的回复状，即后世知名的"直江状"，其逐点反驳德川家康的指控，并充满嘲讽，特别是"你应该学习前田利长"，"商讨高丽国投降之事"被直江兼续用"笑止笑止"（简直笑死人了）字样讽刺。从各种史料来看，这份"直江状"送出以后，上杉景胜、直江兼续并没有立即采取与石田三成加强协同的举措，而是继续国内修城、整备桥梁道路的工程。此后在大阪方面发生的事，简单记录如下：

5月3日，收到"直江状"的德川家康愤怒宣告必要踏平会津。

5月7日，两位奉行长束正家、增田长盛和三位中老中村一氏、生驹亲正、堀尾吉晴试图劝阻德川家康讨伐会津，未被接受。

6月2日，德川家康下令以7月下旬为期做出征会津准备。

6月6日，德川家康将诸将召集于大阪城西之丸，布置各路军团讨伐路线：德川家康、德川秀忠率领关东、关西、东海各路大名由白河口进军，佐竹义宣由仙道口进军，伊达政宗由信夫口进军，最上义光率领最上川以北诸将由米泽口进军，前田利长、堀秀治率领越后诸将由津川口进军。如此阵势，会津上杉家面临的是来自四面八方的围攻，兵力总数可达20万，日本历史上出现如此规模大军动员只有两次，一次是小田原征伐，另一次是九州征伐。

6月15日，丰臣秀赖来到西之丸，赐予德川家康军费黄金两万两、兵粮两万石。

6月16日，德川家康从大阪前往伏见，一切箭在弦上。

6月9日，上杉家部署于大阪、京都的探子回到会津，立即向上杉景胜、直江兼续做了汇报：德川家康这次讨伐会津想要丰臣秀赖一起出征，但被丰臣秀赖身边众人拒绝。德川家康还想借用佐和山城，但石田三成表示拒绝，并且关闭了城门。又想借道尾张的清洲城，但也被福岛正则拒绝。毛利、宇喜多家以当年未曾参加讨伐北条家为由，也拒绝参加。另外，还听闻一岐岛、对马岛被入侵，不过这个消息难以判断真伪。这份报告中有很多不可信的地方：入侵是根本不可能的事情，福岛正则实际上已经投靠了德川家康（而且表现得比德川家康家臣都积极），可见上杉家的情报系统也不是那么可靠。上杉景胜、直江兼续另外还收到其他家臣关于领内的报告，大多是物资不足的情况，可见家臣团对于即将到来的大战非常不安，而上杉景胜回复则以斥责激励为主。

6月20日，会津征伐之后第一封从石田三成那里发出的书信送抵直江兼续之手，内容是通报德川家康 18 日已由伏见城出发，毛利辉元、宇喜多秀家都是我方盟友，请放心。

但这封信多半是后世伪作：从大阪发出一封信到会津需要 10 天左右，从佐和山城出发最多只能缩减一天时间，一封最早也得 18 日晚间才写好的手信在 20 日就抵达会津，这显然是不可能的事。不过这一时期石田三成与上杉景胜、直江兼续之间肯定已经在频繁联络了，这一点毋庸置疑。石田三成加紧说服毛利辉元、宇喜多秀家，并在 7 月间取得这两位大老以及大谷吉继、真田昌幸等人的支持。7 月 14 日石田三成寄给直江兼续的书信因为有其他史料作证，基本可以认为是真实的，其中提及一旦事成，将恢复上杉家原本的越后领地，并推荐在越后寻找浪人发动一揆。几乎同时石田三成寄给真田昌幸的信中，则请求真田昌幸将本方使者引路到会津去，并保持从真田家的沼田城到会津城之间书信道路的畅通（这些书信的抄本由真田信之一族保存至今）。8 月 25 日，上杉景胜正式向石田三成、长束正家、增田长盛、毛利辉元、宇喜多秀家等本方阵营发出传檄文书，历数德川家康违背与太阁誓约、操纵大阪政务、无端陷害上杉景胜谋反等罪状，并保证会津各要口守卫严密，无须担心。

这份文书对于今后上杉家的军事战略是如何描述的呢？其大意是：（上杉军）如果轻率出击关东平原，则东北之敌蜂起（最上、伊达），将陷入不利局面，因此需谨慎。但如果内府（德川家康）上洛，则我方将与佐竹（佐竹义宣）合作，然后杀入关东，为此我们将加紧准备，请放心。豪言虽出，但上杉家的真实打算仅仅是牵制住伊达、最上家，在越后靠发动一揆牵制堀秀治。上杉景胜作为上杉家之主制定这样一份保守的作战方案，与眼前的现实情况即神指城修筑等工程还远未完工、上杉军的备战与物资补给很不充分相关，也与上杉景胜成为上杉军统帅以来的战略思维有关。上杉景胜是在养父"军神"谦信的身边长大的，但是他看到谦信经过一生无数次大战之后，去世时上杉领地仍然只有越后一国与上野、越中的一部分，与武田信玄大战十年、天昏地暗的信浓川中岛四郡，却也是他趁着本能寺之变后的混乱局势才收入囊中。臣服于丰臣秀吉之后，上杉景胜不动声色地派兵渡海，消灭了佐渡岛本间家，从而获得其金矿利益（佐渡金山的大规模开发是在转为德川家直属领地之后）。总之，上杉景胜既没有实力，也没有意愿

▲ 歌川广重所描绘的江户时代佐渡金山矿场景象

在战场上树立如同谦信那般赫赫威名，只愿顺应天下形势在其能够掌控的周边地区捞取一些实际好处。因此，石田三成、大谷吉继等人设想的从东西两面广大范围内形成对东军夹击之战略设想，从一开始就是没可能实现的。

而德川家康所面临的形势，与数百年之后，第二次世界大战中被日本军队偷袭了珍珠港的美国罗斯福总统所面对的形势类似。偷袭珍珠港导致美国与日本、德国同时开战，而日、德分属亚洲和欧洲，这便需要美国对战斗能力进行分配。尽管日本才是向美国主动挑起战争者，且美国国内要求集中全力向日本复仇呼声高涨，但罗斯福仍然决策将大部分战斗能力分配去欧洲对付德国，因为轴心国的最大战力来自德国军队，解决纳粹德国之后再解决日本不过是囊中取物，因此只需小部分战斗能力分配至太平洋战场。德川家康的决策与其非常相似，会津讨伐军从伏见出发后在近畿只留下象征性兵力，一听闻石田三成联合西国大名起事，德川家康立即率领主力转向对付石田三成，同时依靠最上、伊达联军牵制上杉。结果是德川家康在两条战线上都获得了胜利，而石田三成、上杉景胜、直江兼续所设想的战略完全失败。

换一个角度看，上杉家与二战中的日本高层决策也非常相似。从基本实力分析，日本向美国宣战与上杉向德川家康宣战一样，都是不自量力的行为。但日本当时对于欧洲战场的盟友纳粹德国的实力予以过高评价，认为德国可以打败苏联、英国，然后集结整个欧洲之力从大西洋方向威胁美国，结果德国根本没有成功。上杉景胜、直江兼续对于石田三成纠集起来的西国大名实力显然也过高估计，甚至连福岛正则将倒向哪一方都没有搞清楚，更遑论预见庞大的西军竟会在大战仅仅半日便溃败。按照正常逻辑判断，只要西军不是被彻底击溃，即使初战挫败、残余部队撤往大阪城固守，这座天下第一坚城也将给德川家康带来巨大的麻烦。十余年后，一群落魄武将（包括真田幸村）率领浪人武士集团固守大阪城，亦迫使年迈的德川家康亲自出阵、带领天下之兵围攻了大半年还玩弄了不少阴谋诡计，才最终破城灭亡丰臣家，可作为大阪城坚固之充分证明。谁都想不到石田三成会将自己的所有筹码仅用半天时间就在关原全部输光，正如后世也没人能想到山本五十六会将作为日本海军主力的航母机动舰队在中途岛一天之内便全军覆没。

上文已提及 6 月 18 日德川家康队伍抵达近江国的石部，当夜疑似有石田三成所部试图袭击之事。此前一天即 17 日，德川家康还在伏见城内，与老将鸟居元忠喝了几杯酒，然后只留下极少军队给元忠守卫伏见城。等德川家康走远了以后，宇喜多秀家起事率军围困伏见，鸟居元忠战至最后，切腹自尽。此前君臣洒酒分别的场面无数次被日后的影视作品所演绎，鸟居元忠被后世视为"精忠护主三河武士"的代表。德川家康通过这一步棋，仅用一员老将与数百士兵性命便争取到数日珍贵的应变时间，同时也通过树立鸟居元忠的英雄形象而来凸显西军阵营行事卑鄙的德行。德川家康不但要在军事上打败西军，而且在政治声誉上也要让石田三成等人彻底垮台。于是，一切恩怨只能在一片名为"关原"的平原地上了结。

剥去光环的毛利辉元

石田三成指望上杉军团能够从东面牵制住德川军，最终形成东西夹击之势，以分化东军的兵力优势。德川家康则策划以伊达、最上军团从上杉军的背后攻击将其牵制住。但上杉军方面还有"隐藏妙招"，其实这一招也是利用早已布下的棋子：以陆奥岩城的岩城贞隆、常陆水户的佐竹义宣相互配合，攻击讨伐军的侧翼或者背后。石田三成另外还准备了一个"隐藏妙招"，即鼓动真田昌幸也从信浓方面背攻讨伐军。若所有的计划都能按照预期发挥作用，那么最后战局的走向则不可预测。然而石田三成起事的时机过早，德川家康率领讨伐军于 7 月 24 日进入下野小山（今栃木县小山市），当夜从伏见城逃出来的滨岛无手右卫门便带来了近畿有变的消息。

于是在 25 日，德川家康便召集诸将举行会议，即历史上著名的"小山评定"，福岛正则、黑田长政、浅野长政

▲ 佐竹义宣画像

▲ 位于福岛县白河市的古白河关遗迹，自平安时代以来"奥州三关"之一，历来兵家必争之地

等纷纷表示愿追随德川家康，返军东上，讨伐石田三成。真田昌幸与次子真田幸村加入西军并且在上田城以奇计牵制住德川秀忠的大军，此事历来为后世称道，且后世演绎作品中也不乏此事件的展现。而相对来说，名气较低的佐竹义宣，此人关原合战前在日本政坛中发挥的作用远高于真田昌幸，石田三成、上杉景胜以及直江兼续对他的期待也高于真田昌幸，然而小山评定后佐竹义宣只能眼睁睁地看着德川军走远，失去了建功立业的机会。

盘踞于常陆水户城（今茨城县水户市）这块水草肥美之地的佐竹家，与血统杂乱的德川家不同，佐竹家是家谱可以追溯到源新罗三郎义光的清和源氏正统。佐竹义宣之父佐竹义重是佐竹家第 18 代当主，曾与上杉谦信结盟并与北条军大战多次，其后又与芦名家结盟对抗伊达政宗，作战极为勇猛，号称"鬼义重""坂东太郎"。1590 年臣服于丰臣秀吉并参加小田原征伐，作为援军帮助石田三成围攻忍城，虽然这次围攻战并不顺利，不过佐竹义重、佐竹义宣父子与石田三成结下了深厚友谊。丰臣秀吉赐给佐竹家54万余石高领地令其成为大大名，而五大老之一的冈山城主宇喜多秀家也不过57万石高。由此常陆全境几乎都由佐竹家掌控，丰臣秀吉此举的目的与分封会津的上杉家一样，计划从背后牵制德川家。之后佐竹义重将实权交给佐竹义宣，独自退往太田城过悠闲的隐退生活，佐竹义宣则前往大阪向石田三成学习包括检地法在内的治国之术。与佐竹义宣有亲缘关系的宇都宫国纲遭遇改易（降为平民，没收一切财产）处分，眼看将要牵连到佐竹义宣时，石田三成站出来为其求情，使其免于处罚。因此后来武将派七将试图袭击石田三成时，佐竹义宣给予了力所能及的帮助。德川家康从细川忠兴处听说了佐竹义宣帮助石田三成之事，评论道："义宣以身命报答旧恩，实为义举，不存异议。"

佐竹家在关原战前受到西军方面高度重视的理由，在于其掌控的领地远不止太阁丰臣秀吉检地划分的54万石，当初佐竹义重将儿子们送往临近各家当养子，到此时已有硕果。佐竹义宣的二弟佐竹义广被送入芦名家，拥有江户崎（今茨城县稻敷市）45000石领地；三弟佐竹贞隆被送入岩城家，拥有岩城（今福岛县岩城市）12万石领地；四弟佐竹宣隆被送入多贺谷家，拥有下妻（今茨城县下妻市）6万石领地。再加上盘踞于牛越（今福岛县南相马市）的相马胤良拥有6万石，也服从佐竹家，全部合计起来，佐竹家整个麾下石高达到了83万，按照千石征兵25人的标准，佐竹军团可拥有2万余士兵，其力量决不可小觑。

当德川家康于5月初宣告将征伐会津上杉家时，佐竹义宣也在征召之列。佐竹义宣在5月中旬抵达京都，被德川家康任命为仙道口进军指挥官，6月中旬返回水户。佐竹义宣表面上仍然服从德川家康安排，命令梅津宪忠、户村丰前守、涩江政光等家臣前往南陆奥的赤馆城做出兵准备，同时又与新近加入上杉家的车斯忠取得了联系。7月15日，向全军提出11条军法书（作战动员文书）。根据《佐竹家谱》的记载，21日佐竹义宣率主力部队从水户出发，24日抵达常陆与陆奥边境处，距离赤馆城很近，摆出一副好似要讨伐上杉景胜的模样。这座赤馆城位于佐竹家领地的最北端，对面就是会津咽喉之地白河口。几乎同时，直江兼续率领的上杉军先头部队14000余人抵达白河城部署，堵住白河口。如前所述，德川家康制定的会津讨伐计划，由其子德川秀忠亲率的主力军团就是要攻打白河口从而进军会津的。如果真走了这条路，那么德川军团队列在这一沿线势必会拉长到头尾难以相顾，倘若背后赤馆城的佐竹军突然翻脸，佐竹义宣与直江兼续合作展开首尾夹击，德川家康、德川秀忠将陷入绝境。顺便提一下，将近300年后，萨长军战胜德川军入主江户城建立明治新政府，以会津松平家为首的东北诸藩表示不服，结成联盟举起反旗，双方大战的焦点之一便是白河口，此处被突破之后新政府军便势不可挡直入会津若松城下，东北诸藩联盟便烟消云散了。

　　7月25日，德川家康召开小山评定的同时，派遣使者前去询问佐竹家的真实意图。按照德川家康的命令佐竹义宣应该在仙道口指挥进军会津，然而佐竹义宣并不在这里，这就让使者一下子感觉情况不对，家臣只好扯谎说佐竹义宣跑到太田城去看望老父亲了。在这个要紧时刻，使者自然心存疑虑，立即直言：你们是不是有意投靠上杉景胜，如果是的话，已经抵达小山的十万讨伐军将立即进攻水户。家臣吓得六神无主，急忙派快马去通知佐竹义宣。第二天佐竹义宣便匆匆赶回水户，极力否认对德川家康有反意。德川家康于是将以前安排在佐竹家内的宇喜多家旧臣花房职秀召唤过去询问佐竹家真实情况，此人过去与宇喜多秀家发生矛盾欲切腹自尽，是丰臣秀吉将他救下来送往佐竹家的。德川家康的本意是让花房职秀写一份书面文件宣告佐竹义宣并无反意，以便稳定正在小山的诸位将领情绪。从这一点我们也可以看出佐竹家的实力，其投靠方向对于东军总体的军心士气都是会产生影响的。不过花房职秀这个人向来是心直口快，直言："不能确定（佐竹义宣）就完全没有异心，人什么时候变心可不知道。"德川家康听了很不高兴道："听闻花房职秀是位武功累累的武将，今日来看不是大将之才。"

　　后来这位花房职秀也参加了关原之战，还立下了大功，可是德川家康只给了他备中高松的8000余石高领地便打发了。等到老来躺在病床上，职之（后改名）终于感觉后悔道："当初我要是随便写几笔，数万石高就到手了，结果照实回答反而没有。唉！真是一生的遗憾。"不过他这人很怀旧，每年都给旧日主公、被流放荒岛的宇喜多秀家送20俵（袋）米。言归正传，德川家康此时不愿立即与佐竹家为敌，因为当初佐竹义重率领的佐竹军还有一个响亮的名号，叫作"追击之佐竹"，要是佐竹义宣率军从背后追杀来，将严重妨碍德川家康率东军主力回头消灭西军主力之战略。德川家康采取的策略是装作不知道佐竹义宣的反意，于28

日又派遣岛田利政作为使者去再次催促佐竹义宣讨伐上杉家，还承诺战胜之后将上杉景胜的领地都交给他。同时提出要他将弟弟义广、贞隆或者亲妹作为人质交给德川家。佐竹义宣对此的回答是："内府大人（德川家康）应该是代表秀赖公东征的。以前我就按照太阁殿下的命令将母亲妻子作为人质送往伏见了，为什么现在还要再出人质呢。万一有变，妻子被斩了我也不恨。"总之事已至此，佐竹义宣也只能采取静观其变的态度，看着上杉军与最上、伊达联军对战，同时继续与石田三成保持联络。不过石田三成于8月10日写的书信成为佐竹义宣收到的最

▲ 秋田县久保田城

后一封来自西军方面的信，其中内容不过是西军已经攻克伏见、正在攻略东军各个城池，从这封信上自然无法判断东、西军谁胜谁负。

8月25日佐竹义宣率领军队回到水户城，向德川家康派遣的使者解释违背命令、撤退回城的理由，同时派遣300名援军给正在围攻真田家上田城的德川秀忠军队。此时，佐竹义宣仍是采取两面兼顾的策略，但德川家康也顾不得他了。关原之战决出胜负的消息传来后，佐竹义宣派遣使者向德川家康、德川秀忠表示祝贺，随后亲自去向德川家康谢罪，请求原谅。德川家康将佐竹家的处分事宜放置了一段时间，1602年才将其转封出羽土崎凑城（原属秋田实季），石高从54万降低至15万左右，不久之后佐竹义宣重新营造久保田城（今秋田县秋田市）作为本城。之后佐竹义宣与上杉景胜协同参加了大阪之役，击败木村重成及后藤基次的部队，重新取得德川家康的信任（大阪冬之阵12名获得幕府感状者中5名来自佐竹军）。进入江户时代，佐竹义宣将久保田城下町治理得相当繁荣，数十年后久保田藩的石高提高至45万左右，也就是说差不多将关原之战后的损失给补了回来。顺便说一句，明治初年东北各藩向新政府举起反旗的时候，久保田藩很快就投靠了新政府，虽然遭到东北同盟军的围攻却坚守成功，史称"秋田战争"。佐竹家终于做出了正确的决策，还趁机向德川家报了仇。

至此，笔者先将上文已讲述过的关原之战败方，西军代表性将领的失败模式做一个小结：以石田三成、大谷吉继、安国寺惠琼为首的西军真正决策层，在其认为最合适的时机起事，争取到尽可能多的西国大名加入战团之后，因其各种先天性的缺陷，如东方的盟友上杉景胜实际不作为、石田三成本人树敌过多导致武将派纷纷投入德川家康帐下等原因，最终只能选择在关原与东军一决胜负，最后败于东军。以上杉家为代表的西军将领们则高估了石田三成集团的实力，参与制定的打击德川家康的战略计划，缺乏可行性，最终导致战败，上杉家也因此遭到处罚。以佐竹家为代表的小头目参加者，连制定大战略计划的资格也没有，因为偶然的原因（如佐竹义宣与石田三成关系亲密）而参加战团，虽然在战术上也曾有"白河口夹击德川军"这样的机会出现，但最终还是眼睁睁看着大势远去，战后也遭到处分。关原之战有趣的地方在于，除以上模式之外还有一种特殊存在，代表即为毛利家。名义上，由安国寺惠琼说服前来参战的毛利辉元被敬为西军统帅，然而他本人既没有权力做出真正的战略决策，关原之战时也不在现场。他所带来的毛利军团也被吉川广家所阻挡，连带还让更靠后的长束正家、长宗我部盛亲军团动弹不得，使得一度占据关原战斗优势的西军，因小早川秀秋的叛变而突然崩溃，根本没有出手的毛利军团一看大势已去就自主溃逃。毛利家将其家族内部的明争暗斗带到大阪，带到关原战场上，与前3种模式不同，毛利辉元更像是来观战的，而且将其在战国乱世中打拼百年才获得的威名一朝丢尽。

1600年，毛利辉元47岁，他在19岁时（1571年）便接替去世的祖父，"战国第一智将"毛利元就而成为家主，继位之后强化领内统治（例如压服防府天满宫大官司家），1591年开始修筑自大阪往西，日本最大的城池广岛城，并将广岛建设成为堪与大阪媲美的工商繁华之地。在成败转头空的战国时代，如此年纪轻轻就接受庞大基业，从军事、内政两方面将基业继续扩大繁荣的人才，其实是很少有的。毛利元就因此成为丰臣秀吉托孤的五大老之一，他自己也认为自身权力应该与德川家康平等，但事实上处处受其打压，因此安国寺惠琼、石田三成说服他来参战以向德川家康进行报复是不费吹灰之力的。7月16日，毛利辉元率领毛利水军数百艘舰船浩浩荡荡抵达大阪入口木津川，将德川家康留在大阪城西之丸的佐野纲正赶出去，随即宣布西之丸成为西军大本营，同时发布"内府罪状十三条"，向德川家康宣战。这份宣战文件由两位大老毛利辉元、宇喜多秀家，三位奉行前田玄以、增田长盛、长束正家签署后传檄全日本。我们可以看出这份文件存在的问题：西军方面有三位大老即毛利辉元、宇喜多秀家、上杉景胜，但上杉景胜的签名不可能在此时拿到，所以只有两位大老签名，这还说得过去。然而，除去投靠德川家康的浅野长政，留下的奉行三人签名，作为实际主导者的石田三成却不能签名，原因很简单，石田三成树敌过多，他要是签名，那投靠德川家康的大名就更多了！

于是就产生了另外一个问题：如果西军名义统帅注定不能是实际最高指挥者石田三成，但为什么是毛利辉元，而不是由丰臣秀赖亲自担当，以丰臣家名分去打击东军？如此一来，或许关原战场上许多丰臣系东军将领会踌躇不前，而不是看到石田三成在领军就愤怒地冲杀过去。对此史家有各种不同的解释，也许在背后操纵年幼的丰臣秀赖的淀夫人看来，这场大战是大大名中排名第二的毛利辉元打算将排名第一的德川家康揪下宝座，那么此时就不宜让丰臣秀赖作为统帅站在毛利辉元身边为其声援助威，造成战后毛利辉元与德川家康一样尾大不掉。淀夫人做事有些许短浅，而毛利辉元看不出其中利害，对于坐镇大阪西之丸，号令天下的感觉却很入迷。不过在旁人看来更加不能理解的是：毛利辉元在西之丸呼喊要严惩德川家康，其分家首脑、智囊吉川广家提前两天从出云富田城来到大阪之后，却到处向人游说不能与德川家康对抗！

吉川广家是吉川元春第三子，1587年成为吉川家主，作为毛利辉元帐下头号大将，讨伐丰前、肥后一揆并出征，获封出云、隐岐12万石高领地。而安国寺惠琼早在1568年便效忠于毛利家，并以安国寺住持身份成为毛利家的外交僧，与丰臣秀吉、石田三成的关系都很好。然而吉川广家之父吉川元春却很讨厌丰臣秀吉，吉川广家本人在丰臣秀吉攻略九州时与武将派中的加藤清正等结下友谊，与德川家康帐下神原康政等关系也不错。吉川广家与安国寺惠琼之间的矛盾，完全就是丰臣政权武将派和文官派矛盾的翻版，甚至于这种矛盾发展至不可弥补的场所也是一样的。据说对外作战时安国寺惠琼将吉川广家在战役中的优秀表现隐瞒不报，反告其违反军令，从此以后两人势同水火。吉川广家来到大阪城后，立即向所有人一针见血地指出：你们要与德川家康对战，首先需要有能打败德川家康的大将。当年德川家康只拥有3国领地之时，便将数倍于其兵力的太阁大军打败（即小牧·长久手之战），今日德川家康率领关东诸将再加上原太阁帐下几乎所有能打的武将，其麾下大军从质和量方面都强于你们，而西军诸将既无能力，也无充分准备，想战胜德川家康简直痴人说梦。再者，毛利家统领10国之地已足够子孙享受，勿起争雄天下之心，这是故主元就公的遗训。对于吉川广家提出的这些理由安国寺惠琼根本无法反驳，只能以"如今盟约已成不能违背，否则毛利辉元毫无脸面"这样的理由加以搪塞。吉川广家于是继续质问：说起盟约，内府殿下与毛利辉元殿下也曾经交换过誓书，约定两家要相互合作绝不背叛，那就不算了吗？安国寺惠琼沉默以对。

这场毛利家内部争执正在进行的过程中，没有跟随毛利辉元进入西之丸的数位毛利家家臣益田元祥、熊谷元直等人已经向神原康政、本多正信等德川家康帐下将领写信，大意就是这次安国寺惠琼出征会津至近江附近，不知是何缘故中途会见了石田三成等人后便返回大阪，这事是他自作主张而不是我家主公叫他回来的，我们都对他这个举动莫名其妙。我家主公知道了这事一定会大吃一惊，向内府殿下寻求谅解的吧，不过由于去广岛来回路程遥远，就先由我们派遣信使通报如上……这套说辞在毛利辉元大张旗鼓进入大阪西之丸，向天下传檄德川家康罪状之后，自然也就成为一张废纸。吉川广家不但无法劝阻毛利辉元，而且被迫与毛利秀元共同率军出发，于7月19日开始围攻伏见城，至8月1日将鸟居元忠的守城部队消灭。也就在同一天，东军阵营的黑田如水（孝高）前来联络吉川广家，请求他保护大阪城内的黑田家人质，并奉劝吉川广家在德川家康率军上洛时予以策应。吉川广家趁机通过黑田如水之子黑田长政向德川家康送信，德川家康回信表示认同毛利辉元是被安国寺惠琼所蒙蔽，同时暗示吉川广家只要协助东军获得胜利，可保毛利家平安无事。众所周知，德川家康将同属毛利辉元一族的小早川秀秋也争取过去了。

▲吉川广家画像

吉川广家一边与德川家康联络一边做出服从命令的假象。8月26日，吉川广家率军攻克安浓津城，收到增田长盛的感状。同时吉川广家报告因攻城战造成51人战死、126人负伤，部队处于疲劳状态，暗示无法去支援被福岛正则放火骚扰的赤坂。面对已经在接近的东、西两面大军，吉川广家最后一次派遣使者去劝说毛利辉元与德川家康和好，毛利辉元自然没有理他。吉川广家无奈，只得率领毛利、吉川两军团于9月7日抵达南宫山，准备即将展开的大战。到开战前一天的14日，吉川广家与福原广俊商议之后，派遣三浦传右卫门作为使者去会见黑田长政，黑田长政与福岛正则一起带着使者去亲会德川家康，讲明部署在南宫山上的毛利、吉川军团将不会下山参战，请东军不要往这个方向进攻。德川家康遂令本多忠胜、井伊直政写下保证书（长政、正则联署），保证战后毛利辉元本家领土不变。当然，这只是一张空头支票。因为此，关原之战打响后，南宫山上一片祥和，吉川广家按兵不动连带身后毛利秀元等部队也无法出动，当安国寺惠琼派使者催促时，毛利军故意拿出便携粮食吃起来，然后以"士兵们正在吃饭"为理由打发了使者。

西军主力溃败之后，被吉川广家挡住的长束正家、安国寺惠琼部队向伊势方向逃跑了，安国寺惠琼一边逃一边派使者去见吉川广家，传话道："反正也要切腹了，我已有觉悟。"吉川广家回答道："没必要啊，你不如丢下士兵和盔甲，就作为一个僧侣逃走不就行了。"安国寺惠琼听从劝告扔下一切逃入近江，在逃亡京都的路上被京都所带司奥平信昌（此人当年反叛武田家并固守长篠城从而导致胜赖惨败）的家臣鸟居庄左卫门抓住，与石田三成、小西行长一同在京都处死。吉川广家按照福岛正则、黑田长政的事前劝告，率军向近江方面撤去，但毛利家将要遭遇的减封处分令其哑口无言。

至于西军主帅毛利辉元，明明对方统帅德川家康已到战场上亲自指挥，他却坐镇西之丸无所事事。9月14日吉川广家从本多忠胜、井伊直政那里得到保证书，立即派遣快马将其通报给了毛利辉元。对于毛利辉元来说，这下可以放心了：德川家康获胜，毛利家领地也得到不变保证。石田三成获胜，虽然毛利军团实质没有动兵，但毛利秀元将毛利辉元旗帜插在南宫山上，义理上也算帮助了石田三成。最关键的是，一场大战无论谁胜谁负，两边都将遭受惨重的伤亡，而毛利军团毫发无损，胜利一方是不能得罪毛利辉元的。当毛利辉元还在做着美梦时，关原战场的消息传回大阪，得知整场大战竟然半日之内决出胜负，东军损伤极为有限而西军全面溃败，恐怕连下巴都惊掉了。当大津城失陷，立花宗茂逃回大阪并向毛利辉元主张立即收拾残兵准备守城战，毛利辉元却已失去一切战意，没有采取任何备战措施。其后数日毛利辉元与吉川广家、黑田长政、福岛正则来往书信，暗示德川家康履行承诺。9月21日逃亡的石田三成被逮捕。22日毛利辉元向德川家康写下顺从"誓书"，随后走出西之丸，退往木津毛利辉元宅邸。直到此时，德川家康都以"你与长政等人的联络事宜我都知道了你可安心"这类言语糊弄毛利辉元，根本没有给他领土不变的直接保证。毛利家就这样糊里糊涂结束了关原之战，其后只能接受领地减封。江户时代两百余年间每过新年之时，毛利家君臣便装模作样讨论一番今年要不要倒幕，此种积蓄长久的愤怒情绪终于在幕末时代爆发，这些都是后话了。在这里笔者倒想再举一人经历为本文收尾。

那位关原之战后回到大阪城苦劝毛利辉元守城无果的立花宗茂，在战前被石田三成临时派遣去围攻大津城，因为京极高次突然背叛西军躲入这座威胁西军后方交通线的城内。经过坚决而勇猛的战斗，9月15日即关原之战当天立花宗茂攻克大津城，留下了京极高次的性命，但参加攻城战的西军15000名左右士兵就此错过真正的决战。从大阪城出走后，立花宗茂奔回自家筑后柳河城（今福冈县柳川市）固守。黑田如水、加藤清正率领的东军一路追击迫近柳河城，佐贺锅岛直茂也起兵攻来，兵力总数达到4万。立花宗茂率领4000兵果断出击，与锅岛军连战于江上（今福冈县久留米市）、八院（今大川市），不落下风，随后回城。黑田如水于10月22日率军抵达后派出使者劝降，曾被立花宗茂在战场上救过的加藤清正也派人苦劝，立花宗茂于是开城投降。加藤清正想收他为家臣，但立花宗茂拒绝，于是当了一段时间加藤家食客。

1603年在各位好友的极力推荐下，立花宗茂终于到江户接受德川家康身边御书院番头职务（类似于近卫队长），大阪之阵时担当将军德川秀忠的军师参谋兼警卫队长，秀忠军团实质由其指挥。1620年，德川秀忠将立花宗茂封回柳川，领109200石高。立花宗茂在关原之战中是没有什么决策权可言的，他要么是遵守命令、要么就是尽一个武士的本分。关原之战后被减少、剥夺领地的西军败将中，能将旧领地一寸不少都拿回来，仅有立花宗茂一人做到了，不负其养父立花道雪之威名。

关原之战后
日本政治格局分析

作者 / 大意觉迷

大战余波

庆长五年（1600年）9月15日（和历），在今天日本岐阜县关原町爆发了一场大会战，战争的规模在日本历史上是数一数二的，战争的进程也出奇地迅速。德川家康所领导的东军最终战胜了石田三成领导的西军，且取得了压倒性胜利。石田三成仓皇逃出战场，进入伊吹山（今岐阜县和滋贺县之间），打算逃回居城近江佐和山城（位于今滋贺县彦根市）。德川家康从容地检视完敌方战死大将的首级之后，就开始安排追讨穷寇的计划。

次日，德川家康派出的诸队人马涌入近江国，切断了石田三成的归路。其中先锋为小早川秀秋、胁坂安治、小川佑忠、朽木元纲等倒戈的西军将领，并辅有熟悉近江国地理环境的田中吉政为监军。德川家臣井伊直政等人则为独立一队紧随其后，总兵力约2万人。留守佐和山城的石田三成的兄长石田正澄，父亲梅岩道围（石田正继）以及正室亦在城中，其核心守备不过2800人。石田正澄自知难敌大军，派遣家臣津田清幽与东军交涉，打算用自己的性命换取城中老小的安全。德川家康看在与津田清幽有故交的面子上，同意了这个建议，双方约定9月18日进行城池移交。不想这一天清晨时分，作为佐和山城一方的援军将领长谷川守知却突然放火烧城，小早川秀秋等人便不顾和议，继续对山城发起攻击，最终导致石田正澄一族死在熊熊燃烧的天守阁之中，石田三成正室则生死不明。

津田清幽在混乱中被东军俘虏，连同石田三成的第三子佐吉在内的11名石田家的家臣（多数是少年）被押往德川家康的本阵。津田清幽怒斥德川家康不守信用，要求其放过石田三成的子女。德川家康觉得确实有愧，于是网开一面，只是继续追捕石田三成一人，放过其所有子女。石田三成与正室共育有3男3女，长子石田重家在京都妙心寺出家，法名"宗亨"；次子石田重成则逃到陆奥国改名杉山源吾；三子石田佐吉在高野山出家，为了感谢津田清幽出手相救，取法名为"清幽"作为纪念。长女的丈夫山田隼人正是德川家康侧室阿茶局的侄子；三女辰姬当时仅有8岁，更是北政所（丰臣秀吉的正室丰臣宁子）的养女。北政所是丰臣家地位最高的女性，而她是站在德川家康一方的，遂也可保石田三成之女无事。

石田三成的子女得到德川家康的特赦，并不意味着其本人可以逃过一劫。就

▲ 关原之战小西行长本阵所在地纪念碑

在东军围攻佐和山城之际，满身创伤的石田三成只带着少量家臣，在伊吹山周边漫无目的地东躲西藏。佐和山城回不去，只能想办法进入大阪城面见毛利辉元了，抱着这个念头，石田三成又与家臣分道扬镳，独自一人寻求逃离之路，最终于 9 月 21 日被田中吉政的追捕队发现并逮捕，此时距离关原之战结束不过 6 天而已。至于石田三成被抓获的具体地点，并无定说，大体不出伊香郡和东浅井郡（今滋贺县长浜市一带），在佐和山城的北边。据说石田三成虽然落魄至极，仍心心念念要夺取德川家康的人头，决心不改。

在石田三成被捕的前两天，西军的另一个重要人物天主教徒小西行长已经落网。据说小西行长当时躲在伊吹山东面的糟贺部村中，被关原町人林藏主发现，林藏主劝其自我了断，小西行长却表示自己信仰的天主教将自杀视作大罪，宁愿被送出去请赏也绝不自杀。林藏主便遂了他的心愿，将他交给了东军将领竹中重门，竹中重门因此得到了 10 枚黄金的赏钱。竹中重门其实也是反水的西军将领，刚开始受西军方的织田秀信指挥。然而他与东军的黑田长政早有联系，织田秀信投降后便正式归属东军，与黑田长政并肩参与了关原之战。竹中重门接收小西行长之后，便将其转送到德川家康营中。

东军要抓捕的西军方第三个"战犯"乃是毛利家的外交僧安国寺惠琼。此人是将五大老之一的毛利辉元拉入西军阵营的关键人物。关原之战失利后，安国寺惠琼跟随毛利秀元（毛利辉元的堂弟，一度为其嗣养子）的部队进入近江国。这时安国寺惠琼才发现毛利秀元与东军有暗通的举动，心知不好，便单独脱队向朽木谷方向逃亡；先是潜伏在鞍马的月性院，后又悄悄转移到京都六条一带。原以为神不知鬼不觉，却也难逃天罗地网。小西行长被捕的这一天，德川家康已经命令其大女婿奥平信昌进入京都维持治安，在此之后没过几天，安国寺惠琼过去的仇家便向奥平信昌举报了他的行踪。奥平信昌的家臣鸟居信商奉命追捕之时，正赶上安国寺惠琼等人乘轿逃跑。安国寺惠琼的家臣平井藤九郎见势不妙，便随手一刀刺向轿子，想刺死安国寺惠琼后再与追捕者拼命。追捕队付出了一定的伤亡，才将平井藤九郎和另外一名家臣格杀。回头再看安国寺惠琼的坐轿，发现平井藤九郎那一刀刺偏了，安国寺惠琼只是擦伤了脸颊，并无大碍，但之后依然免不了引颈受戮。安国寺惠琼被捕时间大约在9月23日前后。自此，西军的3名祸首均已被抓。

东军还有几个重点搜捕对象，却侥幸逃出生天。关原之战中级别最高的西军将领是"丰臣五大老"中最年轻的宇喜多秀家，时年27岁。他和石田三成、小西行长一样逃入伊吹山中，在小池田郡白樫村的地方武士矢野五郎左卫门帮助下，一直躲藏在寒冷的山中。外界一直传言宇喜多秀家自尽身亡。按照《德川实纪》的说法，他的家臣进藤正次被德川家臣本多正纯等人拿获，声称自己与主君一起逃亡3天后就失去了联系。在进藤正次的协助下，德川军在伊吹山寻找到了宇喜多秀家遗落的腰刀"鹈饲国次"，但宇喜多秀家本人依然是不见踪迹。进藤正次由于献刀有功，被德川家康赏赐了10枚黄金，并被收入旗本（泛指德川军的直属家臣）。但另一份资料《庆长年中板坂卜斋觉书》的记载却与《德川实纪》略有矛盾，其中提到进藤正次是10月底才赶奔大阪城"投案自首"，并拜会了宇喜多秀家的夫人前田豪姬，前田豪姬给了他25枚黄金，但并没有明确告诉她宇喜多秀家如何从伊吹山转移到别处。京都、大阪周边搜捕甚严，安国寺惠琼就是在京都被捕的，恐怕宇喜多秀家很难见到妻子。而后来一些晚出的文献则可能强调宇喜多秀家逃亡的戏剧性，说他靠着进藤正次等人的协助，悄悄潜入大阪城与妻子会面。不管是否见到妻子，后来宇喜多秀家逃亡萨摩岛津的领地却是属实。

岛津义弘在关原的经历，则是充满了残酷的黑色幽默。原本支持德川家康的他，阴差阳错地加入了西军的队伍。关原之战中，开始试图保持中立，后来却不得不与德川军为敌，浴血奋战。岛津军凭着一股不要命的精神，硬是杀出一条血路。在这批岛津军中，还有一个高级公卿，此人是前关白近卫前久的长子，前左大臣近卫信尹。当年他试图和二条家的二条昭实争夺关白之位，却不想让丰臣秀吉钻了空子，使得丰臣家垄断关白之位10年之久。失落至极的近卫信尹居然乘着文禄之役（即壬辰倭乱），主动跑到"征韩"大本营肥前名护屋，想渡海建立战功。他的行为引来当时的日本天皇后阳成天皇的极大恐慌。因为天皇不愿意让近卫信尹介入丰臣秀吉的海外扩张之事，于是急忙派人把他招了回来，并把他流放到萨摩岛津家的领地。近卫信尹在萨摩得到了岛津义久、岛津义弘兄弟的优待，没吃什么苦头。关原之战的时候还跟着岛津义弘上了战场。眼下逃亡之际，岛津军兵分几路，其中一部分人护送近卫信尹逃往他在京都的宅邸，这批岛津武士便躲在其中避难。岛津义弘则带着80余人经伊贺名张（今三重县名张市），通过笠间（今奈良县宇陀市室生区），进入三轮山平等寺（位于今奈良县樱井市三轮）的势力范围，得到了当地僧侣的庇护，得以免受东军追杀，并在那里滞留休整。由于身无分文，他们甚至连回家的船都坐不上，只能原地等待转机。

而此时，缉捕西军的几个祸首，并不是东军的首要任务，东军最重要的还是解决其他地区的西军势力。西军方面还有两处重要的据点亟待解决，一处是西军前线司令部的大垣城，一处是被西军总大将毛利辉元占据的大阪城。宇喜多秀家或是岛津义弘的生死存亡，此时无关宏旨。随着东军的大胜，如何协调东军内部各路友军之间的关系，也是一件相当麻烦的事情，如若处理不当，易招致新的事端。

9月19日，德川家康进入了近江草津（今滋贺县草津市），在那里接收了被捕的小西行长。次日进入大津城（今滋贺县大津市浜大津）。在此之前大津城经历了激烈的攻防战。大津城守将京极高次在之前立场就不稳固，他的夫人阿初与丰臣秀吉的侧室茶茶（丰臣秀赖之母淀殿）、德川秀忠（德川家康之子）之妻阿江是三姐妹，此外他的妹妹也是丰臣秀吉的侧室。刚开始的时候，迫于形势压力，京极高次加入了西军阵营，允许西军从大津城经过，待到西军其他部队离开大津城后，便率本部人马回归大津城，闭门不出。这一行为惹恼了西军，遂调动了15000人围攻大津城。京极高次坚持了12天，于9月15日开城投降，剃发出家。不承想就在这一天关原之战大局已定，攻防双方的立场都变得有点尴尬。夺取大津城的西军方不得不向大阪城转移。大津城内一片焦土，而在醍醐、山科（今京都市东南部）周边，聚集了福岛正则等人率领的7万东军将士，当地秩序逐渐混乱起来。德川家康只能暂住在南门边的简陋房屋里办公。不过这样的混乱局面，并不妨碍京都的公卿们"朝见"的热情，这其中据说还有后阳成天皇的敕使，他们排队前往大津城，向德川家康寒暄示好，祝贺他在关原之战取得胜利。一些曾经遭遇过织田、丰臣政权打压的公卿在此时如同得到了解放，他们期待德川家康能与京都合作组建新的政府机构。

德川家康前几日下令在山科设关，禁止其他东军将领随意上京，由伊奈昭纲等人把守，不承想却惹出了一桩大麻烦。福岛正则曾率领先遣部队进入过京都，后将其嗣养子福岛正之等300人留在京都，自己将本阵迁移到山科，并命令家臣佐久间嘉右卫门负责与京都的联络工作。当佐久间带着福岛正则给福岛正之的书信经过三条大桥时，却被伊奈昭纲手下的警备足轻拦下。佐久间一怒之下回归福岛正则阵营，请求切腹自杀，福岛正则亲自为其介错，并将其首级送往德川家康驻地以示抗议。德川家康大为震惊，不得已下令伊奈昭纲切腹自尽，借以平息福岛正则的怒火。

就在这个当口，率领3万大军的德川秀忠风尘仆仆赶到草津，得知父亲已经进驻大津城。德川秀忠此时赶到，既在德川家康算计之内，又在意料之外。按照原本的计划，德川秀忠应该先征服信浓地区，不必着急与自己会师。不过战况很快发生了变化，由于福岛正则攻破岐阜城，德川家康急于抢夺胜利果实，便于9月1日从江户出兵。而9月2日，德川秀忠才刚到达信浓小诸，打算劝降上田城守将真田昌幸。由于真田昌幸拒不投降，又负隅顽抗，德川秀忠在上田城耽搁了大约4天，此后便带着大部队沿着中山道一路狂奔，在粮草严重匮乏的情况下，专走连驮物队都无法通过的山路，还要抢渡涨水的木曾川。开始大概一天只能走10多公里，9月17日之后开始提速，一天能到50多公里，日夜兼程，最后还是

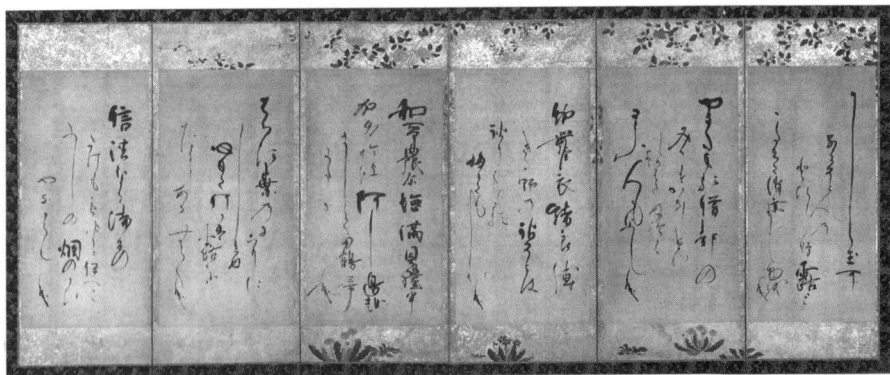

▲ 近卫信尹所书写的非常优美的和歌屏风，现收藏于东京都国立博物馆

446

落后了 4 天。

可能由于处理公卿会见、福岛正则抗议等繁杂之事，德川家康心情不佳，一时不想见儿子。不过两天之后，前田利长和丹羽长重两位重量级的大名也前来拜谒德川家康。为了笼络前田利长，德川家康将德川秀忠的女儿祢祢（珠姬）许配给前田利长的养子猿千代（前田利常），也顺势缓和了父子关系。在这期间，被捕的石田三成与安国寺惠琼也先后送到，与小西行长关在一处。

▲ 德川家康第三子、二代江户幕府将军德川秀忠画像

此刻，西军的大垣城已经危在旦夕了。大垣城攻防战的时间比关原之战还要早一天（9 月 14 日），开始负责攻城的东军主要是堀尾忠氏等将率领的 1 万余众，而守护大垣城的是石田三成的妹夫福原长尧，与熊谷直盛共同固守本丸，垣见家纯、木村由信、木村丰统、相良赖房守护二之丸；秋月种长、高桥元种守护三之丸，总兵力约 7500 人。其中相良赖房、秋月种长、高桥元种三将不仅同是九州出身，而且是亲戚，秋月种长与高桥元种俩人是亲兄弟，而相良赖房是他们的妹夫。

东军攻城队几次冲破三之丸，秋月种长、高桥元种兄弟退守二之丸，与其他守军用火枪将东军逼退。关原之战的战报传来之后，东军改为围城，同时联络城内的九州三将。9 月 17 日，九州三将借口举行军议，谋杀了熊谷直盛、垣见家纯、木村由信、木村丰统等其他守将，向东军投诚，二之丸失守。在本丸中固守的福原长尧不肯马上投降，又咬着牙死撑了几天，最终于 9 月 23 日带着手下残余的二三十名足轻投降。作为开城的条件，福原长尧剃发出家，改法号为"道蕴"，前往伊势朝熊山隐居。

大垣城陷落在即，西军三祸首也被逮捕，身居大阪城的毛利辉元彻底坐不住了。毛利辉元身为"五大老"之一，论实力可以和德川家康一决高下，不过由于以往复杂的政治斗争，使得毛利家"两川（吉川、小早川）"之一的小早川氏从毛利家分裂独立，而毛利家内部则形成了毛利辉元、毛利秀元、吉川广家三头并立的格局。毛利秀元虽为毛利家的家主，但由于性格上缺乏杀伐决断，且身体不佳，有老寒腿的毛病，军政大事多由毛利秀元和吉川广家做主，外交则委任安国寺惠琼。安国寺惠琼被捕之后，充当了毛利家的替罪羊，毛利辉元等人的立场便可以撇清了，在德川家康面前尚有回旋的余地。此时的大阪城还聚集了一些从各条战线撤回的西军将领，其中有从关原撤回的毛利秀元，从大津城撤回的立花宗茂，他们的人马并没有受到重创，尚余战斗力。毛利秀元虽然此前与东军暗通，但还是和立花宗茂等人主张再战。毛利辉元犹豫再三，最终还是听从吉川广家的建议，决定主动撤离大阪城西之丸，不与德川家康争锋。除此之外，分布在四国和九州的毛利军也开始撤退。

9月23日，毛利辉元的誓书送到德川家康手中，德川家康便命令福岛正则、池田辉政、浅野幸长、黑田长政、藤堂高虎五人前去接收。而德川秀忠则是被派往伏见城进行守备。按照军记物语《细川家记》的记载：福岛正则等人在这一天见到了被送入大津城的石田三成，书中还绘声绘色地描写了他们与三成之间的对话。不过这可能只是后世的文学想象，实际上他们5人接到德川家康的命令之后就即刻动身，从大津城到达大阪城需要两天时间，第二天他们就到达大阪城与毛利辉元进行交接工作，没有时间与石田三成见面。在交接的过程中，关于德川家康可能会没收毛利家所有的领地，并将一部领地转封给吉川广家的流言四起。这引起了毛利辉元的不安，福岛正则等人便分别给两人写了誓书，安抚他们的情绪。

9月26日，德川家康自大津城进入淀城，再由淀城进入大阪城，德川秀忠随行。对外宣称与淀殿、丰臣秀赖母子日前相处和睦。时隔百日，德川家康又一次回到了大阪西之丸办公。此时在日本已经没有什么力量可以阻止德川家康君临天下了。

9月28日，石田三成、小西行长、安国寺惠琼3人被安置到一辆平板车上，拉到大阪城及周边的堺町游街示众，随后押回京都。10月1日，在京都又游街了一圈之后，送往六条河原开刀问斩。据说在斩首前，石田三成和安国寺惠琼分别吟诵了辞世句。

石田三成以和歌的形式吟道："筑摩江畔、芦苇间篝火闪闪、转瞬即逝、似吾生命一般。"

安国寺惠琼则念了句汉风的偈子："清风拂明月，明月拂清风。"

▲ 位于滋贺县长滨市的石田三成出生地纪念碑

原本德川家康还有意与小西行长联姻，打算把曾孙女嫁给小西行长的长子小西兵库头。这个所谓的曾孙女，很可能是松平信康（德川家康长子）最大的外孙女，也就是他的长女登久姬与小笠原秀政所生之女万姬，关原之战时才9岁。由于小西行长坚决站在石田三成一边，所以这次联姻没有成功。万姬则嫁给了蜂须贺家政14岁的长子蜂须贺至镇。而小西兵库头则居住在大阪城，当毛利辉元与德川家康达成协议之时，被毛利辉元下令斩杀，年仅12岁。次子从小在宇喜多家寄养，后来逃亡到赞岐出家。第三子长大后以"浅山弥左卫门"之名行于世，先后出仕加藤、有马、黑田诸家。也就是说小西行长除了长子不幸殒命，其他儿子尚且逃过一劫。

胁从的下场

在三条大桥"聚首"的不止石田三成3人，还有其他一些人，比如同为"五奉行"的长束正家和他的弟弟长束直吉。

丰臣秀吉时代设置的"五奉行"，除了浅野长政归了东军外，其他四人名义上皆属于西军阵营。其中增田长盛和前田玄以都与东军暗通有无。长束正家立场不明，关原之战打响之后没出多少力，随后便带兵退向居城近江水口冈山城（今滋贺县甲贺市水口町水口），一度受到东军方将领山冈道阿弥的拦截，好不容易进了城，却依然受困。池田辉政的弟弟羽柴长吉欺骗长束正家，只要开城投降，便可保领地无事。于是长束正家兄弟于9月30日开城投降。石田三成等人被处决的同时，长束正家兄弟也被迫切腹自尽，首级也被送往三条大桥示众。原本以为逃过一劫的福原长尧，也于10月2日在隐居之地被迫自杀（另一说是被刺客暗杀）。

至此，近江、京都、大阪周边的战事告一段落，丹波、丹后、山阴地区尚有部分西军抵抗者继续受到东军的追剿。

西军将领小野木重胜和前田茂胜率领的 15000 人从 7 月就开始围攻丹后田边城（今京都府舞鹤市一带），守将细川幽斋的儿子细川忠兴正在随同德川家康作战，原本守备不过 500 人，难敌大军。不过细川幽斋拥有一般人不具备的能力，那就是和歌技能。凭着这项突出的技能，他过去培养了许多弟子，连后阳成天皇的弟弟智仁亲王也是他的弟子。天皇也担心细川幽斋一死，将是和歌界的重大损失，于是派出多名公卿（同时也是细川幽斋的弟子）两边反复斡旋，一来二去，一直拖到 9 月 18 日细川幽斋才准备正式开城投降，这时候关原之战早就结束。细川幽斋也和大津城的京极高次一样，以少量兵力牵制了大量敌军，间接为关原之战的胜利立下功劳。

细川忠兴率领本部大军从关原急忙赶来，小野木重胜和前田茂胜慌忙逃回各自本城。前田茂胜靠着父亲前田玄以（五奉行之一）与东军秘密互通的关系，保全了居城龟山城（今京都府龟冈市荒冢町一带）。随后细川忠兴又开始围攻小野木重胜的福知山城（今京都府福知山市一带），小野木重胜试图脱困，于是派人向井伊直政乞降。德川家康命山冈道阿弥为使者，与小野木重胜达成协议。小野木重胜开城投降，本人进入龟山城寿仙院剃发出家，11 月 18 日也和长束正家、福原长尧等人一样被迫自杀。

著名的海贼大名九鬼嘉隆在之前已经隐居，儿子九鬼守隆继任当主。为了家族的存续，他两边下注：让九鬼守隆出兵跟随德川家康，自己则将居城志摩鸟羽城（今三重县鸟羽市鸟羽一带）变为西军的据点。关原之战的消息传来后，九鬼嘉隆弃守鸟羽城，逃亡答志岛。九鬼守隆向德川家康求情，请求饶过父亲的性命，到了 10 月 12 日，德川家康才答应赦免九鬼嘉隆。九鬼守隆满以为父亲可以逃过一死，不想父亲早在家臣兼女婿丰田五郎右卫门的催促下，在和具（位于答志岛）的洞仙庵切腹自尽，丰田五郎右卫门还打算用九鬼嘉隆人头邀功。九鬼守隆得知后，震怒之余，将丰田五郎右卫门埋入土中，用竹锯将露在外面的脑袋活活锯下来，为父报仇。

此外，在日本的其他地区还有几场战事在继续。

在奥羽地区，原本作为德川家康头号打击目标的上杉家，遭受了另一番耻辱。为了响应德川家康的号召，奥羽地区的伊达、南部等反上杉势力在最上家的领地

▲ 战国时代著名水军（也是水贼）将领九鬼嘉隆画像，其麾下军团善于水战，在陆战中作用十分有限

集结，准备围攻上杉家的米泽城。德川家康已经行至半路，但得知石田三成举兵，便调转马头，先去解决石田三成的军势。伊达政宗与上杉家讲和，暂且无事。上杉景胜认为，此时最上家处于孤立状态，可以趁机将其攻灭，于是借口最上家仍试图攻占上杉城池，拒绝与其达成和议。从9月9日开始，上杉景胜命令家臣直江兼续率领2万余兵力攻入最上家领地。9月15日，正当关原之战决战时，在长谷堂城周边，最上军与上杉军也展开了激战。最上家家臣志村光安、鲑延秀纲等人，凭借远少于敌方的兵力，拼死拖住上杉军前进的步伐，双方自此僵持不下。最上家当主最上义光也担心难以持久，连忙派儿子最上义康向伊达政宗求援。

最上家与伊达家过去充满了难以明晰的爱恨情仇，最上义光的妹妹最上义姬虽是伊达政宗的生母，却因为伊达家内部的一些纷争，早在文禄三年（1594年）就逃回了娘家，一直在最上家的居城山形城居住。按照伊达家臣片仓景纲的意见，伊达家应该本着坐山观虎斗的态度，坐视上杉军攻灭最上家，从中渔翁得利。伊达政宗假意表示要考虑母亲的安危，派遣叔父留守政景带领3000人前去支援。不过这支援军行动迟缓，没有马上与上杉军交锋，而是带有观望性质。另一方面，伊达政宗反手策动南部家内部的暴动，导致南部家忙于平定内乱，无力支援最上家。

直到9月29日，身居会津的上杉景胜才得知德川家康已经回归大阪，连忙将直江兼续召回。最上家顺势穷追不舍，伊达家派来的援军也跟随作战，让上杉军吃了不少苦头。如此一来，最上家不仅免于覆灭，还借此在未来争得一席之地。

在北陆，东军的前田利长由于担心出征会导致后方被人偷袭，于是暂时撤回自己的领地金泽，并没有与东军会合。在撤军的过程中与小松城主丹羽长重发生了一些军事上的摩擦，互有损失，但双方都留有余地。德川家康再次诚邀前田利长出马，于是前田军于9月11日再次出征。这一次，丹羽长重已经和前田利长达成了和解。前田军于9月18日进入小松城，他们也没赶上关原之战，于是才有了前面提到的 9 月 22 日，两人携手在大津城拜谒德川家康之事。在这个过程中还是出了点状况，那就是前田利长的弟弟前田利政，由于他的妻子被西军掠去，于是假称自己身体不佳，不肯随兄长出征。前田利政打算先想办法偷偷把妻子营救回来，再去与兄长会合。但这种消极的态度激怒了前田利长，因此在德川家康面前状告他投靠了西军。

在四国地区，由于东军方面的武将藤堂高虎、加藤嘉明作为德川家康的先锋四处征伐，领地守备较为薄弱。毛利辉元签署命令，利用四国地区一些失势的旧族，挑动藤堂高虎领地内的叛乱，并直接出兵攻击加藤嘉明的领地。但留守的加藤家臣发动夜袭，使得毛利辉元方反而损失了几名将领。关原之战结束后，毛利辉元决定离开大阪城，同时也命令在四国地区对峙的毛利军撤离。这件事后来被德川家康作为处分毛利家的理由之一。

在九州，一度被幽禁的原丰后国主大友吉统接受了毛利辉元的援助，并成了西军一分子。他召集旧部在丰后起兵，试图恢复大友家过去的势力。但他的野心遭到了黑田如水的打击。黑田如水是丰臣家有名的高参，此时早已归隐多年，黑田家的当主之位让给长子黑田长政。关原之战爆发前，黑田长政与妻子糸姬（丰臣秀吉家臣蜂须贺正胜之女）离婚，改娶了德川家康的养女荣姬，由此决定了黑田父子归属于东军阵营。黑田长政本人跟随家康参与了关原之战，而黑田如水则受命回归九州中津城，散尽家财，迅速集结了 9000 余人的部队。于 9 月 13 日在石垣原与大友军激战两日。9 月 15 日，大友吉统被迫投降，再度遭到幽禁，此时关原之战也恰好结束。后人认为，黑田如水也是有能力与德川家康一争高下的人物，不过关原之战的迅速结束，使得这位和德川家康一样隐忍多年的老狐狸失去了大显身手的空间，只能继续保持东军盟友的立场维护九州地区的秩序。

之后，九州地区的其他势力也开始有所行动，加藤清正出兵，于 9 月 23 日攻破了小西行长的居城宇土城。萨摩岛津家原本是站在东军的立场，却因为岛津义弘的原因，被视为西军一方。德川家康在重新夺回中枢领导权之后，将岛津一族视作征伐的对象，命令德川秀忠自广岛出阵，效仿当年丰臣秀吉征讨岛津义弘，在沿途诸城部署军事力量。勒令毛利辉元的家老们献上人质，而毛利辉元的夫人依然像过去一样在大阪城充当人质，毛利辉元本人则充当征讨岛津义弘的前锋。

▲ 关原之战藤堂高虎、京极高知本阵所在地纪念碑

▼ 关原之战黑田长政、竹中重门本阵所在地纪念碑

德川家康通过这种军事命令的方式，实际上已经规范了他与毛利辉元之间的君臣关系，毛利辉元也只能默默接受德川家康的驱使。

由于之前没能鼓动毛利辉元继续对抗德川家康，九州武将立花宗茂一气之下决定带队回归九州领地柳川城，在堺港准备船只的时候，居然与滞留平等寺多日的岛津义弘取得了联系。原本立花宗茂与岛津义弘在九州属于敌对势力，这时立花宗茂则不计前嫌，将岛津义弘视作西军的队友，共同乘船回到了九州各自的领地，此时是 10 月初。立花宗茂回到领地后没多久，就面临刚投靠东军势力的锅岛直茂来犯。锅岛直茂的儿子锅岛胜茂开始率军跟随西军作战，但是锅岛直茂判断东军即将取得胜利，于是急忙把儿子召回，并向德川家康示好。锅岛直茂于 10 月 14 日联合黑田如水，共 37000 余人，攻打毛利辉元一族小早川秀包的久留米城。久留米城投降后，加藤清正的军队也加入其中，于 10 月 17 日联合攻打立花宗茂的柳川城。立花宗茂苦撑 7 日后开城投降。如此一来，立花宗茂所拥有的 10000 余人也加入锅岛、黑田、加藤联军，做好进攻萨摩岛津的准备。

岛津家当时并非岛津义弘一人独断，而是他与兄长岛津义久共同执掌，岛津义弘之子岛津忠恒在父亲不在的时候，也具有话语权。岛津义弘虽然由于个人的原因决定了岛津家的立场，从东军阵营莫名其妙变为西军阵营，但实际上关原之战的时候也就带了 1000 人上阵。岛津家的主力依然掌握在岛津义久叔侄的手里。岛津义弘几次请求家中派兵支援，岛津义久叔侄都不为所动。岛津义弘逃回萨摩，有传言岛津家会动员更多兵力与东军继续对抗，但事实上并非如此。岛津义弘回归后就龟缩在樱岛不敢轻举妄动，岛津义久叔侄也只是担心东军来犯，做好常规的防御工作。德川家康却充分利用这种不明朗的态势，营造出岛津家依然不肯臣服的氛围，将毛利辉元直接变成了讨伐岛津义弘的先锋。此时九州岛上已经集结了黑田长政等人率领的 40000 多名东军兵力，只等德川家康一声令下即可进攻。如果岛津家此时再不投降，真的打起来，恐有倾覆之灾，于是岛津家拜托井伊直政向德川家康说情。德川家康做足了姿态，终于在 11 月 12 日下达"攻击中止令"，取消了对岛津家的攻击计划，九州黑田等人的东军联军也就此解散，各自回归领土。

虽然关原之战的局势瞬息万变，但通过复盘战前双方的势力对比，实际上还是可以大致预测出，德川家康的胜算远比石田三成大得多。首先从政治地位来看，德川家康作为五大老之一，游离于丰臣政权官僚体系之外，具有强大的话语权。而石田三成为首的五奉行不过是丰臣家之"嬖奴"，也就是丰臣政权官僚体系中的执行官僚。按照丰臣政权的制度，五大老联署的文件要经过五奉行核准才有效。如果五奉行可以平稳行使权力，推进政治制度改革，五大老原本拥有的自主权力将会逐步被剥夺。这是德川家康不希望看到的局面，所以才会充分利用自己在丰臣家的特殊地位，违反丰臣秀吉生前的禁令，大搞政治联姻，拉拢一切可以拉拢的势力。纵然石田三成可以看穿德川家康的野心，也不足以让丰臣一族的核心成员站在自己一边。特别是丰臣秀吉两次派兵出征，使得石田三成与丰臣系武功派之间的矛盾无法调和。

石田三成本人在德川家康和武功派的步步紧逼之下，被迫走上武装对抗的道路，已经落了下乘。德川家康利用强大的人脉关系网，在西军中埋了无数的钉子，石田三成根本无力清除这些潜在的不确定因素，就匆忙与东军一较高下，焉有不败之理？即使侥幸取胜，石田三成亦无法取代德川家康的政治地位，甚至无法对领土进行再分配，由此则无法满足各路势力，迎来的将是丰臣政权更大的崩盘，甚至有可能重新进入战国纷争的格局。而德川家康反而是丰臣政权稳定的柱石。

分封诸侯

自从回归大阪城，德川家康就开始着手各路大名的领土再分配事宜，他首先处理的就是毛利辉元所领导的毛利家。原本为了诓骗毛利辉元离开大阪城西之丸，德川家康通过吉川广家传达的信息是保证毛利家领土完整；然而等到双方完成大阪城的交接之后，德川家康从城中搜出大量毛利辉元签署的书状，证明他并不是受到安国寺惠琼的蛊惑，而是自主决定投靠了西军，并且指挥了毛利军在四国地区的军事行动。这样一来，德川家康便煞有介事地收回成命，开始对毛利家进行制裁了。他于10月10日下达正式文书，摆出仁慈的君主姿态，决定饶过毛利辉元父子的性命，将其领土瓜分，只留下周防、长门。也就是说，毛利家原本拥有的周防、长门、安艺、石见、出云、备后、备中、隐岐8国（约120.5万石）领地，只剩周防、长门两国（约29.8万石）。毛利辉元自知难堪，遂前往京都紫野大德寺剃度出家，取法号"宗瑞"，将当主之位让与儿子毛利秀就，是为长州藩的第一代藩主。

毛利家内部根据剩余领土再分封。原本被指定为毛利辉元继承人的毛利秀元，获得长门国丰浦郡（6万石），设立长府藩。导致毛利家领土大幅缩水的吉川广家，获得了周防国大岛郡一部分以及玖珂郡南部（3万石），设立岩国藩。虽然吉川广家为了保存毛利家的家名做出了自己的努力，但终究得不到本家的原谅，名为"藩主"，却被毛利家当作低一等的"领主"看待。

随着对岛津义弘攻击的停止，德川家康指派的井伊直政、本多忠胜、榊原康政、本多正信、大久保忠邻和德永寿昌6人，可以继续推进对各路大名立场和战绩的调查取证工作，以此作为赏罚的依据。同时，第一批领地分配从10月15日开始陆续发布：

西军大名之中如果是战死、处决或是自杀身亡的，领地就完全除封。

西军的首谋、五奉行之一的石田三成，原领近江湖北三郡（19万石），居城佐和山城被攻破，除封。

五奉行之一的长束正家，开城并自裁，原领近江水口城（5万石），除封。

五奉行之一的增田长盛，原领大和郡山（20万石）。关原之战期间驻留大阪城，试图两方斡旋，却依然受到处罚，本人流放高野山，领地除封。

五大老之一的宇喜多秀家，原领备前、美作两国及备中一部（57.5万石），此时依然处于生死不明的状况，被视作自杀身亡，除封。

大谷吉继，关原之战中战死，原领越前敦贺（5万石），除封。

小西行长，原领肥后半国三郡（24万石），居城被宇土城被攻破，除封。

安国寺惠琼，作为外交僧并无多少领地，一些晚出的资料有意无意将其也抬到大名的地位，还说他在伊予拥有2.3万或6万石的领地，但这并无权威史料证明。不过安国寺惠琼曾经在日本发动对外战争期间搜罗了一些书籍，加上旧藏书籍共计200余部。德川家康将书籍没收，转赠给他所信任的足利学校第九世庠主（相当于校长）三要元佶，三要元佶便在京都伏见创立圆光寺，并仿照足利学校的模式设立学校，将这批书籍作为学校的藏书。

▲ 京都著名景点圆光寺枯山水庭院，此寺对推动江户幕府时代的文化繁荣发挥了重要作用

还有很多西军将领因为即时投靠东军，免去了没收领地的处罚，比如先前检举上杉方的堀秀治（越后春日山55万石），关原中策反的胁坂安治（淡路洲本3万石），五奉行之一的前田玄以（丹波龟山5万石），后期参战的锅岛直茂（肥前佐贺35万石），不过并不是每个倒向东军的西军将领都能保证领土完整。

织田信长的嫡系后人织田秀信，原领美浓岐阜（13万石），战后前往高野山出家，除封，家门断绝。

立花宗茂，原领筑后柳川（11万石），除封，不得不走上进京上访讨回公道之路。

丹羽长重，投降，原领加贺小松（11万石）。原本奉德川家康之命监视前田家的动向，不想却投入了西军阵营，阻碍前田军的行动。虽然他与前田利长达成和解，并一同拜见了德川家康，却依然免不了被除封。

前田利政，原领能登一国（约40万石）。由于个人原因不愿同兄长出兵，被兄长前田利长扣上了西军的帽子，除封，本人则被迫隐居京都。

长宗我部盛亲，原领土佐一国（22.2万石）。关原战败后逃回本领，并且通过井伊直政向德川家康谢罪。原本他以为可以延续家名，却因杀害了兄长津野亲忠，遭到除封。

真田昌幸，原领信浓小县上田、上野沼田（6.5万石），其中的上野沼田（2.7万石）分给长子真田信幸管理，真田昌幸带着次子真田信繁守护上田城。关原之战期间，作为德川家康养女婿的真田信幸投靠了东军，而真田昌幸、信繁父子却因拒不投降，延误德川秀忠与东军会合，先被判处切腹，但经过真田信幸（之后被迫改名信之）苦苦哀求，免于一死，改判流放于纪伊九度山，除封。领地实际上全部转到真田信幸的名下。

宫部长房，原领因幡、伯耆及但马一部（13万石）。关原合战中由东军叛变入西军，除封，后出仕南部家。

小早川秀包，毛利家最伟大的当主毛利元就的第九子，原领筑后久留米（约13万石），除封。小早川秀包便回归本家，毛利辉元给他在长门找了一块安置地。因为小早川秀秋的叛变，导致关原之战西军失利，并间接导致毛利家遭到减封，所以毛利家对"小早川"这个名头深恶痛绝，不得已小早川秀包恢复"毛利辉元"苗字，并在大德寺剃发出家，法号"玄济道叱"。实际上他的身体已经很差了，没多久便咯血而亡。

德川家康没收诸家领地大约500多万石，这其中还包括少数叛变或是战争不力的东军方领地。另外，丰臣家的直属领地从222万石被削减为65万石，丰臣秀赖不知不觉就变成了中上等大名。

在没收西军大名领地的同时，德川家康也展开了对东军武将的封赏。东军武将实际上可以简单划分成两大派系，一派是以福岛正则等人为首的丰臣系武功派，德川家康就是靠着这些人与丰臣系文治派的内讧，达到自己的政治目的。德川家康对这些人实际上是心存忌惮的，在前面提到的福岛正则抗议事件，他也只能选择牺牲自己的家臣，以此换来东军内部的和谐。另一派自然就是德川秀忠、结城秀康、松平忠吉诸子以及德川家的谱代重臣，这些人自然是德川家康的嫡系。在关原之战前的行兵布阵过程中，出现了几次意想不到的变化，使得德川家康对于德川秀忠率领的3万大军的运用存在矛盾心理，他既想利用德川秀忠的部队震慑丰臣系武功派，防止他们抢夺战功或者临时倒向西军，又顾虑德川家可能会重蹈织田家的覆辙。

因为在本能寺之变中，由于织田信长、信忠父子在短时期内先后死亡，导致

▲ 小早川秀包画像

织田家缺乏强有力的家主，丰臣秀吉才有机可乘，篡夺了织田家的权力。在如此矛盾的心态之下，加上客观因素的影响，最终导致德川秀忠没有赶上关原之战，失去了夺取战功的好机会，如此一来，德川家康失去了给儿子的嫡系部队大幅加封领土的借口，只能另辟蹊径。虽然必须拿出大量没收的土地来满足丰臣系大名，但可以效仿当年丰臣秀吉对待自己的策略，用转封的方式将丰臣系大名置换出要害之地，这样一来，对德川家的威胁也可以降低很多。

对于大名的封赏，除了 10 月 12 日单独封赏关原之战的最关键人物小早川秀秋，其他的集中在 10 月 15 发表。共计 56 家大名获得封赏，其中新封大名 13 家，移封 22 家。另有 69 家保持领地石高不变，7 家等禄转封。

丰臣系大名中有很多与德川家康结亲，这些大名无论亲疏，构成了德川家的外样大名。德川家康在将亲女儿嫁完后，也将养女分别嫁入大名家。并借此分出亲疏差异，亲女婿可以安排在重要的地区，对于养女婿则采用明升暗降，转封迁移的策略来对待。

池田辉政，原本与德川家康有杀父之仇，但经过丰臣秀吉牵线，迎娶德川家康次女督姬。关原之战中在米野合战、岐阜城攻战中表现活跃，关原之战后警备京都。原领三河吉田（15.2 万石），战后移封播磨姬路（52 万石），这里是丰臣秀吉的起家之地，位于大阪身后。

蒲生秀行，迎娶德川家康三女振姬。关原之战中同结城秀康一并留守宇都宫牵制上杉景胜。原领下野宇都宫（18 万石），返回家族旧领陆奥会津（60 万石）。

前田利长，其父前田利家有将近百万石领地，号称"加贺百万石"。前田利家退位之时，将领地一分为三，自领加贺（23 万石），长子前田利长领越中（33 万石），次子前田利政领能登（40 万石）。前田利家去世后，其领地被前田利长继承。关原之战后，前田利长将弟弟的领地没收归己，同时与德川家康定下两家的亲事。德川家康大笔一挥，将丹羽长重等人的领土作为孙女的嫁妆赐予前田利长。如此前田利长不仅拿到了父亲的全部领地，还获封新领土，总计约119.5万石。成为除了德川家康之外无损五大老旧领的第一大藩。

黑田长政，德川家康的养女婿，小山评定中替德川家康说服福岛正则，其后作为先后策反小早川秀秋、吉川广家等西军重要将领，其父黑田如水也在九州立下战功。原领丰前中津（18万石），战后移封筑前名岛（52.2万石）。黑田如水在关原之战刚一结束，就料到自己的儿子必然能得到封赏。凭借对中央机构的政治运作的了解，他判定德川家康必然会以丰臣秀赖的名义颁布封赏，但他觉得这样没意义，必须要从德川家康那里获得亲自颁发的知行地才有价值。于是他试图通过藤堂高虎的关系向德川家康单独请封。德川家康对于黑田如水这种对一切了如指掌的态度不甚喜欢，决定不给他任何翻盘的机会，封赏自然也无从谈起。

福岛正则及其嗣子都是德川家康的养女婿，关原之战中分别在米野、岐阜、关原等战中担任先锋，后负责接收大阪城。原领尾张清州（20万石），战后移封安艺广岛，领有安艺一国及备后鞆地方大约50万多石。

加藤清正，德川家康养女婿，关原之战期间在九州地区攻陷小西行长居城，并加入黑田如水联军围攻立花宗茂。原领肥后半国熊本（30万石），战后领肥后一国（52万石）。

田中吉政，小山评定中与山内一丰支持了东军，关原之战中带队强攻石田阵，关原围攻佐和山城并捕获石田三成。原领三河冈崎（10万石），战后获得包括立花宗茂领地柳川城在内30.2万石。

小早川秀秋，关原之战倒戈第一人，原领筑前名岛（33.6万石），转封备前、美作两国冈山（47.4万石），并改名"秀诠"。

浅野幸长，原五奉行之一浅野长政长子，原领甲斐一国府中（21.7万石），转封纪伊和歌山（37.4万石）。

细川忠兴，原领丹后田边（10万石），移封丰前小仓（39.9万石）。

山内一丰，原领远江挂川（5万石），移封土佐浦户（20.26万石）。

藤堂高虎，原领伊予宇和岛（8万石），移封伊予今治（22万石）。

加藤嘉明，原领伊予松前（10 万石），原有基础加增 10 万石。

虽然德川家康的嫡系人马在整个关原之战乃至后续的余波中出力甚少，但也免不了要有所恩赏，只是适当克制。

德川家康次子结城秀康，关原之战中驻下野宇都宫城，担任会津讨伐军副将，德川秀忠西上后担任总大将，监督奥羽诸将围攻上杉家。原领下总结城家领（10.1 万石），战后加增越前北之庄（65-68 万石），那里曾是织田信长重臣柴田胜家在北陆的基地。

第四子松平忠吉，关原一战中表现活跃，斩杀岛津丰久，并负伤。原领武藏忍（10 万石），战后移封至福岛正则旧领尾张清州（39—52 万石）。

德川家的谱代重臣加增幅度更小，但多数安置到重要位置。他们一方面要监视大阪的情况，另一方面还要提防丰臣系大名，可谓位卑而权重。

井伊直政原领上野高崎（12 万石），转封至石田三成的旧领佐和山（18 万石），控制东西国往来的要道。

奥平信昌原领上野小幡（3 万石），转封至美浓加纳（10 万石），也就是织田秀信的旧领，其祖父织田信长发迹之地。

其他谱代则被安置在东海道的骏河、远江、三河等国，也就是德川家康转封前的领地，他们的领地更小，大的不过五六万石，却保证了德川军从关东进军畿内的快速通道。

不过跟随德川秀忠一路奔波的武将，比如榊原康政、仙石秀久等人，劳而无功，只能保全领地而已。

关原之战后的领土分配，对于德川家康控制日本政局来说是非常关键的一步。丰臣秀吉临死前设想的五大老、五奉行互相牵制侍奉丰臣秀赖的格局完全被打破。五大老之中的宇喜多秀家领地完全被没收，毛利辉元变为中等大名，前田利长是自己的盟友。上杉景胜虽未归服，却被看似弱小的最上家纠缠，已无翻盘之力。而五奉行中最顽固的三奉行石田三成、增田长盛、长束正家，则该杀的杀，该罚的罚。德川家康已经完全可以用自己的人马来填补这些政治上的空缺。

当时日本的的几个主要的都市奈良、山田、伏见都被收为德川家的直辖地。原本是石田三成一手控制的堺町，设立了堺政所（堺奉行的前身），由成濑正成、米津亲胜、细井政成负责管理。丰臣时代的尼崎郡代建部光重、长崎代官（长崎奉行的前身）寺泽广高则暂时不动，等待过渡交接。

控制这些主要的都市，不仅能够强化对朝廷和丰臣家的监控，还能掌控日本的经济命脉。比如堺町和长崎都是重要的贸易港口。此外，日本各地的金银矿藏的控制权也依次落入德川家手中。德川家具体负责金银矿事务的是前武田家臣大久保长安。关原之战时，大久保长安跟随德川秀忠一路负责押运辎重，虽然德川秀忠的人马大多没得到土地封赏，但大久保长安得到了德川家康格外的器重，接连任命其为大和代官、甲斐奉行、石见奉行、美浓代官等，数官兼任，相关辖区内的金银矿藏都归其管辖。在其治理期间，一方面由于日本各地陆续发现新的金银资源，而且储量丰富，另一方面，日本开采冶炼金银的技术有所提升。因此各地金银矿藏产量都出现了激增。当时的中国明朝对日本的白银需求量极大，也促使了日本一跃成为白银出口大国。

德川家康对于没收领土的大肆分配，依然是打着丰臣秀赖的旗号，但是却不给受赏的大名颁发朱印状作为土地凭证，而是完全通过自己委派的专人进行口头

▲ 家康次子结成秀康画像

▲ 石见银山矿洞入口纪念碑。关原之战后不过一个月，大久保长安便被派去接收石见银山，随后又接收了上杉家占据的佐渡金矿

传达，这种无凭无据私相授受土地的行为，如果按照程序正义的原则是没有合法性的，但是无论是受到处罚的大名，还是接受封赏的大名，都不敢在这个问题上置喙，可见德川家康的威势已经到了何种地步。德川家直接吞掉丰臣家100多石的领地，变成400多万石的超级大名，理论上已经是日本最高统治者。在非正式场合，已经开始有人将德川家康称为"皇帝"，剩下的只是如何从辅佐"成王"的"周公"进阶为名副其实的"天子"的法理道统问题了。

初立法统

12月19日，曾经在织田信长时代担任过关白的九条兼孝，在德川家康的推动下重新担任关白。如此一来，自从丰臣秀次被杀之后悬空5年的关白之位，再度回到朝廷公卿的手里。原本这个位置是默认留给成年后的丰臣秀赖，德川家康通过这个手段，既涉入朝廷事务，又削弱了丰臣秀赖的政治地位，可谓一箭双雕。

从庆长六年（1601年）开始，德川家康就退出大阪城西之丸，重新进入伏见城处理政务。丰臣秀赖身边的重臣，主要是片桐且元和大野治长。片桐且元名列"贱岳七本枪"之一，却资历平平，片桐家原本就是淀殿娘家浅井氏的家臣。大野治长母亲是淀殿的乳母，其本人和淀殿之间传有绯闻，甚至有人认为丰臣秀赖实际上是大野治长与淀殿私通之子。大野治长之前因为涉嫌谋杀德川家康遭到流放，后来因加入东军免罪。此二人的能力经过德川家康评估，确信他们掀不起大浪，所以恩准继续侍奉淀殿母子，但同时也要承担一部分德川方面分配的日常事务，借此束缚他们的手脚。

对于德川家康而言，成为真正意义上的日本国王或者日本皇帝至少要分两步，第一步是解决丰臣秀赖的问题，第二步是解决日本天皇的问题。虽然德川家康几乎夺走了丰臣家大部分的自留地，却没有合法的手续，法理上也可以理解为代管，而丰臣秀赖除了保留摄津、河内、和泉三国的65万石的实际领有权之外，还在山城、近江、备中、信浓、大和、丹波、伊予等地拥有零碎的飞地，依然能够撑起"天下人"的空架子。伊达政宗认为，既然德川家康有意要代替丰臣秀赖行使权力，就不能将他仅仅安置在大阪城，而是应该将他带在身边，牢牢看管，等到他长大成人之后，再根据实际情况决定是否把一部分政治权力让渡给他。如果放纵丰臣秀赖在大阪自由生长，早晚会有人借着他的名义生事端。德川家康后来也一直想找机会将淀殿母子从大阪城请出来，却没能成功。

丰臣秀赖的事情，对于此时的德川家康来说可以不必耗费太多精力，对于京都的朝廷可以先做布局。次年 8 月，德川家康任命板仓胜重取代奥平信昌担任京都所司代，将京都及其周边的皇室、公卿领地进一步看管起来，同时也要监视和限制大阪与京都之间的非正常往来。由于京都周边寺院众多，僧侣出身的板仓胜重更胜任此项工作。

德川家康为了表示对皇室的尊崇，赠予皇室和公卿大量的土地，通过监控和利益施与，接管了丰臣家对皇室的控制，以天皇为首的皇室和京都朝廷继续扮演政治傀儡的角色。

当时的日本天皇依然是后阳成天皇，皇储原本为天皇的第一皇子良仁亲王。不过由于丰臣秀吉生前过度插手皇家事务，使得后阳成天皇产生逆反心理，在丰臣秀吉死后没多久，他就提出想让自己的弟弟智仁亲王担任皇储，然而这一主张却在丰臣家和公卿们的一致反对下搁浅。德川家康取得关原之战胜利后，天皇又想启动这一动议，不想德川家康又产生了另一层顾虑。原来智仁亲王曾经拜了丰臣秀吉当"犹子"，德川家康认为智仁亲王与丰臣家的关系太密切，于是坚决反对让他担任皇储，后来干脆强行送往仁和寺出家，另一方面良仁亲王也不能继位，改立后阳成天皇第三皇子政仁亲王为皇储。

政仁亲王之母名为近卫前子，其父即近卫前久，其兄就是跟随岛津义弘从关原败逃的近卫信尹。近卫前久早就和德川家康建立了密切的关系，近卫信尹与岛津家有过命的交情，于是近卫前久也就担负起调解岛津家与德川家之间矛盾的中间人。

▲ 后阳成天皇画像

464

此时上杉军的问题也逐渐有了眉目。

自从上一年上杉军从最上家撤兵，最上与伊达家就联合起来进行反攻。年底由于大雪暂时中止，第二年依然继续攻击上杉军，夺取酒田、横手二城。2月上旬，德川家康指示结城秀康催促上杉景胜上京谢罪，唯有如此才能换来上杉家继续存在的资格。上杉景胜苦恼万分，最终在直江兼续的陪伴下，于8月16日上京向德川家康谢罪。没多久，对上杉家的处分也随之下达。原本拥有陆奥会津、白河、田村、安达、信夫、伊达及出羽庄内、置赐八郡，另佐渡一国共120万石的上杉家，只能拥有出羽半国，陆奥二郡大约30万石的领地，也和毛利家一样，由大大名变成了中等大名。居城由陆奥会津转移到出羽米泽，也就是原本直江兼续的领地。

与此同时，最上义光由于对抗上杉军有功，不仅原领出羽山形（24万石）得以保全，还加增33万石。

对于伊达家的赏赐，要令伊达政宗失望了。早在德川家康从江户城前往关原的8月22日，为了压制原本准备打击的上杉景胜，他许诺给伊达政宗加封陆奥国的刈田、伊达、信夫、二本松、盐松、田村、长井七郡，这些都是之前伊达家的旧领地，被丰臣秀吉夺走。伊达政宗所拥有的58万石领地，加上七郡49.6万石，可以凑够100万石，因此德川家康这封许诺书被称为"百万石之御墨付"。然而实际情况却是，上杉军围攻最上家的时候，伊达家基本上作壁上观，只是在上杉军撤退的时候象征性地追击。更有甚者，南部家领地内发生了暴乱事件，根据调查得知是伊达家煽动所致。虽然伊达政宗在处理丰臣秀赖的问题上积极给德川家康献言献策，但对于德川家康而言，伊达家的利用价值仅此而已，基于以上理由，德川家康仅仅抛出刈田一郡的3.8万石的领地就把伊达政宗给打发了，"独眼龙"为此生闷气直到老死，但也无可奈何。

而岛津家的问题，则一直拖到了庆长七年（1602年）4月，德川家康终于表示认可岛津家的自辩，将所有责任都推到岛津义弘头上，岛津家可保领地完整，岛津义弘只需继续保持隐居的状态即可，无须自裁或流放。8月，岛津忠恒代替伯父上京向德川家康请罪，此后岛津义久将家督之位转让给岛津忠恒，岛津家正式进入两位隐居家督和一位在任家督的三头政治格局。

与岛津氏同时解决的，还有关东大名常陆佐竹氏。佐竹义宣，原领常陆水户

（54.6万石）。他本人与石田三成和上杉景胜交好，但其父兄与家臣都倾向于东军。于是佐竹义宣只能表现出中立的立场。德川秀忠滞留上田城之时，佐竹义宣向其派遣了300骑作为援军。此后一直坚守领地，试图保持中立。后来上杉军与最上家缠斗之时，佐竹义宣才意识到上杉军败局已定，担心受其连累，于是先在神奈川向德川秀忠表示歉意，再前往伏见城请求德川家康能够保存自己的家名。此年3月又前往大阪城拜谒德川家康和丰臣秀赖，最终被判移封至出羽秋田（20.6万石）。佐竹家不得不离开守护了近500年的根据地。自此，关东地区再无强大的大名可与德川家康抗衡。

德川家康将自己的第五子武田信吉移封到水户，统领武田家的旧臣，希望他能撑起新的武田家门面，不过事与愿违，一向身体羸弱的武田信吉第二年便因疥疮发作而死，年仅21岁。

德川家康第六子松平忠辉是伊达政宗的女婿，由于长相黝黑难看，虽然不讨父亲的喜欢，但好歹也是自己亲儿子，于是出于照顾让他移封至下总佐仓（5万石）。

10月18日，改名小早川秀诠的小早川秀秋得急病死去，享年也是21岁。坊间传闻，他是被战死的西军将领大谷吉继诅咒，恶灵缠身，癫狂而死。不过有可靠的记载表明，小早川秀秋年纪轻轻就染上酗酒的毛病，他的死更有可能是酗酒导致的。对于德川家康来说，小早川秀秋的死使得关原之战突然倒戈的真相更加无解，当然是再好不过了。他死后没有子嗣，领土便被没收，后来一部分领土转封给了池田辉政的次子池田忠继。

解决了上杉、岛津、佐竹等诸家大名的问题，德川家康终于有更大的底气解决自身的合法性问题了。既然九条兼孝当了关白，而且名义上要等到丰臣秀赖成人之后继任，德川家康也就不会谋求关白之位。而另一方面，武家社会真正的王者头衔是"征夷大将军"，自从室町幕府十五代将军足利义昭于天正十六年（1588年）辞任后便一直悬空，德川家康早就看准了这一点，打算填补这个空缺。

庆长八年（1603年）2月12日，后阳成天皇以权大纳言广桥兼胜与参议劝修寺光丰为敕使，前往伏见，宣示总计有六种任命的八道敕旨，任命德川家康为：征夷大将军兼从一位右大臣，同时担任源氏长者，兼奖学、淳和两院别当，并享有牛车、乘车出入宫中许可，随身兵仗的特权。所谓"源氏长者"，其实就是源氏家族的族长，由源氏家族中官位最高的人担当，可以干涉日本源氏家族所有成员的官位授予事宜。到了室町幕府时期，从三代将军足利义满开始，成为将军家的荣誉称号。奖学院是培养贵族子弟的学院，淳和院是皇室行宫，过去都是由源氏长者负责管理，属于"源氏长者"的专有标志。

经过一番礼仪，德川家康正式接受了借朝廷之手给予自己的"任命"，也宣告着德川幕府的正式成立。在德川家康就任将军之前，每当新年之时，各地大名上京道贺，往往是先拜丰臣秀赖，再拜德川家康。德川家康本人也要前往大阪城向丰臣秀赖行礼。担任将军兼右大臣之后，德川家康把原来的内大臣之位留给丰臣秀赖补任，算是继续照顾丰臣家的面子，但自己的官阶已经高于丰臣秀赖了，也就不再于节日期间前往大阪城拜谒了。

7月，按照丰臣秀吉的遗命，德川家康促成德川秀忠之女千姬与丰臣秀赖完婚，当时丰臣秀赖11岁，千姬不过7岁。此后，丰臣秀吉的遗孀北政所在京都出家为尼，法号"高台院"，在德川家康的庇护下颐养天年。

11月，岛津忠恒再度上京之时，给德川家康引荐了一个关原之战的重要人物宇喜多秀家。据说宇喜多秀家在萨摩已经剃发出家，但依然不安分，还妄想从岛津家借兵攻打琉球。岛津忠恒为了进一步缓和与德川家的关系，便把他作为人情抛了出来。宇喜多秀家做梦也想不到，原本与他平起平坐的德川家康，已经成了德川幕府将军，自己这个所谓的"丰臣家大老"身份早已一文不名。在岛津义弘和夫人娘家前田家的担保之下，死罪免去，但活罪难饶，被判处在骏河国久能山幽闭。3年后改判流放伊豆八丈岛，开始了漫长而又凄苦的流放生涯。

另一方面，德川家康还打算充分利用丰臣秀吉的"剩余价值"。丰臣秀吉临死前选定神号"新八幡"，试图将自己与"八幡大菩萨"相提并论，死后设立丰国神社，由神龙院梵舜担任别当（相当于总管）。而在德川家康看来，"八幡大菩萨"不仅仅代表天皇祖先，还是源氏家族的守护神，不能把丰臣秀吉抬到如此地位，于是改用"丰国大明神"作为新神号。神龙院梵舜为了维系丰国神社的继续运作，与德川家康达成协议，协助他编纂关于德川氏与清和源氏新田氏的谱系，坐实了源氏一族的正统地位，德川家康才能坐稳将军之位。

于是在庆长九年（1604年），后阳成天皇、北政所以及德川家康三方达成一致，共同举办了丰臣秀吉去世 7 周年"临时祭",算是初步实现了丰臣秀吉的神格化。

11 月 10 日,九条兼孝辞任关白一职,关白之位暂时悬空,当时很多人都认为,接下去很可能是丰臣秀赖继任了。但事情的发展却出人意料。

庆长十年(1605 年)正月,德川家康先从江户进入伏见城。1 个月后,德川秀忠在关东、奥羽大名的簇拥下,率领十多万大军浩浩荡荡进入京都。当时在京都的公卿将威风八面的德川秀忠视作当年镰仓幕府的第一代将军源赖朝,甚至用他的官途"右大将"来比拟他。

4 月 12 日,丰臣秀赖继任德川家康辞去 1 年多的右大臣一职。3 天后,德川家康正式辞去征夷大将军一职,保留源氏长者的称号,开始号称"大御所"。德川秀忠则补任丰臣秀赖空出的内大臣一职。5 月 1 日,正式接替德川家康继任征夷大将军。德川家康通过高台院向大阪方提议,让丰臣秀赖出面祝贺德川秀忠继任将军,如此顺水推舟,尽快解决丰臣家与德川家在武家内部的君臣顺位关系。没想到此意一出,却遭到了淀殿激烈的回应,她宁死不肯让儿子向德川家卑躬屈膝,大阪城内一时间人心惶惶,暗流涌动。德川家康见状便只能继续安抚淀殿母子。不过 7 月 23 日,近卫信尹就任关白一职,断绝了丰臣秀赖继任关白的可能性。至此,丰臣秀赖名义上只是右大臣,官位比德川秀忠的内大臣略高。

从庆长十一年(1606 年)开始,德川幕府以测试忠心为名,动用外样大名对包含城下町在内的整个江户城进行大规模的改造和扩建。所谓外样大名,基本上就是关原之战中属于东军的丰臣系大名。

庆长十二年(1607 年),德川家康开始仿照当年丰臣秀吉在大阪城的做法,在江户城修建大名宅邸,让他们的妻子长期居住在江户城下,确立大名们每年一次自费朝见将军的制度。做好相应安排后,德川家康便把江户城交给德川秀忠管理,自己则以"大御所"之名移居骏府。而骏府城的修建更是以国家的名义,无论朝廷幕府还是武家公卿,都要出钱出力,彰显德川家康是日本国王的实际地位。

此时的德川秀忠不过 29 岁,德川家康在他身边配备的政治团队基本上都是年资较长的谱代重臣。而自己身边则安排一群中青年武士,为江户幕府继续培养政权核心人才。通过如此稳健的处理手法,江户幕府基本上制止了外样大名干涉幕府的可能性。虽然受到德川家康无处不在的"照顾"十分不适,但毕竟是为了巩

▲ 位于今日静冈县静冈市的骏府城，这座经历了整个战国时代无数烽火、几经改造的城池，陆续见证过今川家、武田家、德川家的崛起

◄ 关原大战前，战死于伏见城的德川家忠臣鸟居元忠墓地纪念碑。家康战后进入伏见城，亲率众家臣怀念元忠

固自身的权威，德川秀忠也只能接受父亲的安排。

就在这一年，德川家康第四子松平忠吉和次子结城秀康相继去世。两人一个28岁，一个34岁。松平忠吉据说是因为关原之战旧伤复发而死，没有留下子嗣。而结城秀康则是死于其他疾病。此时的德川家康只剩下德川秀忠和松平忠辉两位成年的儿子，以及义直、赖宣、赖房三个未成年的儿子。距离关原之战仅仅7年，许多当事人纷纷离世，活着的亲历者们境遇和心态都发生了巨变。德川家康一直试图摸索实现德川与丰臣一体化的政治格局，虽然他明显偏向自家血脉，但是将丰臣秀赖纳入德川幕府之中并非没有可能。随着丰臣秀赖的日渐成长，一场新的大战正在悄然酝酿之中，伊达政宗当年的预言终将变为现实。

小谈关原之战中德川家康制胜之因

作者 / 伊势早苗

从幼年开始，德川家康的人生似乎就一直在为后期的发力做准备，在乱世中从一介人质开始，最终成为统一日本的丰臣政权中的重要人物。而在其人生的最后15年间，德川家康相继经历了关原之战、开幕建府、大阪冬之阵、大阪夏之阵，为后来的江户幕府盛世打下了牢固的基础。而这一切，都得从江户幕府开幕前的关原之战说起，这也是德川家争夺天下的关键之战，可以说，关原之战的胜败，改变了日本历史的整个走向。

太阁之死至丰臣政权分裂

庆长三年（1598年）8月18日，统一了日本的前关白"太阁"丰臣秀吉在伏见城病逝。草莽出身的丰臣秀吉，先是跟随前主公织田信长的步伐统一了日本，在成为"天下人"以后，丰臣秀吉为了实现自己的野心，贸然发动对外战争。

丰臣秀吉死前，大部分日军还陷在战争中，但是已经自知不久于人世的丰臣秀吉，还是将巩固丰臣政权摆在了第一位，让五大老与五奉行递交了宣誓效忠于丰臣秀赖的誓书，随后又单独招来前田利家与德川家康交代后事。8月10日开始，丰臣秀吉陷入了昏迷，最终在18日凌晨撒手西去。此时的丰臣秀赖年仅6岁，还属于不谙世事的年纪，从后来的结果来看，丰臣秀吉之死确实是丰臣政权崩溃的开始。

8月25日，德川家康同前田利家一边隐瞒丰臣秀吉的死讯，一边以四大老的名义开始给诸将发去撤军的命令（此时第五位大老上杉景胜已经回到自己的领地）。日本的军队已经陷在这场非正义的侵略战争中太久了，在收到自家乡发来的"太阁殿下病情好转，命诸

▲ 前田利家画像

将撤退"的命令，不禁纷纷松了一口气。

庆长四年（1599年）1月，诸将前往伏见城朝贺，见到前田利家怀抱丰臣秀赖坐在正席，便知晓丰臣秀吉已经逝世。此时前田利家等人才将丰臣秀吉的死讯公之于天下，并且按照丰臣秀吉的遗言，前田利家与丰臣秀赖、淀殿（丰臣秀赖生母）入驻大阪城，负责辅佐丰臣秀赖，直至其15岁。德川家康则按照丰臣秀吉遗命在伏见城协助处理政务。是年，丰臣秀赖7岁，淀殿33岁，德川家康58岁，前田利家则是63岁。

然而，令谁也没想到的是，丰臣政权中唯一能与德川家康抗衡的前田利家在当年3月3日于大阪城的宅邸内匆匆病逝，丰臣秀吉死前制定的"五大老·五奉行"制度被彻底打破。借着前田利家之死作为契机，加藤清正、黑田长政、福岛正则、细川忠兴、加藤嘉明、池田辉政、浅野幸长七将密谋要除掉石田三成。

加藤清正等人作为丰臣政权中的武功派大名，同石田三成等人水火不容，在国外作战时就与在日本国内的石田三成结有宿怨。前一年撤军之时，石田三成在博多迎接诸将，建议诸将直接前往伏见城休息，来年再设置茶会犒劳大家。加藤清正却当着诸将的面对石田三成大声嚷道："你们还有工夫举办茶会？我在外7年，无茶无酒，稗粥倒是有一些，你们要不要尝尝？"

七将欲趁石田三成出门时袭击他之事被通风报信给了石田三成，石田三成便在家内避而不出，同石田三成交好的大名佐竹义宣立即前往大阪城拜谒丰臣秀赖并趁机求情，而后又让石田三成乔装打扮成妇人逃往伏见城，石田三成在伏见城的宅邸与宇喜多秀家相邻，石田三成便毁掉了中间的墙壁，让宇喜多秀家更方便救援自己。安排完一切后，佐竹义宣又前往德川家康处请求德川家康保护石田三成。就在佐竹义宣离开后，怒气冲冲的七武将也来到德川家康处，请求德川家康帮忙消灭掉躲藏在伏见城的石田三成。

德川家康随即召集了家内的众臣讨论此事，本多正信向德川家康建议保护石田三成，因为虽然石田三成是己方的敌人，但是毕竟还是五奉行之一，要是因私怨杀死石田三成，肯定会有亲近石田三成的大名请求诛杀七将，到时候将陷入两难的局面：要是处罚七将，则必然引起更多人的不满，但要是不处罚七将，又会留人口实，说内府大人厌恶石田三成，所以才杀死他，而七将同内府大人亲近，因此才不被处罚。要是留人口实，有可能导致日后出现针对德川家的动乱，不如暂时保下石田三成，让丰臣家政权内部先乱起来，德川家只需坐收渔翁之利。

德川家康认为本多正信言之有理，便遣使以一副大义凛然的样子通告七将：太阁殿下尸骨未寒，嗣君年幼，你们不要以私怨兴兵。但是七将对石田三成的仇恨明显高于"太阁殿下尸骨未寒、嗣君年幼"，便拒不罢兵。德川家康见状又写信给七将说：你们要是不念及嗣君年幼，执意兴兵的话，我将同石田三成一起与尔等决战。七将一看内府大人即将发怒，不敢造次，便只得罢兵回府。

在劝退诸将之后，德川家康又找来了石田三成，将天下动乱的祸根推在石田三成身上，劝说其辞退奉行职位。德川家康还信誓旦旦地保证，只要石田三成辞职返回居城隐居，天下必定可以安稳无事，而石田三成的儿子则可以跟随德川家康左右，待其年长以后，继承石田三成的奉行职位。

石田三成深知德川家康必定会篡夺丰臣家的天下，这时候他就得当仁不让地站到台前来维护丰臣家，于是他先去找与交情不错的五大老之一的上杉景胜，劝说道："等我回到佐和山城后，只要上杉景胜公在今年秋天返回领内，整军备战不来朝觐，到时候德川内府必定会率领诸将东进讨伐会津。到时候我与宇喜多秀家公、毛利辉元公等人在西边结盟，于领国内大举征兵出阵，先控制住东征诸将的家属。他德川老贼纵使诡计多端，一旦前后受敌，便也是插翅难逃。况且诸将士不可能弃父母妻儿不顾仍然追随他，到时东征诸将要么进入会津城与上杉家结盟，要么就西归，只要征伐会津的大军一散，德川家康纵使三头六臂，也只能向我等屈膝求和。"

上杉景胜早就因为德川家康的做派对他感到不满，况且上杉家原本拥有室町时代"关东管领"的大义名分，统治诸国便是德川家康现在领有的关东领地，即便是在战国时代，上杉家由长尾氏继承后也是牢牢掌握着北陆的越后越中等分国，可如今却被丰臣秀吉转封到了东北的会津领，自然是有很多不满。要是德川家康被减封甚至除封，身为五大老之一的上杉家不管怎么样也能分到一杯羹的。因此上杉景胜便立即与石田三成约定好举兵之事。

与上杉景胜商量完毕后，石田三成便找来了家老岛左近，满脸得意地同岛左

▲ 位于爱知县的纪念加藤清正之"清正公社"，传说清正的少年时代就是在这里度过的

近说起了这件事，可岛左近越听脸色越难看，连连说不可："主公啊，福岛、加藤七将想谋取主公性命，而德川内府却竭力帮助我主，这本就是一件很诡异的事情。现在德川内府居心叵测，您要是听从他的意思返回佐和山城，在半路上被追杀怎么办？到时候只怕是后悔莫及，眼下主公的兵力少说也有 10000 人以上，不如留 1000 人在佐和山城防守，将剩下的 9000 多人分为 4 队，1 队 1000 人交给我，2000 人交给舞兵库殿下，3000 人交给蒲生氏乡殿下，而主公自己率领剩下的 3000 多人。到时候主公先在浅野长政等宅放火，我同舞兵库殿下攻向德川内府所在的向岛，德川内府必定会让手下军队防御，而自己逃往东国领地。要是德川内府从大和路逃走，我们就在宇治川追上他和他决战，要是他往山科走，则让蒲生氏乡殿下率军追击，必不让内府召集来更多军队。大阪城内要是有人忠于德川内府，事出仓促，必定来不及召集军队。等他们召集到军队时，我等恐怕早已生擒德川内府，到时候我军士气正旺，他们一定不敢轻举妄动，这才是制胜之道啊。"

岛左近是战国时代从死人堆里摸爬滚打过来的老将，一席话将石田三成说得愣住了，待岛左近说完，石田三成才支支吾吾地回答道："你说得很有道理，可是……我已经同上杉家还有佐竹家约定先听从内府的命令返回佐和山城，随后再举兵了。"

岛左近听完，无可奈何，只得先同石田三成返回佐和山城。因为担心诸将对石田三成怨念太重而打乱自己的部署，德川家康特意让自己的次子结城秀康率军护卫石田三成返回佐和山城。

德川家康入住大阪城

在这段时间内，德川家康也没闲着，他先是调和了水野家的父子关系，拉拢水野家；又在井伊直政的协助下，将锅岛直茂等将拉拢到了自己的身边。而黑田长政也十分殷勤地主动找堀尾吉晴等奉行，说德川内府大人现在居住在向岛，要在伏见城办公十分不便，不如直接住进伏见城主城内，这样一来方便许多，二来可以坐镇京畿，保护大阪城。

堀尾吉晴、浅野长政、前田玄以都认为此计可行，3 人又找了五大老中的上杉景胜、宇喜多秀家商量，二者也没有异议；而增田长盛、长束正家等人纵使有异议，迫于德川家康的淫威也不敢当面提出。4 月 13 日，德川家康就这样如愿以偿地住了伏见城。此时的日本，已经有人将德川家康称为"天下殿"了。

当年 4 月 18 日，朝廷下旨敕封丰臣秀吉为"丰国大明神"，主要原因还是丰臣秀吉死前给自己留下的祠号是"八幡大菩萨"，朝廷认为丰臣秀吉相貌奇异，担当不起菩萨的名号，遂由公卿们自行取名为"丰国大明神"。既显示了对丰臣秀吉的尊崇，又避免了玷污神仙菩萨。

到了 7 月，德川家康说当初奔赴国外战场的诸将都十分辛苦，要是太阁大人尚在，肯定会封赏诸将，但是如今丰臣秀赖殿下年幼，不如让诸将先行返回许久没回的领国内休养生息，来年再来大阪城奉公。

因为在大阪城奉公开销不小，前往国外作战的诸将也投入了很多钱作为军费，因此家中财力都是捉襟见肘，十分困难。现在得到德川家康的指令，在外作战的诸将便都纷纷返回领国。上杉景胜虽然没有前往战场，但是此时也借口说领地刚转封会津不久，很多政务来不及处理，领地内还很混乱，请求返回领地。而前田利胜也说自己想返回领国，将父亲生前没来得及推行的善政在领地内推行。此时宇喜多秀家、毛利辉元已经归国，京畿内只剩下三个大老，德川家康自然也希望剩下的两个大老回国，便都同意了他们的请求。而其他的将领中，黑田官兵卫代替儿子返回了九州岛丰前的领地，加藤清正也返回了九州肥后的领地，细川忠兴则返回丹后。

9月7日，德川家康前往大阪城办公，故意居住在石田三成先前的屋子里。结果这天晚上，长束正家、增田长盛偷偷前来面见德川家康，对他说道："加贺中纳言前田利胜想要图谋内府大人的性命。他们想在9月9日重阳节内府大人前往拜见丰臣秀赖少主时，让浅野长政捉住内府大人，再让土方雄久、大野治长趁机斩杀内府大人。"

德川家康得知此事后，便连夜找来了家臣们商议。本多正信建议德川家康称病不出，不要进入大阪城，然后召集伏见城的军队前来大阪城护卫，以防有变。井伊直政、神原康政、本多忠胜却不同意本多正信的提议，他们认为浅野长政不敢出手，不用顾虑，可以直接登城。德川家康思前想后，决定两方意见各听一半，

▲ 丰臣秀吉画像

▲ 浅野长政画像

在 8 日凌晨先是下令召集伏见城的军队，9 日再前往大阪城主城参见丰臣秀赖。

9 月 9 日，结城秀康率领着 3000 余人从伏见城赶到了大阪城，德川家康随后便前往大阪城觐见丰臣秀赖，而井伊直政等家臣则跟随在他身边。进入大阪城时，遭到守卫阻拦，称禁止带士兵入城，但是德川家康和手下的家臣们则不管不顾，直接进入城内。

井伊直政、本多忠胜、神原康政等 12 名武将跟随德川家康进入大阪城大堂之后，对城内的人以及丰臣秀赖等人说道："有传闻说有人要谋害我家主公，因此我等才执意护卫至此。"因此德川家康面见丰臣秀赖之时，他的家臣们便全副武装地坐在屏风外面，其嚣张跋扈可见一斑。见到德川家臣来势汹汹，浅野长政只得借口生病躲了起来。

辞别丰臣秀赖时，德川家康路过大阪城的内厨，看到了一个巨大的"大阪大纸灯"，德川家康开口说："我等关东来的乡下人可从没见过这种东西呀。"听了德川家康的话后，酒井忠利便招呼在内厨外的德川家家臣们进厨房围观，丝毫不顾及什么礼节。

9 月 26 日，丰臣秀吉的正室夫人高台院，即北政所宁宁从大阪城西之丸迁出，前往京都居住，而德川家康随后则立即搬入西之丸居住。北政所宁宁令人捉摸不透的行为，让当时的局势更加动荡起来。10 月 5 日，德川家康找来了长束正家、增田长盛等人，说要定浅野长政、大野治长、土方雄久等人的罪状，因为他们想要谋害身为丰臣家五大老之一的自己，并且声称不日就要讨伐在加贺的前田利胜。

德川家康此时在大阪城可以说是绝对的权威，长束正家、增田长盛也不敢否定，便流放大野治长到下野国的结城；流放土方雄久到常陆国的大田；同时罢黜浅野长政的职位，让他回领地甲斐国反省。浅野长政为了表示自己对德川家康并无敌意，不敢返回封地，反而前往了德川家康领内的武藏国隐居。此时丹羽长重也来到了大阪城的西之丸面见德川家康，说自己刚听说加贺中纳言前田利胜想要谋反，丹羽家的领地同前田家的相邻，要是内府大人讨伐前田家时，务必让丹羽家作为讨伐军的前锋。德川家康听了丹羽长重表忠心的话，十分开心地将自己的佩刀赏赐给了丹羽长重，让他先返回领地。

刚打发走丹羽长重，细川忠兴又来到了大阪城，不过细川忠兴此行不是为了请求担任先锋，而是为前田利胜求情。细川忠兴知道前田利胜此次定是被冤枉的，恐是德川家康认为前田利胜忠于丰臣家，会联合石田三成对他不利。

拿捏住德川家康心理的细川忠兴对家康说道："在下保证前田利胜殿下不会有反意。我曾经同前田利胜殿下说'太阁大人逝去后，少主年幼，不足以依靠。当今能够统领天下的，只有内府大人一人'，劝他追随内府大人，而后又说'石田三成在丰臣家也颇有威势，不然你去追随他也可以'。当时前田利胜殿下就大怒不已，说自己堂堂前田家当主，怎么可能屈居于小小的一个石田三成之下。因此，在下认为前田利胜殿下必定不会做什么不利于内府大人的事的。"

有了细川忠兴的求情，前田利胜又写信给德川家康表示自己并无二心，再托井伊直政从中斡旋，最终前田利胜把自己的母亲芳春院送到德川家康处当人质，方才解决了危机。

庆长五年（1600年）正月，德川家康同丰臣秀赖在大阪城庆祝新年，然而喜庆的庆典并不能够缓解当时紧张的局势。

二月，堀秀治派遣使者告知德川家康，上杉景胜在会津领内广修桥梁道路，建筑城池备战，恐有反意。德川家康随即派遣使者前往会津，质问上杉景胜为何在国内施行战时之法，并催促上杉景胜快快上洛，以示清白。

结果德川家康左等右等，没等来上杉景胜，反而等到了上杉家的家老直江兼续写的一封言辞傲慢的书信，惹得德川家康大怒不已，决定要讨伐上杉景胜。直江兼续写的这封信便是在日本历史界赫赫有名的"直江状"，然而近年来却有人认为直江状只是后世的好事者伪造的。

6月18日，德川家康以丰臣秀赖的名义举兵，起兵自伏见城，向东进发，讨伐上杉景胜。留守伏见城的任务交给了老将鸟居元忠，从征的将士有织田有乐斋、福岛正则、池田辉政、细川忠兴、京极高知、筒井定次、浅野幸长、山内一丰、藤堂高虎、堀尾忠氏、黑田长政、加藤嘉明等。石田三成此时却对东征表现出了极大的热情，主动请缨要求跟随大军东征。德川家康以石田三成此时是戴罪之身，不便随军为由，便下令让他儿子代替他出征。

德川家康一路东进，石田三成见调虎离山的计策得逞，便偷偷前往大阪城，面见丰臣秀赖。7月17日，石田三成还同宇喜多秀家、毛利辉元、前田玄以、增田长盛、长束正家联名上书弹劾德川家康，列举了德川家康所犯下的共13条罪状，称为《内府违禁条书》。原本准备随军出征的大谷吉继也被石田三成拦下，并最终被说服，加入了石田三成一派。

石田三成在当晚出兵大阪城，大肆捕捉随军出征将士们留在大阪城的妻女，结果造成了细川忠兴的妻子明智玉子（明智光秀之女）身死的悲剧。明智玉子不愿被捉为人质，而她本身又信仰天主教，不能够自杀，最终只得命令细川家的家臣杀死自己，随后与细川家的宅邸一同在大火中化为灰烬。随着明智玉子的死，以及反德川派石田三成等人拥立毛利辉元为主帅开始，日本即将进入两大势力的决战时刻。

东军、西军成立

在旧日本陆军参谋本部编纂的《日本战史·关原役》中，将出征会津的德川家康等武将的军队称为东军，而将石田三成等反德川派称为西军。在上一次日本分裂为东西两军的时候，就得追溯到应仁之乱了。不过此时的日本今非昔比，将德川家康同石田三成等人划分为东西军，也是后世为了方便理解而套上的"名字"。

实际上，在日本史料之中，并没有将此次交战的双方单纯地描述为东军、西军，东西两军的真正名字实际上是"德川家康主导军"以及"石田三成·毛利辉元联合军"，下文为了方便阅读，统一也称德川家康主导军为"东军"，石田三成·毛利辉元联合军为"西军"。

7月17日石田三成等人列举德川家康的罪状，19日，"石田三成·毛利辉元联合军"中的岛津义弘、小早川秀秋就包围了伏见城。值得一提的是：江户时代的军记物语中，记载了关原之战前岛津义弘寝返（倒戈）西军的逸话。说是德川家康出征会津之前，写信拜托岛津义弘前来协助防守伏见城，可是当岛津义弘前往伏见城时，京畿战火已经一触即发。留守伏见城的老将鸟居元忠不知出于何种缘故，拒绝让应邀前来的岛津义弘入城，再三僵持之后，未入城的岛津义弘被石田三成派来的使者说服，最终加入了西军。

多年来，鸟居元忠为何不让岛津义弘入城一直困扰着大家，今天我们就来揭开岛津义弘参加西军背后的真相。在当年的4月27日，岛津家刚好处理完领内的"庄内之乱"，也正因为此，这次会津征伐，德川家康没有要求岛津家随军，而是写信给岛津义弘，请求岛津义弘前来协助防守伏见城。

这本来就是一件寻常的事，伏见城不是德川家康的城池，也不是岛津义弘的城池，而是属于当时众将的主公丰臣秀赖的城池。身为丰臣家的重臣，德川家康邀请同为丰臣家下属的岛津义弘防守伏见城，是情理之中的。但是后来为什么鸟居元忠不放岛津义弘入城，就有些耐人寻味了。这里有两种说法：一是这件事压根就没有发生，岛津义弘没有请求进入伏见城，鸟居元忠也没有拒绝岛津义弘进入伏见城。至于为什么会有岛津义弘入城被拒绝的说法，大概是因为德川家统治的江户时代，身为江户幕府的西南强藩萨摩藩为了洗脱自己昔日曾与德川家康敌对的事实，而故意编造出来的；其二便是岛津义弘有入城的想法，但是鸟居元忠还是拒绝了他，原因就是岛津义弘想进城的动机不良，很有可能是想同西军里应外合。

在7月14日岛津义弘写给在萨摩的书信中显示，岛津义弘认为自己兵力不够，请求派兵增援。石田三成等人在7月12日开始准备对付德川家康，要是岛津义弘没有参与此事的话，此时他的任务只是来到东征军的后方协助防务而已，何必带太多兵马，更不用写信催家里出兵？因此笔者以为，无论有无伏见城下的逸话，岛津义弘应当是早早便加入了西军，况且西军的总大将毛利辉元，在天下还未统一时因为共同的敌人大友家而同岛津家一直有着良好的关系。

西军包围了伏见城10余日，期间小早川秀秋的兄弟木下胜俊原本是守城的一方，结果脱城出逃，前往京都依附北政所宁宁。事后也正因为此事，木下胜俊的封地被德川家康下令剥夺。

德川家康于7月22日抵达本城江户城，待24日收到石田三成举兵的消息时，征伐会津的军队才慢吞吞地行进到下野国的小山。得知消息的家康并没有立即告知诸将，而是下令召回了在宇都宫城的世子秀忠，并且在德川家内部召开了会议。

德川家康此时也在犹豫，眼下大战在即，他的情况颇有些类似"箱根·竹下之战"后的足利尊氏（箱根·竹下之战后，足利尊氏面对着地处东北的北畠显家以及占据京畿的后醍醐天皇势力，最终足利尊氏选择了无视北畠显家，举兵西进），在考虑是先攻打会津，待讨平上杉家后再举东国之兵西进，还是直接丢下上杉家不管，率军西归。

本多正信向德川家康建议道："此时东征的将士家属都在大阪，我们不顾及，将士们可不会不顾及自己的家属啊。依我看，不如就慰劳诸将，让他们各自回到自己的封地，咱们德川家就据险固守关东。"

本多正信一语道破了德川家康的难处，无论是固守关东，东征，或者是西归，都要防止随军的将士们因为顾忌妻女而生叛变之心，与其成天人心惶惶，倒不如尽快将诸将遣返回国，这样还不至于失了人心。

德川家康最终还是决定先看东征诸将的表现，次日（也就是 7 月 25 日），德川家康在小山城召集了东征的诸将，召开了赫赫有名的"小山评定"会议。

在小山评定中，德川家康也不隐瞒实情，对东征诸将说出了石田三成、毛利辉元等人在京畿举兵之事，并且还说诸将士的妻女都在大阪，虽然此时身在我军军中，但是心系京畿也是人之常情，要是有人想依附石田三成，就请速速西归，绝不挽留。德川家康话音刚落，福岛正则就一跃而起大骂道："要我西归接受石田三成这奸贼的指挥来对付内府大人，对我来说简直是奇耻大辱。在下只想效忠嗣君丰臣秀赖，愿意追随内府大人讨伐奸贼。"

黑田长政也看准时机出来表忠心说："我等抛妻弃子追随内府大人东征，怎么会中途变卦而去依附逆贼呢？我看不如先放弃讨伐上杉景胜，回师京畿讨伐逆贼石田三成吧。"细川忠兴、加藤嘉明等人听了，也连连点头表示同意黑田长政的观点。

德川家康得到了自己想要的结果，十分满意，便决定先回师京畿。东军派遣了池田辉政、福岛正则两将作为前锋，先向西进入福岛正则的居城位于尾张国的清州城，等待德川家康的后军，而德川秀忠则率领另一支德川军从东山道向美浓国进军。

值得一提的是，原本跟随会津征伐军的真田昌幸在 7 月 21 日于下野国的犬伏收到了石田三成的书信，劝说其加入西军。真田昌幸在收到信之后，便找来了两个儿子真田幸信与真田信繁商议。真田幸信因为是德川家重臣本多忠胜的女婿，

▲ 关原之战中岛津义弘部队所在地的纪念碑

▼ 关原之战中福岛正则部队所在地纪念碑

因此坚决反对加入西军，认为此时背叛德川家康加入西军是不义之举。为了能够让真田家获取最大的利益，真田昌幸最终还是选择了加入西军。最终真田昌幸、真田幸信、真田信繁父子3人分道扬镳，真田昌幸、真田信繁回到了上田城；真田幸信则前往宇都宫城与德川军会合。

8月1日，伏见城在西军的围攻下落城，守将鸟居元忠、松平家忠战死。伏见城落城之后，气势如虹的西军侵入了伊势国，而石田三成则率军进入了美浓国的大垣城，然而，此时的德川家康却没有动静。

8月20日，德川家康的使者村越直吉来到了清州城，此时身在清州城的本多忠胜和井伊直政询问村越直吉，为何主公迟迟没有前来清州城会合。

村越直吉直接回答道："我军诸将还未与敌军交战。"

本多忠胜同井伊直政侍奉德川家康多年，瞬间明白了，德川家康这是想要东军的诸将上交"投名状"。可是此时东军的将领们都投奔了德川家康，要是知道德川家康还不信任自己，只怕会导致诸将心有不悦。

然而，在村越直吉会见诸将时，他仍然是直接对诸将说道："我家主公偶感风寒，现在在休息中，需要滞留几日方可前来会合。"德川家康的意思并未表述明白，但是诸将之中仍然有聪明的人听出了其中的深意。加藤嘉明立即便开口对村越直吉说道："哎呀，我们都是莽夫，没有想到内府大人的顾虑，内府大人不进兵是正确的决定。"

福岛正则则疑问道："你这是什么意思？"

加藤嘉明解释说："石田三成对外声称拥护嗣君丰臣秀赖，想要篡夺大权。我等受太阁恩惠甚重，除非先攻下一两座敌人的城池，否则内府大人又怎么会信任我们不会依附于贼人呢？"

福岛正则连连拍手道："原来如此，既然这样，那就速速前进攻打西军吧。"

挡在东军前头的是曾经织田信长的居城——美浓国的岐阜城，而岐阜城的城主则是织田信长的孙子织田秀信，此时这位前天下人的孙子只是个13万石的丰臣大名而已。

8月22日，东军的福岛正则、池田辉政等将对岐阜城发起进攻，仅仅两天，岐阜城就被东军攻下，岐阜城的落城，标志着东西两军的正式交战。同时原本在东西两军之间摇摆不定的大津城城主京极高次也因此决意加入东军，在大津城笼城作战。9月12日，立花宗茂等九州大名率领15000余人对大津城发起进攻，京极高次的大津城危在旦夕。

9月13日，德川家康率军自清州城向岐阜城进发，次日上午，德川家康又从岐阜城出发，进入了池尻村附近的赤坂。赤坂的位置在大垣城的西北方向，离石田三成所在的大垣城只有十里地的距离。德川家康摆出了与石田三成决战的态势，岛左近便率军500先行出城，前去收割德川方势力内的稻田，双方展开了激烈的交战，但最终还是岛左近占了上风。

面对石田三成据守大垣城的策略，要是强攻大垣城，将会付出巨大的代价，也正因此，德川家康决定采用声东击西的战法——德川家康年轻时曾经吃过这个战法的一次大亏。

那时德川家康不过是个占据三河、远江两国的大名，在面对东边的强敌武田信玄的西进作战时，不得不在远江国的浜松城笼城。结果没想到，武田信玄直接绕过了浜松城，前去攻打德川家康的后方三河国。因此德川家康不得不率军出城，前去追击西进的武田军，没曾想在三方原，德川家康遇上了已经布下军阵的武田军。原来武田信玄的计策便是佯攻三河国，诱使德川家康出城野战，歼灭德川军的有生力量，以避免攻城战时会出现的巨大伤亡。

那一战德川家康惨败，几乎面临灭绝。此时的石田三成，就仿佛当时在浜松城笼城的德川家康一般，但同当时的德川家康不同的是，石田三成的状况要比那时的德川家康好很多——此时东西军军队人数的差距，并不像当年德川军同武田军那样悬殊，而是势均力敌。

德川家康决定绕过大垣城，直取石田三成的老家佐和山城，要是石田三成不出战，便攻取佐和山城。攻下城后，石田三成要是还不出战，那就可直接杀往大阪城。然而从表面来看，德川家康的决定无异于自杀，东军要是攻破佐和山城进入京畿，又如何能够快速攻下大阪城？要是攻不下大阪城，无法快速决战，时间上只会对西军越来越有利，而东军只怕会被京畿的西军势力给围歼。

那么德川家康此时是怎么盘算的呢？德川家康之所以敢采取此举冒险的作战计划，是因为东军对西军中的重要将领毛利辉元、小早川秀秋的调略取得了巨大成效。也正因为此，德川家康才敢冒险一试，逼石田三成出城对决，再利用自己善于野战的优势击垮西军。

德川家康的动向被石田三成察觉，惊出一身冷汗的他不顾宇喜多秀家的反对，于 9 月 14 日晚上 7 时率军出城，向南迂回，朝着关原前进，并在 15 日凌晨 1 时抵达关原。9 月 15 日凌晨 3 时，德川家康收到了福岛正则报告石田三成军队动向的消息，下令全军前往关原，在这一天，无论是在九州战场，还是在出羽战场，或者是关原战场，东西军武将们的目光全都看向了这里——关原。

有关关原之战的传统描述

关原之战，被称为"争夺天下的大战"，那么，关原这个地方又有什么样的历史呢？关原的"关"，指的是天武天皇设立的"三关"①之一的不破关，在古代便是交通要道，是北陆道、东山道与京畿的连接点。

西军在关原战场的布阵如下：吉川广家、毛利秀元于南宫山布阵；安国寺惠琼、长束正家，长宗我部盛亲在南宫山下布阵；石田三成于笹尾山布阵；岛津义弘、宇喜多秀家、小西行长等则在石田三成附近布阵；小早川秀秋在松尾山布阵。

应对西军的布阵，东军在南宫山下留下了池田辉政、浅野幸长等人防守毛利军；而石田三成等将的正面则是福岛正则、黑田长政、细川忠兴、藤堂高虎等将布阵的地方。

上午 1 时左右，天降大雨，石田三成在雨中行军，率先从大垣城出发，抵达关原；到了 2 时，德川家康得到了石田军出阵的消息，命令福岛军、黑田军率军出阵；东军前锋出发以后，上午 3 时左右，德川家康率领本队兵马从赤坂出发；上午 5 时左右，天气转为小雨，此时关原战场上大雾弥漫。西军共 84000 人在关原布阵完毕，而此时东军的前锋福岛正则才刚抵达关原。一个小时后，随着德川

---

① 越前国爱发关、美浓国不破关、伊势国铃鹿关。

家康抵达了关原，东军共 74000 人也在关原布阵完毕。

在两军布阵结束之后，因为大雾的原因，谁也不敢轻举妄动，就在战场上对峙着。到了上午 8 时左右，有几百骑身着红衣的武士从德川军中窜出，这些武士的背旗上是一个大大的"井"字，而他们的主将，则是德川家的重臣井伊直政。井伊直政是德川家康四子松平忠吉的岳父，松平忠吉此次乃是初上战场，德川家康让他跟随着老将井伊直政作战。既然身负指导世子的重任，同时，井伊直政也想让女婿多立下一些战功，便带着手下军队同松平忠吉一起出阵。他们是此次合战的前锋，必须率先同敌人交战。

然而，按照原本的安排，福岛正则才是此次东军的前锋，因此在井伊直政等人想绕到两军阵前时，被福岛正则一部的可儿才藏将其拦住了。

可儿才藏对着这些从后方绕到前头来的武士大喊道："来者何人？"

"在下乃是井伊直政，此人是内府大人的四公子松平忠吉。"

"今日我家大人奉命担任先锋，不许他人越过我军阵前。"可儿才藏接着说道。

"在下只是带着松平忠吉公子前来观摩一下而已，无须担心！"井伊直政哄骗可儿才藏道。

可儿才藏看了看马上的人，确认是井伊直政与松平忠吉，便说道："观摩一下为何要带着这么多兵马？还请井伊直政大人减少一些随从。"

井伊直政无奈，只得带着四五骑武士，随同松平忠吉来到两军阵前，打响了关原之战的第一枪。福岛正则阵前的敌人是宇喜多秀家同大谷吉继率领的西军，听到枪声以为是东军攻来，便对东军发起反击。

同一时间，黑田长政、细川忠兴也率军向石田三成的军势发起进攻，黑田军的铁炮部队不断向石田三成的军势开火，步兵也随即跟上。石田军难敌黑田军的进攻，但是黑田军一时半会儿也无法击溃石田军，战况陷入胶着状态。西军的总大将虽然名义上是毛利辉元，但是此时实质上的总指挥却是石田三成，只要能击溃石田三成，黑田长政就能在此战中立下大功。细川忠兴就更不用说了，他同石田三成有着杀妻之仇，在两人的强攻下，石田三成军中的猛将岛左近被黑田军的铁炮队击伤。

上午 10 时左右，德川家康的本阵向主战场移动，石田三成无计可施，只得燃放狼烟，催促松尾山上的小早川秀秋以及南宫山上的毛利辉元出战，可是不知为何，在东军后方布阵的毛利军迟迟没有动静。要知道，南宫山离德川家康的本阵桃配山仅仅只有一步之遥，要是毛利军大举攻去，不但会同石田三成等军对东军形成夹击之势，甚至可能会击败德川家康。

此时，南宫山上还是静悄悄的，没有动静。石田三成不明所以，德川家康却明白是自己的调略奏效了。南宫山上的毛利秀元、吉川广家未动，山麓的长宗我部盛亲、安国寺惠琼、长束正家便怀疑山上的军队是否已经反水，便也都不敢率先出击。此时，在松尾山上率领 8000 人大军的小早川秀秋就成了两军争取的对象，松尾山下便是西军的大谷吉继同东军的福岛正则，无论小早川军攻向哪一方，被攻打的一方都将在地理上处于不利的位置，只得仰攻。

小早川秀秋早就同东军密谋，他的家老平冈赖胜等人也被德川家康成功调略，但是面对战局的僵持，以及石田三成和黑田长政分别派遣来催促出战的使者，小早川秀秋却犹豫了。

现在的小早川秀秋是整场合战胜利的关键，只要加入某一方，就可以成功让胜利的天秤向那一方倾斜。中午 12 时，有些烦躁的德川家康思来想去，决定让手下的铁炮队对松尾山开火，以此催促小早川秀秋。

德川家康为什么要向小早川秀秋开火？这件事其实颇带有一些威胁的性质。果然，被德川军铁炮吓到的小早川秀秋立即下令全军倒戈东军，攻打西军的大谷吉继一部。小早川秀秋倒戈之后，在附近布阵的西军胁坂安治等人也立马举起反旗宣布加入东军。以上就是一直以来史学界的主流观点，请看下文的"翻案"详细描述：

大谷吉继军团人数本就不多，面对突然倒戈的小早川军，一时间被打得溃不成军，大谷吉继本人也在阵中切腹自尽。随着大谷吉继军团的崩溃，下午 1 时，宇喜多秀家、小西行长等军也相继溃散，到了下午 2 时左右，连石田三成本人也弃军逃亡。

西军中的岛津义弘一部，在看到小西行长、宇喜多秀家军队溃散，东军大举攻来时，于下午 3 时也率领全军突击东军，在突破敌阵之后往伊势国逃窜，准备从伊势国沿海路返回萨摩。岛津军逃脱后，见到大势已去的南宫山的几支西军军

▲ 位于今日岐阜县不破郡关原町的不破关纪念建筑

队便也都率军退去。

以上，便是传统描述中的关原之战，整个过程十分简单，东西两军交战，原本该属于西军的毛利军作壁上观，小早川军全军反水，导致西军惨败。然而，虽然此战的过程简单，但是却又疑点重重，尤其是被我国网友戏称为"关原三神"的"战神"小早川秀秋、"宅神"毛利辉元、"食神"吉川广家3人，主要便是讽刺小早川秀秋在关键时刻反水决定了东军的胜利，毛利辉元身为西军总大将却窝在大阪城，吉川广家在南宫山上的毛利军想要下山时以吃饭为借口阻拦毛利军攻打东军。

然而，事实真的是这样的吗？

翻案"战神"小早川秀秋

众所周知，小早川秀秋本不是小早川家出身，而是丰臣秀吉的养子。丰臣秀吉有众多养子，也分别强塞给了一些颇有名望的家族担任继承人，小早川秀秋就是其中之一。

小早川家原本是日本西国的豪强，在毛利家崛起时，毛利元就将儿子毛利隆景送进了小早川家担任继承人，小早川家也因此成了毛利家中的重臣。丰臣秀吉统一日本之后，在毛利家中扶持了小早川家，并最终将其培养成毛利家家臣体系之外的独立大名，但是在这之后，丰臣秀吉却将养子送入了小早川家，此即小早川秀秋。

关原之战那年，小早川秀秋仅 19 岁，后世经常将其在关原摇摆不定、犹豫不决的状态推给他懦弱的性格以及涉世未深的年龄。

实际上，石田三成在决定起兵时，曾让宇喜多秀家前去说服小早川秀秋加入西军，并开出了如下的条件：一、在丰臣秀赖 16 岁以前，由小早川秀秋作为丰臣秀赖的后见人，统领天下；二、战后加封播磨国；三、小早川家的家老稻叶正成赏赐黄金 300 枚，并从丰臣家的直辖领地中拨出近江国的 10 万石作为封地赏给他。

然而，小早川秀秋却对石田三成开出的条件不以为然，在攻打伏见城之前，小早川秀秋派出了使者，想要将自己的亲生父亲木下家定作为人质送入伏见城，以此加入守军守城。然而，守将鸟居元忠却拒绝了小早川秀秋的提议，一怒之下的小早川秀秋便加入了西军攻打伏见城。

▲ 今日在伊吹山上遥望不破郡关原町，昔日大战的场所

然而，在伏见城之战后，应当算是给西军递交了投名状的小早川秀秋的动向却让石田三成有些担心，原本应该随同西军攻略伊势国的小早川秀秋，迟迟没有加入西军的一系列行动，反而如同神游一般独自来到了近江国，最后甚至率领全军登上了松尾山，赶走了原本在松尾山负责守备的西军。此时小早川秀秋的行为让石田三成略感惊慌，在小早川秀秋神游期间，他写信给小早川秀秋，开出了同之前宇喜多秀家所言相差无几的条件想拉拢小早川秀秋。可是小早川秀秋却没有回应，反而同德川家康内通。面对东军的逼近，小早川秀秋像一颗钉子一样扎入了西军的心脏，要是小早川秀秋加入了东军，那小早川军进可攻打佐和山城，退可和赶来的东军包围大垣城。不得已，石田三成只得率军从大垣城出城，寻找东军主力决战。

　　在传统描述中，小早川秀秋在正午时分，受到了德川家康派出的铁炮队攻击，也在此恐吓之下加入了东军，攻打西军大谷吉继所部，该说法一直被许多书籍以及电视剧采用，如高柳光寿监修的《日本的合战》中收录的桑田忠亲的《关原之战》一文便是采用这样的说法。

　　然而，德川家康派出铁炮队攻打小早川军实在是疑点重重，首先该说法成立的很关键一点前提就是，在 9 月 15 日关原之战的当天中午，战况胶着，而松尾山上的小早川秀秋摇摆不定，不知道加入东军还是西军。然而，在近年来发现的关原之战中参战的岛津家家臣的史料《旧记杂录后编》中收录的《某觉书》中，在开战时分，小早川秀秋的布阵位置并不在松尾山上，而是在松尾山前的一个小山岗上。而在通说之中，这个位置布阵的乃是胁坂安治等人，根据推测，小早川秀秋要是在松尾山上，就很难观察到两军的战况，正因为如此，他在战前才将本阵向前移动。

　　在同样的岛津家家臣的史料《神户五兵卫觉书》以及《神户久五郎觉书》中的记载：9 月 15 日的上午时分，真正最先遭到东军进攻的乃是西军的大谷吉继部，在大谷吉继受到攻击之后，小早川秀秋立即反水，加入了东军攻打大谷吉继。《某觉书》中的记载，也是开战时大谷吉继最先遭到敌军攻击，在这之后，宇喜多秀家军也随即遭到攻击。在另外一些史料中，也有着大谷吉继战死之后，宇喜多秀家、石田三成等军势崩溃的记载。《黑木左近·平山九郎左卫门觉书》中，也记载的是一开始大谷吉继的军阵便被小早川秀秋军击破。

在西军的有力将领之中，战死的仅仅只有大谷吉继一人，剩下的无论是宇喜多秀家、小西行长，还是岛津义弘、石田三成，都成功脱离了战场，究其原因，恐怕便是一开战时东军就与小早川秀秋军串通好猛攻西军右翼，而遭到东军夹击的大谷吉继自然是难逃一死。

而反观传统描述，在正午时分战况胶着时，掌握着战局胜利关键的小早川秀秋因为"问铁炮"（即德川军向小早川军开炮射击）的威胁而加入东军，在诸多第一手史料中并未见到，最早的记载在江户时代的军记物《关原军记大成》中。在第一手史料中，关原之战后两天的 9 月 17 日，石川康通、彦坂元正联名写给松平家乘的书信中也提到：在开战的时候，小早川秀秋、胁坂安治、小川祐忠、小川祐滋父子加入了我方，并击败了敌军。

而根据岛津家家臣的史料《帖左卫门宗辰觉书》的记载，关原之战的结束时刻乃是正午时分，此时东军已经结束了同石田三成、宇喜多秀家军的交战，这同正午时分小早川秀秋被"问铁炮"威胁而加入东军的说法自然就形成了冲突。

正因为有诸多史料的证明，故小早川秀秋在战前归属西军，以及在战况胶着时被"问铁炮"吓得加入了东军实则是不可信之说。小早川秀秋应当是在战前便属于东军，开战时立即加入了战局，并主导了整场合战胜利的关键。

历来，关原之战中南宫山上的毛利军也是一直被大家调侃的对象，其主要原因乃是当时两军在关原交战，而毛利军在面对来催促参战的使者时，推脱说："我军士兵正在用餐。"

说实话，将"食神"套在吉川广家头上着实有些冤枉，因为这句话并不是吉川广家说的，而是毛利秀元说的，因为毛利秀元担任的官位"参议"的唐名是宰相，也因此这个段子便被称为"宰相的空便当"，用来形容犹豫不决找借口推脱的人。然而，即便这个"食神"头衔从吉川广家头上转移到了毛利秀元的头上，是否证明战场之上，毛利秀元就是扮演着那个主导南宫山毛利军不动如山的那个角色呢？

我们首先来看看毛利秀元的经历，毛利秀元本来是毛利辉元的堂弟，在毛利辉元无子之后便成了毛利家的继承人。然而随着毛利辉元亲生儿子毛利秀就的出生，毛利秀元在毛利家的地位也是不断下降，在关原之战时，毛利秀元是否是南宫山毛利军的总大将，还尚待考证。

那么要是毛利秀元不是南宫山毛利军的总大将，他是否能够主导毛利军攻击东军呢？明显是不可以的，南宫山的毛利军按记载约为15000人，而毛利秀元直辖军队仅仅只有4000人，其次是吉川广家3000人，再次是安国寺惠琼2000人，剩下的6000人都是毛利家领地内的国人，同还不是毛利家家督的毛利秀元并不是主从关系，因此毛利秀元能不能指挥得动这支毛利军还另当别论。

再加上同德川家康内通的吉川广家不动如山，毛利秀元也不敢越过吉川广家前去攻打东军，因为他其实并不清楚毛利军其他兵马的不作为，是否是接收到了毛利辉元的命令。因此即便在有攻打东军的机会时，面对长宗我部盛亲派来的使者，毛利秀元也只能十分无奈地表示"我军士兵正在用餐"以此来搪塞使者。

而且最终在关原之战结束之后，毛利家也是将罪责推到"奸臣"安国寺惠琼的头上，而吉川广家则是在毛利家畏难之时出手保护了主家的大功臣。即便是在关原之战结束后，毛利家的领地被大幅度削减的情况下，毛利家的家督毛利辉元也只得打碎了门牙往自己肚子里咽了。

▲ 关原之战中小早川秀秋部队所在地纪念碑，位于松尾山上